全国优秀教材一等奖 **MTI** 全国翻译

U0687558

总主编：何其莘 仲伟合 许 钧

翻译概论（修订版）

On Translation

许 钧 著

外语教学与研究出版社
FOREIGN LANGUAGE TEACHING AND RESEARCH PRESS
北京 BEIJING

图书在版编目（CIP）数据

翻译概论 ／ 许钧著. -- 2 版（修订本）. -- 北京：外语教学与研究出版社，2020.5（2024.11 重印）
全国翻译硕士专业学位（MTI）系列教材 ／ 何其莘，仲伟合，许钧主编
ISBN 978-7-5213-1749-7

I. ①翻… II. ①许… III. ①翻译－理论－研究生－教材 IV. ①H059

中国版本图书馆 CIP 数据核字 (2020) 第 102539 号

出 版 人　王　芳
责任编辑　屈海燕
责任校对　卫　昱
封面设计　刘　冬
版式设计　张苏梅
出版发行　外语教学与研究出版社
社　　址　北京市西三环北路 19 号（100089）
网　　址　https://www.fltrp.com
印　　刷　河北虎彩印刷有限公司
开　　本　710×1000　1/16
印　　张　23
版　　次　2020 年 7 月第 2 版　2024 年 11 月第 7 次印刷
书　　号　ISBN 978-7-5213-1749-7
定　　价　59.90 元

如有图书采购需求，图书内容或印刷装订等问题，侵权、盗版书籍等线索，请拨打以下电话或关注官方服务号：
客服电话：400 898 7008
官方服务号：微信搜索并关注公众号"外研社官方服务号"
外研社购书网址：https://fltrp.tmall.com

物料号：317490001

记载人类文明
沟通世界文化
www.fltrp.com

全国翻译硕士专业学位（MTI）系列教材
编写委员会

总 序

改革开放 30 年，助推中国翻译事业的大发展、大繁荣，勃勃生机，蔚为壮观。今天的翻译，无论在规模、范围上，还是在质量、水平上，以及对中国社会发展的贡献上都是史无前例的。随着我国经济持续、健康、快速的发展和改革开放的不断深入，我国综合国力不断增强，政治、经济、文化等各方面的国际交往日益频繁。作为服务于改革开放的先导力量和与世界沟通的桥梁，翻译的作用愈发突出。然而，在翻译需求不断攀升的同时，作为翻译人员主要培养阵地的高校，却日益暴露出其在翻译教学与实践之间的脱节问题。毕业生翻译技能不扎实，知识面狭窄，往往难以胜任不同专业领域所需的高层次翻译工作，致使翻译领域特别是高级翻译领域的供需矛盾日益突出，不能满足目前的经济和社会发展需要。这从数量上和质量上，都对高水平翻译人才的培养提出了迫切的要求。

为适应我国改革开放和社会主义现代化建设事业发展的需要，促进中外交流，培养高层次、应用型高级翻译专门人才，国务院学位委员会 2007 年 1 月 23 日第 23 次会议审议通过设置翻译硕士专业学位（MTI）。翻译硕士专业学位是我国第 18 个硕士层次的专业学位，其设立无疑是继 2006 年教育部批准试办翻译本科专业后我国翻译学科建设取得的又一里程碑式的成果，为我国培养高层次、应用型、职业化的翻译人才提供了重要途径，为我国翻译学的学科发展奠定了基础，同时也给我国的外语学科发展带来了机遇与挑战。

翻译硕士专业学位培养德、智、体全面发展，能适应全球经济一体化及提高国家国际竞争力的需要，适应国家经济、文化、社会建设需要的高层次、应用型、专业性口笔译人才。翻译硕士专业学位教育在培养目标、师资要求、教学内容以及教学方法和手段这四点上都与传统的翻译方向研究生教育有很大的不同。首先，翻译硕士专业学位教育注重对学生实践能力的培养，按口译或笔译方向训练学生的口笔译实际操作能力、跨文化交际能力，并为满足翻译实践积累所需要的百科知识。这一点与传统的外国语言文学学科中的翻译研究方向侧重培养学生的外国语言文学理论研究能力、学术研究能力以及就业为导向的教学能力的培养目标差别很大。第二，对学生实践能力的高要求和培养目标的应用型导向，也要求承担翻译硕士专业学位教学任务的教师必须具有丰富的口译或笔译实践经验，并了解翻译教学的原则。第三，翻译硕士专业学位教育中的翻译教学有别于外语教学中的教学翻译。翻译训练不是作为一种检测学生语言能力、水平的手段，而是建立在学生双语交际能力基础之上的职业技能训练，包括译前准备、笔记方法、分析方法、记忆方法、表达方法、术语库的建立等，专门训练学生借助语言知识、主题知识和百科知识对源语信息进行逻辑分析，并用另一种语言将理解的信息表达出来。最后，在教学方法和手段上，专业化的翻译教学需要的是双语交际环境、特定的交际对象和交际主题，还要考虑到翻译用人单位的需求等，要求学生不仅要具备扎实的中文基础和至少通晓一门外语，同时还要具备广博的其他学科（如经济、管理、法律、金融等）知识和实际翻译操作技能。另外，专业翻译人员培养还特别强调要忠实地表达讲话人／作者的想法或信息。因此，翻译作为一个职业（无论是兼职还是全职），专业化程度高，应用性和操作性都很强。要培养职业化高级翻译人才，现行外语教学体制是难以完成的。

职业化的翻译教育也因此需要专门化的教材。该教材体系应根据职业翻译人才的知识结构"双语知识、百科知识、翻译技能知识"三个部分来设计。专业翻译课程的设置也都是根据培养单位的师资特点及教学资源围绕上述三个板块安排的。因此，专业翻译教材应该至少包括口译技能类、笔译技能类、通识教育类、口笔译理论类等类别。正是在上述原则及《翻译硕士专业学位研究生指导性培养方案》的指导下，我们在 2007 年底组织国内多位了解翻译硕士专业学位并一直从事翻译教学与研究的专家、学者进行研讨，并着手编写国内第一套专门面向翻译硕士专业学位教育的系列教材。该套教材包括口译技能、笔译技能、翻译理论、通识教育及翻译工具书五个类别。整套教材以口译职业技能训练为核心，以适当的应用型翻译理论为指导，配合不同学科领域的专题训练，旨在完善学生翻译学科知识结构，提高学生口笔译实践能力。在本系列教材全体编委的努力下，呈现在读者面前的这套"全国翻译硕士专业学位（MTI）系列教材"具备以下特点：

（1）口笔译训练的技能化。全面介绍翻译技能。以口译类教材为例，包括口译的记忆、笔记、数字口译、口译语篇分析、口译预测、语义识别、口译译前准备等技能；同声传译则介绍同声传译的概论、视译、应对策略等。

（2）口笔译训练的实战性。笔译的选材基本是社会、经济、文化、教育等领域的真实文本材料；口译则尽可能选用全真会议资料，而且题材范围涉及政治、外交、经济、文化、高科技、法律等多方面。

（3）口笔译训练的专业化。所介绍的口译技能、笔译技能等均为目前国内外口笔译质量评估及口笔译专业认证考试测试的主要方面，通过对本系列教材的学习可以了解职业化翻译培训的程序与内容。

（4）口笔译理论的指导性。对应用型的高水平翻译人才来说，树立正确的翻译观，掌握相关的翻译基础理论是非常重要的。本系列教材所涵盖的翻译基础知识和口笔译理论应努力领会和掌握。

（5）通识教育的融通化。口笔译实践要求掌握英汉两种语言的相关知识及跨文化交际知识，本系列教材中的通识类各分册对拓宽学生的知识面、提高其跨文化交际的意识和能力将起到重要的促进作用。

MTI 职业化人才培养的教学理念和面向实践的教学导向在目前的翻译教学界还是新事物，对其进行不断的探讨、丰富并开展教与学的交流是必要的，也将对翻译硕士专业学位发展大有裨益。外研社这套翻译硕士专业学位系列教材在开发之初就考虑到了这一点，在教材出版的同时，也将推出翻译硕士专业学位教学资源网，不仅指导系列教材的科学使用，也希望能够汇教学实时动态、集各方意见反馈、倡教学经验交流、促学科长远发展。

中国职业化翻译人才的培养才刚刚起步，需要译界、学界同仁"筚路蓝缕，以启山林"。教材建设是专业建设的核心任务之一，我们也希望借编写本套翻译硕士专业学位教材的机会为刚刚起步的中国职业翻译教育尽一份绵薄之力。本套教材的编写力求科学性、指导性和前瞻性，但内容等方面也难免有不尽完善的地方。希望通过本系列教材的编写，与关心中国翻译事业和从事翻译职业的同仁、同行一起关注我国翻译和翻译教学事业的发展现状，以及翻译硕士专业学位教育的实施和发展，进一步探讨高层次专业化翻译人才培养的模式和途径。

全国翻译硕士专业学位（MTI）系列教材编写委员会

2009 年 3 月

修订版前言

《翻译概论》问世整整十年了。可忘不了2008年初，徐建中和常小玲两位出版家在南京与我见面、交谈的情景。没有他们的鼓励、支持与指导，就不可能有这部教材的诞生。也忘不了何其莘、仲伟合两位教授的杰出贡献，没有他们，也不可能有外语教学与研究出版社出版、有力地推动了中国翻译教育事业的"全国翻译硕士专业学位（MTI）系列教材"。今年初，我和常小玲副总编辑联系，谈起《翻译概论》出版后的十年里，中国的翻译事业有了长足的发展，翻译研究也取得了重要的成果，《翻译概论》应该及时反映中国翻译与翻译研究的发展状况，并针对新现象、新问题进行新的思考，因此有必要对《翻译概论》进行修订。

为了做好这次修订工作，我和有关高校担任《翻译概论》课程的不少教师作了沟通，征求他们对该教材的意见，广东外语外贸大学的赵军峰教授、南京大学的曹丹红教授、南京师范大学的许多副教授、浙江大学的冯全功副教授等多位学者，对《翻译概论》的修订提出了非常宝贵的建议和思路。外语教学与研究出版社的编辑更是多渠道搜集中国翻译教育界对《翻译概论》这部教材的反馈，对该书的修订提出了建设性的意见。在2019年7月24日给我的邮件中，外研社的编辑对我说："根据之前了解到的一些信息，老师们对这本书反馈非常好，认为它结构清晰，内容很系统，有助于学习者全面认识、理解翻译，树立正确的翻译观，提升翻译理论素养。"在对该教材肯定的同时，编辑提出该书的修订，应该特别关注两个方面：一是"翻译技术对翻译以及翻译研究的影响。随着科技的发展，翻译技术对翻译的影响是全方位的，影响翻译活动本身之外，还包括对译者角色和翻译能力的影响，以及如何评价翻译，甚至什么是翻译这类本质问题"；二是"当下比较热门的中国文化走出去话题。如何立足中国语境开展翻译研究，发掘中华文化特质，通过翻译更好地传播中国文化。如何在中译外越来越多的情况下，挖掘中国传统译论的思想资源，吸收西方译论的合理成分，构建中国本土译学。"这个提议与我的想法不谋而合，我很快投入了修订工作，重点有四：

一是增加新技术与翻译和翻译研究的内容。学界都知道我是个技术盲，为了做好这方面的修订工作，我只有请求专家指导与帮助。在新技术与翻译研究领域，胡开宝教授是最具影响力的专家之一，由他来撰写《新技术如何助推翻译与翻译研究？》一章，无疑是最理想的选择。在此，我要特别感谢胡开宝教授的支持。

二是增加《中国文化走出去背景下的翻译研究如何开展？》一章，该章的撰写得到了曹丹红教授的大力协助。她多年来从事翻译诗学研究，对中国文学外译有深入的思考。在该章的撰写过程中，我们形成了共识，要尽可能反映近年来中国翻译学界对中国文学外译的理论思考和探索。

三是对《翻译概论》第一版中个别具有判断性的论述进行适当修正或补充。

四是更新该教材的参考书目与推荐阅读书目。

衷心地希望学界的同行和热爱翻译的朋友，给《翻译概论》修订版提出宝贵的意见。

许 钧

2019年11月26日于南京黄埔花园

第一版前言

　　翻译活动是人类一项历史悠久的跨文化交流活动。随着历史的不断发展，翻译逐渐担负起了促进世界各族人民相互对话、相互交流、相互理解、共同发展的重任。季羡林先生曾指出，中华文化之所以能够长葆青春，很大程度上得益于历史上两次外来文化对中华文化的补充，一次是从印度传来的佛经文化，另一次是从西方传来的科学技术与文化。这两股洪流能够汇入中华文化的大河，应该说翻译活动在其中起到了重要的媒介与促进作用，因此季羡林将翻译比作"万应灵药"，并感叹"翻译之为用大矣哉!"

　　进入 21 世纪之后，翻译的重要性得到了全方位的凸显。一方面，全球化使得中国进一步加强了与世界其他国家和民族的交往和联系，各国之间的政治、经济、科学文化的交流和合作越来越频繁，对国外先进科学技术与文化的引进和吸收力度是任何一个历史时期都无法比拟的。另一方面，改革开放三十年来，中国国力得到了增强，中国在国际上的地位和影响力日益提高，同时也有必要将自身的优秀文化、科学技术介绍到国际上去，以促进世界更好地了解中国。从历史的角度看，无论是文化的输入还是输出，都离不开翻译这一重要的桥梁和纽带。在新的形势下，翻译愈加体现出其在促进经济发展、社会进步，以及维护世界民主与和平中所起的重要作用。

　　正是在这样的背景之下，国务院学位委员会和教育部将培养高层次、应用型的翻译专门人才提上了重要的议事日程。2007 年 3 月 30 日，国务院学位委员会下文，正式批准设置翻译硕士专业学位 (MTI)，以培养适应时代发展的高水平翻译专门人才。2007 年 5 月，北京大学、南京大学、复旦大学、北京外国语大学、上海外国语大学、广东外语外贸大学等国内 15 所大学获准首批设立了翻译硕士专业学位教育点。翻译专门人才的培养得到了高度重视，无论是在教育理念、教育目标、教育方法，还是在师资建设、教材建设等各个方面，都展开了积极的探索和研究工作。从教育方面看，我们知道，一名合格的翻译人才必须具备较高的综合素质和能力，其知识结构必须是立体化的。对翻译专门人才的培养，应该处理好技与道、理论与实践的关系。具体地说，我们觉得，在加强学生语言运用能力、翻译技能的训练的同时，不可忽视对学生知识面的拓展和理论素质的培育。我们认为，翻译理论素养的培育和翻译基础理论的学习，有助于学生更好地理解翻译活动的本质，认清自己所从事的职业的性质，明确自己所肩负的重任，养成良好的职业道德素养，从而更好地为国际交流服务。因此，翻译基础理论教学应当作为翻译硕士专业学位教育的一个重要方面。基于这样的认识，根据翻译硕士专业学位设置方案的要求，在全国翻译硕士专业学位教育指导委员会的领导下，我们接受了外语教学与研究出版社的约请，承担了这部《翻译概论》的编写任务。

我们深知，编写一本适用于翻译硕士专业教育的基础理论性教材实非易事，既要符合国务院学位委员会和教育部设置翻译硕士专业学位的精神，又要考虑到当前翻译硕士专业学位教育的实际情况。在尽可能了解国外翻译硕士专业学位教育情况的基础上，我们结合翻译硕士专业学位设置方案的精神，就"翻译概论"课的教学目标与要求与国内同行进行了交流和探讨。我们认识到，"翻译概论"课的设置，主要目的在于让学生全面认识翻译、理解翻译，对翻译所涉及的基本理论问题有所了解，进而对翻译的本质、翻译的过程、翻译的对象、翻译的主体、影响翻译的因素、翻译中的基本矛盾、翻译的功能、对翻译的评价以及多元文化语境下翻译的精神和使命有较为全面、系统和深刻的认识，树立正确的翻译观，提高翻译技能，以更好地从事翻译工作。鉴于这样的认识，我们在教材编写中紧紧围绕"翻译"两字，以问题为中心，内部和外部结合，宏观与微观兼顾，对有关翻译的各个重要方面展开思考和讨论，尽可能地让教材内容一目了然，便于学生在较短时间内有效地掌握重点，把握难点，有目的地引导学生对翻译问题进行思考与探索。

在编写中，我们也特别注重教材的系统性和实用性。其系统性主要体现在以翻译为中心，对翻译问题的思考步步深入，全面关照，论述重点突出，理论问题尽可能讲深讲透；其实用性在于理论线索清晰，提出了翻译实践所涉及的主要问题，提供了重要的学术线索，循序渐进地引导学生了解翻译、理解翻译，一步步地提高学生的理论素养。

这部《翻译概论》应该说是国内首部同类型的教材，我们深知这样一部教材不可能做到面面俱到。在编写中，我们给从事"翻译概论"课教学的教师留下了探索的空间。在实际教学过程中，各位教师可依据本课程的教学目标和任务，对教学内容进行扩展和补充。对教材中涉及不多的问题，例如翻译历史、翻译现象和翻译人物等，教师可以在实际教学中组织学生进行开拓性的研究。对于教材中存在的缺陷与不足，我们恳请翻译研究和教学界的同行能够向我们提出宝贵意见，群策群力，为培养新时期的优秀翻译人才而共同努力。

许　钧

2008 年 10 月于南京大学研究生院

目 录

第一章

翻译概说

本章要义：

- 要研究翻译，诸如翻译的本质、翻译的可行性、翻译的功能、影响翻译的因素、翻译与文化交流的关系等问题都是绕不过去的。

- "翻译是什么"的问题涉及对翻译本质的讨论。只有将翻译活动置于广阔的文化背景之下，通过考察影响、制约它的种种内外部因素，才能更好地界定、理解这一渗透到人类社会各个领域的重要活动。

- "翻译的是什么"的问题涉及对翻译中的意义与交流问题的讨论。对意义的探究之于翻译是第一位的，因为它关系到对人类交流的可能性及可能性程度的理解。

- "翻译有何作用"的问题涉及对翻译功能的探讨。历史上，翻译对于同一民族内部的文化传承以及不同民族之间的文化交流都起着至关重要的作用，因此应该对它的历史作用给予正确的评价和定位。

1.1 绕不过去的问题

谭载喜在《西方翻译简史》一书中指出:"无论在中国还是在西方,翻译都是一项极其古老的活动。事实上,在整个人类历史上,语言的翻译几乎同语言本身一样古老。两个原始部落间的关系,从势不两立到相互友善,无不有赖于语言和思想的交流,有赖于相互理解,有赖于翻译。"[1] 如果说翻译是一项古老的活动,那么,对翻译的思考似乎有着同样悠久的历史,它几乎是伴随着翻译活动的产生而产生的。但是,在很长一段历史时期内,翻译的话题,好像一直是翻译家的事。而翻译家由于更多地将精力集中在实践上,在谈论翻译时往往会局限在技的层面,讨论最多的也往往是怎么译的问题。

自20世纪后半叶起,情况有了改观,翻译问题不再只是翻译实践者们所关心的问题了,哲学、语言学、符号学、社会学以及历史、文化、文学等研究领域的学者们对翻译问题都开始产生了一些兴趣。尤其是语言学界,从上个世纪50年代开始,一些语言学家对翻译问题予以了特别关注,发表了奠基性的研究著作,如苏联的费道罗夫(A. V. Fedorov)于1953年发表了《翻译理论概要》(*Introduction to the Theory of Translation*);1963年,法国著名语言学家乔治·穆南(Georges Mounin)出版了重要著作《翻译的理论问题》(*Les problèmes théoriques de la traduction*);1965年,英国的卡特福德(J. C. Catford)出版了《翻译的语言学理论》(*A Linguistic Theory of Translation: An Essay in Applied Lingustics*)。乔治·穆南的研究非常明确,那就是要超越翻译的实践,在理论的层面探讨翻译的基本问题所在,以确立翻译研究的必要性。他指出:"翻译活动这一实践性的、重要的活动在各个领域中发展迅速……翻译是建立在言语操作基础之上的活动,继续以各种借口将其排除在一种语言科学之外,继续将其限制在低级经验主义的层面是有悖常理的。"[2] 因此,他建议"在最新、最具权威性的语言学成果的启发下"[3] 来研究翻译。乔治·穆南和卡特福德等学者的研究与探索所代表的正是20世纪五六十年代西方翻译研究界出现的语言学转向。自此,人们对翻译的认识逐渐从实践和技术的层面上升到了理论的层面,开始将目光转向对翻译本质及一系列深层问题的探讨。

近二十年来,翻译越来越多地受到各行各业人士的关注和讨论。特别是近年来,在国际上,我们听到了这样的一些声音:意大利著名哲学家、符号学家安伯托·艾柯(Umberto Eco)在意大利博洛尼亚大学成立九百周年的

---

1 《西方翻译简史》,谭载喜著,商务印书馆,1991年,第3页。
2 Georges Mounin: *Les problèmes théoriques de la traduction*, Paris, Gallimard, 1963, pp.7–8.
3 *Ibid.*, p.7.

大会上发表了题为《寻求沟通的语言》的演讲，他宣称："当代符号学和语言哲学的重大问题之一就是：翻译是可行的吗?"[1] 法国哲学家德里达（Jacques Derrida）也将翻译概念视为他的哲学研究的中心问题之一。他指出："哲学的论题即是这种普遍意义上的可译性，它说的是，意义或真理在语言之间传递时，不会受到本质的伤害……既然哲学的原点是翻译或可译性论题，那么可以说，翻译的失败就是哲学的失败。"[2] 美国学者希利斯·米勒（Joseph Hillis Miller）在于北京召开的"文学理论的未来：中国与世界"国际研讨会上，曾明确指出："翻译问题是比较文学的中心问题。"[3] 印度学者特贾斯维尼·尼朗贾纳（一译特贾斯维莉·尼南贾纳）（Tejaswini Niranjana）在1992年出版了《为翻译定位：历史、后结构主义和殖民语境》(*Sitting Translation: History, Post-structuralism, and the Colonial Context*)一书，认为"翻译是一种政治行为"，要"把译文置于殖民主义的背景下进行考察"[4]。美国学者勒菲弗尔（André Lefevere）在其主编的《翻译、历史与文化论集》(*Translation/History/Culture: A Sourcebook*)导论中明确指出："翻译应该被作为一种文化策略来研究，不同的文化制定出这些策略，以应对它们界限之外的东西，并以此来保持它们自身的特征——这种策略最终属于改变和生存的领域，而不是辞典和语法的领域。"[5]

在国内，我们也发现不少学科的学者开始把注意力投向翻译问题。比较文学专家乐黛云指出："而今比较文学的翻译学科不能不面对语言差异极大的不同文化体系，文学翻译的难度大大增加，关于翻译的研究随之成为比较文学学科当代最热门的话题之一。"[6] 哲学家苗力田在汉译《亚里士多德全集》总序中这样写道："古代外国典籍的翻译，是一个民族为开拓自己的文化前途，丰富精神营养所经常采取的有效手段。这同样是一个不懈追询，无穷探索，永远前进的过程。求知是人之本性。"[7] 德国哲学研究专家倪梁康从根本上提出："译，还是不译——这是个问题。"[8]

这些多样的声音实际上向我们提出了一个个有关翻译的问题：翻译是什么？翻译是可行的吗？翻译有何作用？哪些因素影响着翻译？翻译与文化之

---

1 《跨文化对话》卷四，乐黛云等主编，上海文化出版社，2000年5月，第4页。
2 《德里达：翻译与解构》，单继刚，《世界哲学》，2006年第1期，第58页。
3 《文艺报》，2000年8月29日，第3版。
4 《当代美国翻译理论》，郭建中编著，湖北教育出版社，2000年，第179页。
5 André Lefevere: *Translation/History/Culture: A Sourcebook*, Shanghai, Shanghai Foreign Language Education Press, 2004, p.10.
6 《二十一世纪比较文学发展趋势》，乐黛云，《文艺报》，1998年9月1日第2版。
7 《亚里士多德全集》，苗力田编，中国人民大学出版社，1997年版。
8 《译，还是不译——这是个问题》，倪梁康，《读书》，1996年第4期，第78—83页。

间，与道德之间有着怎样的关系？等等。要研究翻译，思考翻译，这些问题始终是绕不过去的。而对这些问题的解答或尝试性解答，则构成了翻译理论研究的中心。

1.2 问题之一：翻译是什么？

1.2.1 对翻译的不同定义

研究翻译，对"翻译是什么"这个问题，是不能回避的。我们知道，翻译活动具有悠久的历史和丰富多样的形式。从表达的形式来看，翻译有口译和笔译之分。一般认为，口译活动的历史比笔译活动的历史要久远得多。法国翻译理论家米歇尔·巴拉尔（Michel Ballard）指出西方"有关口译活动的最早记载，见于公元前两千多年的上埃及埃利潘蒂尼岛的古王国王子的石墓铭文"[1]，而根据中国翻译史研究专家马祖毅推测，几乎在同一时期，中国也出现了最早的口译活动。关于中西方的笔译活动，据记载大约可以追溯至两千多年前，而且均与对宗教典籍的翻译有关。从操作者来看，翻译活动可以分为"人类翻译"和"机器翻译"。从领域来看，翻译活动可以分为"文学翻译"和"技术翻译"。从程度来看，翻译活动尤其是笔译活动除了逐字、逐句、逐章节的全译之外，还存在摘译、编译、译述、缩译、综述、述评、译评、改写等多种形式。

历史悠久、形式多样的翻译活动给人们对"翻译"一词的界定造成了很多困难。"翻译"一词在现代汉语的词汇系统里，实在也是很特殊的：它既可以指翻译活动的主体，即翻译者；也可以指翻译的行为和过程；还可以指翻译活动的结果即译文。"翻译"一词集三种含义于一身，主体、行为与结果交织在一起，更使对翻译的界定和对其的研究显得复杂。德国翻译理论家沃尔拉姆·威尔斯（Wolfram Wilss）在《翻译学——问题与方法》（*The Science of Translation: Problems and Methods*）一书中也谈到，德语中有许多词都含有"翻译"一词的基本意，所以"一部翻译理论史实际上相当于对'翻译'这个词的多义性的一场漫长的论战。"[2] 学者侯林平将历史上人们对"翻译"一词的定义分为三个阶段，并对这三个阶段进行了研究[3]：第一个阶段是传统语文学研究阶段。此时人们往往借助实际经验来理解翻译，对翻译的定义则往往

---

1 Michel Ballard: *De Cicéron à Benjamin: traducteurs,traductions, réflexions*, Lille, Presses Universitaires de Lille, 1995, p.21.
2 《翻译学——问题与方法》，沃尔拉姆·威尔斯著，祝珏、周智谟节译，中国对外翻译出版公司，1989年，第19页。
3 参见《翻译定义新探》，侯林平，《西南交通大学学报》（社会科学版），2004年第4期，第59-63页。

是比喻式的，例如鸠摩罗什认为翻译"有似嚼饭与人，非徒失味，有令呕秽也"，傅雷认为翻译"如临画"，"如伯乐相马"。第二个阶段是现代语言学研究阶段。此时人们在定义"翻译"时往往将目光集中在语言的对等上，例如英国翻译理论家卡特福德将翻译视为不同语言文本材料的替代。[1] 美国语言学家奈达（Eugene A. Nida）则对翻译作如下定义："所谓翻译，是指从语义到文体在译语中用最切近而又最自然的对等语再现原语的信息。"[2] 第三个阶段是当代多学科研究阶段。这一时期，随着对翻译的认识的日益加深，人们研究翻译的角度也变得更为多元，不同的学者从文化学、社会学、符号学、心理学等多个角度对翻译作出了定义，其中较具代表性的有几十种，在本书第二章，我们将做更深入的讨论。

1.2.2 如何正确理解翻译活动？

面对这些纷繁复杂的定义，我们应该如何来正确地理解翻译活动？

法国著名符号学家皮埃尔·吉罗（Pierre Guiraud）在《符号学》（La sémiologie）一书中将语言符号分为逻辑符号、语义符号和审美符号三类。受其启发，笔者在20世纪80年代末发表了《论翻译的层次》一文，明确提出翻译具有思维、语义和美学这三个层次的观点[3]。文章首先指出，从根本上说，翻译活动赖以进行的基础是全人类都具有思维活动这一事实，而人类思维的共性构成了翻译的思维层次。但翻译不可能囿于思维这一层次，因为思维的实现需要语言，而语言的表达过程必然受到各种不同语言的具体规律的约束。因此，翻译活动又面临着另一任务，即如何按照不同语言符号达意、传情的规律，用一种语言符号传达另一种语言符号的意义，这就构成了翻译的又一层次，即语义层次。思维层次与语义层次的关系是十分密切的，思维层次是语义层次的基础，语义层次是思维层次的体现。由于思维层次是以人类思维的共性为基础的，因此便为翻译在思维层次获得等值提供了较大的可能性；语义层次以思维层次为基础，但它要受到语言符号的特性的约束，因此等值的可能性自然也要受到限制。思维层次是翻译的基础层次，语义层次是翻译的必要层次，任何翻译都离不开这两个层次的活动，并分别要受到思维规律和语言规律及言语规律的约束。一般说来，完成了思维层次和语义层次的转换活动，翻译也就实现了。因为语言的主要职能在于帮助实现思维，达到传情、达意的目的，比如科

---

1 参见《翻译的语言学理论》，卡特福德著，穆雷译，旅游出版社，1991年，第24页。
2 《奈达论翻译》，谭载喜编译，中国对外翻译出版公司，1984年，第10页。
3 参见《论翻译的层次》，许钧，《现代外语》，1989年第3期，第63–70页。

技翻译、应用文翻译到了语义这一层次就可以说完成了。但是，语言除了传情、达意之外，还有审美职能，对于文学语言而言，审美职能甚至是其最重要的职能。诚然，文学也有认知和表感等职能，但这些职能都统一在审美领域之内，是通过情感的中介实现的。换言之，它们都离不开美感作用，一部作品倘若不能给人以美感，那么它的一切社会职能就无法实现。因此，文学作品的翻译，除了思维层次和语义层次的活动外，有着更高层次的要求，这就是文学翻译的最高层次，即审美层次。翻译活动在思维、语义、审美等各层次有着各自的活动内容、表现形式与传达目的等要素。这些要素自身的特征与活动规律及相互联系与相互作用的不同，构成了翻译层次存在的客观性。任何翻译从本质上看都是一致的，但不同类型、不同目的的翻译具有不同层次的要求，并要受到不同层次的活动规律的约束。对翻译层次的研究及对各层次主要问题的分析，目的是十分明确的：在理论上，要为认识翻译活动的本质以及活动规律提供一个新的视角；在实践上，要求译者遵循翻译活动的规律，克服不分层次、顾此失彼的倾向，避免翻译活动的盲目性。如果说翻译有什么标准的话，那就是一个成功的翻译不可能在一个层次完成，它应该是各个必要层次和谐统一的产物。

对翻译活动三个层次的明确区分及对其的探讨可以说是对翻译所进行的内部的、纵向的思考。但是，翻译活动不是一种置身于时空之外的静态的活动，它是翻译主体在一定历史条件和文化背景中，通过具体的语言转换而进行的一种目的十分明确的实践活动，涉及众多的内部和外部因素。针对翻译活动的这些特征，笔者又于1998年撰写了《论翻译活动的三个层面》一文，从翻译活动的实践性出发，对翻译活动的动态过程进行了宏观的考察，将对翻译活动的探索由内部转向了外部，由语言转向了文化。在该文中，笔者指出，翻译活动在意愿、现实和道德三个层面均受到诸多因素的影响和制约。从意愿层面来看，在大多数情况下，翻译活动都是一种具有目的性的活动，它总是"与某种政治的、宗教的、经济的或社会的需要紧密相联"[1]，而翻译目的无疑影响到了对翻译作品的选择、译者的翻译立场以及所采取的翻译方法。从现实层面来看，不同的国家、民族在语言、文学、文化、心理等方面存在着不容忽视的差异，这些差异阻碍了翻译活动的顺利进行，促使人们对翻译的可行性以及翻译可行的程度作出进一步的思考。从道德层面来看，一方面，翻译活动的主体是译者，而"译者作为一个社会的人，必然要受到某种道德上的约束"[2]，使得他不能"从心所欲"；另一方面，对翻译的评价活动同样无法摆脱作为社会意识

---

1 《论翻译活动的三个层面》，许钧，《外语教学与研究》，1998年第3期，第50页。
2 同上，第53页。

形态表现之一的道德的影响，例如被众多翻译家及翻译理论家视为最高标准的
"忠实"标准从本质上说是个伦理道德领域的概念。从思维、语义、审美三个
层次到意愿、现实、道德三个层面，我们对翻译活动的认识也在逐步深入。如
果说半个世纪之前，人们还普遍认为翻译研究应该属于语言学的一个分支，
那么今日人们已经摆脱了这样的观念，不再将翻译活动视作单纯的语言转换活
动，也认识到只有将翻译活动置于广阔的文化背景之下，通过考察影响、制约
它的种种内外部因素，才能更好地界定、理解这一渗透到人类社会各个领域的
重要活动。

1.3 问题之二：翻译的是什么？

1.3.1 意义、真理与翻译

翻译就其具体形式来看，是两种语言符号之间的转换活动，而符号的基本
功能"在于表征（representation）。符号之所以被创造出来，就是为了向人们
传达某种意义。因此，从根本上说，表征一方面涉及到符号自身与意图和被表
征物之间的复杂关系，另一方面又和特定语境中的交流、传播、理解和解释密
切相关"[1]。符号是意义的载体，而语言符号更被视为意义的"最主要和最普遍
的"载体，意义之于符号是根本的。因此，在两种语言符号的转换活动也就是
翻译活动之中，人们的首要任务是致力于符号意义的再生。换言之，翻译就其
根本是翻译意义。

那么，意义又是什么？它同语言、文化之间究竟是怎样的关系？作为语
言转换活动的翻译，它应该止于那一层意义？海德格尔（Martin Heidegger）
在《论真理的本质》（"Vom Wesen der Wahrheit"）、《艺术作品的本源》（"Der
Ursprung des Kunstwerkes"）等文中多次谈到翻译问题。在谈到罗马–拉丁思想
对希腊词语的吸取时，他这样说："从希腊名称向拉丁语的这种翻译绝不是一件
毫无后果的事情——确实，直到今天，也还有人认为它是无后果的。毋宁说，
在似乎是字面上的、因而具有保存作用的翻译背后，隐藏着希腊经验向另一种
思维方式的转渡。罗马思想接受了希腊的词语，却没有继承相应的同样原始的
由这些词语所道说出来的经验，即没有继承希腊人的话。西方思想的无根基状
态即始于这种转渡。"[2] 按照孙周兴的解释，海德格尔这段话的前半句主要说明
"'翻译'不只是字面改写，而是思想的'转渡'。"也就是说，海德格尔认为翻

---

1 《"文化与传播译丛"总序》，周宪、许钧，商务印书馆，2000年。
2 《艺术作品的本源》，海德格尔著，孙周兴选编，《海德格尔选集》（上），上海三联书店，1996年，
  第243–244页。

译除了要实现文字的转换，更要实现文字背后的精神的转移。后半句则进一步强调"罗马-拉丁思想对希腊思想的'翻译'只是字面上对希腊之词语（复数的Wörter）的接受，而没有真正吸收希腊思想的内涵，希腊的'话'（单数的Wort）"[1]。

海德格尔在批判古罗马人的翻译行为使西方思想成为无根之树、无源之水的同时，实际上也向我们揭示，翻译从某种意义上是说一个求真的过程。这里就涉及到意义尤其是字面意义与真理的关系问题。限于字面的翻译，能否传达词语及词语之后的"真"？也就是说，限于词语表面意义转换的翻译，能表现词语所赖以生存的文化土壤和文明空间吗？能传达词语的真值吗？实质上，哲学家特别是语言哲学家们经常提出的一个问题对翻译研究是根本的，那就是意义和真理的关系问题。语言哲学家们思考的是意义是否等同于真理的问题，或者说意义在何种情况下能够等同于真理的问题。这些问题给翻译提出了一个本质的要求：翻译决不应该是字面层次的语言转换，而应是思想的转渡，是文化的移植。翻译所固有的"求真"本质，应该是一个不断求索的过程，通过对文字的拷问，不断接近文字所要道说的东西。翻译、意义、真理这三者之间的关系使我们明白，对意义的探究之于翻译是第一位的，也理解了为什么艾柯把翻译的可行性视作当代符号学和语言哲学的重要问题之一。

1.3.2 翻译是可行的吗？

哲学家贺麟是这样理解翻译的："从哲学意义上说，翻译乃是译者（interpreter）与原本（text）之间的一种交流活动（communication），其中包含理解、解读、领会、移译等诸多环节。其客观化的结果即为译文（translation），它是译者与原本之间交往活动的凝结和完成。而译文与原文的关系，亦即言与意、文与道之间的关系。"他还说，某些神秘直观论者认为这种交往活动是不可能的，但他认为，"意与言、原本与译文，应该是统一的，道可传，意可宣……翻译的哲学基础，即在于'人同此心，心同此理'。心同理同之处，才是人类的真实本性和文化创造之真正源泉；而同心同理之处亦为人类可以相通、翻译之处。"[2]贺麟对翻译的这一认识，自然有其合理的一面。但我们也应该看到，至今在中国，翻译在大多数人的眼里，只不过是一种语言的简单转换，一种纯摹仿的技术性工作，不需任何创造性。这种观点，直接源自人们对世界、思

---

1 《艺术作品的本源》，海德格尔著，孙周兴选编，《海德格尔选集》（上），上海三联书店，1996年，参见第243页译注2，第244页译注1。
2 《谈谈翻译》，贺麟，《中国社会科学院研究生院学报》，1990年第3期，第36页。

维和语言之间关系的简单化认识。长期以来，人们对翻译的可行性是深信不疑的，认为人类的经验、思维具有一致性，人类的认识形式具有普遍性，因此，人类的交流是可行的。但是，西方的一些语言学家却对翻译的万能提出了质疑。例如，德国著名语言学家洪堡（Wilhelm von Humboldt）认为话语与观念的交流"并非一个人表达的思想向另一个人的传达，无论在接受者还是在讲话者的脑中，一切仅仅在于使其处于这种或那种状况的和谐的刺激。"在他看来，"哪怕最具体、最明确的话，都远远不能激起话语发出者认定能激起的思想、情感和记忆"[1]。继承并发展了洪堡思想的新洪堡学派的加西尔认为语言不是一种被动的表达工具，而是一种积极的因素，给人的思维规定了差异与价值的整体。任何语言系统对外部世界都有着独特的切分。语言系统沉积了过去一代代人积累的经验，向未来的人提供一种看待与解释宇宙的方式，在这个意义上，"世界并非仅仅由人们通过语言去理解与想象；人们对世界的观念以及在这一观念中生活的方式已经被语言所界定"[2]。洪堡和加西尔虽然承认了人类交流的困难性，但他们并没有否认最低限度的交流的可行性。与此相比，另一些语言学家则完全否认借助语言进行直接交流的可能性，这在理论上也就否认了翻译的可能性。尼古拉·鲁巴金（Nicolas Roubakine）认为一部书只不过是读者思维的外部投射，他说："无论如何有必要抛弃一个十分普遍的观念，那就是每一部书都具有它自身的内容，且这一内容可以在阅读的时候传达给任何一位读者。"他进而断言："任何借助于语言进行的直接交流都是不可能的。"[3]这些观点实际上提出了一系列的问题，那就是语言的意义是否可以捕捉？或者说，意义是否是客观存在并且确定的？操不同语言的人对同一现实的认识是否一致？他们之间是否可以达到真正的交流？这也就在理论上给翻译提出了一个个需要解答的问题：不同语言的转换，能否传达对世界的不同切分和认识？一门语言的意义是否可以不走样地在另一种语言中传达出来？人类经验是否有其普遍性？若没有，以交流为目标的翻译是否可以进行？

1.4 问题之三：翻译有何作用？

1.4.1 翻译的三种类型及其内涵

上文中提出的有关翻译本质、意义与交流的这些问题，需要进行不断的探

1　Georges Mounin: *Les problèmes théoriques de la traduction*, Paris, Gallimard, 1963, p. 170.

2　*Ibid.*, p.46.

3　Nicolas Roubakine: *Introduction à la psychologie biologique*, Paris, Povolozki et cie, 1921, p.86，转引自Georges Mounin: *Les problèmes théoriques de la traduction*, Paris, Gallimard, 1963, p. 171。

索。在理论上，翻译确实存在着种种障碍，但人类是不能没有交流的，交流也是不能不以理解为基础的。从实践看，只要不同语言文化体系中的人们需要交流，就不能没有翻译。虽然翻译活动受到整个人类知识水平以及对世界的认识水平的限制，但翻译活动始终在进行着，它所能达到的思想交流的水平也在不断发展。关于翻译活动，布拉格学派的创始人之一雅各布森（Roman Jacobson）认为有三种类型：语内翻译、语际翻译和符际翻译。在我们看来，这三种类型几乎概括了人类所有狭义的翻译活动。

语内翻译，指的是"同一种语言的一些符号对另一些符号所作出的阐释"。一个民族的文化是不断创造、不断积累的结果，而翻译从某种意义上说，是在不断促进文化的积累与创新。一个民族的文化的发展不能没有传统，不同时代对传统的阐释与理解会赋予传统新的意义与内涵。想一想不同时代对四书、五经这些古籍的不断翻译、不断阐释，我们便可理解语内翻译是对文化传统的一种丰富，是民族文化得以在时间上不断延续的一种保证。

"语际翻译或者严格意义上的翻译指的是一种语言的符号对另一种语言的符号所作出的阐释"。我们通常所指的翻译，就是语际翻译。不同民族语言文化之间的交流是一种需要。任何一个民族想发展，必须走出封闭的自我，不管你的文化有多么辉煌、多么伟大，都不可避免地要与其他文化进行交流，在不断碰撞中、甚至冲突中渐渐相互理解，相互交融。在这个意义上，翻译又是民族文化在空间上的一种拓展，在内涵上的一种丰富。

牛津大学前副校长阿伦·布洛克（Alan Bullock）在其著作《西方人文主义传统》（The Humanist Tradition in the West）一书中谈到了西方人文主义的渊源与发展，我们从中可以看到翻译对文艺复兴、对西方人文主义的发展所起到的作用。[1] 无论是发生在9世纪的加洛林王朝的古典文化复兴，还是发生在12世纪的所谓的原始复兴，以及15、16世纪的文艺复兴，无不伴随着翻译高潮，或者可以说，无不是以翻译为先声。在文艺复兴时期，那些著名的人文主义者都非常重视翻译，他们几乎个个都是翻译家。没有他们对古希腊、古罗马文献新的理解、新的阐释、新的翻译，恐怕就没有文艺复兴的不断发展。对于中国文化而言，语际翻译的作用也是有目共睹的。著名学者季羡林曾经拿河流来作比喻，认为中华文化这一条长河从未枯竭，中华文化之所以能长葆青春，"万应灵药"就是翻译。[2]

1　参见《西方人文主义传统》，阿伦·布洛克著，董乐山译，生活·读书·新知三联书店，1997年。
2　参见《中国翻译词典》序，季羡林，林煌天主编，湖北教育出版社，1997年。

符际翻译指的是"非语言符号系统对语言符号作出的阐释"[1]，也就是不同符号之间的转换。按照符号学的观点，语言是一个相对自足的符号系统，音乐、绘画也各自是一个符号系统。人类创造文化，依赖的是符号活动，而符际翻译则以意义传达为目的。诗歌、音乐、绘画有其相通之处，它们之间的翻译有着广泛而丰富的形式。罗丹（Auguste Rodin）创作过一座叫《丑与美》的泥塑。泥塑所表现的老宫女，皱缩的皮肤像木乃伊的一样，她"对着自己衰颓的体格叹息。她俯身望视着自身，可怜的干枯的乳房，皱纹满布的腹部，比葡萄根还要干枯的四肢"[2]。这座泥塑，可以说是对法国15世纪著名诗人维庸（François Villon）《美丽的老宫女》一诗的理想传译。在当今世界，音乐、绘画、诗歌、小说、影视等符际之间的转换与传译，有着无限的活动空间，对拓展人们的文化视野、认识不同创作符号的深刻内涵起着极其重要的意义。

1.4.2 如何理解翻译的功能？

考察三种不同类型的翻译的历史，有助于我们认识翻译的功能和作用。那么，翻译到底起着怎样的作用呢？

法国翻译理论家安托瓦纳·贝尔曼（Antoine Berman）在《异的考验——德国浪漫主义时代文化与翻译》（*L'épreuve de l'étranger: culture et traduction dans l'Allemagne romantique*）一书中，对翻译的作用有着生动而深刻的描写。著名诗人歌德一直呼唤要打破国界、积极进行不同民族文化间的交流。而在歌德看来，翻译在人类文化交流中起着"至关重要的作用"。翻译不仅起着交流、借鉴的作用，更有着创造的功能。德国文学的生命要得到地域上的扩展，必然要借助翻译。一部优秀的翻译作品，无疑是为原作延长生命、拓展生命的空间。歌德之所以成为世界性的歌德，他的文学生命之花之所以开遍异域，正是靠了翻译。当歌德看到自己的诗作被译成异语，获得极妙的效果时，他以形象的语言赞叹道："我刚刚从芳草地采摘了一束鲜花，满怀激情地手捧着鲜花回家。因手热，把花冠热蔫了：于是，我把花束插进一只盛有凉水的花瓶中，我眼前即刻出现了怎样的奇迹！一只只小脑袋重又抬了起来，茎与叶重显绿色，整个看去，像是仍然生长在母土里，生机盎然，而当我听到我的诗歌在异语中发出奇妙的声响时，我体味到的也正是这一感觉。"[3] 一束从草地采摘的鲜花，一离开母土便开始凋谢，但一放进凉水中便重显英态，绿意盎然。这里，采摘

1　Roman Jakobson: *Essais de linguistique générale*, Paris, Les Editions de Minuit, 1963, p.79.

2　《罗丹艺术论》，葛赛尔著，傅雷译，中国社会科学出版社，1999年，第43页。

3　Antoine Berman: *L'épreuve de l'étranger: culture et traduction dans l'Allemagne romantique*, Paris, Gallimard, 1984, p.109.

鲜花的是译者。诗歌之花一旦离开故土，便有可能凋谢。然而，译者将诗之花插入异语的花瓶中，使其英姿焕发，仿佛生长在故土，又获得了新的生命。这无疑是个奇迹。实际上，这是各民族文化之精华相互移植之成功的象征。

翻译在不同民族文化交流和发展中所起的作用，如今已经成为翻译界、文化界甚至史学界普遍关心的一个问题。湖北教育出版社近几年推出了一系列研究翻译历史的著作，如马祖毅的《中国翻译史》，马祖毅、任荣珍的《汉籍外译史》，郭延礼的《中国近代翻译文学概论》，查明建与谢天振合著的《中国二十世纪外国文学翻译史》，许钧与宋学智合著的《二十世纪法国文学在中国的译介与接受》等。另外还有李亚舒、黎难秋的《中国科学文献翻译史稿》[1]，热扎克·买提尼亚孜的《西域翻译史》[2]。几年前，笔者在法国见到了巴黎第八大学前研究生院院长弗烈德·施哈德。他指出，欧盟有关部门正计划从翻译的角度来研究欧洲与中国的思想与文化交流史。他认为，考察中西交流史，不能不去研究翻译活动及其历史与作用。看来，如何准确地为翻译的历史作用定位，又是一个绕不过去的问题。

1.5 本教材编写思路

翻译和有关翻译的问题是多方面的：有技的层面，也有道的层面；有外部的，也有内部的；有宏观的，也有微观的。由于翻译活动历史悠久且有广泛性，它涉及到人类精神与物质生活的方方面面，在理论和实践上不断提出新的问题。就翻译思考而言，哲学家们关心的是思与言、真理与意义的关系，符号学家关心的是符号与意义的生成，语言学家们关心的是语言的转换与意义的传达，文化学者关心的是语言的沟通与文化的交流，翻译家们则努力探索如何正确处理原著与译作的关系，尽可能忠实地向目的语读者传达原著的意义和各种价值。所有这些问题给翻译研究提供了广阔的空间，给有志于翻译研究的人们提出了挑战，也赋予了机会。我们编著这本教材的目的，正是为了在此大好时机之下迎接翻译活动向我们提出的挑战。

法国哲学家萨特（Jean-Paul Sartre）在1948年出版了一部著名的论著，书名叫 *Qu'est ce que la littérature*？直译为《什么是文学？》，实际上可以理解为《文学论》。萨特在书中探讨了四个方面的问题，分为四章，一是"什么是写作？"，二是"为什么写作？"，三是"为谁写作？"，四是"作家在1947年的境

1　参见《中国科学文献翻译史稿》，李亚舒、黎难秋著，中国科技大学出版社，1993年。
2　参见《西域翻译史》，热扎克·买提尼亚孜著，新疆大学出版社，1994年。

况"，涉及到了作家创作的一些最基本的问题。萨特的这部著作对于本教材的编著有很大的启发。在本书中，我们将效仿萨特，提出九个同翻译息息相关的问题，即"翻译是什么?"、"翻译是如何进行的?"、"翻译什么?"、"谁在翻译?"、"有什么因素影响翻译活动?"、"翻译活动会遇到什么矛盾?"、"翻译有什么作用?"、"如何评价翻译?"以及"如何在多元文化语境下认识翻译和研究翻译?"，分别从翻译的本质、翻译的过程、翻译的根本任务、翻译主体、影响翻译的因素、翻译活动中出现的基本矛盾、翻译的功能、翻译批评以及翻译研究这九个角度，结合内部和外部两种视角对翻译活动予以关注，希望在哲学、语言学、文化学等多种理论的指导下，本着一种历史批评精神，借助前人的探索研究，在广阔的文化背景之下去思考翻译，研究翻译，为解决翻译和有关翻译的众多问题贡献自己的一份绵薄之力。

思考题

❶ 结合本章内容，谈谈哪些问题是翻译研究绕不过去的问题。

❷ 为什么只有将翻译活动置于广阔的文化背景之下时才能正确地理解和定位翻译?

❸ 请结合语言哲学理论，分析对意义与真理关系的探讨之于翻译的重要性。

❹ 结合本章内容，谈谈你对翻译可行性的认识。

❺ 试结合实例说明翻译的功能和作用。

第二章
翻译是什么？

本章要义：

● 翻译是一项历史悠久的实践活动，人们对于翻译的思考也由来已久。然而，在很长一段时间里，人们更多的是从翻译的得失与困难以及对翻译方法与技巧的探讨这两个方面来认识翻译的。

● 不论是翻译的过程还是翻译的结果，都有着丰富的形态和各种特点。翻译活动的丰富性，为我们采用多重视角考察"翻译是什么"提供了可能性和必要性。

● 翻译的语言学研究把翻译从经验主义中解放出来，为翻译研究打开了科学的大门，在历史上第一次赋予了翻译研究以科学的性质。

● 翻译不仅仅是一种纯语言层面的活动，更是一种重要的文化实践。翻译研究的文化转向大大拓展了翻译研究的空间，翻译活动在各种文化理论的观照之下，呈现出多个不同的侧面。

● 当各种学科的理论介入翻译研究领域之后，翻译研究的领域看似在不断扩大，却又潜伏着一步步失去自己位置的危险，面对这一危险，我们不能不清醒地保持独立的翻译学科意识。

● 翻译具有社会性、文化性、符号转换性、创造性和历史性等本质特征。它是以符号转换为手段、意义再生为任务的一项跨文化交际活动。随着人们对翻译的形而上思考的进一步深入，翻译的本质将会得到更全面、更深入的揭示。

当我们把"翻译"当作思考与研究的对象时，首先就会给自己提出这样一个问题：什么是翻译？或者换一种说法：翻译是什么？这一问题的提出具有双重的含义。首先是形而上的：翻译作为一种人类的活动，应该在哲学的意义上，在本体论的意义上，弄清楚它的存在本质：它到底是一种怎样的活动？其次是形而下的：翻译作为一种实践活动，它的具体活动形式到底是什么？人们力图翻译的是什么？若我们研究一下翻译历史，就会发现在某种意义上，翻译是什么与翻译什么往往被当作一个问题的两面加以探讨。

2.1 翻译的历史概述

2.1.1 中西翻译史概述

翻译是一项历史悠久的实践活动。在第一章，我们谈到法国翻译理论家米歇尔·巴拉尔根据西方学者的考证，认为有关口译活动的最早记载可见于公元前两千多年上埃及埃利潘蒂尼岛古王国王子的石墓铭文。谭载喜在《西方翻译简史》中认为，西方的笔译史肇源于公元前三世纪，至今已有两千多年的历史。据他考证，"从广义上说，西方最早的译作是公元前三世纪前后七十二名犹太学者在埃及亚历山大城翻译的《圣经·旧约》，即《七十子希腊文本》；从严格的意义上说，西方的第一部译作是约在公元前三世纪中叶安德罗尼柯在罗马用拉丁语翻译的希腊荷马史诗《奥德赛》"[1]。

谭载喜在《西方翻译简史》中指出，"西方的翻译在历史上前后曾出现六次高潮或可分为六个大的阶段"[2]。第一个阶段是公元前三世纪中叶罗马对希腊古典作品的译介。被誉为罗马文学三大鼻祖的安德罗尼柯、涅维乌斯和恩尼乌斯，以及后来的一些大文学家，都用拉丁语翻译或改编荷马史诗和埃斯库罗斯、索福克勒斯、欧里庇德斯等人的希腊戏剧作品。这是欧洲也是整个西方历史上第一次大规模的翻译活动，它开创了翻译的局面，促进了罗马文学的诞生和发展，对于罗马以至后世西方继承古希腊文学起了重要的桥梁作用。

第二个翻译高潮涌现于罗马帝国的后期至中世纪初期，以形形色色的《圣经》译本的出现为标志。《圣经》由希伯来语和希腊语写成，必须译成拉丁语才能被罗马人普遍接受。公元四世纪，《圣经》的翻译达到高潮，以圣哲罗姆（St. Jerome）于382–405年翻译的《通俗拉丁文本圣经》（the Vulgate）为定

---

1 《西方翻译简史》（增订版），谭载喜著，商务印书馆，2004年，第2页。
2 同上。

本，标志着《圣经》翻译取得了与世俗文学翻译分庭抗礼的重要地位。

第三阶段发生于中世纪中期，即11世纪至12世纪之间，西方翻译家们云集西班牙的托莱多，把大批作品从阿拉伯语译成拉丁语，其中有大量用阿拉伯文翻译的希腊典籍。这些典籍是9、10世纪间叙利亚学者从雅典带回巴格达并译成阿拉伯语的。西方翻译家的转译活动延续达百余年之久，影响非常深远。

第四阶段发生于14世纪至16世纪欧洲的文艺复兴运动时期，特别是文艺复兴运动在西欧各国普遍展开的16世纪及随后一个时期，翻译活动达到了前所未见的高峰。翻译活动深入到思想、政治、哲学、文学、宗教等各个领域，产生了一大批杰出的译家和译作，如路德（Martin Luther）的"民众的圣经"，法国文学家阿米欧（Jacques Amyot）译的普鲁塔克（Plutarch）的《希腊罗马名人比较列传》（*Plutarch's Lives*）等等。这是西方翻译史上一个非常重要的时期，它标志着民族语言在文学领域和翻译史中的地位终于得到巩固，同时也表明翻译对民族语言、文学和思想的形成和发展所起的巨大作用。

第五阶段发生于文艺复兴后。从17世纪下半叶至20世纪上半叶，西方各国的翻译继续向前发展。翻译家们不仅继续翻译古典著作，而且对近代和当代的作品也发生了很大的兴趣，塞万提斯、莎士比亚、巴尔扎克、歌德等大文豪的作品都被一再译成各国文字，东方文学的译品也陆续问世。

第六个大发展阶段是在二战结束以后至今。二次大战后，西方进入相对稳定的时期，经济逐渐恢复，翻译事业有了繁荣兴旺的物质基础。由于时代的演变，翻译的特点也发生了很大的变化。这一时期的翻译从范围、规模、作用直至形式，都与过去任何时期大不相同，取得了巨大的进展。[1] 尤其是机器翻译的出现，是对几千年来传统的手工翻译的挑战，也是西方翻译史乃至人类翻译史上一次具有深远意义的革命。

翻译在中国也有着极为悠久的历史。据我国翻译史研究专家马祖毅推测，我国在夏商时代就应该有翻译活动[2]。《册府元龟·外臣部·朝贡》中有这样的记载："夏后即位七年，于夷来宾。少康即位三年，方夷来宾。"如果说这一段史料尚未明确提到翻译，不足为证，那么《周礼·秋官》中关于周王朝翻译官职象胥的记载则有力地说明了我国翻译活动的历史之长。象胥是负责接待远方来朝使节的大行人的属官，按照清朝梁章钜《称谓录》所言，象胥"掌传达异国来使之语言"[3]，行译者之责。从周到清的各代王朝，为与周边诸

1　参见《西方翻译简史》（增订版），谭载喜著，商务印书馆，2004年，第2–4页。
2　参见《中国翻译史》（上卷），马祖毅著，湖北教育出版社，1999年，第1页。
3　参见《中国口译史》，黎难秋主编，青岛出版社，2002年，第2页。

民族和外国交往，都设置了配有译员的外事机构，名称各不相同，如秦朝的典客，唐朝的鸿胪寺，元朝的会同馆等等。根据可考的相关正史资料，元朝开始出现培养翻译人才的学校，即中央一级的"蒙古国子学"、"回回国子学"和地方一级的"诸路蒙古字学"。明清两朝均设有专门的翻译机构，如明朝的"四夷馆"，清初的"四译馆"和鸦片战争之后的京师同文馆等等[1]。

马祖毅在《中国翻译史》（上卷）的"概说"部分指出，"从周到清这一漫长的历史阶段内，我国出现了三次翻译高潮，即从东汉到宋的佛经翻译，明末清初和从鸦片战争到清末的两次西学翻译"[2]。每一次翻译高潮都因历史背景和文化环境的差异，在翻译活动的诸多层面上呈现出各自不同的特点，充分反映了翻译形态的丰富性和翻译活动的历史性。马祖毅从两种文化的地位、翻译的动机、翻译作品的类别、译作的接受情况等方面对这三次翻译高潮的特点进行了总结。上千年的佛经翻译，是古代印度文化与中华原有文化之间所进行的互补性的平等交流。两者之间虽有抵牾，但终于融合，成为中华文化一个组成部分的具有中国特色的本土佛教。明末清初和从鸦片战争到清末的两次西学翻译，是相对先进的西方文化与相对落后的中华文化之间的交流。这种交流，已打破了平等格局，并且带有巨大的冲击性。如果说第一次西学翻译（主要是基督教教义、古希腊哲学和科学以及17世纪自然科学的若干新发现）并没有造成广泛的社会影响，从鸦片战争后到清末的中西文化交流，其规模要巨大得多，影响也深远得多。尤其值得指出的是，第三次翻译高潮开启了伟大的文学翻译时代。从19世纪70年代第一部较为完整的外国小说译作《昕夕闲谈》的发表，到清末民初小说翻译的极大繁荣，翻译文学"在中国的文学史上，宛如奇峰突起"[3]。文学翻译与非文学翻译不同，不仅要传达原作的基本内容，还要能够再现原作之美。从某种意义上来说，文学翻译时代的到来，标志着人类灵魂交流的进一步深入，中西文化对话跨上了一个新的台阶。

2.1.2 中西历史上的传统翻译观念

首先需要指出的是，这里的"传统"如王秉钦所言，"不是一般的时间性概念，而是相对于'现代'的方法论概念"[4]。按照王宏印的定义，所有"不是

---

1 《中国翻译史》（上卷），马祖毅著，湖北教育出版社，1999年，第1–3页。

2 同上，第4页。

3 《中外文学比较史（1898—1949）》（上卷），范伯群、朱栋霖主编，江苏教育出版社，1993年，第169页。

4 《20世纪中国翻译思想史》，王秉钦著，南开大学出版社，2004年，第3页。

以现代语言学为基础的翻译理论，都可以划归传统译论的范围"[1]。一代又一代的译家结合自己的翻译实践，留下了一处处有关翻译的文字，虽然有的还比较零碎且见解也失之肤浅，但经过对这些文字的梳理和淘炼则可以清楚地看到，人们对于翻译活动的认识随着翻译活动的开展而逐步深化。对翻译行为的思考和讨论开始成为人们的一种自觉意识，以文字形式出现。

西方学者对于西方最早论述翻译的文字出现的确切时间有着较为统一的认识。公元前46年，罗马帝国时期的西塞罗（Marcus Tullius Cicero）撰写了《论最优秀的演说家》（"De optimo genere oratorum"）一文，这是一部译文集的序言。西塞罗以译文为论据，说明何为最优秀的演说家，其中谈到："……演说的精神不变，表达与修辞也未变；所有词语都符合我们语言的用法，但我并不认为有必要逐字翻译；我所保存的是整体的气势和表现力。"同时，他又指出："雄辩力存在于词语与思想之中。因此，我们必须寻求纯洁而准确的表达……"[2] 这段文字虽然没有涉及到对于翻译的形而上的思考，却区分了翻译的两种基本方法——直译和意译，开启了西方对于翻译问题讨论的先河，堪称西方译论之源。

西方神学家、翻译家圣哲罗姆，被当今西方翻译学界称为"译学之父"，他翻译过许多希腊神学著作，以博学著称，而他主译的拉丁文《圣经》，即《通俗拉丁文本圣经》更为他赢得了不朽的名声。他在公元380年为优西比乌斯（St. Eusebius）作品翻译集所作的序中，有这么一段话：

> 要顺异语的语序翻译，难免会时有偏离；要在翻译中保存异语表达的文采，也是难事。若原文中以一词表达一个意思，我若没有同样的表达，该怎么办？要想方设法完全表达原意，那我只得绕一个大圈，来走完原文本来很短的路程。还有词序倒置之障碍、辞格之差异、比喻之不同，总之，异语之特有的精髓。若以词译词，则韵味难传；若不得已对原文之结构与风格稍加变动，则有违背译者责职之嫌。[3]

从这段话中我们可以看出，圣哲罗姆认为，对词序、文采、辞格、韵味的处理存在着客观上的困难，而对待这些困难，必须慎之又慎，不然便有失本的危险，也有可能因此而违背译者的天职。

文艺复兴时代的法国翻译家艾蒂安·多莱（Etienne Dolet）在1540年发

---

1 《中国传统译论经典诠释——从道安到傅雷》，王宏印著，湖北教育出版社，2003年，第4页。

2 Michel Ballard: *De Cicéron à Benjamin: traducteurs, traductions, réflexions, Lille*, Presses Universitaires de Lille, 1995, pp.39–40.

3 同上，p.48.

表了《论佳译之方法》(*La manière de bien traduire d'une langue en l'autre*)，其中提出了五条翻译原则，都是从怎么译的角度来探讨翻译的。他提出：(1)译者必须完全理解他所译作品的意思和作品的内容。(2)译者必须完全掌握翻译时使用的两种语言。(3)译者不应该屈从到逐字翻译的地步……只有不受原文词序的束缚，译者才能以句子为落脚点，既使作者的意图得到表现，同时也能奇妙地保持原语与译语的特点。(4)译者必须遵守"约定俗成"的用法。(5)译者必须注意表达的和谐，保证措辞的连贯，相互衔接，同时要优美，不仅赏心，而且悦耳……[1]这五条原则虽然谈的都是译者应该怎么做，但涉及的问题已经远远超出纯语言的层面，多莱对翻译的认识可以说比他的前辈更深刻、更全面。德国宗教改革运动领袖、翻译家马丁·路德提出过关于翻译的七条细则[2]；以翻译《伊利亚特》与《奥德赛》而驰名译坛的英国翻译家乔治·查普曼(George Chapman)提出了具体的译诗的原则[3]。在他们之后，像法国的戈多(Antoine Godeau)、梅齐利亚克(Claude-Gaspar Bachet de Méziriac)，德国的赫尔德(Johann Gottfried von Herder)、施莱尔马赫(Friedrich Schleiermacher)、歌德(Johann Wolfgang von Goethe)、英国的德莱顿(John Dryden)、坎贝尔(George Campbell)、泰特勒(Alexander Fraser Tytler)，俄国的普希金(Alexander Pushkin)、别林斯基(Vissarion Belinsky)等都提出过有关如何翻译的方法、技巧与原则。他们对翻译本身问题的关注，特别是他们针对翻译问题所提出的或具体或原则的种种对策与方法，对深化人们对翻译的认识起到了不可忽视的作用。

在中国，人们围绕着"如何译"这一问题，形成了深具中国传统文化特色的对于翻译的认识体系。陈福康将中国传统译学理论的发展分为古代、晚清、民国、1949年以后四个时期[4]。三国时支谦写的《法句经序》(公元224年)是我国翻译界公认的第一篇谈翻译的文字。其中所主张的翻译方法"因循本旨，不加文饰"，有的学者视之为最初的直译说[5]，至今仍被众多的翻译家视为最重要的翻译原则之一。陈福康认为，此文"在中国译论史上的意义有三：其一，

1　Michel Ballard: *De Cicéron à Benjamin: traducteurs, traductions, réflexions, Lille*, Presses Universitaires de Lille, 1995, p.111.

2　路德提出的七条翻译方法与原则非常具体：(1)变换词序；(2)采用情态助动词；(3)采用必要的连接词语；(4)不得搬用德语中无适当对应词的希腊词语和希伯来词语；(5)原文的单词必要时可用短语来译；(6)比喻说法可转换为非比喻说法，非比喻说法亦可转换为比喻译法；(7)注意注释的精确性和正文的文体变化。参见《翻译经纬》，张泽乾著，武汉大学出版社，1994年，第72–73页。

3　查普曼提出的译诗原则明确反对"逐字死译"，对原作词序、句子结构、词法、风格等也提出了个人的处理原则。参见《西方翻译简史》，谭载喜著，商务印书馆，1991年，第99–100页。

4　参见《中国译学理论史稿》，陈福康著，上海外语教育出版社，1992年，引言。

5　参见《翻译论集》，罗新璋编，商务印书馆，1984年，第22页。

首次提出译事之不易。……其二,反映了早期'质派'的译学观点。……其三,说明我国译论从一开始便深植于传统文化土壤之中"[1]。

中国传统译论中有大量探讨翻译得失与困难的文字。其中东晋、前秦时期的高僧、翻译家道安的"五失本"、"三不易"之说最具代表性。他在《摩诃钵罗若波罗蜜经钞序》中指出:

> 译胡为秦,有五失本也:一者,胡语尽倒,而使从秦,一失本也。二者,胡经尚质,秦人好文,传可众心,非文不合,斯二失本也。三者,胡经委悉,至于叹咏,叮咛反覆,或三或四,不嫌其烦,而今裁斥,三失本也。四者,胡有义说,正似乱辞,寻说向语,文无以异,或千五百,刈而不存,四失本也。五者,事已全成,将更傍及,反腾前辞,已乃后说而悉除,此五失本也。
>
> 然《般若经》,三达之心,覆面所演,圣必因时,时俗有易,而删雅古以适今时,一不易也;愚智天隔,圣人巨阶,乃欲以千岁之上微言,传使合百王之下末俗,二不易也;阿难出经,去佛未久,尊者大迦叶令五百六通,迭察迭书,今离千年而以近意量裁,彼阿罗汉乃兢兢若此,此生死人而平平若此,岂将不知法者勇乎?斯三不易也。涉兹五失经,三不易,译胡为秦,讵可不慎乎?[2]

译胡为秦,困难重重,稍有不慎,即可能使佛经失去本来面目。从翻译实践中认识翻译之障碍,指出有可能"失本"的五种倾向,道安的"五失本"、"三不易"之说对翻译者如何避免背叛原文,具有警示作用。

如张思洁在《中国传统译论范畴及其体系》一书中所言,自《法句经序》起,中国传统翻译思想"大略经历了形成、转折、发展和鼎盛四个阶段","这些翻译思想具有共同的历史和文化渊源:它们根植于中国的悠久文化,以中国古典文论、古代哲学及古典美学为其理论基础和基本方法;它们既相互独立又彼此联系,构成一条贯穿中国传统翻译思想的长轴"[3]。罗新璋则从这条长轴中理出四个概念,高度概括了传统译论的历程:"案本–求信–神似–化境"[4]。这四个概念为我们探寻浩瀚的中国传统翻译思想提供了重要线索,是构筑我国传统译论体系的基础。不论是以支谦、支谶为代表的"文质说",还是严复的"信达雅",又或是傅雷的"神似说",钱钟书的"化境说",都体现出与现当代

---

1 《中国译学理论史稿》,陈福康著,上海外语教育出版社,1992年,第8-9页。
2 引自《翻译论集》,罗新璋编,商务印书馆,1984年,第24页。
3 《中国传统译论范畴及其体系》,张思洁著,上海译文出版社,2006年,第5-6页。
4 《翻译论集》,罗新璋编,商务印书馆,1984年,第19页。

翻译理论截然不同的认知角度和认知观念。对此，王宏印有十分精辟而恰当的归纳。他认为，中国传统译论有如下五个特点："一、以道德为本位，强调译者道德修养和敬业从业为本的主体性意识。……二、服务公众和社会的群体本位思想。……三、人文主义的语言观而不是科学主义的语言观，始终是中国传统翻译实践的潜在的理论导向。……四、人文社科类作为主要文本翻译的类型，在材料内容、语言类型和运思方式上都倾向于文学翻译的艺术性，而不是科学翻译的科学性。……五、哲学的而非科学的、美学的而非宗教的，是中国传统译论的始终如一的理论基础。"[1]

纵观中西传统译论，我们发现，在很长一段历史时期里，人们对于翻译活动的认识主要停留在经验和文本层面，更多的是从翻译的得失与困难以及对翻译方法与技巧的探讨这两个方面来认识翻译。如何译？译得如何？这些可以说是从古代到近代的各国翻译家苦苦思索的一个永恒主题。经过漫长的历史积累，有关这方面的思考已经相当系统，为翻译家们的实践提供了重要指导，也为现代翻译理论的构建提供了宝贵资源，并给现代翻译理论家们以重要启示。但同时我们也发现，由于长期以来人们在认识翻译的过程中缺乏理论意识和学科意识，造成翻译活动的许多维度得不到揭示，对翻译活动的认知被一种简单化和非本质化趋向所限制。要真正全面地认识翻译、理解翻译，就离不开现代学理对翻译活动的观照。而在我们对翻译进行科学解剖之前，有必要先认识一下翻译活动的丰富性与复杂性。

2.2 翻译活动的丰富性

翻译是一项具有丰富内涵的复杂实践活动。美国著名语言学家雅各布森曾将翻译分为语内翻译、语际翻译和符际翻译，由此提出了广义的翻译概念，大大拓展了翻译的内涵。英国翻译理论家乔治·斯坦纳（George Steiner）提出理解即翻译，在某种意义上将翻译哲学化，为翻译成为许多学科研究的基本结构（如人类学）奠定了重要基础。我们通常所讲的狭义的翻译概念，指的是语际翻译。如果细究翻译类型、翻译过程和翻译结果，我们也会发现，即使是狭义的翻译，也具有各种各样的形式，而这些形式的产生和演变，是历史、文化、文学、译者主体性等不同因素综合作用的结果。对于翻译活动复杂性的考察，有助于我们全面认识翻译，从而对传统翻译观提出质疑。

比如，按照我们通常的理解，翻译一定是一种跨语际实践。那么，"跨语

---

1 《中国传统译论经典诠释——从道安到傅雷》，王宏印著，湖北教育出版社，2003年，第5-6页。

际"究竟能不能作为界定翻译与非翻译活动的标准？换句话说，一种语言活动在什么样意义上去跨语际，能被称作为翻译？我们不妨以林纾为例来说明问题。林纾是清末享有盛名的翻译家，他在近三十年的时间内，翻译了一百八十几种小说，对中国社会产生了巨大影响，被胡适称为"介绍西洋近世文学的第一人"。可是林纾自己不懂外文，他所译的所有外国文学作品都是和懂外文的中国口述者合作完成的，故有"耳受手追，声已笔止"之说。问题是，林纾不论是"耳受"还是"手追"，所接触的都是汉语，在严格意义上说，林纾没有进行、也没有能力进行跨语际实践。那么我们不禁要问：林纾所从事的这一文学活动是否可以被称为翻译？

同样是合作翻译，我们可以再以晚清传教士对西洋作品的译介为例，从不同的角度来说明翻译形态的丰富性。在这个例子中，除了传教士经常与华人合作翻译之外[1]，我们还可以发现，这里的主要译者是母语为非译入语的人。更为有趣的是，由母语为非中文的传教士用中文译成的这些外国文学作品，竟然对中国本土的文学语言产生了革命性的影响。如袁进所说，近代来华的西方传教士创作了最早的欧化白话文，正是在他们用中文翻译和创作作品的过程中，现代汉语逐渐形成并流行于全国各地[2]。而据有的学者考察，现代汉语中从日文借用过来的词，其中有一部分是日本人从19世纪传教士的词典中借用的英文词语的现代"汉字"的翻译[3]。由此看来，晚清传教士的翻译活动是一种维度复杂、影响深远的跨文化活动[4]。为什么会出现母语非中文的人从事外文中译？为什么这样的翻译能对译入语文化产生深远的影响？这些都是与当时特定的历史文化语境密切相关，值得进一步探讨和思考的问题。而我们在此列举这一现象，主要目的则是为了揭示翻译这一活动所具有的丰富形态，并引起读者对这一形态背后动因的思考。

如果说林纾的翻译和晚清传教士的翻译都是从翻译过程的角度揭示了翻译活动的复杂性，那么从翻译千变万化的结果中，我们同样可以发现翻译形态之丰富。翻译结果的多样性是一个客观存在的事实，尤其是当我们历时地考察中国翻译文学史时就会发现，不论是整体意义上的翻译文本的形态，还是具体某一原文本的译文，不同时期都会呈现出十分不同的样式。以中国新文学时期最重要的文学期刊之一《小说月报》为例，我们发现一个有关翻译副文本

---

1 比如《圣经》的翻译。参见《中国文学的近代变革》，袁进著，广西师范大学出版社，2006，第90页。

2 参见《中国文学的近代变革》，袁进著，广西师范大学出版社，2006，第69-96页。

3 参见《跨语际实践——文学，民族文化与被译介的现代性（中国，1900-1937）》，刘禾著，宋伟杰等译，生活·读书·新知三联书店，2002，第66-67页。

4 参见《越界与想象——晚清新教传教士译介史论》，何绍斌著，上海三联书店，2008年。

（paratext）的十分有趣的现象：以1920年为界，1920年以前所刊登的绝大部分译作通常没有原作者的译名、国籍，也无译者姓名；而1920年之后的译作，突然变得十分规范，不仅上述信息一应俱全，往往还伴有译者附言、译注之类的文字。翻译文本的形态在1920年前后发生突变，在某种意义上产生了断裂，这不能说是一种偶然现象，而是体现了翻译话语的变迁，这与当时的文学文化语境是分不开的。当然，我们在此无意展开对于这一问题的讨论，只想借助这一实例，从文本形态方面说明翻译活动的丰富性。

这一丰富性同样体现在面对同一文本时所采取的不同翻译策略上。人们在翻译实践过程中就翻译策略总结出一些二元命题，如直译/意译，忠实/再创造等等。同一个原文形象在不同翻译策略的作用下，能够呈现出大相径庭的面孔。郭延礼在《中国近代翻译文学概论》一书中对此问题有很好的揭示：

> "是日也，天朗气清，风光和畅，宫廷之花木鲜妍而映媚于朝暾，鸟与云而共飞，蝶随风而竞舞，山重水复，柳暗花明，芳气袭人，天光转媚，游鱼戏叶，白鹭浴波，其风景之佳绝，诚不可以名状。"

这段文字摘自普希金的小说《上尉的女儿》，是戢翼翚1903年的译本中的一段。原文描写的是秋天彼得堡郊外皇村附近一个小镇的花园。而在戢翼翚的笔下，正如郭延礼所言，"却好像是中国二三流才子佳人小说中的后花园"，完全看不见原文形象的影子。郭延礼将该译文与79年之后冯英的直译本进行比较，指出了译作与原作、译作与译作之间存在着较大的差距：

> "第二天一早，玛丽亚·伊凡诺夫娜醒来，穿好衣服，便悄悄地到花园去了。早晨的景色美极了。太阳照耀着被凉爽的秋风吹得发黄的菩提树梢。宽广的湖面平静地闪耀着。刚刚睡醒的天鹅庄重地从覆盖着湖岸的灌木丛中浮游出来。玛丽亚·伊凡诺夫娜来到了一片葱茏的草地边上，那里刚刚建立了一座纪念像，纪念彼得·亚历山德罗维奇·鲁缅采夫伯爵不久前取得的胜利。"

（冯英，1982）[1]

然而不论戢与冯的译本之间、戢的译本与原作之间在形式上有着多么大的差距，不论翻译批评家以何种标准对戢的译本做出何种评价，我们都不能否认，戢的译本也是一种翻译。本来，直译/意译、忠实/再创造之间的二元对立

1　此两段译文参见《中国近代翻译文学概论》，郭延礼著，湖北教育出版社，1998年，第34–35页。

就不是绝对的,不存在绝对的好与坏。一种翻译策略的采用,除与译者自身的翻译能力有关之外,更多地受到翻译家的文学文化立场影响。因此,我们与其在此探讨戚与冯的译本孰好孰坏的问题,不如转而思考造成翻译形态多样性的历史文化原因。

如果说上面这个例子从历时性的角度说明了翻译可能存在的多种形态,那么从共时性角度来看,翻译的丰富性最明显地体现在各种变译现象和翻译变体的存在。按照黄忠廉的定义,"变译(或'翻译变体')是译者根据读者的特殊需求采用扩充、取舍、浓缩、阐释、补充、合并、改造等变通手段摄取原作中心内容或部分内容的翻译活动"[1]。变译在各个时期的文艺作品、社科作品和科技作品中以各种形式出现。黄忠廉在他的著作《翻译变体研究》中对于借助这些变通手段和变译方法所从事的实践活动究竟是不是翻译这一问题做了肯定回答。但对此问题的认识,译界并未达成一致。早在20世纪80年代,周兆祥便从实践需要的角度对"翻译"的传统形态提出质疑。他认为,我们不能囿于传统认识上的翻译形式,而要根据时代的需要、根据现代化运动的实际,转变我们的翻译观,转变我们的"翻译态度和方法"。在新的历史阶段中,"视乎当前需要而定"的许多形式,如"改写、编译、节译、译写、改编"等等也是"堂堂正正的翻译方法"[2]。周兆祥试图以读者和现实需要的名义为"编译、节译、译写"等活动正名,让这些活动堂堂正正地进入"翻译"之殿堂。他的这一观点受到刘靖之的批评。刘靖之认为,"每部著作、每一篇文章都是作者个人的观察、研究所得、个人的经验体会所总结出来的成果……这些学术和艺术上的成果无不是作者穷毕生之精力和时间所取得的成就",而"编译、节译、改写、选译这些著作","一不留神,就有可能造成断章取义、误译、错译、漏译原著的恶果"[3]。我们认为,刘靖之的批评自然有其积极的意义,但在理论上并没有彻底解决"编译、节译、译写"这些在当代经常发生的活动是否属于翻译的范畴这一根本问题。刘靖之与周兆祥的争论,最终落在如何界定翻译活动的范畴这一问题上,这一争论本身就深刻反映了翻译活动的多样性和复杂性。

翻译活动的丰富性,为我们采用多重视角考察"翻译是什么"这一问题提供了可能性和必要性。我们认为,这个问题的答案绝不是唯一的。法国著名翻译理论家拉德米拉尔(Jean-René Ladmiral)对此问题曾有所思考,结合拉德米拉尔的观点,我们认为可以从三个层面去思考"翻译是什么"这个问题。一

---

1 《翻译变体研究》,黄忠廉著,中国对外翻译出版公司,2000年,第5页。
2 《我们从今以后不要再翻译了——现代化运动里翻译工作的态度和方法》,周兆祥,香港翻译学会"翻译与现代中国"研讨会论文,1985年7月6日。
3 《神似与形似——刘靖之论翻译》,刘靖之著,书林出版有限公司,1996年,第363页。

是从哲学本体论的层面，着重探讨翻译的本质；二是从翻译的目的或任务的层面，界定翻译是一项什么样的活动；三是从翻译的形式层面，看翻译有多少种类型。人们对翻译的认识，经历了一个漫长的过程。从将翻译视为一种边缘活动，到语言学家将翻译活动纳入科学认识的视野，再到翻译研究视角的多元整合，人们对翻译的认识逐步深化，翻译活动的丰富性和复杂性逐步得到揭示。在试图对翻译做出一个较为科学的界定之前，我们有必要回顾一下翻译研究的历程和对翻译认识的现状。

2.3 语言学视角下对翻译的认识

翻译在历史上曾长期受到冷落，处于历史的边缘。乔治·穆南在出版于20世纪60年代的《翻译的理论问题》一书中曾指出，长期以来翻译得不到重视，打开西方主要国家的大百科全书，几乎见不到有关"翻译"的条目，无论是法国的、英国的，还是意大利或德国的百科全书，几乎没有一行文字论及翻译及其历史与问题[1]。这种状况，如今已经基本改变。随着翻译理论研究的不断发展，有关翻译的认识不断加深，记录并反映人类知识水平发展的各类词典中也开始有了"翻译"的一席之地。像《大英百科全书》（*Encyclopaedia Britannica*）这一类大型百科全书中，"翻译"已有了本应拥有的位置。

在对翻译认识的深化过程中，语言学家们充当了先锋的角色。从20世纪50年代开始，苏联的费道罗夫、加拿大的维纳（Jean-Paul Vinay）与达尔贝勒内（Jean L. Darbelnet）、英国的卡特福德、法国的乔治·穆南等就从语言学的角度对翻译进行了系统而深入的研究。正是翻译的语言学研究帮助翻译从经验主义中走出来，渐渐摆脱了纯经验主义的尴尬处境，逐步进入到科学的层面进行探索与研究。

在《翻译的语言学理论》中，卡特福德开宗明义："翻译是一项对语言进行操作的工作：即用一种语言的文本来替代另一种语言的文本的过程"[2]。卡特福德对翻译的定义是从纯语言学的角度出发的，他宣称，"显然，任何翻译理论都必须采用某种关于语言的理论，即普通语言学的理论"[3]。卡特福德还不满足于开篇提出的有关"翻译"的这一定义，在第二章中，他对第一个定义又作了部分修正，明确写道："翻译（Translation）的定义如下：用一种等值的语言

---

1 Georges Mounin: *Les problèmes théoriques de la traduction*, Paris, Gallimard, 1963, p.11.
2 《翻译的语言学理论》，卡特福德著，穆雷译，旅游教育出版社，1991年，第1页。
3 同上，第24页。

(译语)的文本材料(textual material)去替换另一种语言(原语)的文本材料"[1]。卡特福德的这个定义用了"文本材料"一词,包括了"口头的"与"笔头的"两个方面;"替换"与"等值"两个词之间具有逻辑的联系,翻译既然可以等值,当然只是一种替换行为,就如A可以替换B,B可以替换C,而A、B、C之间的理想关系,就是等值。

"等值"的概念,并不是卡特福德首创的。早在1953年,苏联的费道罗夫就明确提出了"等值"论:"翻译的等值,就是表现原文思想内容的完全准确和作用上、修辞上与原文完全一致。"[2]从我们手头所掌握的资料中,我们发现翻译研究的语言学派的主要人物,都或多或少作过努力,尽可能对翻译作出定义,像提出等值论的费道罗夫,主张等效的奈达等等。无论是等值,还是等效,追求的是最大限度的"等"。他们对翻译的定义虽然在表述上有所不同,但本质上都具有相当的一致性。如中国译界比较熟悉的下面几种定义:

(1)翻译是用一种语言把另一种语言在内容与形式不可分割的统一中业已表达出来了的东西准确而完全地表达出来。

——费道罗夫

(2)翻译是把一种语言的言语产物在保持内容也就是意义不变的情况下改变为另外一种语言的言语产物的过程。

——巴尔胡达罗夫(L. S. Barkhudarov)

(3)所谓翻译,是指从语义到文体在译语中用最切近而又最自然的对等语再现原语的信息。

——奈达

对在翻译研究中被一引再引的上述三种定义,黄忠廉在《翻译本质论》第一章中作过评介,对三者之间的异同进行了分析[3]。

应该说,这三种定义加上卡特福德的定义,对中国学者产生了广泛的影响,像张培基、王德春等学者提出的定义或多或少都从中得到过启示。我们不妨将其录于此,供研究比较。

---

1 《翻译的语言学理论》,卡特福德著,穆雷译,旅游教育出版社,1991年,第24页。
2 参见《文艺翻译与文学交流》,吉维·拉日杰诺维奇·加切奇拉泽著,蔡毅、虞杰编译,中国对外翻译出版公司,1987年,第19页。
3 参见《翻译本质论》,黄忠廉著,华中师范大学出版社,2000年,第6—16页。

(1) 翻译就是转换承载信息的语言，把一种语言承载的信息用另一种语言表达出来。

——王德春

(2) 翻译是运用一种语言把另一种语言所表达的思维内容准确而整体地重新表达出来的语言活动。

——张培基

张培基和王德春对翻译的定义是很具有代表性的。他们的定义都是在20世纪80年代提出来的。张培基是《英汉翻译教程》的主要编者之一，这部教程在中国拥有众多的读者。王德春是国内重要的语言学家，他对翻译也有很深的研究。尽管张培基的定义中强调翻译所表达的是原文的思维内容，但就整个表达来看，翻译首先在形式上是语言的转换，对这一点是没有异议的，问题在于，翻译到底是重新"表达"、"再现"还是"替换"？而"重新表达"、"再现"或"替换"的到底是什么？是"文本材料"，"信息"，还是"思维内容"？看来，语言学家们对翻译的根本任务，即"译"什么，看法并不完全一致，而且定义本身的侧重点有所不同。但是，在20世纪50年代至80年代语言学家对翻译作出的有关定义，大体上被词典编撰者所接受，如中国的《辞海》、《现代汉语词典》、《中国大百科全书·语言文学卷》和《中国翻译词典》等权威辞书，对"翻译"的定义基本上是属于语言学派的：

(1) 翻译：把一种语言文字的意义用另一种语言文字表达出来。

——《辞海》（1980）

(2) 翻译：把一种语言文字的意义用另一种语言文字表达出来（也指方言与民族共同语、方言与方言、古代语与现代语之间一种用另一种表达）；把代表语言文学的符号或数码用语言文字表达出来。

——《现代汉语词典》（1978、1983、1996）

(3) 翻译：把已说出或写出的话的意思用另一种语言表达出来的活动。

——《中国大百科全书·语言文字卷》（1988）

(4) 翻译：翻译（translation）是语言活动的一个重要组成部分，是指把一种语言或语言变体的内容变为另一种语言或语言变体的过程或结果，或者说把一种语言材料构成的文本用另一种语言准确而完整地再现出来。

——《中国翻译词典》（1997）

对比上述四种对翻译的定义，可以看出：就本质而言，四种定义基本一致，但《现代汉语词典》的表述显然更完整、更科学。《辞海》的定义太窄，将"口译活动"排斥在"翻译活动"之外。我们查阅了《现代汉语词典》1978年第1版和1996年修订版，发现相隔20年后，修订版中对"翻译"的定义仍然没有变化。如果说辞书是忠实记录并反映一个时期人们的知识水平的话，那么我们不妨可以这么看：翻译的语言学派对"翻译"作出的定义，至少在20世纪80年代到90年代已得到较为普遍的认可。辞书的那些"定义"，也恰恰反映了翻译研究在语言学的启迪下所达到的对翻译的一种认识水平。语言学派对"翻译"的定义（虽然它们之间有相当的差异）强调翻译是一种语言活动，这是核心。

然而，翻译不仅仅是一种纯语言层面的活动，更是一种重要的文化实践。以上从语言学角度对翻译所做的定义把翻译活动仅仅局限在语际转换层面上，这样便忽视和遮盖了广义的翻译所囊括的丰富内涵，以及语际翻译的全过程所承载的重要文化和历史意义。上文多次提到，美国著名语言学家雅各布森从符号学的观点出发，将翻译分为语内翻译、语际翻译和符际翻译。对翻译所作的这一广义定义，大大地扩充了翻译活动的含义，在某种意义上使翻译成为人类认知活动的一个重要基础，凸显了翻译活动的复杂维度，为翻译从边缘走向中心奠定了概念基础。单就狭义的翻译概念即语际翻译而言，从最初的翻译动机开始，便已进入翻译研究的范畴，成为全面认识语际翻译不可或缺的一面。语际翻译实际上是一个涉及因素多、范围广的复杂实践活动。其中的许多问题，如翻译者的主观因素，语言转换中的文化移植，影响翻译的社会、政治因素等等问题，在语言学层面难以展开系统和深入的分析，得不出令人信服的答案，翻译历史上的众多现象也无法作出辩证的解释。翻译的语言学研究途径暴露出的这些局限，使其他学科理论的介入显得非常必要。

2.4 研究视角的多元整合

语言学派对翻译的这种认识或定义，首先遭到翻译文艺学派的质疑。早在语言学派试图将翻译研究纳入语言学范畴的20世纪50年代，许多翻译家就明确提出，把翻译完全归结为语言活动是错误的，如爱德蒙·加里（Edmond Cary）就认为："文学翻译不是一种语言活动，而是一项文学活动"[1]。我国知名的翻译家许渊冲也持同样的观点。他以其丰富的翻译经验为基础，借助中国文

---

1 Edmond Cary: *Comment faut-il traduire?* Lille, P.U.L., 1986, p.6.

论中的一些理论精华，将翻译定义为"美化之艺术"[1]。在为《译论》一书所作的序中，他对费道罗夫提出的"等值翻译论"、奈达提出的"等效论"提出了批评，阐述了中国以"神似、化境"为核心内容的文艺派翻译观，指出语言学派的译论"抹杀了文学翻译的创造性"[2]。就对翻译的认识而言，翻译的语言学派与翻译的文艺学派的观点是针锋而对的。语言学派认为翻译是语言活动，追求的是等值、等效；而文艺学派认为翻译是艺术活动，追求的是再创造。由于对翻译的本质认识不同，所以对整个翻译活动的阐释，包括翻译过程、原则、标准的认识，自然便有了差异。

从20世纪70年代起，国际译学界的一批著名翻译理论家，如詹姆斯·霍姆斯（James S. Holmes）、苏珊·巴斯奈特（Susan Bassnett）、安德烈·勒菲弗尔、劳伦斯·韦努蒂（Lawrence Venuti）、西奥·赫尔曼（Theo Hermans）等，从各自的立场出发，强调了翻译活动的文化性。如勒菲弗尔指出："翻译并非在两种语言的真空中进行，而是在两种文学传统的语境下进行的。译者作用于特定时间的特定文化之中。他们对自己和自己文化的理解，是影响他们翻译方法的诸多因素之一"[3]。这是一种全新的翻译研究视野，将翻译研究的重点从原来的语言对比和价值评判层面转移到对两种文化的关注上来，促成了翻译研究的文化转向。这一转向对于翻译研究的意义是重大而深远的，它大大拓展了翻译研究的空间，为翻译研究脱离语言学桎梏提供了重要支柱。在这一视野中，翻译研究与文化研究（cultural studies）产生了极为密切的联系，而在对以翻译为媒介的两种文化的交流影响研究中，有两个基本方面，一是以外来文化为落脚点，研究它对于主体文化（host culture）的影响，二是以主体文化为落脚点，研究它对于外来文化的选择和接受。从某种意义上来说，后者是更值得关注的方面，因为正如孔慧怡所说，"这样的研究才会充分显示翻译活动作为跨文化沟通的枢纽，其可能性和局限性在于什么地方"。在她看来，"翻译是否能造成文化影响，又或是造成怎么样的影响，其实并不在于语言转换的过程，而完全视其主体文化如何制约，又如何接受这个过程的产物"。因此她指出，"要从事深入的翻译研究，应该考虑两大范畴：第一是主体文化的规范和环境，第二是翻译活动与主体文化在很长一段时间里产生的相互影响"[4]。只有跳出文本对比的框架，深入研究主体文化环境以及其对外来文化的选择和接受，才能真

---

1 《翻译："美化之艺术"——新旧世纪交谈录》，许渊冲、许钧，《文学翻译的理论与实践——翻译对话录》，许钧等著，译林出版社，2001年，第46—59页。

2 参见许渊冲《序》，许渊冲，《译论》，张经浩著，湖南教育出版社，1996年，第1—6页。

3 André Lefevere: *Translating Literature: Practice and Theory in a Comparative Literature Context*, Beijing, Foreign Language Teaching and Research Press, 2006, p.6.

4 《总序》，孔慧怡，《翻译与创作——中国近代翻译小说论》，王宏志编，北京大学出版社，2000年，第5页。

正揭示翻译活动的复杂性和丰富性。

在翻译的文化视野观照之下，近二三十年来，翻译研究者大量借鉴各种当代文化理论，如多元系统理论、文学解释学、接受美学、女性主义、解构主义、后殖民理论等等，从不同角度切入到翻译研究中来。多种理论介入之后，翻译的本质从多个方面得到了揭示。如符号学派把翻译当作一种"符号解释"的活动，对皮尔士（C. S. Peirce）来说，"翻译就是符号解释，符号解释就是翻译"[1]；在阐释学的视角下，"理解，就是翻译"[2]；在翻译"目的论"者看来，"翻译就是文化Z通过语言z表达信息，而这个信息又由文化A按照其目的所需，通过语言a再表达出来。就是说，翻译并非仅仅是把一个语言的语句转换成另一套语言符号，而是一个更为复杂的过程，是某一方要在某一个新环境当中，把原文转知另一方，在这个传送过程当中，译者一方面要照顾新的文化、语言及语篇目的等等制约，另一方面又必须尽可能依从原文的句子结构"[3]。在权力话语理论的观照下，"翻译并不是一种中性的、远离政治及意识形态斗争和利益冲突的行为；更不是一种纯粹的文字活动，一种文本间话语符号的转换和替代，而是一种文化、思想、意识形态在另一种文化、思想、意识形态环境里的改造、变形或再创作"[4]。因为语言本身在文化价值的构建中就具有某种"特权"，现实世界中不同的语言之间便构成了某种等级，事实上存在着强势语言与弱势语言之分。语言，便成了"斗争之场"，作为跨语际实践的翻译则不可避免地充当了意识形态与政治的同谋。至于"翻译是竞赛"、"翻译是征服"、"翻译是妥协"，"翻译是再生"等等说法，都有各自的理论依据。"翻译"活动在各种理论的观照之下，呈现出一个又一个侧面，幻化出一个又一个形象。

在各种理论所揭示的翻译的形形色色的"是"之外，还有从古到今中外文人所说的翻译的"似"或"像"。钱钟书在《管锥编》第四册中有一节释中外文人论翻译，题为"翻译术开宗明义"，里边提到的一些说法很有代表性。如《高僧传》三集卷三云："翻也者，如翻译锦绮，背面俱华，但华有左右不同耳"；雨果说（Victor Hugo）"翻译如以宽颈瓶中水灌注狭颈瓶中，傍倾而流失者必多"；叔本华（Arthur Schopenhauer）谓"翻译如以此种乐器演奏原为他种

---

1 参见《当代美国翻译理论》，郭建中编著，湖北教育出版社，2000年，第102–134页。

2 George Steiner: *Après Babel, une poétique du dire et de la traduction* (*After Babel, Aspects of Language and Translation*), traduit par Lucienne Lotringer et Pierre-Emmanuel Dauzat, Paris, Albin Michel, 1998.

3 引自《西方翻译理论精选》，陈德鸿、张南峰编，香港城市大学出版社，2000年，第163页。

4 引自《翻译研究：从文本理论到权力话语》，吕俊，《四川外语学院学报》，2002年第1期，第109页。

乐器所谱之曲调"；伏尔泰（Voltaire）谓"倘欲从译本中识原作面目，犹欲从板刻复制中睹原画色彩"[1]；傅雷从翻译的效果角度来论翻译，说"翻译应当象临画一样，所求的不在形似而在神似"等等，不一而足。

事实上，丰富的翻译比喻是翻译认识活动中一种非常独特的文化现象。在《翻译比喻中西探幽》一文中，谭载喜将搜集到的270条中西翻译比喻归为十大类：绘画、雕刻类；音乐、表演类；桥梁、媒婆类；奴隶、镣铐类；叛逆、投胎转世类；商人、乞丐类；酒水、味觉类；动物、果实、器具类；竞赛、游戏类；比喻本身及其他类。翻译比喻中所出现的"喻体"、"喻词"五花八门，多不胜数。正如作者在文章中所言，"从翻译家们最喜爱创造和使用的形形色色的翻译比喻中，我们见到的不仅仅是文学人想象力的多姿多彩，更重要的是翻译这项人文、文学活动本身在本质、功能和方法上的复杂性和多面性，而在这个具有普遍意义的复杂性和多面性背后，却又同时隐藏着并非普遍存在的、不同翻译体系的文化蕴涵"，因为"创造和使用什么样的翻译比喻，往往反映出相关文化背景的影响，即社会文化不同，翻译比喻中所使用的喻体形象也就各异"[2]。比如，对于翻译者所扮演的基本角色，传统上，西方人曾经想到的是"先知"、"启明星"、"桥梁"、"竞争者"、"征服者"、"反逆者"，中国人想到的则是"舌人"、"象胥之官"、"诱"者、"媒婆"、"把关人"等等。各自所指有褒有贬，无不渗透出各自文化蕴涵的细腻分别。在另一篇探讨翻译比喻问题的文章《翻译比喻衍生的译学思索》的英文标题中，谭载喜将翻译比喻看作"认识翻译本质的一扇窗口"[3]，因为一方面，丰富的翻译比喻所探讨的问题相对集中，"译者和论者实际上始终都是围绕翻译过程中涉及的源文本主导性、译者顺从性或叛逆性、是采用意译还是采用直译等少数主要译学命题而创造和运用翻译比喻的"[4]，而另一方面，"透过这五颜六色、引人入胜的翻译比喻，我们可以从不同的视角、以不同的心境，来认知翻译的本来面目：它的本质，它的法则，它的方法，等等"[5]。正是在这一意义上，我们可以说，翻译比喻是研究翻译的一个重要视角，它的丰富文化蕴涵使得它在译学研究中占有一席特殊的地位。

从文人极富感性的比喻——"似"、"如"、"像"，到学者竭力想从科学的角度揭示的"是"，从语言学对于翻译等值的追求到翻译研究多元视角的整合，翻

1　引自《管锥编》第四册，钱钟书著，中华书局，1979年，第1261–1265页。

2　《翻译比喻中西探幽》，谭载喜，《外国语》，2006年第4期，第78页。

3　《翻译比喻衍生的译学思索》，谭载喜，《中国翻译》，2006年第2期，第3页。

4　《翻译比喻中西探幽》，谭载喜，《外国语》，2006年第4期，第77页。

5　《翻译比喻衍生的译学思索》，谭载喜，《中国翻译》，2006年第2期，第5–6页。

译研究的目的都是想引导人们认识翻译、理解翻译。翻译活动在"是"与"似"之间呈现出了千张面孔。看似非常简单的翻译活动由此而显示出了它的复杂性。而对于翻译研究者来说，面对如此众多的"是"与"似"，面对常常相互矛盾甚或对立的看法，不可能不产生这样的困惑：翻译活动虽然复杂，但它是否具有属于自己的一些本质特征？我们到底应该如何理解翻译活动？作为翻译研究者，如何才能保持自身的独立思考，该拥有怎样的翻译观？在回答这些问题之前，对翻译研究的现状做一个简单梳理和分析，也许会有助于我们的思考。

2.5 译学研究的机遇与挑战

当我们对自20世纪50年代以来翻译研究所走过的路作一回顾性的审视时，不难看到以下几点：一是翻译研究在近半个世纪以来得到了突破性的发展，无论是就其广度而言，还是就其深度而言，都是在过去的历史上任何一个时期所未能达到的。二是翻译研究的途径得到不断开拓，各种翻译研究流派纷呈，出现了一大批具有代表性的研究成果。三是翻译理论研究的不断深入与发展越来越受到其他学界的关注与承认。

在国外，从20世纪80年代末起，就有学者开始对50年代以后的翻译理论研究状况进行分析与总结，像加拿大的罗贝尔·拉罗兹（Robert Larose），英国的埃德温·根茨勒（Edwin Gentzler），他们分别于1989年与1993年发表了同名著作《当代翻译理论》。前者以翻译所涉及的基本问题为核心，对50年代至80年代在翻译理论研究领域比较活跃的代表人物的观点与思想进行了评述[1]；后者则根据自第二次世界大战至20世纪90年代初西方翻译理论研究的发展状况，以不同的观点和重要著作为依据，将当代的翻译理论分为"美国翻译培训派"、"翻译科学派"、"早期翻译研究派"、"多元体系派"和"解构主义派"等五大流派[2]。

在国内，廖七一于2000年出版的《当代西方翻译理论探索》一书辟第二章评述"当代西方翻译理论流派"，采用的就是根茨勒的划分方法。陈德鸿与张南峰编写的《西方翻译理论精选》收录了西方二十位重要翻译理论家主要著作的部分章节的译文，这二十位译学理论家中，除德莱顿、泰特勒、施莱尔马赫三位之外，其余十七位均是当代的。根据编者的划分，西方译学研究界的

---

1 Robert Larose: *Théories contemporaines de la traduction*, Montréal, Presses de l'Université du Québec, 1989.

2 Edwin Gentzler: *Contemporary Translation Theories*, London and New York, Routledge, 1993.

这二十位代表人物被列入六大学派：语文学派、诠释学派、语言学派、目的学派、文化学派、解构学派。除传统的语文学派，其余的五个流派都是近五十年来发展起来的。在《西方翻译理论精选》的绪论中，两位编者这样说道："西方的翻译理论，除了语言学派和传统的语文学派之外，还有近一二十年才兴起或盛行的翻译研究学派，以及解构主义、女性主义、后殖民主义等学派，可谓百花齐放"[1]。如果再把我们的视野继续扩大一些，还可列举出符号学派、交际学派、语言哲学派、文艺学派等翻译研究流派名称。从在历史上长期以来"不入流"的翻译经验之谈到20世纪末令人眼花缭乱的翻译研究流派的形成，我们可以看到，翻译的理论研究开始或已经进入了一个全面发展的时代。而透过那些被冠以各种名称的翻译思想或观点，我们不难看到相同的一点，那就是借助其他学科的理论成果，对翻译进行研究[2]。以语言学的理论指导产生的研究成果被统称为"语言学派"，以女性主义理论为参照的研究，被冠以"女性主义翻译学派"。总之，一种理论的介入，从积极的角度看，都给人们认识与研究翻译打开一条新的通道。

借助不同学科的理论，对翻译问题进行研究，是翻译研究发展的一条必由之路，这是由翻译学科的性质所决定的。在1992年，陈福康明确指出：

> 翻译理论本身是一个综合的、开放的系统，它与许多学科与艺术的门类息息相通，从语言学到文艺学、哲学、心理学、美学、人种学、乃至数学、逻辑学和新起的符号学、信息学等等，都有关系；然而，它又自有其独立性。例如，它与语言学的关系最密切，相互有不少交叉和叠合，它可以借助于语言学的原理来阐发语际转换的规律等，但它并不依附于语言学。它可以运用文艺学、文体学的原理来阐述翻译中的风格、神韵等问题，但它也不归属于文艺学、文体学。反过来说，翻译理论的成果，也可以对语言学、文艺学、心理学、哲学等等的研究起到借鉴和促进的作用。例如，比较文学中的影响研究，就必须求助于翻译理论为其媒介学的基础。[3]

---

1 引自《绪论》，《西方翻译理论精选》，陈德鸿、张南峰编，香港城市大学出版社，2000年，第ix页。

2 在这方面，国内出了一大批研究成果，最有代表性的是刘宓庆，他在多个领域进行了探索，以美学、语言哲学、文化学等学科的理论为指导，分别发表了《翻译美学导论》，(书林出版有限公司，1995年)；《文化翻译论纲》(湖北教育出版社，2000年)；《翻译与语言哲学》(中国对外翻译出版公司，2001年)。另外，在阐释学、交际理论、比较文学理论的启发下，也有重要研究成果问世，如蔡新乐、郁东占的《文学翻译的释义学原理》(河南大学出版社，1997年)；奚永吉的《文学翻译比较美学》(湖北教育出版社，2000年)；谢天振的《比较文学与翻译研究》(业强出版社，1994年)和《译介学》(上海外语教育出版社，1999年)等。

3 引自《中国译学理论史稿》，陈福康著，上海外语教育出版社，1992年，第2–3页。

吕俊也差不多持同样的观点,他认为:"翻译研究是一门综合性学科,许多理论,如文化学、人类学、传播学、哲学、方法论知识、学科发展理论、思维学等等,都与翻译研究有关,对这些理论的学习都有助于翻译学的建立"[1]。翻译研究以一种前所未有的开放的姿态,吸取着不同学科的理论精华,在不断地丰富自己,发展自己。近三十年来的历史证明,翻译研究所走的方向基本上是正确的。对此,国内外大多数翻译研究者也差不多都持肯定的看法。从不同的理论出发,对翻译进行研究,不断深化并扩大了我们对翻译的认识。

谭载喜在《翻译学》一书的第四章中,对"翻译学的研究途径"进行了归类,他指出:

翻译学是研究翻译的科学。它通过对翻译的性质、过程、方法等方面进行客观的、科学的描写,提出系统的翻译理论,推动翻译的实践。翻译研究中最基本的途径有(1)文艺学途径;(2)语言学途径;(3)交际学途径;(4)社会符号学途径;(5)翻译学途径。[2]

谭载喜对于翻译学研究途径的分类,最早是于1987年与奈达合著的一篇文章中提出的[3]。当时,他据以分类的,是80年代中期的翻译理论研究状况。而在这之后的十余年时间里,翻译理论研究的视野不断拓展,翻译研究的领域逐渐打开。有必要指出的一点是,初看上面这段论述,可发现他与奈达共同分析与归纳的翻译研究的五个途径,前四条与第五条有矛盾之处。无论从哪个角度看,前四条都是翻译学的研究途径,那么,翻译学途径怎么又可以单独称为一条呢?从文字的表达看,其中的矛盾是明显的。但在这纯属文字表述矛盾的背后,我们似乎可以感觉到翻译研究途径的一种困惑:如果说借助其他学科的理论来对翻译进行研究是一条必经之路的话,那么翻译学途径与其他四条途径又应该呈现一种怎么的关系呢?

对"翻译学途径",谭载喜与奈达是这样定义的:

翻译学途径是一个综合性途径。它不仅综合上述各个途径的优点,同时还综合其他一切翻译研究途径的优点或特点。翻译学途径明确区分翻译和翻译研究,认为翻译本身只能是一种技术、一门艺术,决不是科学;而有关翻译的那

1 引自《对翻译学构建中几个问题的思考》,吕俊,《中国翻译》,2001年第4期,第9页。
2 《翻译学》,谭载喜著,湖北教育出版社,2000年,第40页。
3 参见《论翻译学的研究途径》,谭载喜、尤金·A.奈达,《外语教学与研究》,1987年第1期,第24-30页。

门学问却是科学，并且是一门不隶属于任何其他科学（包括语言学）的相对独立的综合性科学。它的研究对象不仅包括语际翻译、语内翻译，而且也包括符际翻译，即不同符号系统之间的翻译。翻译学途径的主要特点，除高度的综合性以外，还有高度的描写性、开放性和灵活性。[1]

按照上文提供的定义，所谓"翻译学途径"，是一种翻译研究的综合途径。差不多在同一时期，长期任教于维也纳大学翻译系的玛丽·斯内尔–霍恩比（Mary Snell-Hornby）发表了《翻译学：综合研究》[2]一书，她所说的综合研究途径，在本质上与谭载喜提出的"翻译学途径"是相通的。首先，斯内尔–霍恩比提出翻译的综合研究，是基于对近半个世纪德国译论研究中出现的重微观、重语言等主要倾向的反思。她特别强调翻译不是语际转换，而是一种跨文化交际。她认为，翻译学涉及心理学、哲学、民族学等各方面的知识，但应该以文化为依归[3]。后来，在《翻译学：一门跨学科》[4]中，斯内尔–霍恩比更加明确地指出了翻译学的跨学科性质，而采取综合研究法是使翻译学科向独立性及完整性发展的重要保证。在这里，我们已经可以清楚地看到翻译研究在新的阶段所面临的新的问题。

借助其他学科的研究成果，客观上确实为翻译研究拓展了巨大的空间，为翻译研究注入了科学的活力，渐渐地从边缘开始走向中心。翻译，作为一种复杂的活动，涉及面广，若仅仅局限在一个领域对之进行研究，无法揭示其性质及活动规律，在这个意义上，翻译研究必定具有综合性。但是，当各种学科的理论介入翻译研究领域之后，当我们在为翻译研究由此进入全面发展时期而欣喜的同时，不能不看到在种种理论指导下取得的研究成果存在着一个致命的弱点，那就是如同"盲人摸象"，每一种理论流派所认识的翻译在很大程度上具有片面性，揭示的只是翻译活动的一个方面，难以深刻地反映翻译活动的全貌。此外，在理论的层面，从目前翻译理论研究的现状看，还出现了"理论+翻译"的两张皮现象，有的理论只浮在表面，难以真正起到指导翻译研究的作用。最为值得注意的是，翻译研究在引进各种理论的同时，有一种被其吞食、并吞的趋向，翻译研究的领域看似不断扩大，但在翻译从边缘走向中心的路途

1 《翻译学》，谭载喜著，湖北教育出版社，2000年，第51页。

2 Mary Snell-Hornby: *Translation Studies: An Integrated Approach*, Amsterdam and Philadelphia, John Benjamins, 1988.

3 参见《西方翻译理论精选》，陈德鸿、张南峰编，香港城市大学出版社，2000年，第153页。

4 Mary Snell-Hornby et al (eds)：*Translation Studies: An Interdiscipline*, Amsterdam and Philadelphia, John Benjamins, 1994.

中，却潜伏着又一步步失去自己的位置的危险[1]。面对这一危险，我们不能不清醒地保持独立的翻译学科意识，而谭载喜、斯内尔–霍恩比所提出的"翻译学途径"或"综合研究途径"，是值得我们认真探索的。

2.6 翻译之特性

从理论研究的角度看，要进行翻译基本理论的系统探讨或建设，不可能不对"翻译是什么"这个问题作出解答。而根据目前人们对翻译的探讨的情况看，我们首先可能得出的一个结论，就是翻译是一项复杂的活动，它的内涵是十分丰富的。我们不妨从几个方面加以归纳，作为我们建立翻译观的基础。

1. 翻译具有社会性。从我们在本章一开始所介绍的翻译的历史及其活动形式来看，翻译活动之所以存在，或者之所以有必要存在，是因为操不同语言的人之间需要交流。而人与人之间的交流所形成的一种关系必定具有社会性。翻译是在人类社会发展到一定的阶段才出现的活动，而且随着人类社会的不断演变而不断发展、丰富。在历史发展的长河中，翻译活动始终是人类各民族、各文化交流的一种最主要的方式。现代语言学家索绪尔（Ferdinand de Saussure）在《普通语言学教程》(Cours de linguistique générale)中强调了语言的社会属性。他在概括语言的特征时明确指出语言"是言语活动的社会部分"，语言是一个关系的系统，社会给予这些关系以意义。[2] 萨丕尔（Edward Sapir）认为："语言，像文化一样，是很少自给自足的。交际的需要使说一种语言的人和说邻近语言的或文化上占优势的语言的人发生直接或间接的接触，交际可以是友好的或敌对的。可以在平凡的事务和交易关系的平面上进行，也可以是精神价值——艺术、科学、宗教——的借贷或是交换。"[3] 以翻译为手段所进行的这种接触、交换或交流的活动，无不打上社会与文化的烙印。当我们以历史的观点考察翻译活动时，翻译的社会性是不能不考虑的。根据传统的翻译观，翻译往往是一种简单的符码转换，甚至机械性的操作。而实际上，翻译活动时刻受到社会因素的影响、介入、干预和制约。从当代翻译研究的发展趋势来看，翻译的社会性已经引起翻译学者的高度注意，我们相信，对翻译的社

1　在这一方面，一些对翻译研究文化转向进行反思的文章已经刊出，如吕俊的《论翻译研究的本体回归——对翻译研究"文化转向"的反思》,《外国语》，2004 年第 4 期，第 53–59 页。

2　参见《普通语言学教程》，索绪尔著，高名凯译，岑麒祥、叶蜚声校注，商务印书馆，1982 年，第 35–37 页。

3　《语言论：言语研究导论》，爱德华·萨丕尔著，陆卓元译，商务印书馆，1985 年，第 120 页。

会性加以系统研究的成果将为我们深刻认识翻译的本质提供有益的帮助[1]。

2. 翻译的文化性。语言与文化之间的紧密关系及其之间的相互影响，是当今语言学家与文化专家最为关心的问题之一，而翻译活动的文化本质是近二十年来许多翻译学者着力探讨的重要课题。首先从翻译的功能看，其本质的作用之一便是克服语言的障碍，达到使用不同语言的人们之间精神的沟通，而这种精神的沟通，主要是通过文化层面的交流获得的。正是在这个意义上，翻译是人类精神文化中最为重要的活动之一，也是促进一个民族、一个国家的文化发展的最基本的因素之一，而且是最活跃的因素之一。其次从翻译的全过程看，翻译活动的进行时刻受到文化语境的影响。有学者对我国"五四"时期的翻译进行了研究，分析了译作语言所经历的文言、白话、"欧化"语言几个转变过程，发现这种变化与当时的文化语境密切相关[2]。也有学者"通过对新中国新时期译介西方现代派文学语境的分析，生动地揭示了特定时代的文化语境对文学翻译择取和译介方式的制约和影响"[3]。再次，从翻译的实际操作层面看，由于语言与文化的特殊关系，在具体语言的转换中，任何一个译者都不能不考虑文化的因素。有学者认为"所谓文化，究其本质乃是借助符号来传达意义的人类行为"，而"文化的核心就是意义的创造、交往、理解与解释"。[4] 翻译作为以传达意义、沟通理解为基本任务的活动，其文化的本质是可以得到证明的。弗美尔（Hans J. Vermeer）明确总结，"总之翻译是一种跨文化的转换"[5]。对他的这一具有结论性的概括，目前翻译界已达成较为一致的认识。当然，我们在注意到翻译活动的跨文化特性的同时，也应当注意到跨文化活动中的翻译特性。译者作为一种特殊的中介，从某种意义上说，他的主体性是客观存在的。2008年9月在南京大学召开"跨文化对话暨丛刊10年庆国际研讨会"，会上便有学者指出，跨文化对话并不只是发生在甲乙双方之间的一场对话，尤其是通过翻译进行的跨文化对话，它必然有第三方也即中介者（如译者等）的参与，并且不可能不经过中介者个人价值观的过滤。在这种情况下，再加上各种主客观因素的作用，跨文化对话的过程中必然会听到形形色色的"不同声音"。对跨文化对话中的"不同声音"的研究，很有可能成为未来跨文化对话研究中的一

1　吕俊在《对翻译学构建中几个问题的思考》（《中国翻译》，2001年第4期，第6–9页）一文中特别强调要注重对翻译的社会性的研究。另外许钧、袁筱一等编著的《当代法国翻译理论》（湖北教育出版社，2001年）一书专辟一章，对翻译的社会语言学观作了评介，参见该书第220–247页。

2　参见《"欧化"："五四"时期有关翻译活动的讨论》，王宏志，载《翻译的理论建构与文化透视》，谢天振主编，上海外语教育出版社，2000年，第119–139页。

3　引自《前言》，《翻译的理论建构与文化透视》，谢天振主编，上海外语教育出版社，2000年，第6页。

4　引自《"文化与传播译丛"总序》，周宪、许钧，商务印书馆，2000年。

5　引自《当代英国翻译理论》，廖七一等编著，湖北教育出版社，2001年，第364页。

个新的、富有前景的研究课题。[1]

3. 翻译的符号转换性。在上文中,我们在讨论翻译的语言学派的一些观点时,已经指出,语言学理论对翻译研究走向科学与系统起到过开拓性的作用。在语言学最新研究成果的指导下,有关翻译活动的本质、过程及其局限可以得到不同程度的揭示。索绪尔在《普通语言学教程》中说:"如果我们能够在各门科学中第一次为语言学指定一个地位,那是因为我们已把它归属于符号学。"[2] 他还说: "依我们看来,语言的问题是符号学的问题,我们的全部论证都从这一重要的事实获得意义。要发现语言的真正本质,首先必须知道它跟其他一切同类的符号系统有什么共同点。"[3] 根据索绪尔的这一观点,我们可以将语言视为一个特殊的符号系统,它与人类的其他符号系统有着一些共同的本质特征。当我们考察翻译的符号转换性质时,我们对语言的定义是一种符号学的定义,因为这可以帮助我们扩大翻译的视野,也有助于我们理解雅各布森所提出的"语内翻译、语际翻译与符际翻译"的区分依据。巴斯奈特认为,翻译是一种语言行为,但它在本质上属于符号学的范畴,即研究符号系统、结构、符号过程和符号功能的科学[4]。在以往的翻译研究中,特别是语言学派,对翻译在语言层面的转换最为关注,甚至有学者干脆认为翻译活动完全是一种语言活动,"把翻译说成是一种严格地隶属于科学认识范畴、特别是隶属于语言分析范围的活动"[5]。如今看来,将翻译活动严格地局限于语言活动的认识是片面的,但翻译活动的具体转换是以符号的转换为手段的。在这个意义上,翻译活动首先体现在符号的转换层面。因此,在符号的转换过程中,有关语言符号或其他符号(如音乐符号、绘画符号、数码符号等等)的理论研究便可帮助我们认识并理解实际转换过程中所遇到的障碍和困难。具体到语言转换的问题,有关语言意义、语言结构、语言应用的一些理论,自然可以起到指导翻译活动的作用。

4. 翻译的创造性。翻译的创造性是人们长期以来忽视的一个本质特征。在人们传统的认识中,翻译是一种简单的语言转换活动,只要精通两门语言,整个转换便可轻易进行,就像把一只瓶里的液体倒入另一只形状不同的容器中。翻译的机械性可从一些传统的比喻中得到显示,类似于翻译是"再现"、是"摹本","如翻锦绮,背面俱华"等等说法,都从一个侧面说明翻译在一个

---

1 《跨文化对话中的"不同声音"》,谢天振,南京大学,"跨文化对话暨丛刊10年庆国际研讨会"发言稿,2008年9月27日。
2 《普通语言学教程》,索绪尔著,高名凯译,岑麒祥、叶蜚声校注,商务印书馆,1982年,第38页。
3 同上,第39页。
4 参见《当代英国翻译理论》,廖七一等编著,湖北教育出版社,2001年,第341页。
5 Georges Mounin: *Les problèmes théoriques de la traduction*, Paris, Gallimard, 1963, p.13.

相当长的历史时期，往往被视作一种机械性的语言转换活动，其创造的性质被完全遮蔽。贝洛克曾经指出："翻译一直是一种从属的、第二性的艺术。由于这种原因，人们从不把翻译看成是创造性的工作，对翻译的衡量也就造成了负面的影响，使人们低估翻译的价值，降低翻译的标准，从而从根本上毁灭翻译艺术。这还使人们不了解翻译的性质、翻译的重要性以及翻译过程中存在的困难。"[1] 把翻译视作机械的语言转换行为的传统观点客观上遮蔽了翻译的创造性，由此而进一步导致了翻译在实践中出现的许多困难得不到妥当的解决。自上个世纪50年代以来，翻译学者在有关理论的指导下，从各种不同的途径对翻译进行了深入的研究，取得了许多成果，其中最为重要的一点，便是从翻译的历史作用、语言重构、文化发展等各个方面揭示出翻译具有创造的性质。从翻译的全过程看，无论是理解还是阐释，都是一个参与原文创造的能动的过程，而不是一个消极的感应或复制过程。由于语言的转换，原作的语言结构在目的语中必须重建，原作赖以生存的"文化语境"也必须在另一种语言所沉积的文化土壤中重新构建，而面对新的文化土壤、新的社会和新的读者，原作又进入了一个崭新的接受空间。正如德里达所说："翻译在一种新的躯体、新的文化中打开了文本的崭新历史。"[2] 而翻译的创造性充分地体现在一个广义的翻译过程的各个阶段之中。翻译界流行的"翻译是艺术"之说，所强调的正是翻译的创造性。张泽乾对此有精辟的论述："作为创造的艺术、审美的艺术的翻译的艺术，其最基本的方面仍在于实践性，因此，创造美可以说乃是翻译艺术的本质特征。"[3]

5. 翻译的历史性。翻译的历史性可从多个方面加以认识。首先，翻译活动不能不放到人类历史发展的长河中去加以考察。从这个角度出发，我们便可以清楚地看到在人类的历史发展中，翻译活动的形式与内涵在不断地丰富，而在不同的历史阶段，翻译所起的作用也是有别的。其次，就翻译活动的可行性而言，大量的翻译实践证明，人类的翻译能力随着历史的发展而不断提高。民族、国家的交往客观上呼唤着翻译，而翻译又以其不可替代的作用促进了交流，而随着交往的增加，交流的扩大，又给翻译增加了新的可行性，过去无法翻译的，今天可以翻译，今天翻译有困难的，也许明天就有可能解决。再次，就具体作品的翻译而言，翻译的历史性表现在理解、表达与接受的整个过程中，而"翻译无定本"之说，既反映了具体的翻译活动所存在的历史局限，同时又揭示了翻译有着不断超越局限、不断发展的必要性。

1　引自《当代英国翻译理论》，廖七一等编著，湖北教育出版社，2001年，第333页。
2　《访谈代序》，雅克·德里达著，张宁译，《书写与差异》，生活·读书·新知三联书店，2001年，第25页。
3　《翻译经纬》，张泽乾著，武汉大学出版社，1994年，第159页。

翻译是一项极其复杂的活动，我们在上文中对翻译的一些本质特征作了简要的归纳。基于以上理解，我们尝试着对翻译作出如下定义：

翻译是以符号转换为手段、意义再生为任务的一项跨文化的交际活动。

当我们对翻译作出上述的定义时，我们充分地意识到这一定义还没有在哲学的层面对"翻译是什么"作出回答，我们将在本书的有关章节，结合"意义"、"过程"及翻译的矛盾等问题，对翻译的本质在形而上的层面进行进一步的思考与探索。

思考题

❶ 试对中西传统译论作进一步研究和比较，并指出其异同之处。

❷ 在中国文学翻译史上找到一个变译的个案，并指出变译的原因。

❸ 翻译中要达到完全等值是否可能？为什么？

❹ 选择翻译文化学派中某一视角（如后殖民视角，女性主义视角等），并具体阐述其基本研究立场。

❺ 以具体个案为例，说明翻译的社会性、文化性、符号转换性、创造性和历史性。

第三章

翻译是如何进行的？

本章要义：

● 翻译"过程"一词，是指翻译的动态意义，有广义和狭义之分。

● 狭义的翻译过程，是指翻译者对具体文本的转换活动过程，即译者将出发语文本转换成最终的目的语文本的过程，译者的理解与再表达是这一过程的两个基本步骤。

● 理解活动是译者主体性投入的创造性活动，它具有客观性和历史性，它诉诸阐释者的自由，但这种自由不是任意的，而是一种有限度的自由。

● 广义的翻译过程不仅仅是一个简单的语言转换过程，它涉及文本的选择、文本的研究、文本的理解与阐释、文本的生成、文本的接受等紧密相连、环环相扣的过程。

● 复译现象存在于语内翻译、语际翻译和符际翻译之中。正是不断的翻译，具体的翻译活动的历史局限被不断克服，其传播的空间才得以不断拓展。复译现象也证明，翻译不可能存在"定本"。

翻译是如何进行的？换句话说，翻译的过程是怎样的？这是我们在对"翻译是什么？"进行了初步探讨并确立了我们的翻译观之后面临的又一个重要问题，因为无论是对翻译进行狭义的研究，还是将翻译置于文化交流大背景下进行宏观的探索，都涉及对翻译过程的认识。很多问题若不放在动态的翻译过程中去加以考察，便难以作出合理的判断和有效的分析。

研究翻译过程，我们首先有必要就"过程"与"程序"这两个词作一点说明。在我们所接触的外文资料，如法文的有关研究成果中，一般用"processus"一词，指"过程"、"进程"等。与之相关的有"procédé"一词，具体的含义为"程序"、"方法"。总的来说，前者指抽象意义的整个过程，后者是指比较具体的一个步骤或一种方法、手段。在中文的相关资料中，我们常可见到"过程"与"程序"两种用法，有时可以相互代用。董史良在为《中国翻译词典》所写的"翻译过程"这一条目中称："翻译过程系指翻译活动所经过的程序"。也就是说，两者之间的差别，主要在于"过程"为统称，而"程序"一般指具体步骤。在本章的讨论中，我们将根据两者的这一差别，视讨论的不同对象而使用"过程"或"程序"一词。

应该说，"过程"一词，是指翻译的动态意义，有广义和狭义之分。狭义的过程，是指翻译者对具体文本的转换活动过程。具体地说，就是在翻译者选择了一个要翻译的文本之后，将该文本由出发语向目的语转换的过程。而广义的过程，则不仅包含狭义的语言转换活动，还包括文本的选择、文本的生成和文本生命的历程等过程。因此，在本章的讨论中，我们将不局限于狭义的翻译过程，对广义过程中出现的一些翻译现象，我们也将予以关注并加以分析。

3.1 狭义的翻译过程

3.1.1 对狭义翻译过程的经验性认识

在历史上，人们对翻译过程的思考一直没有中断过。这些思考或从经验角度出发，对翻译活动的主要步骤进行描述与总结，或以某种理论为指导，在对翻译过程进行描述与总结的基础上，对有关翻译过程的重要理论问题进行探索。在本节中，先让我们从经验的角度来看看人们对狭义翻译过程的认识。

但凡对"翻译过程"或"程序"特别关注者，一般来说都有着丰富的翻译实践经验，他们的认识往往是对自身经验的归纳和总结。例如美国著名《圣经》翻译家奈达。在对《圣经》进行翻译的过程中，奈达逐渐对翻译活动的过程也就是他所说的"翻译程序"形成了独特的认识。奈达对"翻译程序"的理解和阐述同样可以分为狭义和广义两个层面。狭义的"翻译程序"即他所说的"基本翻译过程"，包括（1）分析原文；（2）将原语转换成译语；（3）重新调整译文；（4）约请有代表性的读者检验译文。[1] 这一基本翻译过程在实际操作过程中又可分为以下八个步骤：（1）快速翻译，侧重文体；（2）初稿应该搁置约一周左右后再进行修改，以便译者在修改时能够获得全新感受，并且对自己的译文作出客观评价；（3）认真检查译文内容，特别着重译文的准确性和连贯性；（4）修改后的译稿要再搁置几天；（5）从文体上检查译文；（6）检查译文拼写、标点符号和格式；（7）译文送交编辑或出版商审阅；（8）采纳编辑或出版商提出的建议，尽管有些建议需要进一步考查和讨论。[2] 奈达对这八个步骤的论述具体实在，对译者的实践具有较强的指导意义。

再如旅美翻译家思果对翻译过程的认识。思果有着丰富的翻译实践和翻译教学经验，他从自己的实践出发，总结过不少为翻译界同行所称道的翻译原则与技巧。在《翻译研究》一书的《总论》中，他从如何翻译的角度，结合自己的经验，就翻译的具体步骤即我们所关心的翻译程序提出了非常具体而又可资借鉴的做法。他说："理想的译法是这样的：先把原文看懂，照原文译出来，看看念不念得下去，试删掉几个不一定用得着的字，看看是否有损文义和文气。如果有损，再补回来。试把不可少的字加进去，看看是否超出原文范围，增减以后和原文再校对一次。有些地方是否译错，语气的轻重是否恰如其分，原文的弦外之音译文里找不找得到？原文的意思要消化；译文的文字要推敲。"他还告诫译者："先看全句全文——没有看完一句不要动手译；没有看完整段不要动手译；没有看完全文，不要动手译。译文所用的许多字、句法，都和全文、整段、整句有关，而且一句意思要到看完全句才能明了，长句尤其有这种情形。"[3] 这段话中，开头两句尤为重要："先把原文看懂，照原文译出来"。看懂原文是基础，把原文的"文义"和"文气"译出来是关键。前者涉及"理解"，后者涉及"表达"。理解重在"原文的意思"的"消化"，而要消化原文的意思，必须读完"全文全句"；表达则要注重"译文的文字"的"推敲"，尤其要注意"核对原文"，看看"是否有损文义和文气"，"是否超出原文范围"，"语气的轻重是否恰如其分"，"原文的弦外之音译文里找不找得到"。对一个初学翻译者来说，思果所指的方法和步骤易于掌握，特别是他所提出的四个问题，对检验译文具有重要的参照价值。

国内一些成就卓著的翻译家对翻译过程也有着相当一致的认识，在具体的

---

1 参见《语言文化与翻译》，尤金·A.奈达著，严久生译，内蒙古大学出版社，1998年，第139页。
2 同上，第136–137页。
3 《翻译研究》，思果著，中国对外翻译出版公司，2001年，第16–17页。

做法上也基本一致。俄罗斯文学翻译家草婴先生指出："我翻译一部作品一般要经过三个步骤：第一步是熟悉原作，也就是反复阅读原作，读懂原作，考虑怎样较好地表达原意，通过几次阅读，使人物形象在头脑里逐渐清晰起来。第二步是动笔翻译，也就是忠实地逐字逐句把原著译成中文。第三是先仔细读译文，看有没有脱漏、误解的地方，逐一加以更正；然后再从中文角度来审阅译稿，务使中文流畅易读，有时也请演员朋友帮我朗读译稿，改正拗口的地方；在交编辑审读后，再根据编辑所提的意见，认真考虑，作必要的修改。"[1] 诗歌翻译家江枫先生认为："翻译作为一个过程，第一步当然是对原作的理解，而且必须力求甚解。但不是每首诗都能一读便解和甚解的，即便是读中国诗也有一个逐步理解和由浅入深的过程，因此译者译诗首先应该尽可能全面地了解诗人，了解他的思想，了解他的审美价值观。译雪莱就必须了解雪莱的思想、生活和他那个时代。雪莱学识渊博而爱作玄思冥想，译他的诗还常有必要到诗外下大功夫补课。"[2]

谈到对江枫所说的翻译的第一步，即对原著的理解，许多翻译家都提到了对原作进行深入研究的必要性。意大利文学翻译家吕同六先生特别谈到了翻译与研究的关系："我的体会是，文学翻译离不开文学研究，研究也需要翻译。两者之间的关系是你中有我，我中有你，互相促进，相辅相成。文学翻译不是对原作依样画葫芦的简单劳动，不是'传真'（fax）。它是科学的、创造性的劳动。翻译一部文学作品，需要对作家，对另一种语言、另一种文明，有较为深入的理解与研究。在这个意义上，研究是翻译的前提，是翻译的指导，并贯穿翻译的全过程。不妨说，译者应当是学者。一位学者型的译者，比较容易寻得两种文明的契合点，缩小出发语言与归宿语言之间的距离，比较容易找到自己的翻译风格，使自己的翻译靠近'化'的最高境界。"[3] 吕先生还认为，"在某种意义上说，翻译的过程，实际上也是研究的过程。在翻译中，你整个身心和全部情感都融合到作家笔下的艺术世界里，融合到人物的内心世界里去了，体验着主人公们最隐秘的、最微妙的思想、情感的脉动，你就能真切地、深层次地领悟到一般阅读难以领悟到的东西，就能充实与深化你对作家、作品的认识与研究。举例来说，70年代末，我写过有关皮兰德娄（Luigi Pirandello）的一些文字，后来，陆续翻译了他的剧本《亨利第四》、《给她穿上漂亮的衣服》、《寻找自我》，在这基础上撰写的论文，就同以前的研究文字不可同日而语。前几年，我又译了皮氏生前的最后一部剧作《高山巨人》，我由此写出一

---

1 《老老实实做人，认认真真翻译》，草婴、许钧，《译林》，1999年第5期，第213页。
2 《形神兼备：诗歌翻译的一种追求》，江枫、许钧，《译林》，1998年第6期，第210页。
3 《尽可能多地保持原作的艺术风貌》，吕同六、许钧，《文学翻译的理论与实践》，许钧等著，译林出版社，第92–93页。

篇论述他晚年戏剧创作的论文，充实了我以前的研究成果。"[1] 李芒先生也持同样的观点，他在谈到日本作家松尾芭蕉的俳句的翻译时说："我从实践中深深地感到，在实际下笔从事翻译之前，必须对所译作品进行多方面的深入研究。比如，上举松尾芭蕉的俳句译例中暴露出种种问题，都生动地说明译者对松尾芭蕉以及俳句并未进行过比较深入的研究，因而并不真正了解松尾芭蕉和俳句的艺术特点，因而翻译起来必然会出现各种各样的纰谬。…… 话又说回来，即便进行过深入研究，也难说就对原作理解得万无一失了。因此，在实践中出现差错，是在所难免的现象。只是经过仔细的研究以后，这种现象相对会避免一些罢了。正是出于这种实际情况，必须不时地对自己的翻译方法和译文进行必要的检查和反思，一经发现不妥之处就尽快加以改正。"[2]

以上我们提到了中外翻译家从自身经验出发对狭义翻译过程的认识，这些认识都是翻译家的切身体会，因此对我们理解翻译过程具有重要的启示意义，也为我们从理论层面来认识翻译过程奠定了坚实的实践基础。

3.1.2　对狭义翻译过程的理论性探索

除了经验性的认识，也有不少翻译家或翻译研究者在理论层面上，对翻译过程进行过比较系统的研究，这些研究有别于一般的经验总结，其目的在于通过对翻译过程的多角度的考察，对翻译过程中所涉及的各种要素之间的矛盾有进一步的认识，进而为处理这些矛盾提供理论依据；同时对整个翻译过程的步骤进行科学的分析，从理论上探索可行的翻译之路。近几十年来，在对翻译过程的各种研究中，我们发现主要有如下几种倾向。

3.1.2.1　选取某一角度对翻译过程的某种特征进行研究

在研究过程中，很多研究者并不是宏观地关注整个翻译过程，而是从自己的特点和兴趣出发，将着眼点放在翻译过程的某个特征上。例如朱纯深将翻译过程视为一个三维[3]的过程，他指出："翻译作为一种过程必须是从原文开始向它的（至少是暂时确定的）结果——译文文本——进展的，又因为鉴于如

---

1 《尽可能多地保持原作的艺术风貌》，吕同六、许钧，《文学翻译的理论与实践》，许钧等著，译林出版社，第93–94页。

2 《翻译，再现原作的再创作》，李芒、许钧，《译林》，2000年第1期，第205页。

3 这里的三维指的是意义的三维，即意义的语言构成、交际互动态和美学效应，分别对应语言的表义功能、交流互动功能和美学功能。参见《翻译探微：语言·文本·诗学》（最新增订版），朱纯深著，译林出版社，2008年，第61–65页。

上所述的原文文本和最终形成的译文文本都呈现三维的意义结构形态，所以，我们更感兴趣的应该是以更具分析性的方式来探讨这一结构转换的相应的三维过程，看看在各种语言文化要求林立的情况下，翻译之路将把译者引向何方。"[1] 因此，他着重考察了翻译过程中三维的意义从原作到译作的转化情况，以及意义的三维之间的相互关系。作家余光中从翻译和创作的关系的角度来探讨翻译的心智活动过程与创作的心智活动过程之间的相似性，得出了如下的结论："严格地说，翻译的心智活动过程之中，无法完全免于创作。"[2] 翻译家叶君健则从翻译过程中译者的主体性发挥的角度来探讨理解与"再解释"过程中一个译者的活动空间与原则，继而提出"做翻译，要了解原作者的感觉，只能从他的作品的字面上去推测，去领悟字里行间所蕴涵的精神和意义。这说明翻译是不能不以原作为依据的"。但同时，他认为翻译的过程，是一个"再解释"的过程："一部作品，在岁月演变过程中，在不同译者的笔下，可以被染上不同的颜色，呈现不同的面貌，这一点也不奇怪。因为翻译不是'复制'，它确实有'再创作'的一面。"[3] 余光中和叶君健都是通过对译者在翻译过程中的活动的考察对译者的再创作的性质加以界定。

3.1.2.2 对翻译过程的全面考察，并借助某种理论，对其进行模式化探索

这方面的研究近年来方兴未艾。将翻译过程研究与模式的创建结合起来，既可从理论上更全面地把握翻译活动过程中起主要作用的各种要素，也可在实践上探索一套可资借鉴的翻译程序。有关翻译过程与翻译模式的研究很多，如口译程序与模式的研究[4]，文学翻译程序与模式等等。有必要说明一点，有的程序与模式的制订主要基于对翻译实践过程的考察与描述，而有的程序与模式的制订则是以一种理论假设为基础的。在廖七一等编著的《当代英国翻译理论》中，我们特别注意到罗杰·T.贝尔（Roger T. Bell）为构建翻译过程模式所作的努力："贝尔试图用一个系统的语言模式来描述翻译过程。这一模式被置于人类交际行为这一更大的领域，因此它不可避免地要借助于心理学及语言学。这就一方面需要熟悉心理学及心理语言学中关于记忆及信息处理的模式，另一方面需要了解最广义的'意义'的语言学模式，包括'超越句子'的意

---

1 《翻译探微：语言·文本·诗学》，朱纯深著，（最新增订版），译林出版社，2008年，第72页。

2 《余光中谈翻译》，余光中著，中国对外翻译出版公司，2002年，第30–43页。

3 《翻译也要出精品》，叶君健、许钧，《译林》，1998年第5期，第203页。

4 这方面可参见广东外语外贸大学蔡小红的博士论文《交替传译、思维过程与能力发展——中国法语译员与学生交替传译活动的实证研究》。在该论文中，蔡小红曾引用了多种口译过程模式。刘和平在《口译技巧——思维科学与口译推理教学法》(中国对外翻译出版公司，2001年）中专辟一章，讨论"思维科学与口译程序"，关于口译程序的分析主要以法国释意派理论为依据。

义。正是因为这个原因，贝尔将'模式'、'意义'及'记忆'作为自己论述的重点。"[1] 贝尔的立场非常明确，他将翻译作为人类的交际行为，要以语言学为指导，并借助心理学和认知科学的研究成果构建翻译过程模式。他的《翻译与翻译行为：理论与实践》（*Translation and Translating: Theory and Practice*）一书集中反映了他在这一领域所作的可贵贡献。在对翻译过程模式的研究中，贝尔始终将译者置于中心的位置，因此，他在书中以不少的篇幅来回答"译者是什么"这个问题。在对译者及译者能力的研究的基础上，贝尔就翻译过程提出了六点设想[2]，据此将翻译过程分为"分析"和"综合"两大阶段，每个阶段又包含"句法、语义和语用"三个层面。廖七一等编著的《当代英国翻译理论》中对贝尔创建的翻译过程模式的理论依据、主要内容和图式有详尽的介绍，我们在此不拟细加评述，仅转引其中的翻译过程模式图（见下页），以展示贝尔对翻译过程模式的研究所涉及的主要内容。从该图看，翻译过程是十分复杂的，要描述这样复杂的过程，特别要对并非完全呈线性运动的整个相互作用的综合过程进行文字分析，有时显得非常困难，而贝尔充分运用了图式的长处，对翻译过程中所涉及的因素、主要活动及活动走向等作了较为直观的展示。

就在贝尔发表他在这方面的研究成果的当年，即1991年，法国科学研究中心与巴黎第七大学发布了"欧洲翻译计划"的1号技术报告，执笔者为L.邓洛斯与O.罗朗斯。该报告分两个部分。第一部分涉及自动翻译系统的语言学基础问题，设计了语言的中介转换程序。第二部分涉及形式处理与翻译的层次与步骤问题。这份报告问世后，在法国翻译界一度引起轰动，尤其在翻译模式、翻译程序与具体转换手段等方面给人们以理论的启迪。若将贝尔的翻译过程模式图与"欧洲翻译计划"1号报告中描述的有关图式作一比较，可以从中找到许多共同点，由此可以推定，对翻译过程模式的研究必将有助于机器翻译的理论探索与翻译机器的研制。有必要指出的是，随着对翻译过程所涉及的问题的研究不断深入，我们将遇到翻译学本身难以解决的困难，如对翻译思维活动过程和翻译机制的研究还有赖于别的学科如神经语言学、心理语言学的发展和突破。

近几年来，国内翻译界也有不少学者借助某种理论对翻译过程作出了模式化探索。例如司显柱借助功能语言学理论所进行的研究。功能语言学关注的是处于实际应用也就是交际中的语言，强调语言的动态特征，重视对语言形式、

---

1 《当代英国翻译理论》，廖七一等编著，湖北教育出版社，2001年，第208页。
2 Roger T. Bell: *Translation and Translating: Theory and Practice*, London and New York, Longman, 1991. pp.44–45.

翻译过程模式图

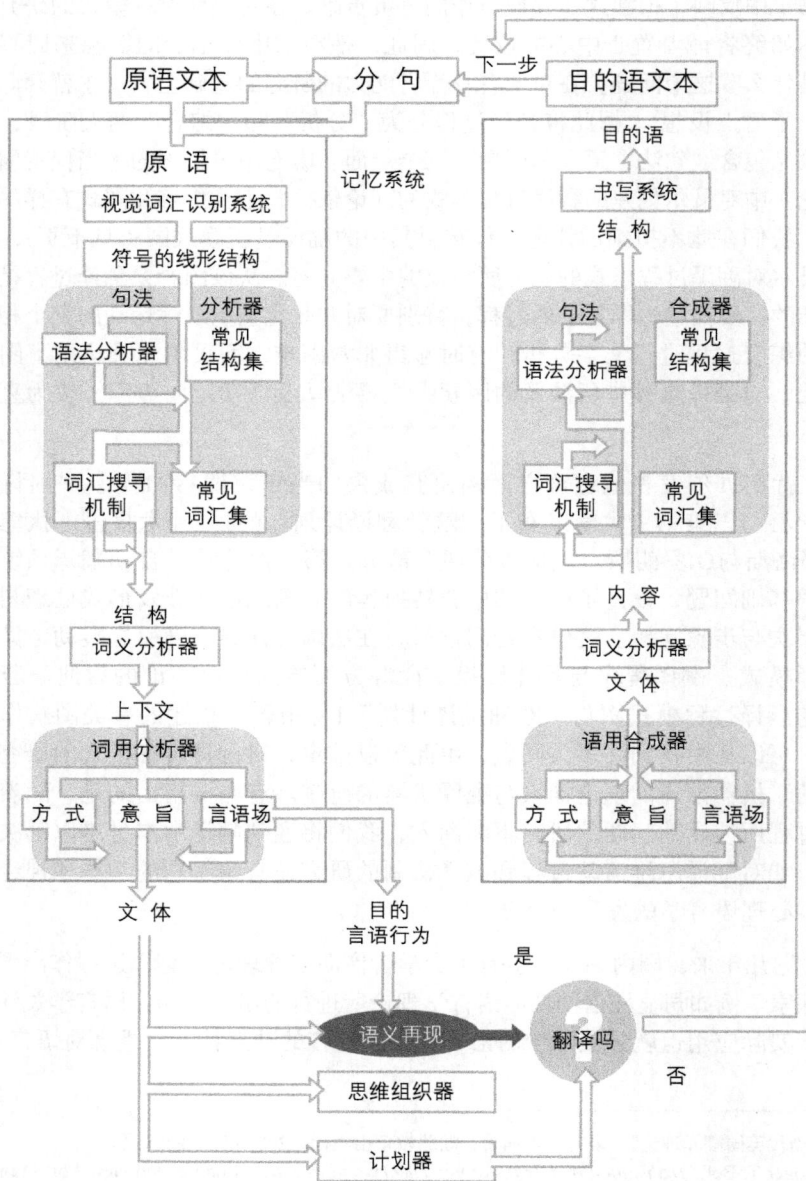

| 原语文本 | → | 分 句 | 下一步 | 目的语文本 |

原 语　　　　　　　记忆系统

视觉词汇识别系统

符号的线形结构

句法　　　分析器

语法分析器　　常见结构集

词汇搜寻机制　　常见词汇集

结 构

词义分析器

上下文

词用分析器

方式　意旨　言语场

文 体　　　　目的言语行为

目的语

书写系统

结 构

句法　　　合成器

语法分析器　　常见结构集

词汇搜寻机制　　常见词汇集

内 容

词义分析器

文 体

语用合成器

方式　意旨　言语场

是

语义再现 → 翻译吗？

否

思维组织器

计划器

情境和语境的分析，因此，在功能语言学指导下的翻译过程研究不再仅仅局限于静态的语言转化，而是将原作者和译者都置于一定的语境之中，分析外部因素对原作者与译者的作用，以及这种作用对翻译过程的影响。借助功能语言学理论，司显柱将翻译过程概括为如下的模式[1]：

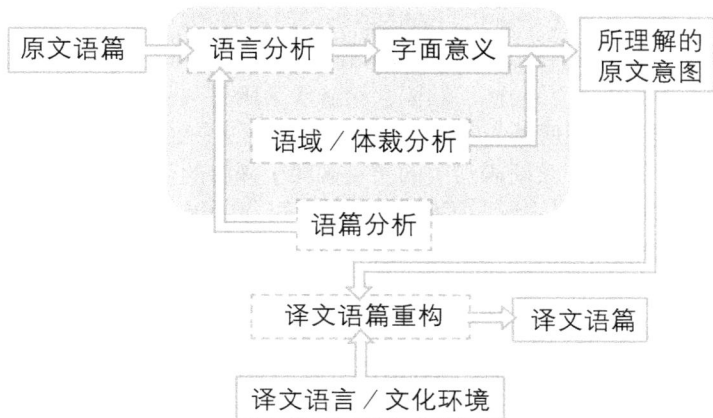

3.1.2.3 对翻译过程的理论概括与理性剖析

从实践的角度看，翻译的每一个步骤都是具体而实在的，环环相扣而又相互作用，呈现出异常复杂的态势，如何从复杂的现象中抓住最本质的方面，概括其本质的特征，无疑是值得探讨的一个课题。法国的释意学派在这一方面作了成功的探讨，其主要理论研究便是围绕着翻译过程展开的。法国释意派的主要代表勒代雷（Marianne Lederer）在其所著《今日翻译——释意模式》（*La traduction aujourd'hui: le modèle interprétatif*）[2] 一书的前言中开门见山，明确指出："翻译活动日益频繁，翻译理论著作随之日见丰富，每天都有新作问世。本书只不过是为这一大系列的出版物多添一种而已。但是，翻译实践、翻译教学和翻译研究使我坚信，就翻译过程及其性质进行研究，在众多的论著中再增添这样一部书是很有必要的，不管翻译所涉及的是何语种，也不管翻译的是哪位作家的哪一部书，翻译过程的性质是普遍的。本书旨在说明无论是哪种语言，也无论是何种文本，优秀译者所采用的翻译程序就其根本而言是相同的。

---

1 《功能语言学与翻译研究：翻译质量评估模式建构》，司显柱著，北京大学出版社，2007年，第117页。

2 Marianne Lederer: *La traduction aujourd'hui: le modèle interprétatif*, Paris, Hachette Livre S.A., 1994. 刘和平已将该书译成中文，参见《释意学派口笔译理论》，玛丽雅娜·勒代雷，中国对外翻译出版公司，2001年，笔者所引该书的文字出自刘和平的译笔，但有个别改动，特此说明。

所有翻译的共同点是：辨析意义和重新表达。"勒代雷在此强调了对翻译过程进行研究的重要性，但她在研究中并不囿于对翻译过程的剖析，而是"从译者的翻译过程出发研究翻译"，以翻译过程的研究为基础，对翻译的基本问题进行了深入的探索。在该书的上编"翻译理论阐述"的提要中，勒代雷对翻译过程作了高度的概括："释意派翻译理论建立的翻译过程是：理解原文、脱离原语语言形式、用另一种语言表达理解了的内容和领悟到的情感。"对此过程，勒代雷在第一章"释意翻译"中又作了进一步的说明："简而论之，翻译行为的第一步为'理解'一个'文本'，第二步为用另一种语言'重新表达'这一'文本'。这两个词所指的活动极其复杂，需要逐一加以研究。'理解'涉及语言及语言外知识。'重新表达'的质量有赖于译者的目的语水平和执笔的才能，同时也取决于他对主题的了解水平。然而，首先应当研究在上述的简单定义中所提及的第三个词语：'文本'。先对该词下一定义确有必要，因为理解与重新表达活动与赋予'文本'一词的含义紧密相连。"[1] 勒代雷认为，在大学的语言教学中，文本常与组成文本的语言相混淆，也就是说，文本常被等同于"文"，即语言。翻译一个文本，在很多人的观念上，便是"翻译语言"。勒代雷之所以强调要明确界定"文本"之含义，首先在于要破除将"文本"等同于"语言"的普遍观念，进而揭示出无论是理解，还是重新表达活动，都不能仅仅在"语言"层面的简单转换中进行，因为在勒代雷看来，对译者而言，文本是语言知识与语言外知识结合的产物。探讨翻译活动过程，首先必须区分语言、组句和文本，其原因在于虽然无论在语言层次，还是在句子层次或文本层次，翻译都可以进行，但是译语言、译句子或译文本的活动本质是有区别的。为了明确这一点，勒代雷和塞莱丝柯维奇（Danica Seleskovitch）在"理解"和"重新表达"这两个基本步骤中，又突出了两者之间的另一步，那就是"脱离原语语言形式"，或翻译界通常所说"脱离原语语言外壳"。于是，"理解"、"脱离原语语言形式"和"重新表达"成了释意派理论所建立的翻译过程的三个基本程序。而围绕着这三个基本程序所展开的研究已取得一系列重要成果[2]，在下文中，我们将结合有关问题的阐述对其中的主要观点展开讨论。

我们知道，法国释意派理论是源于对口译或国际会议翻译的研究，但其对翻译过程的认识同样适用于书面翻译。西方另一位对翻译过程进行过深入研究的学者是乔治·斯坦纳。在1975年出版的翻译理论巨著《通天塔之后——语言

1　Marianne Lederer: *La traduction aujourd'hui: le modèle interprétatif*, Paris, Hachette Livre S.A., 1994. p.13.
2　有关介绍可参见《当代法国翻译理论》，许钧、袁筱一等编著，湖北教育出版社，2001年，第三章、第五章和第六章。

与翻译面面观》[1]中，他提出了"理解即翻译"的著名论断。斯坦纳还专门在该书中开辟了一章，题为"阐释的运作"，对阐释过程或者说理解过程进行了独到的探索。由于斯坦纳将一切理解都视为翻译，因此对阐释过程的探讨实际上也就成为了对翻译过程的探讨。斯坦纳认为"阐释的运作"包括四步，就是"信任"、"侵入"、"吸收"和"补偿"。

斯坦纳将"信任"作为阐释活动的第一步。在这一步中，他要强调的是翻译活动的根本任务在于意义的再生。任何译者在从事阐释活动时都有一种先验的"信任"，相信文本中"存在意义"，阐释活动由"信任"始，这在实践上有人类的理解经验为基础，在理论上也为翻译的"可行性"打开了一条通道。因为人类都有理解的需要，而对"理解"、对"存在意义"这一原始的信任为人与人之间的交流提供了社会的基础。当然，如斯坦纳所言，这一原始的信任往往遭遇文本的抵抗和考验，以语言符号特点为基础的种种创造常常给译者造成巨大的障碍，难以轻而易举地接近原文的意义。正因为这种强烈的抵抗和重大的考验，以"信任"开始的阐释活动必须以一种积极的姿态向前走，这便有了带有积极的进取性的第二步。

第二步被斯坦纳命名为"aggression"，这一个词带有过分的"进攻"性，有人译为"攻占"，也有人译为"侵入"，从斯坦纳的原意看，确有"占"与"入"的两种含义，且这种"占"和"入"是强行的，是某种"暴力性"的行为。斯坦纳将理解活动视作一种"粗暴"乃至"侵略性"的行为是有依据的。首先从理论上说，海德格尔和黑格尔都曾提出过类似的观点。海德格尔认为：所有让"本质"转为"此在"的行为，让存在的意义转为理解的意义，势必要经过"侵入"这一关，而"侵入"自然也就意味某种"暴力"。黑格尔则假定人类的所有认识行为，都有着某种侵略性。其次是从词源学上说，斯坦纳认为："'理解'不单涉及认知，而且还有包围、侵吞的意思。在语际翻译中，理解的运作显然是彻底而又富侵略性的。圣哲罗姆有一个巧喻：译者把意义像囚犯般抓回来。在翻译时，我们破解代码，理解就如解剖——割开外壳，让内核显露。"[2] 这个比喻同中文中所说的"得意忘言"意思很接近。理解原文，解读原文，在中文中都有一个"解"字，"解剖"的目的是要剖开包裹住意义的一切令人迷惑的外形，使意义变得明晰。通过解析与剖析，透过语言与文本的表面直指文本的深处，在字里行间把握文本的意义。

1　George Steiner: *After Babel: Aspects of Language and Translation*, Oxford, Oxford University Press, 1975.
2　George Steiner: *Après Babel: une poétique du dire et de la traduction*, Paris, Albin Michel, 1998, p.405.（该段文字为陈德鸿所译，略有改动。）

如果说"侵入"是透过字面的一种积极的理解步骤的话，那么"吸收"作为阐释活动的第三步，则已经在"表达"的层面运作了。"吸收"的过程已经从出发语向目的语拓展，这个拓展的空间是一个充满危险的空间，面对外来因素，译者必须决定"吸收什么"和"怎么吸收"，在这个取舍的过程中，"自我"与外来因素所构成的"他者"之间时刻会产生冲突，或者是"自我"被"他者"异化，或者是"他者"被"自我"同化。与此同时，外来因素的输入，对目的语是一种考验，"在输入外来因素的过程中，没有一种语言、传统象征组合、文化体系，能不被改造"[1]。"吸收"于是可能有两种结果，那就是斯坦纳所比喻的"领受圣体"和"病菌散播"，也就是说，外来因素是一把双刃剑，它既有丰富目的语的功能，给目的语和目的语文化带来福音，但同时也可能如细菌一般，破坏和扼杀目的语和目的语文化。在翻译史上，把外来文化当作圣体般去领受以丰富自身的例子有之，对外来文化加以排斥和抵抗、以免在其冲突中丧失自我的例子也有之。

如果阐释活动止于充满危险的"吸收"这一步，那是不完整的。斯坦纳认为，译者在"吸收"的过程中，往往会把握不好自己，再次失去平衡，而失衡的阐释活动，往往造成与翻译目的的背离。因此，阐释活动必须给予"补偿"，这就是不可缺少的第四步。与前三步相比之下，这第四步显得格外重要：既要让阐释者受挫的"信任"得到恢复，又要让掠夺性的"侵入"不至于成为对原作意义的扼杀，还要让"吸收"在"自我"与"他者"的矛盾中达到既丰富自身、又不迷失自我的目的，这一切都离不开"补偿"。在斯坦纳看来，真正意义上的"补偿"需以"交流"和"平衡"为前提。补偿以"交流"为前提，而交流是"双向"的，这一切都应该以"平衡"，也就是经济学上的"双赢"为基础。从双向的角度看，一方面，翻译主体的"掠夺"与"侵入"只是让原作意义彰显，并使其在目的语中得到再生。翻译赋予原作以新的生命，使原作的生命在新的时间与空间中得到延续与拓展。另一方面，译者在经历"信任"、"侵入"和"吸收"之后，将外来因素带到了译语之中，并使其得到最大程度的丰富。这种追求"平衡"与"交流"的双向补偿，无论在语言层面，还是在文化层面，都是不可缺少的。虽然阐释的过程漫长而曲折，而且不可避免地会出现失衡，但"真正的翻译仍会力求平衡的。即使比不上原文，真正的翻译也会清晰地显露原文本身的优点。"正因为如此，斯坦纳认为："以补偿来恢复平衡，是翻译工作和翻译道德的关键。"[2]

---

1 《西方翻译理论精选》，陈德鸿、张南峰编，香港城市大学出版社，2000年，第33页。

2 George Steiner: *Après Babel: une poétique du dire et de la traduction*, Paris, Albin Michel, 1998, pp. 410–411.

以上的简要评介，虽然还难以凸显复杂的阐释过程的种种矛盾，对诸多矛盾所生发的理论难题也无法加以深刻的剖析，但我们至少已经对斯坦纳提出的阐释过程的主要步骤、论点有所了解。他提出的不是语言转换层面的具体过程，而是涉及到人类理解行为的基本倾向和伦理原则，其过程所展开的广阔空间，包括社会与文化的空间，可使我们更深刻地认识到翻译活动的复杂性和重要性。

通过梳理和总结众多翻译家及翻译研究者对翻译过程的经验性或理论性的认识，我们对狭义的翻译过程有了一个初步的了解。尽管不同学者研究的侧重点、所借鉴的理论和研究方法各有不同，但他们对狭义翻译过程的认识从本质上来说是一致的，也就是：狭义的翻译过程是译者将出发语文本转换成最终的目的语文本的过程，而译者的理解与再表达是这一过程的两个基本步骤。在这两个步骤中，理解总是先于表达，它是一切翻译活动的前提，对原文本理解的好坏直接影响到译文的质量。鉴于此，在下一节中，我们重点将目光放在理解活动上，以阐释学和接受美学为理论依据，探讨理解即阐释活动的基本特征，以帮助我们进一步认识翻译的过程。

3.2 理解活动的基本特征

从理论上讲，围绕着翻译中的阅读和理解活动存在着不同的认识与观点，我们有必要在对翻译过程的有关研究的评介的基础上，以阐释学的基本理论为参照，对涉及理解行为和阐释活动的有关问题作一探索。

3.2.1 理解行为是主体性投入的创造性行为

选择了一个文本之后，译者作为一个特殊的读者，其阐释活动始于对文本的阅读。傅雷认为对文本的阅读是"译事基本法门"[1]，要阅读文本、理解文本，需要译者的全身心投入；杨武能也指出译者是"最积极、最主动、最富于创造意识和钻研精神的读者"[2]。法国释意派代表人物勒代雷在《今日翻译——释意模式》一书中提出"理解"活动是整体活动，很难将其分解成不同的阶段。但针对理解活动所涉及的对象，她从"理解语言成分"、"理解暗喻内容"、"认知补充"等三个方面进行了阐述。无论是哪个方面，都离不开译者的

1　参见《翻译论集》，罗新璋编，商务印书馆，1984年，第695页。
2　《翻译、接受与再创造的循环——文学翻译断想之一》，杨武能，《翻译思考录》，许钧主编，湖北教育出版社，1998年，第231页。

投入。勒代雷认为:"从理论上研究翻译程序,重要的是抛开语言水平方面的问题,应以译者完全掌握两种工作语言为讨论的前提条件。"[1] 傅雷正是在此前提条件下提出了理解与领悟原作的条件,那就是译者的敏感之心灵、热烈之同情、适当之鉴赏能力、相当之社会经验、充分之常识,这些都是语言层面之外的东西,与译者的语言能力虽有联系,但两者不能混淆。我们可以看到,除不言而喻的语言能力之外,译者若要理解、领悟原文,必须有多方面的投入,或若斯坦纳所说,必须积极"侵入"。而这种投入或者"侵入",正是让原作者所创造的文本复活的首要条件,正如萨特所说:"精神产品这个既是具体的又是想象出来的客体只有在作者和读者的联合努力之下才能出现。"[2]

那么,译者作为一个特殊的读者,他在阅读、理解过程中,与原文(在原文之后的作者)又构成怎样的关系?又是如何发挥自己的主体作用的呢?按照现代阐释学和接受美学的观点,读者阅读、理解原文的过程是一个参与创造的过程。伽达默尔(Hans-Georg Gadamer)在探讨阐释活动的特征时指出,阐释活动的双方——阐释者和文本——的关系表现在,"只有通过两个合作者之一的阐释者的中介作用,作为阐释对话另一方的文本才有可能进入语言中"[3],也就是说,只有在阐释者的中介作用下,书写符号才有可能转化成被称之为"语言"的东西,并具有意义。萨特也强调指出:一方面,作家写作,是对读者的一种召唤。作家"只有通过读者的意识才能体会到他对自己的作品而言是最主要的,因此任何文学作品都是一项召唤。写作,这是为了召唤读者以便读者把我借助语言着手进行的揭示转化为客观存在。"[4] 在这个意义上,萨特认为读者参与原文本的创造是一种必然,因为文本的生命之花只有在读者的阅读中才能开放。如果说读者的阅读是参与文本的一个创造过程,那么读者的创造,首先在于"揭示",而所谓揭示,与斯坦纳所说的解剖外壳、让内核显露有相似的意思,与释意派理论的"去除语言外壳"、让意义变得澄明,也有本质上的联系。

应该说,在翻译的理解过程中,作为特殊读者的译者时刻都如萨特所指出的那样,"意识到自己既在揭示又在创造,在创造过程中进行揭示,在揭示过程中进行创造。确实不应该认为阅读是一项机械性的行为,认为它像照相底版感光那样受符号的感应。"[5] 阅读原文的重要性,对每一个译者来说都是不言而

1　Marianne Lederer: *La traduction aujourd'hui: le modèle interprétatif*, Paris, Hachette Livre S.A., 1994, p.32.

2　《萨特文学论文集》,让-保罗·萨特著,施康强等译,安徽文艺出版社,1998年,第98页。

3　Hans-Georg Gadamer: *Vérité et Méthode*, Paris, Seuil, 1976, p.235.

4　《萨特文学论文集》,让-保罗·萨特著,施康强等译,安徽文艺出版社,1998年,第101页。

5　《萨特文学论文集》,让-保罗·萨特著,施康强等译,安徽文艺出版社,1998年,第98页。

喻的，关键是在理论上要明确，阅读不是一项机械性的行为，文本的意义不是随便就能"自显"的，它不能像照相底版那样自动感应，让译者轻而易举地在文本符号的感应下获得意义。杨武能也认为："面对复杂、繁杂、义蕴丰富、情致流动变换的原文，作为阐释者的译者仅仅消极地、机械地转换和传达或者反映，显然十分不够。阐释的'阐'字，就有深入地发掘、发扬和揭示等等主动积极地含义。"[1] 因此，译者要如斯坦纳所强调的那样，在"信任"的基础上去"侵入"原文，去积极地捕捉意义，"他不仅要在思想意义上把原著读懂、读深、读透，领会其精神要旨，而且还要完成对它的审美鉴赏，在表现形式上也能细致地把握。"[2] 在阅读时，译者有任何一点"分心、疲乏愚笨、漫不经心"，文本的符号就会远离而去，符号所表达的各种意义就会深藏不露，惟有全身心的投入，像傅雷所说的那样投入自己的心灵和热情，调动自己的所知和社会经验，充满期待地去体会、去捕捉、去领悟，才有可能从文本的字句入手，而又透过字句，在字里行间获得萨特所说的"一个综合形式：'主题'、'题材'或者'意义'"，才能像傅雷所要求的那样，"将原作（连同思想，感情，气氛，情调等等）化为我有。"这里的化为我有，也正是将原文本在目的语中揭示、转化为"客观存在"的意思。

3.2.2 阐释的"客观性"

谈到理解或阐释的客观性，我们马上会想到阐释学所争论不休的先有（Vorhabe）、先见（Vorsicht）和先把握（Vorgriff）。方法论解释学认为，这些"先有"、"先见"和"先把握"，是正确理解和阐释的障碍，是与"客观性"相悖的"主观性"之物。当一个人在"权威、传统、习俗、惯例和常识"的影响下形成自己的"先见"之后，在理解和阐释活动中势必将先入为主，以一己偏见去把握文本意，这样就无法保证理解和阐释的客观性。哲学阐释学的观点则正好相反。海德格尔认为："把某某东西作为某某东西加以解释，这在本质上是通过先行具有、先行见到和先行掌握来起作用的。解释从来不是对先行给定的东西所作的无前提的把握。准确的经典注疏可以拿来当作解释的一种特殊的具体化，它固然喜欢援引'有典可稽'的东西，然而最先的'有典可稽'的东西，原不过是解释者的不言自明、无可争议的先入之见。任何解释工作之初都必然有这种先入之见，它作为随着解释就已经'设定了的'东

1　《翻译·解释·阐释——文学翻译断想之二》，杨武能，《翻译思考录》，许钧主编，湖北教育出版社，1998年，第245页。

2　《翻译、接受与再创造的循环——文学翻译断想之一》，杨武能，《翻译思考录》，许钧主编，湖北教育出版社，1998年，第231页。

西是先行给定了的，这就是说，是在先行具有、先行见到和先行掌握中先行给定了的。"[1] 海德格尔的观点十分明确，阐释活动不是发生在真空之中，不仅任何阐释都无法避免阐释者的先有、先见和先掌握（亦即先行具有、先行见到和先行掌握），而且这些先有、先见和先掌握甚至是阐释得以发生的条件。受海德格尔影响，伽达默尔在《真理与方法》(*Wahrheit und Methode*) 中也提出了类似的看法。在上文中，我们已经指出，伽达默尔认为文本意义的产生离不开阐释者的活动，这就意味着，"文本的意义不能被比作是一种不可改变的、顽固地得到维护的观点"，也就是说，文本的意义不是一种预先存在、固定不变并等待阐释者去解放的观点，因为"阐释者自己的想法一开始就已经参与到文本意义的再生中。在这个意义上，阐释者个人的视野具有决定作用，但这一视野并不是以得到坚持或强加予人的个人观点的形式起决定作用的，而更多地是作为一种见解或可能性，它们在阐释活动中起作用，它们被牵连到其中，它们有助于真正地吸收文本所说的东西。在上文中，我们已将这一过程描述为视野融合。"[2] 也就是说，阐释者的个人视野，即人们所说的"先见"是理解者的"视域"，是"立脚点"，先有、先见和先把握作为立脚点，并不构成"理解"的具体存在，而是在理解过程中起作用的具体性存在的因素。在承认"权威"、"传统"、"效果历史"和"历史性"等因素所起的作用的同时，阐释者要做到对他人和本人的见解保持一种"开放的态度"，在不断的筹划中不断地修正自己的认识。萨特曾在《什么是文学?》中指出读者的阅读过程是一个"预测、期待、假设、梦想和觉醒"[3] 的过程，这一观点恰好与伽达默尔所强调的"开放性"相一致。在阅读过程中，每一次希望和期待是揭示原文意义的动力和基础，而每一次觉醒和失望是修正自己认识、向意义逼近的再筹划。由此，伽达默尔将"先见"与"客观性"统一起来，萨特也将读者的创造性与阐释的客观性有机地结合在了一起。

3.2.3 阐释的自由空间与限度

当读者充满期待，带着先有、先见、先把握，总之，带着自己的才与情、带着自己的世界观和社会经验与常识去解读那些字句符号时，它们便会突然间变得实在起来，变成有血有肉有灵的生命体，向我们发出召唤。萨特指出，"作家向读者的自由发出召唤，让它来协同产生作品。"这里，萨特强调了读者

---

1 《存在与时间》，海德格尔著，陈嘉映、王庆节译，生活·读书·新知三联书店，1987年，第184页。

2 Hans-Georg Gadamer: *Vérité et Méthode*, Paris, Seuil, 1976, pp.234–235.

3 《萨特文学论文集》，让-保罗·萨特著，施康强等译，安徽文艺出版社，1998年，第96页。

的"自由"存在的必要性。对于创造了原文本的作者而言,他之所以要将文本诉诸自由,是因为惟有读者的"自由"才能引发读者调动自己的思想参与创造。然而,"自由"并非目的,作者不可能给读者无限制或单方面的自由:"他还要求读者们把他给予他们的信任再归还给他,要求他们承认他的创造自由,要求他们通过一项对称的、方向相反的召唤来吁请他的自由。"[1] 这里涉及到了理解与阐释的一个重要的问题,那就是阐释的自由并不是阐释者单方面的自由。当我们强调作者信任读者,赋予读者阐释的自由时,也就隐含了另一面,即阐释者在参与文本创造的同时,也就与作者形成了一种关系,缔结了一份协定,以相互信任为基础,在尊重对方的自由的前提下行使自己的自由:"每一方都信任另一方,每一方都把自己托付给另一方,在同等程度上要求对方和要求自己。"[2] 这是一种辩证的自由观。只有以文本为依据,在文本所提供的整体之中去凸现其语境所明示或暗喻的意义,才有可能避免使自由失控,在失度的阐释中失去作者的信任,从而也就丧失了"自由"的权利。

在翻译活动中,我们常常强调"从心所欲",这种"从心所欲",若从积极的意义上去理解,那就是发挥译者的想象力和创造性,但"从心所欲"只是单方的"自由";若译者尊重原作者,把作者赋予译者的信任还给作者,就要"不逾矩"。对这个"矩",可以有多种理解,其中包括"不倍原文",不背叛作者的欲言,不歪曲文本的意义,不违背原文的精神。艾柯对这两者之间的辩证关系曾说过一段意味深长的话:"一九六二年,我写了《开放的作品》(Opera aperta)一书。在书中,我肯定了诠释者在解读文学本文时所起的积极作用。我发现读者们在阅读这本书时,注意力主要集中在作品所具有的开放性这一方面,而忽视了下面这个事实:我所提倡的开放性阅读必须从作品本文出发(其目的是对作品进行诠释),因此它会受到本文的制约。换言之,我所研究的实际上是本文的权利与诠释者的权利之间的辩证关系。"[3] "本文"的权利在另一个角度看,也就是作者所创造的文本提供的阐释空间。伊瑟尔(Wolfgang Iser)曾以小说为例说明了"文本"的权利,即文本对读者阐释活动的限制:"18世纪的小说家感到他们不仅是自己产品的创造者,而且为他们制定了法则。他们所设计的事件在展开的过程中同时又起着判断这一事件的尺度的作用。这一点不仅可以从笛福和理查逊小说的前言中,而且可以从菲尔丁作品的大量议论中得到证明。这种手法为读者理解作者的意图作出了明确的指示,

---

1 《萨特文学论文集》,让–保罗·萨特著,施康强等译,安徽文艺出版社,1998年,第105页。
2 同上,第108页。
3 《诠释与过度诠释》,斯特凡·柯里尼编,艾柯等著,王宇根译,生活·读书·新知三联书店,1997年,第27–28页。引文中的"本文"作"文本"解。

并使他们在观察文本所叙述的事件时目光变得更加敏锐。"[1] 而诠释者的权力，则是参与文本创造的诠释者的阐释自由。谈及权利，意味着责任，而强调自由，也同样意味着限制。

为进一步在阐释的自由与限制中寻找一条通向正确与和谐的阐释路径，艾柯提出在"作者意图"与"诠释者意图"之间，"还存在着第三种可能性：'本文的意图'。"在《诠释与历史》一文中，他以西方诠释史中的一些典型的例证为基础，对世界与文本的诠释方法及其依据作了深入的考察，承认在"神圣文本"和"世俗文本"的诠释中，确实存在着"过度"诠释的现象。虽然诠释的过度在很大程度上可以归结于翻译的历史局限和语境作用，但这并不意味着这一"过度"行为本身的合理性和合法化。而强调"作者意图"、"文本意图"和"诠释意图"之间的相互作用和限制，正是克服诠释者无限制的自由而转向三者之间的和谐，从阐释的无限转向阐释的相对客观性和正确的基本原则。他深切地认识到，在原作者的欲言和文本的意义之间，诠释者面临着一个两难的境地："要么旨在在本文中发现作者意欲说出的东西，要么旨在发现本文独立表达出来的与读者意图无关的东西。"艾柯试图将诠释者从这一两难的境地中摆脱出来。他的这一努力有着深刻的理论背景，他既要面对"意义的无限与神秘论"，又要面对"读者中心论"。为此，艾柯强调指出："当本文不是面对某一特定的接受者而是面对一个读者群时，作者会明白，其本文诠释的标准将不是他或她本人的意图，而是相互作用的许多标准的复杂综合体，包括读者以及读者掌握（作为社会宝库的）语言的能力。我所说的作为社会宝库的语言不仅指具有一套完整的语法规则的约定俗成的语言本身，同时还包括这种语言所生发、所产生的整个话语系统，即这种语言所产生的'文化成规'（Cultural Conventions）以及从读者的角度出发对本文进行诠释的全部历史。"[2] 在这里，艾柯又提出了"读者群"与"特定接受者"即"特定读者"的区别，同时提出了一个人的阅读与阐释行为要受到"多种因素"的限制，包括语言本身、语言生发的"文化成规"及"诠释"的历史等因素。这些因素的存在，表明了阐释活动的自由空间是在种种限制中展现其活力的。阐释的自由为文本多种解读的可能性打开了空间，而客观存在的种种限制因素又为解读的可能性提供了"度"的保证。

---

1 《作为现实主义小说结构成分之一的读者》，沃尔夫冈·伊瑟尔，章国峰译，载《最新西方文论学》，王逢振等编，漓江出版社，1991年，第37页。
2 《诠释与过度诠释》，艾柯等著，王宇根译，生活·读书·新知三联书店，1997年，第82页。

3.2.4 阐释活动的历史性

阐释的历史性包括三个方面。首先，就一个具体的译者而言，当翻译一个文本时，他总是处于特定的历史空间中，其视域和各种能力时刻受到种种限制，他对文本的理解，已经不仅仅限于对"语言"的理解。萨特在论及理解活动的历史性时指出，就读者而言，"他不像善良的野蛮人那样蒙昧无知，以致需要从原则出发解释一切，他不是才智之士，也不是一片空白。他也不像天使或者上帝那样全知全能，我向他揭示宇宙的某些面貌，我利用他知道的事情试图把他还不知道的事情告诉他。读者位于完全无知与无所不知之间，他有一定的知识，这些知识随时都在变化，足以向他显示他的历史性。这确实不是一个瞬间意识，一个超越时间的对自由的纯粹肯定，而且读者也不是在历史的上空翱翔：他置身其间，作者们同样也有历史性；惟其如此，他们中有些人就希望逃脱历史，跃入永恒。在这些投入同一段历史并且同样致力于创造这一历史的人中间，通过书籍的媒介建立起一种历史接触。"[1] 萨特这段文字所强调的问题是：读者并非全知也并非无知，他生活在一定历史阶段之中，且思想、知识都时刻处于变化之中。因此，哪怕就一个特定的读者而言，他的阅读行为也时刻受到变化中的历史的影响，他的阅读、理解不可能超越时间，不可能超越所处的历史语境。就翻译而言，我们在阅读、理解一个文本时，总是抱着一个希望，希望我们的理解是正确的、全面的，更希望我们的翻译是完善的，能引起作者和读者之间的共鸣。但翻译的历史性告诉我们，我们的理解只是在那一瞬间的历史；与作者对话、对文本的领悟，都是历史的一种相遇，我们的理解是以我们当时所熟悉的那个世界为出发点的，更何况在上文我们所强调的，任何阐释者，都是带着自己的"先见"、"先有"、"先把握"去进入文本的。正是在这个意义上，对同一个文本，二十岁时的阅读与五十岁时的阅读，会何等不同！而这一不同正是阐释活动"历史性"的表现。

其次，阐释活动的历史性反映在语言上：语言是以公共有效性为前提的，也就是说，语言相比较个人的言语，具有暂时稳定的特性。尽管如此，语言还是以一种缓慢的、不易为人所察觉的速度演进着。语言所跨越的时间越长，这种演进所造成的差异也就越大，并且差异显示在书写、词汇以及文体等各个方面，严格地说，这种历史性是所有阐释者都会面对的，因为作为用文字固定下来的文本，它或多或少地都要经过时间的距离才能得到阅读与理解，而翻译更是加长了这种时间上的距离，因为从译者的阅读、理解到译本的产生与译本的被理解又经历了相当长的一段时间！由于时代的差异，原文本中的语言或非语

---

1 《萨特文学论文集》，让-保罗·萨特著，施康强等译，安徽文艺出版社，1998年，第118–119页。

言的因素与译者的认知结构与语言能力之间形成了一定的距离，这就造成了理解的困难。当然这些困难可以经过译者的努力而减少，但是永远都不可能完全消失。这就是单独的译者的阐释常常会留下缺陷和遗憾的原因，也是不可译论产生的一大根源。

最后，阐释的历史性还表现在，从整个人类历史的角度来看，阐释活动是历史的、发展的。因为时空、译者个人能力等因素的影响，单个的译者的阐释几乎总是无法避免遗憾甚至缺陷，"这不只注定了翻译的忠实和等质的相对性，也使重译、复译或重新阐释变得可能甚至必然"[1]。一方面，从可译性上来说，某一历史时期的阐释困难在另一个历史时期可能得到解决，也就是说，在某个历史时期是不可译的东西到另一个历史时期可能就成为可译的了。正如梅肖尼克（Henri Meschonnic）所说："对于处于某一特定跨语言、跨文化关系中的一部特定作品来说，诗学间的互相作用和历史性的重述可以是还未产生过的，也可以不产生。作为文本的不可译性因此是一种文化效果，后者来源于这些历史原因。不可译性是社会的、历史的，而不是形而上的（不可交流、无法表达、神秘主义、天赋）。只要翻译一文本的时刻没有到来，那么语言外作用就是一种超验的作用，而不可译被当作了一种本质、一种绝对。"[2]也就是说，当条件成熟时，从前被认为是不可理解的、不可译的因素或许就能迎刃而解。另一方面，后人的阐释总是建立在前人阐释的基础之上，总是受到前人的启发，并由此超越前人的阐释，因此，从理想的角度看，阐释活动总是处于不断的发展之中。

在这一节中，我们对翻译过程中的理解这一步骤进行了深入探讨，并指出理解或者说阐释活动是译者主体性投入的创造性活动，它具有客观性和历史性，它诉诸阐释者的自由，但这种自由不是任意的，而是一种有限度的自由。对理解活动的探讨有助于我们加深对翻译过程的认识。但是，直至现在为止，我们的目光始终集中在狭义的翻译过程上。要全面理解翻译过程，我们还必须将目光拓展到广义的翻译过程上。

---

1 引自《翻译·解释·阐释——文学翻译断想之二》，杨武能，《翻译思考录》，许钧主编，湖北教育出版社，1998年，第247页。

2 Henri Meschonnic: *Pour la Poétique II, Épistémologie de l'écriture, poétique de la traduction*, Paris, Gallimard, 1973, p.309.

3.3 广义的翻译过程

正如上文中我们所提到的那样，广义的翻译过程已经超越了从语言到语言、从文本到文本的过程。理论界对于广义翻译过程的研究从广度和深度上来说，都不及对狭义翻译过程的研究，而且古今中外的学者多是从实践角度出发对其进行经验性的探讨。较具代表性的是美国翻译家奈达的观点。奈达自幼笃信基督，立志做一名传教士。他于1943年在密歇根大学获得语言学博士学位后，便到美国圣经公会供职，并于1946年起担任《圣经》翻译部的执行秘书，对《圣经》有很深的研究，特别是通过组织《圣经》的翻译，积累了大量经验，在《〈圣经〉翻译出版的程序》一文中，除了对狭义的"翻译程序"，他对广义的"翻译过程"也作了明确的规定。

奈达认为："翻译程序远非只是指具体翻译某一文本时一步一步的过程，它还包括许多需要事先加以考虑的因素，如原语文本的性质、译者的能力、翻译过程的方向（如从习得语译成母语或从母语译成习得语）、译文所针对的读者类型、出版商和编辑的类型、译文的发行和译者可能使用的译文方式。"[1] 以《圣经》的翻译过程为例[2]，要采取的程序很多，但就整个过程而言，涉及十个方面的基本程序，这就是他所明确的十个不同而又互为联系的部分：（1）不合适的翻译程序；（2）译前准备；（3）翻译小组的结构；（4）审稿结构；（5）辅助人员；（6）翻译程序，即各种翻译队伍中所采取的一般程序和特殊程序；（7）对译文进行检验；（8）校对清样；（9）行政管理工作的程序；（10）译本出版以后的工作。奈达指出，这十个方面并非适用于每一个《圣经》的翻译工作者，但却涵盖了翻译各阶段的工作。的确，上述的十个方面不仅涵盖了狭义的翻译，而且还包含了有关翻译的出版及文本流传的广义过程。第一个方面看似与翻译过程无关，但实际上，若细细领会奈达在文中所提出的观点，即他指出"天真幼稚的"翻译方法、拘泥于规划的翻译方法和任意改编的三种典型的翻译方法是"不合适的翻译程序"，我们便不难看到其良苦用心：要翻译，须先行确立一种正确的翻译观念和翻译方法。如果说第一条涉及翻译观和翻译方法，那么奈达所提出的第十条则将文本流传和读者的接受纳入了翻译过程的考察视野，这是极有见地的。尤其是读者的反应与译文的不断修订、文本的新生命过程与翻译没有"定本"的观点，都是需要我们认真思考的。显而易见，有关《圣经》翻译工作的程序并不完全适用于其他类型的翻译工作，但是，不可否认的是，其中提出的一些工作程序，如翻译小组的

---

1 《语言文化与翻译》，尤金·A.奈达著，严久生译，内蒙古大学出版社，1998年，第125页。
2 以下有关评述的主要内容引自《新编奈达论翻译》，谭载喜编译，中国对外翻译出版公司，1999年，第281–303页。

结构、审稿人员和辅助人员的结构、清样的校对、行政管理工作等方面，对翻译、审稿、辅助、校对和管理人员的条件、职责与工作方法都有严格的界定，且与具体的翻译过程环环相扣，为翻译工作的严密进行与翻译质量的提高提供了保证。而"译前准备"更是从理论和实践两个方面提出了译者所要考虑的问题和必须解决的具体问题，如"读者需要什么"、"读者能够接受什么"，从读者的需要和接受来考虑制订翻译的方案，是一项关涉到译本生命流传的重要工作。至于具体的准备工作，奈达认为最为基本的一条是"制定或修订翻译工作所必须遵循的基本原则"，大到选择何种文本，小到怎么处理修辞疑问句或怎么处理标点与分段等，都要做到心中有数，有章可循。

从以上的简单介绍，我们已经可以看到奈达对《圣经》翻译工作程序的总结不仅仅是具体工作步骤的实践规范，更是一种有关如何翻译的理论参照。从奈达所谈《圣经》的翻译程序，我们很自然会联想到译经大师玄奘所主持的"译场"的严密分工与翻译步骤。据《续高僧传》记载，玄奘对译经的过程及分工非常严格与明确，包括译主、证义、证文、度语、笔受、缀文、参译、刊定、润文、梵呗和监护大使等十一项。光是对译文的校对工作就涉及多道程序。道宣在《续高僧传·卷第四》"唐京师大慈恩寺玄奘传"中记载："既承明命，返迹京师。遂召沙门慧明、灵润等以为证义。沙门行友、玄赜以为缀缉，沙门智证、辩机等以为梵文，沙门玄摸以证梵语，沙门玄应以定字伪。"[1] 陈福康认为，玄奘"能从不同的层面，缀文、参译、刊定、润文，从而保证文字的纯正与流畅。而且，又把证义、证文放在纯粹的文字功夫之前，首先保证了翻译的准确性。所以，这是非常值得我们研究和借鉴的。"[2] 对比奈达的《圣经》翻译程序和玄奘的"译场"分工，我们可以发现两者之间有着许多共同点。而这些共同点的存在并非偶然，它们在一定意义上反映了翻译的具体工作程序存在的必要性和合理性。针对具体的翻译对象，制订严密的翻译程序，再加上明确的分工，是保证翻译质量的基础，虽然玄奘和奈达都是针对宗教典籍的翻译工作制订的程序，但其中一些原则，则具有普遍的指导意义。

在20世纪80年代中期，笔者参加了法国著名作家普鲁斯特（Marcel Proust）的《追忆似水年华》（A la recherche du temps perdu）的翻译工作。《追忆似水年华》是一部"超时代，超流派"的杰作，它的写作特色与风格为翻译带来了许多难以克服的障碍。正因为困难，所以这部被法国文学界誉为20世纪最伟大的杰作的辉煌巨著，在其问世后半个多世纪，一直没有汉译本。直到20世纪80年代中期，译林出版社才开始组织国内法国文学翻译界的力量，合作翻译七

1 《续高僧传·卷第四·译经篇》，道宣，《高僧传合集》，上海古籍出版社，1991年，第135页。
2 《中国译学理论史稿》，陈福康著，上海外语教育出版社，1992年，第43-44页。

卷本的《追忆似水年华》。就我们所知，这部作品的翻译过程是复杂而严密的。从翻译程序看，从出版社征求专家意见、决定组织力量翻译全书起，至少经历了如下的环节或步骤：责任编辑根据国内法国文学翻译界的实际状况，征询有关专家意见，确定翻译人选；组织高水平的专家研读全书，编写各卷内容提要、人名地名译名表、作品人物关系表和有关重要注释；制订"校译工作的几点要求"，开译后多次组织译者经验交流，相互传阅和评点部分译文；就书名的翻译、风格的再现问题专门在北京大学组织了我国法语语言文学界的著名学者和全书的翻译人员进行专题讨论；交稿后编辑认真校译，并邀请有关专家抽校译文，有问题的译文重新修改。全书出版后，又组织了"普鲁斯特国际学术研究会"，邀请法国著名的普鲁斯特研究专家和翻译者共同研讨普鲁斯特的作品价值，总结翻译经验。在这期间，参加《追忆似水年华》翻译的个别成员还应邀赴法国阿尔国际文学翻译中心与美国、德国、意大利等国的普鲁斯特作品的翻译者交流经验。从整个过程看，即从译前的准备一直到译后的交流，与奈达所提出的《圣经》的翻译程序在很大程度上是相吻合的。

从上文中，我们看到，从实践的角度，翻译过程可视作一个文本的语言转换所经历的具体而微的一系列程序或步骤，而这些程序或步骤的制定，则又需要以一定的翻译观为基础。不可否认，上文所简述的几个比较有典型意义的翻译程序，大都涉及集体性的翻译，翻译对象要么是宗教典籍，要么是重要的文学著作。集体性的翻译在协调、组织、沟通上需要作出周密的计划，严格的翻译程序便显得特别重要。就单个译者独立进行的翻译而言，实际上在整个翻译过程中也同样要经历诸如译前准备、研读、理解、阐释等重要阶段，虽然具体的方法对每一个译者来说也许并不雷同，但其中所要面对的基本问题则是同样的，对这些基本问题的探讨，一方面拓展了翻译理论研究的范围，另一方面，对翻译实践本身也具有明显的指导价值。

应该说，从一部书的翻译到翻译文本跟读者见面，开始其新的生命历程，绝不仅仅是一个简单的语言转换过程，它涉及到文本的选择、文本的研究、文本的理解与阐释、文本的生成、文本的接受等紧密相连、环环相扣的过程。对文本的选择不仅仅由译者个人的喜好决定，还涉及文化语境、意识形态、市场效应、翻译动机等多种因素，我们将在下文中专门开辟一章来讨论这些因素对翻译的影响。对于文本的接受问题就涉及到了译文产生后它的生命历程，文本的生命得以不断延续，除了译本本身吸引读者不断去阅读它之外，有时也得益于不断进行的复译现象，对此我们将在下一节中展开具体讨论。

3.4 文本生命的拓展与延伸

3.4.1 复译现象及其本质

上文中我们已经提到，翻译过程有广义和狭义之分。广义的翻译过程不仅包含狭义的语言转换活动，还包括文本的选择、文本的生成和文本生命的历程等过程。在这个意义上，文本的复译现象，可在翻译的广义过程中加以审视和考察。

"复译"问题，是近十余年来国内翻译界最关注的问题之一。围绕着复译问题，折射出了翻译活动的复杂性，也充分反映了翻译活动所涉及的问题不仅仅处于语言的层面，而且存在于文化、社会、政治、伦理，包括经济等各个层面。如在经济利益的驱动之下，将"复译"异化为"抄译"，其中既有道德层面的原因，也有经济层面的原因。对这方面所涉及的种种问题，我们将在下文中展开讨论。在这里，我们还是把讨论局限在翻译的过程这一主题范围内，从理解与表达这两个大的方面来考察复译现象，把对翻译的阐释活动的认识推进一步。

从文本的生成、传播的生命历程来看，首先遇到的便是"时间"与"空间"。一个文本的生命，既有时间意义上的延续，也有空间意义上的拓展。而无论是时间上的延续，还是空间的拓展，"语言"的问题便不可避免地凸现出来。就翻译而言，无论是语内翻译，还是语际翻译，或是符际翻译，它们要跨越的是语言或符号的障碍，要打开的是文化的疆界，在新的文化空间中，在不断延续的历史中拓展文本的生命。相比较而言，语内翻译所涉及的原语与译入语之间主要是时间上的差距，而语际翻译，除了时间上的差距之外，还要面对不同空间或文化语境中所使用的不同的语言。而要克服语言的差异，为文本拓展生命的空间，延续其生命，就不能不求助于翻译。但是，文本的生命不会止于一次翻译，随着时间的推移，各民族的语言在潜移默化之中不停地向前发展，各民族的文化也随时代改变产生着变化，旧的译本在新的环境中可能显得陈旧、落后，从理解层面上说，从前不可译的因素在新环境下可能变得可译，从表达层面上说，旧译本的语言可能变得不可理解甚至不可接受，这一切都召唤着复译的产生，以推动文本的生命继续发展。翁显良先生在《意态由来画不成》一书中也认为："翻译的目的是向读者介绍原作，是要人家懂而不是要人家不懂，所以不能不现代化，而且要不断地现代化，过了一定时期又得把译过的作品重新再译。这种情况是人所共知的。"[1] 正因为如此，乔治·斯坦纳在论及文学的生命时强调指出，任何文学作品，都渴望其生命能得到不断延续，但

---

[1] 《意态由来画不成》，翁显良著，中国对外翻译出版公司，1983年，第2页。

要实现这一点，"只能通过不断的翻译"，"文学艺术的存在，一个群体所经历的历史都要受到语内翻译不断延续的过程的限制，尽管这一过程往往不被人们所意识到。"[1] 正是这种不断延续的翻译，构成了我们所说的"复译"现象。

复译现象存在于语内翻译、语际翻译和符际翻译之中。正是不断的翻译，具体的翻译活动的历史局限被不断克服，其传播的空间才得以不断拓展。在这个意义上，我们可以说翻译是文明的延续和扩展；任何文化想要延续，都要不断地被翻译。比如中国的古代典籍正是凭藉广义和狭义的翻译而使其生命不断延绵。就我们所讨论的翻译而言，"复译"的意义从中可以得到部分印证。

3.4.2 翻译究竟有没有"定本"？

3.4.2.1 何为"定本"？

当我们从文化交流和文本生成与传播的意义上去认识复译的意义，同时认为复译的不可避免在于个体理解活动的局限性，也在于语言行为的时间性，我们有必要对翻译界时有回响的"翻译定本"说作出回应。从翻译的角度看，翻译者如同创造者，都希望自己创造的作品能够超越时间，获得不朽。然而，如果说创造的文本是通过不断的翻译而通向不朽之路的话，那么作为阐释循环中的一站的翻译，便注定不可能永远不朽，也就是说，就一个翻译文本而言，它永远也不可能成为"定本"。"翻译定本"说，就其本质而言，在理解上是根植于"意义的绝对客观论"。所谓的"定本"，就我们的理解，至少含有以下三种意思。首先，一个定本，尤其翻译的定本，无论就理解而言，还是就表达而言，都达到了尽善尽美的境地，不存在理解的错误，不存在阐释的空白，表达上不仅在内容上与原作等值，在形式上也可与原作媲美，就是译界通常所说的"形神俱似之境"，而且这种形神俱似已经到了不可超越的地步，止于此，不再有复译的可能，也无复译的必要，此为"定"的第一含义。其次，"定本"还有不朽的意思，可以超越时间，无论哪一个时代，只以此译为定译，不必随着时代的变化、语言的变化、读者审美情趣的变化而对译本有所修改，定而"不变"，一劳永逸，此为"定"的第二层含义。再次，所谓"定本"，还可能包含有"理想的范本"的意思。一部原著，可以有不同的理解，不同的传达，也就是说可以出现不同的翻译，不同的译本。任何译作，在一定意义上说都以接近原作的主旨、意蕴、气势为目标，以完美地再现原作的艺术价值为己任。越能再现原作的神韵（形神兼备当然更理想），译作的价值便越高。而"定

---

1 George Steiner: *Après Babel: une poétique du dire et de la traduction*, Paris, Albin Michel, 1998, p.67.

本"是一种理想的范本，以此为"准"，定而为"本"，原作的"本"被译本的"本"取而代之，一切译作皆要以此本为本，此为"定本"的第三层含义。那么，如此定义的定本，在理论上是否可以产生呢？我们认为答案是否定的。

3.4.2.2 "翻译定本"不可能存在的理论依据

翻译家方平对此有着深刻的认识，在一篇题为《不存在"理想的范本"》的文章中，他从理论上阐述了"理想的范本"不可能存在的多方面原因。他认为，文学翻译是一种创造性的艺术劳动，只能接近原作，不可能完全复制原作，且文学艺术作品只有着潜在的审美价值，不同读者在自己的"阅读、感受、体会、理解的过程中"赋予其实际的审美价值，任何译本都不可能一劳永逸地还原作者的原始意图，尽善尽美地再现原作的全部价值。因此，所谓的"范本"，只能是一种理想，实际上是不存在的。方平的这篇文章对我们认识"定本"之所以不可能存在，有着重要的启迪意义。[1]

捷克功能结构主义美学理论家费·沃季奇卡在他的《发展的结构》一书中指出："我们必须尊重这样一个事实：文学翻译作品作为广大读者审美感知的对象，始终被他们阐释着，评论着。一部作品只有被阅读才能得到审美的现实化，也只有通过阅读，它才会在人们的意识中转化为审美对象。但是，审美感知是与评价紧密联系在一起的，而评价又必须以评价的尺度为前提。这种尺度是不稳定的，因此，从历史发展的观点看，文学作品的价值并非某一固定不变的量。"[2] 我们都知道，一部文学作品问世之后，它具有相对的独立性。但是，从接受美学的观点看，一部文学作品的价值并不是固定不变的，它的意义和审美价值的阐释和发掘有赖于读者的参与。在这个意义上说，文学作品是个相对开放的符号系统，它本身就需要人们去解读。当代接受美学的主要代表人物姚斯（Hans Robert Jauss）在《作为向文学科学挑战的文学史》（"Literary History as a Challenge to Literary Theory"）一文中明确指出："文学作品不是一个为自身而存在、并在任何时候为任何观察者提供同样面貌的客体。它不是一座独自在那里显示其永恒本质的纪念碑。相反，它倒像一份多重奏乐曲总谱，是为了得到阅读中不断变换的反响而写的。"[3] 译者，首先是

---

1 参见《他不知道自己是一个诗人》，方平著，湖北教育出版社，2002年，第23—33页。
2 《发展的结构》，费·沃季奇卡著，慕尼黑，威廉·芬克出版社，1975年，参见《布拉格学派及其他》，中国社会科学院外国文学研究所《世界文论》编辑委员会编，社会科学文献出版社，1995年版，第57页。
3 《作为向文学科学挑战的文学史》，汉斯·罗伯特·姚斯著，王卫新译，《读者反应批评》，文化艺术出版社，1989年，第144页。

个读者、阐释者，其首要任务是理解、发掘原作的潜在意义，尽可能接近原作的精神。然而，"即使同一时代、社会和文化背景中的译者，人与人的教养、素质和经历也千差万别，他们对作品进行阐释时所取的角度和站的高度也必然有差异……即使同一原著的翻译也总是因人、因时、因地、因不同的译语文化背景而异；而且这'异'不只表现于它的载体语言——语言的变化确实最明显——也表现在对内容的阐释。"[1] 不同的读者在阅读一部文学作品时，都有着自己的审美习惯和价值取向。他可以从自己的角度去理解作品，去探掘作品的潜在意义，赋予其"现实的生命"。但是，处于不同时代的读者所处的历史背景和文化背景不同，加之个人的文化修养、生活经历、艺术欣赏习惯、审美情趣实际上也存在差异，所以他们所挖掘的原著的"潜在意义"也必然有着某种差异。正如鲁迅所说，一部《红楼梦》，"经学家看见《易》，道学家看见淫，才子看见缠绵，革命家看见排满，流言家看见宫闱密事……"因此，要更客观地接近原著的底蕴，需要一代一代人无穷无尽地去认识，去发掘。如果一部作品的潜在意义不可能被某个读者（译者）一劳永逸地全部挖尽，如果一个译者所阐述、所理解的原作的意义不是唯一正确的，那么，"定本"怎么可能存在呢？

一部译作，只能是对原作的一种理解，一种阐释。翻译，作为原作生命在时间和空间上的延伸和扩展，其本身却又不可能是超越时间和空间的"不朽"。任何一个阐释者，不管其修养、学识如何，不管其意愿如何，都不可能穷尽对原作的生命和价值的认识。他只能给读者提供一个尽可能接近原著的本子，不可能提供一个与原作亦步亦趋，完全对等的"定本"。奈达认为，由于时代的变化、文化的变化和语言的变化，任何译作都不可能拥有永久的生命力。说到底，翻译作品是为一定的读者群服务的。从历史发展的角度看，不同时代的读者的接受意识是有所不同的，且随着地点、时间乃至文化、经济、政治环境的变化而变化，特别是对翻译作品的语言更有着时代的要求。翻译作品的可接受性，在一定程度上表现在语言层面。一部翻译作品，如果语言陈旧、没有时代气息、不符合读者的审美习惯，就势必会被淘汰，就必然要呼唤新的译本的诞生。所以，奈达认为，一部译本，不管它多么接近原作，多么成功，其寿命一般只有"五十年"。从中西方翻译史看，尽管有过不少杰出的翻译家作过非凡的努力，试图以准确的理解、准确的翻译使自己的译本成为"定本"，甚至有人想超越原作，使自己的译本与原作共存、成为不朽，但终因不可违抗的历史发展规律，终因上文所指出的

1　引自《翻译·解释·阐释——文学翻译断想之二》，杨武能，《翻译思考录》，许钧主编，湖北教育出版社，1998年，第247页。

种种因素，一次一次地被后人淘汰，出现一个又一个的复译本。且不谈文学作品，就连神圣的《圣经》也同样如此。《七十子希腊文本》尽管有人认为"译得好而虔诚，又十分准确，因此必须保持其原状，不得更改"[1]，后来还是由于译文受时间和空间的局限（非希腊语的语言环境以及祖先的语言给予了译者很大的影响和束缚，译文词语逐渐显得陈旧，充斥着闪语结构），被后来的译本所取代。《圣经》的"钦定本"，也没有因为"钦定"而定于一尊。就文学翻译作品而言，恐怕迄今为止，中西翻译史上还不曾存在过一个"不朽的译本"或定本。我国翻译外国文学作品的历史不算太长，只有一个世纪的时间，可就在这一个世纪里，一些重要的外国文学名著已经多次地被重译了。如林纾首先介绍给中国读者的《巴黎茶花女遗事》，至少已有十五个译本。至于中国翻译界较为关注的《红与黑》，如今已有二十几个译本。诚然，这些复译本的出现，有一些非文学方面的因素在起作用，特别是受经济利益的驱动。但是，不可否认的是，不断的翻译或我们所说的广义的"复译"现象是由人类的理解和阐释活动的本质所决定的。正是在这个意义上，有学者认为："复译必然是个继承、借鉴、突破或另辟蹊径的过程。"[2]

至此，我们再回过头去看一看翻译过程所展示的方方面面以及翻译过程中所涉及的种种问题，我们发现，要回答"翻译是如何进行的？"这一问题并非想象的那么简单。翻译过程不只是单纯的语言转换过程，它还涉及到文本的选择、对文本的阐释和文本生命的历程等。若我们能突破翻译的技的层面，从人类理解和交流行为的深层去加以把握，从文化积累与文本生命历程的角度去考察翻译过程，我们便有可能在理论上深化对翻译活动的本质认识，在实践中更好地处理翻译过程中所可能面对的各种矛盾。

思考题

❶ 何为狭义的翻译过程？试结合本章对狭义翻译过程的经验性认识和理论性探索，谈谈你对狭义翻译过程的看法。

❷ 请结合本章知识，谈谈阐释活动的"自由"与"限制"的辩证关系。

---

1 参见《西方翻译简史》，谭载喜著，商务印书馆，1991年，第17页。
2 引自《代前言》，《文字·文学·文化——〈红与黑〉汉译研究》，许钧主编，南京大学出版社，1996年，第6页。

❸ 如何认识阐释活动的历史性?试举例说明这种历史性。

❹ 试分析"复译"现象产生的原因。

❺ 什么是"翻译定本"?试分析为什么翻译不可能存在"定本"。

第四章

翻译什么?

本章要义:

- 翻译的根本任务是意义的再生。

- 索绪尔的语言意义观主张从差别、系统、价值的角度去考察语言的意义,促使译者抛开旧的翻译观念和方法,在系统和语境中把握原作的意义。

- 意义不是确定的、唯一的和客观的存在。

- 对意义的分类帮助译者在遇到难以克服的障碍并无法完全赋原文本的意义以新生时,能够分清轻重、主次,尽可能减少语义损失。

- 从实践角度来看,译者可以遵循"去字梏"、"重组句"、"建空间"这三个原则,让意义在交流中得到再生。

翻译什么？这一问题涉及对翻译根本任务的探讨。加拿大的维纳和达尔贝勒内在《法英比较修辞》（*Stylistique comparée du français et de l'anglais*）一书中明确指出："译者总是从意义出发，在语义的范围内进行所有的转换活动。"[1] 也就是说，"意义"既是翻译的出发点，也是翻译的归宿。美国翻译理论家奈达也有一句著名的言论："翻译，即译意"。此外，古今中外众多翻译理论家在对翻译作出定义时，都把原文的意义（或信息）的传达当作翻译的根本任务。于是，我们可以这么说："意义"是翻译活动致力传达的东西，是翻译的核心和根本。

然而，"意义"究竟指的是什么？如果从方便讨论的角度，我们把"意义"当作一个宽泛的概念，将有关翻译家或翻译研究者所说的"意思"、"内容"、"思想"，以及"意"、"辞"、"气"、"神"等等说法都纳入其中，还不至于引起过多的质疑的话，那么从科学研究的角度来加以审视，如何科学而系统地对"意义"一词作一界定，至今还是一个问题。若能理清"意义"问题，"翻译什么？"的问题或许也就能迎刃而解了。

4.1 什么是意义？

4.1.1 传统语言意义观及其对翻译的影响

意义问题是一个极其复杂的问题，鉴于翻译与语言之间的特殊关系，我们在研究中发现，不同的语言观会导致不同的意义观，而不同的意义观又对翻译的理论与实践有着直接的影响。正因为如此，乔治·穆南在《翻译的理论问题》中花了很大的篇幅，对传统的语言观和索绪尔及后来的一些语言学家关于意义的理论对翻译理论的影响作了透彻的分析。我们不妨以他的分析为参照，首先对传统语言意义观与翻译观的关系作一简要梳理。

在《普通语言学教程》中，索绪尔在"语言符号的性质"一章中对传统的语言观作了这样的表述："在有些人看来，语言，归结到它的基本原则，不外是一种分类命名集，即一份跟同样多的事物相当的名词术语表。"[2] 这样一来，语言像是一份名录，一份术语表，用一个符号来指称一件事物。索绪尔认为，这种语言观念"假定有现成的、先于词而存在的概念，它没有告诉我们名称按本质来说是声音的还是心理的，因为arbor '树'可以从这一方面考虑，

1　J.-P. Vinay, J. Darbelnet: *Stylistique comparée du français et de l'anglais*, Paris, Didier, 1973, p.37.
2　《普通语言学教程》，索绪尔著，高名凯译，岑麒祥、叶蜚声校注，商务印书馆，1982年，第100页。

也可以从那一方面考虑。"根据这种观念，名称和事物之间是非常简单的——对应关系。法国语言学家马丁内（André Martinet）对这种简单化的观念也作过类似索绪尔的表述："根据一种极为幼稚但也相当普遍的看法，一门语言不外是一份词汇表，即一份声音（或书写）产品的目录，每一件产品都与某一个事物相对应；如某一种动物，马，以法语命名而著称的特殊目录便相应地制造出一种特定的声音产品，以'cheval'这一书面形式加以表示；各种语言之间的差异最终则归结到命名的差异；如法语'cheval'，英语则说'horse'，德语则为'pferd'；再学习一门语言只不过在于记住一份在各个方面都与原来的分类命名集相平行的新的分类命名集。"[1]

"语言为分类命名集"的这一观点是相当普遍的，无论在东方，还是西方，这种语言观都有着悠久的历史。在西方，这一传统观念可以追溯到《圣经》。根据《圣经》，上帝的语言从产生开始就已经是一种命名性语言。《创世纪》第1段第3、5、8、10行中写道：神说，要有光，就有了光。……神称光为昼，称暗为夜……神称空气为天……神称旱地为地，称水的聚处为海……。如此看来，在《圣经》中，事物的命名成了一种专有名称的分配。古希腊哲学家柏拉图（Plato）也持这种把语言当作"分类命名集"的古老观念，在《克拉底鲁篇》（"Cratylus"）中，柏拉图提出了对一般事物的命名的理论。柏拉图认为，"名称是自然的"[2]，它符合事物自己的专门的、永久的本质，在命名之前，首先要有"对事物的完善分类"，然后"应当知道如何把字母用于与之相似的事物，是否用某个字母表示一个事物，或者要用几个字母的混合一起来表示"[3]，这样一来，名称与事物的结合，亦即意义与词的联接，就成了一种命名，一种清点。这一语言观，可以说是一种指称论。如果说在西方，这一传统的语言观可以追溯到《圣经》和古希腊哲学的话，那么在中国，我们可以发现，历史上人们对语言的看法与西方有着惊人的相似。刘宓庆在《翻译与语言哲学》中指出："指称论在古代中国称为'名实论'，与古代西方之'唯名论'和'唯实论'不谋而合。"[4]"名实论"指的是人们对"名"与"实"及其关系的认识，"名"指的是名称、指称，而"实"指的是名称所指示的事物。在名（指谓，指称）与实（物）之间关系的问题上，中国历史上曾有过不同的看法，甚至有过各种争论，最著名的便是先秦时代诸子百家的"名实之辩"。在各种不同的理论中，最为普遍的，是索绪尔所质疑的那种把名看成事物本身，

---

1 André Martinet: *Eléments de linguistique générale*, Paris, Armand Colin, 1960, p.14.
2 《克拉底鲁篇》，柏拉图，见《柏拉图全集》（第二卷），王晓朝译，人民出版社，2003年，第68页。
3 同上，第113页。
4 《翻译与语言哲学》，刘宓庆著，中国对外翻译出版公司，2001年，第200页。

将名与物之间划等号的简单的语言观。根据这种语言观，语言符号连结的，便是事物与名称，字面上的指称，就是词的意义或涵义，而好的语言是"名实相符"的语言。《论语》中有这样的记载：孔子看到一种没有棱角的酒器也叫觚，便发出"觚不觚，觚哉！觚哉！"[1] 的感叹。孔子惟恐这种符号层面的混乱导致伦理价值观念的动摇，便提出了"正名"的建议，也就是纠正"名"与"实"不符的现象，通过"正名"达到"顺言"的效果。《管子》中也阐述了关于"名"、"实"关系的类似观点："'物固有形，形固有名'，此言名不得过实，实不得延名。"又说："循名而督实，按实而定名，名实相生，返相为情。"[2]

将语言视作是"分类命名集"的观念首先强调了指称和概念的一一对应，有一个事物，就有一个与之对应的名称。其次，这种语言观也暗示着指称和概念可以独立于对方存在，而且假定可以有现成的、先于词而存在的概念或意义。柏拉图将这一先于词语而存在的概念称为"理念"，他认为，"理念"是由神所创造出来的，是世间万事万物的源头，"理念"存在于万事万物之先，万事万物只不过是对"理念"中事物的摹仿，而对"理念"的回忆构成了作为人类知识的"真理"。在柏拉图看来，真理与语言的关系不是直接的，真理外在于语言，语言之于真理的价值在于，它为思考提供了空间，使得人们对真理的探讨成为可能。也就是说，概念预先存在，而人们说话只不过是为这一概念披上言辞的外衣。

由上述传统的语言观，我们可以得到如下的推论：语言的不同，只是外在的语言符号的差异，或者说只是"名"的差异。因此，如果把翻译当作一种简单的符号转换活动的话，那么，只要将A语言的符号转换成B语言的符号，便可完成任务，而且由于语言符号连结的是事物与名称，名称虽变，但事物不变，因此，涵义也就不变。由此看来，翻译不仅是完全可行的，而且是非常容易的。正是在这种语言观和语言意义观的影响下，在相当长的一个历史时期内，字对字、词对词的翻译方法被许多翻译家当作最可信、最可靠且最可行的翻译方法，当作对原文忠实的根本保证。乔治·穆南曾经指出："既然世界被视作一个物质的或精神的、区别明确的大仓库，那么每种语言便以一种独有的标签、一种独特的编号给事物编目造册；这样一来，既然原则上每个事物大致只有一个标签，且每个编号只代表预先交给所有编目者的同一仓库的一件物品，那么人们就可以毫无差错地从一种目录过渡到另一种目录。"[3] 在这儿，乔治·

---

1 《论语·雍也篇第六》，载《论语解读》，安德义著，中华书局，2007年，第170页。

2 《管子·心术上第三十六》和《管子·九守第五十五》，载《管子新注》，姜涛著，齐鲁书社，2006年，第296页，第398页。

3 Georges Mounin: *Les problèmes théoriques de la traduction*, Paris, Gallimard, 1963, p.22.

穆南一针见血地指出了传统语言意义观对翻译观的直接影响:"毫无差错地从一种目录过渡到另一种目录",即意味着将一种语言转换成另一种语言不仅是可能的,而且可以做到"毫无差错"。

4.1.2 索绪尔的语言意义观及其对翻译的影响

4.1.2.1 索绪尔的语言意义观

　　传统的语言意义观及由此产生的翻译观显然是与现实不符的。索绪尔对这种传统的语言观提出了强烈的批评。他认为把语言当作"名词术语表"并且把名称和事物之间的联系当作简单的单向联系是一种天真的想法。他指出,事实上,"语言符号连结的不是事物和名称,而是概念和音响形象。后者不是物质的声音,纯粹物理的东西,而是这声音的心理印迹,我们的感觉给我们证明的声音表象。它是属于感觉的,我们有时把它叫做'物质品',那只是在这个意义上说的,而且是跟联想的另一个要素,一般更抽象的概念相对立而言的。"[1] 他进而强调,"语言符号是一种两面的心理实体",正如一个具有两个面的硬币,这两个面中的任何一面都无法脱离另一面独立存在。在此,他指出语言符号经常给人们造成的错觉:"在日常使用上,这个术语一般只指音响形象,例如指词(arbor等等)。人们容易忘记,arbor之所以被称为符号,只是因为它带有'树'的概念,结果让感觉部分的观念包含了整体的观念。"[2] 为了消除人们对"语言符号"所涉及的多重关系所产生的歧义,他首次提出"用符号这个词表示整体,用所指和能指分别代替概念和音响形象。"

　　对于翻译理论而言,索绪尔所提出的能指和所指的概念是非常重要的。在索绪尔看来,词语不是象征符号,而是一种抽象符号,由"能指"和"所指"构成。"能指"是符号中表达形音的部分,而"所指"即是该符号表达的意义。索绪尔认为,能指和所指的联系是任意的,"事实上,一个社会所接受的任何表达手段,原则上都是以集体习惯,或者同样可以说,以约定俗成为基础的"[3]。也就是说,符号的能指与所指之间没有内在的、必然的联系,是集体的习惯约定俗成地、强制性地将符号的两个方面拉在了一起。既然如此,主张根据形状、根据实质来确定名称的言论——"循名而督实,按实而定名"就不能够成立,字面的指称和指称所指代的概念之间也就不能够单纯地划上

1 《普通语言学教程》,索绪尔著,高名凯译,岑麒祥、叶蜚声校注,商务印书馆,1982年,第101页。
2 同上,第102页。
3 同上,第103页。

等号。这样一来，认为"不同的语言只是以不同的'名'指代同样的'实'"的推论就失去了存在的依据，而能指的变化，很可能带来所指涵义发生变化。因此，翻译在语言的转换中，就无法做到"毫无差错"，相反，在语言符号的转换中，与语言符号有着紧密联系的某些涵义有可能失去。

为了比较全面而又简要地理解索绪尔的语言观和意义观对翻译理论的直接指导意义，我们不妨从以下三个方面作一说明。

（1）"差别构成意义"。我们知道，索绪尔在《普通语言学教程》中，除了区分了能指与所指两个重要概念之外，还对语言与言语作了明确的定义，对语言中的共时与历时问题进行了系统的分析。应该看到，在研究中，索绪尔有着明显的侧重，那就是他重词而轻句、轻篇章，重语言而轻言语，重共时而轻历时。比如，就"意义"而言，他就是从词这一层次入手加以分析的。他说："在词里，重要的不是声音本身，而是使这个词区别于其他一切词的声音上的差别，因为带有意义的正是这些差别。"[1] 索绪尔在此向我们明确地阐明了这样一个道理，要区别一个词与另一个词，应该关注的不是它们的声音本身，而是它们在发音上的差别，因为"带有意义的正是这些差别"。正如我们要判断一个人个子的高矮，我们不能够只是看他本身，而是要将他跟其他人的身高进行比较之后才能断定。推而广之，我们可以把索绪尔的这句话理解为"意义在于差别"，或者"差别构成意义"。

（2）在系统中区分差别，确定价值或意义。如果说词与词的区分在于差别（首先是发音上的），那么这种差别又从何而来呢？索绪尔对此有深刻的思考，那就是差别只能在系统中、整体中才能显示。他把语言看成一个系统，而词与词之间的差别，无论在发音上，还是在意义上，都取决于它们之间在系统中所处的现实关系。索绪尔明确指出："语言既是一个系统，它的各项要素都有连带关系，而且其中每项要素的价值都只是因为有其他各项要素同时存在的结果……"[2] 语言自然不是词语的简单堆砌，但词作为语言中的一个基本层次，弄清词的意义的确定关系是十分重要的。在索绪尔看来，语言中每项要素的价值取决于其他要素的存在及其两者之间存在的差别，那么，一个词的意义自然就要取决于与该词有联系的其他词的存在，以及该词在相关的词所组成的小系统中所处的位置。一个词的意义，就像一个语义的小网眼，只有在整个语义大系统中才能确定。

---

1 《普通语言学教程》，索绪尔著，高名凯译，岑麒祥、叶蜚声校注，商务印书馆，1982年，第164页。
2 同上，第160页。

（3）意义依存于价值，又跟价值有所不同。索绪尔认为语言与语言之外的任何价值一样，由以下两个方面构成：首先，一种能与价值有待确定的物交换的不同的物；其次，一些能与价值有待确定的物相比的类似的物。他还是以词为例，说："一个词可以跟某种不同的东西即观念交换；也可以跟某种同性质的东西即另一个词相比。因此，我们只看到词能跟某个概念'交换'，即看到它具有某种意义，还不能确定它的价值；我们还必须把它跟类似的价值，跟其他可能与它相对立的词比较。我们要借助于在它之外的东西才能真正确定它的内容。词既是系统的一部分，就不仅具有一个意义，而且特别是具有一个价值……"[1] 他的这段论述初读有些抽象，但意思是可以理解的，那就是一个词跟另一个词可能会有相同的意义，但却可能没有相同的价值，为了说得更为明确，索绪尔以法语和英语中表达"羊"的概念的词为例，说法语中有"mouton"一词，跟英语中的"sheep"一词有相同的意义，即指"羊"。但是，当英国人和法国人面对一块烧好并端上桌子的羊肉的时候，法国人仍可说它是"mouton"，而英国人则不能说它是"sheep"，而会说"mutton"。从中，可清楚地看到英语的"sheep"与法语的"mouton"的价值是不同的，因为法语的"mouton"这一个词可以表达的，英语需要"sheep"与"mutton"两个词，这也就是说"英语除'sheep'之外还有另一个要素，而法语的词却不是这样"。这个例子是发生在两种不同的语言中，其揭示的道理对翻译理论与实践来说具有重要意义，我们将在下文对此展开论述。此外，索绪尔还指出，即使"在同一种语言内部，所有表达相邻近的观念的词都是互相限制着的"[2]。这一观点值得认真思考。在任何一门语言中，都有同义词与反义词现象。以同义词为例，它们之间存在着一定的相同的因素，但也存在不同的因素，而这种不同的因素或微小的差异是由它们之间所构成的对立关系来显示的。如索绪尔所举的"redouter"一词，在法语中与之构成一定同义关系的还有"craindre"、"avoir peur"等词或词组，它们都有"害怕"的意思，但所表示的"害怕"的程度不一，"redouter"程度最高，"craindre"和"avoir peur"次之。这种细微的差别是有价值的，而这种价值只有在它们所构成的关系中才能体现。

4.1.2.2 索绪尔的语言意义观对翻译的影响

指出价值与意义的区别，并揭示价值取决于系统这一深刻道理，索绪尔的目的旨在摧毁"词的任务是在表现预先规定的概念"这一传统的、根深蒂固的

---

1 《普通语言学教程》，索绪尔著，高名凯译，岑麒祥、叶蜚声校注，商务印书馆，1982年，第161页。
2 同上，第161–162页。

意义观。近一个世纪以来，对索绪尔的语言思想，国内外有许多研究，我们在此不可能进行深入的讨论。仅就以上简要介绍的三点而言，我们感觉到其中所蕴涵的深刻道理对于我们的翻译研究，特别是对意义的认识和传达，具有多方面的启示。

首先，索绪尔的语言意义和价值观有助于我们克服传统的翻译观，不再把翻译当成简单的语言符号转换，而要充分注意到这样一个事实，那就是词的任务并不在于表现预先规定的概念。认识到这一点非常重要，因为如果把词的任务看成是表现预先规定的概念的话，那么不管在哪种语言里，每个词都会有完全对等的意义，但索绪尔通过他对语言符号的分析，从符号的任意性和社会性中揭示出事实并非如此，这也就在理论上指明了翻译中逐字对译的方法的不科学性。在实践中，尽管逐字翻译的方法有时也可以达到一定的效果，但将逐字翻译当作忠实于原文的保证，在其根本上，是行不通的。

其次，要在系统中去识别差别、确定词或语言其他要素的意义与价值的观点，有助于我们在翻译实践中树立语境和整体的观念，将语义的传达当作一个动态的行为，要在具体的上下文中、在具体的语境中去识别语义。此外，一门语言就是一个相对独立的系统，在一门语言系统中所构成的语义关系，如同义、反义关系，在另一门语言中并不完全对应，因此，在识别出发语系统中所产生的语义的基础上，翻译时要充分考虑到目的语系统所构成的各种关系与差别。这在理论上也就对翻译中机械的对应论和等值观提出了质疑。

再次，索绪尔将意义与价值作了区别。从他的分析中，我们可以看到一个现象，在举具体例子的时候，索绪尔往往都举两种不同的语言中的例子来进行比较、加以说明。通过他的对比与分析，我们可以更加深刻地意识到，一方面，不同语言中表示同一个概念的词可能会有不同的意义和价值，例如上文所说的法语中"mouton"和英语中的"sheep"的情况，这些差异有时会给翻译造成很大的障碍；另一方面，不同的语言之间可能存在着为数不小的缺项情况，例如在某一种语言中表示"害怕"概念的词可以有十个，而在另一种语言中却只有五个，这种缺项情况也给翻译活动制造了障碍，提出了挑战。在理论上讲，索绪尔对意义与价值的区分，可以说是对语言意义理论的一大贡献。实际上，20世纪的许多哲学家、语言学家、文艺理论家所提出的有关意义的理论或多或少都受到过索绪尔的影响，而他们所提出的种种语言意义理论，也在不断地影响着翻译理论研究，并通过翻译理论影响着具体的翻译活动。

索绪尔的语言观为我们从新的角度探索语言与意义打开了一扇大门。在索绪尔之后，对"意义"的研究成为人文学科学者一个重要的探索领域，并取得了令人瞩目的成果。另一方面，这些有关意义的理论相互之间往往又是不同的或是对立的，仿佛构成了一个有关"意义"的理论迷宫，往往使我们在试图从中找到它们对于翻译学意义观的重要参照价值的同时，忘却了翻译活动自身，迷失在有关意义的重重争论之中。为了不至于陷入有关"意义"的定义可能构成的陷阱中，我们不妨换一个角度，从翻译实践的角度提出有关"意义"的两个必须澄清的问题，看看语言哲学理论、文学批评理论或语言学理论中有关意义的探索能给我们提供哪些理论的参照。

4.2 对意义的确定性和客观性的重新审视

4.2.1 对意义确定性或唯一性的质疑

意义是确定的或者说唯一的吗？对翻译者来说，这一问题是带有根本性的一种追问。在上文中，我们提到，在索绪尔对语言进行科学的研究之前，人们普遍有这么一个观念，那就是认为"有现成的、先于词而存在的概念"，任何语言文字表述的背后，都有意义在场，而译者作为翻译的主体，希望蕴涵在原文中的意义是一种客观的存在，这样就容易理解、认识与把握。对于翻译理论来说，如果假设意义是永恒在场并且确定的，那么翻译在理论上就不仅是可行的，而且还是容易的。塞尔登（Raman Selden）在《文学批评理论》（*The Theory of Criticism: From Plato to the Present*）第三章《含混与多义性》的编语中曾经这样指出："柏拉图以来的西方哲学把权威意义置于言语（而非文字）之中：意义在词中呈现（词被当成肉体）。文本被视作具有神性表达的权威，因此只能有一个真正的意义；上帝的词语中不存在任何歧义或不确定性。"[1] 正是基于这种观念，认为意义在词中，而且只有一个真正的意义，于是只要译了词，意义就在译文中得到了呈现，词对词的翻译也就成了忠实于原文的一种最可靠的保证了。在翻译历史上，逐字翻译的方法曾经占据着重要的位置，追其原因，恐怕不能不说恒定而唯一的意义观在其中起着相当大的作用。

然而，在20世纪，随着种种意义理论的出现，这种恒定而唯一的意义观受到了普遍的质疑，继而被彻底动摇。美国哲学家格赖斯（Herbert Paul Grice）提出了意向论，认为词句的意义既包含词语的意义又包含言者的意向；意义分为"自然意义"（不含人的意向）与"非自然意义"（含有人的意向）。英国哲学家斯特劳森（Peter F. Strawson）明确提出应扬弃"意义等于所指"的传统的意义理论，认为词义不等于该词的指称。无论是词、词组，还是句子，它们的意义取决于使用它们并受到制约的约定性，因此，意义寓于功能，功能使意

---

1 《文学批评理论——从柏拉图到现在》，拉曼·塞尔登编，刘象愚、陈永国等译，北京大学出版社，2000年，第306页。

义得以发挥。[1] 强调语言社会性的系统功能语言学认为语言是一种"产生意义的有系统性的资源",是一种"意义潜势"[2],即包含种种可能的语义网络。而意义的产生,即由潜势意义转化为现实意义的过程是说话人在语境制约下对语言的系统选择,这种选择涉及到说话人所处的社会语境、情境语境甚至心理因素。因此,离开了外在于语言的具体语境,就很难确定语言的意义。如果说受索绪尔影响至深的结构主义认为系统之外无意义的话,那么从结构主义发展而来的后结构主义对意义有着更为激进的认识。他们认为意义并不是静态地产生于抽象的结构之上,而是动态地产生于符号之间复杂的相互作用,"是无始无终的符号游戏的副产品"[3]。罗兰·巴特(Roland Barthes)的文本理论很好地体现了这种后结构主义的意义观。罗兰·巴特的文本理论是建立在对古典的文本观的批判基础之上的,因为在这种文本观看来,"文本好象被当作某一客观涵义的所在,而这种涵义就好象被封存在作为产品的作品之中"[4]。根据这种文本观,作者的创作仿佛是将预先存在的思想捕捉至作品中并将其封闭于此的活动,而读者的阅读则成了对这一被封存于作品中的意义的把握。然而,罗兰·巴特认为,"最好还是把文本看作一颗洋葱,由很多层洋葱皮构成(或者说,由很多层次或系统构成)。洋葱的身体最终并没有核心、秘密、不可削减的原则。除了包裹着它的一层层洋葱皮,便不再有别的东西——洋葱皮裹住的,正是洋葱自身表层的统一性。"[5] 也就是说,文本的意义并不是预先存在的,而是产生于文本能指的不同层次的相互作用。与此同时,罗兰·巴特还指出,意义的产生需要主体的参与,从文本写作的角度来看,写作是作者编织能指、创造意义的过程,从文本阅读的角度来看,文本不再被视作一个静止的产品,而是成为了一个活跃的客体,在这个客体中,意义动态地产生于多元主体之间、主体与文本语言之间的交锋之中。从这个意义上说,罗兰·巴特建议用"能指衍生"(signifiance)一词来代替旧有的"涵义"(signification)一词,并强调:"一旦文本被视为生成过程(而不再是产品),'涵义'这个概念便不适用了。文本一旦被视为一个多意的空间,其中通向几种可能意义的路径相交于此,我们就必须抛弃涵义单意的和合法的地位,使其多元化。"[6]

---

1 参见《翻译与语言哲学》,刘宓庆著,中国对外翻译出版公司,2001年,第235页。
2 参见《韩礼德语言学文集》,唐纳德·韩礼德著,李战子、周晓康等译,湖南教育出版社,2006年,第37页。
3 引自《二十世纪西方文学理论》,特雷·伊格尔顿著,伍晓明译,陕西师范大学出版社,1987年,第141页。
4 《本文理论》,罗兰·巴特著,李宪生译,《外国文学》,1988年第1期,第69-77页,个别译文有改动。
5 《罗兰·巴特的絮语——罗兰·巴特文本思想评述》,陈平,《外国文学》,2001年第1期,第7页。
6 《本文理论》,罗兰·巴特著,李宪生译,《外国文学》,1988年第1期,第69-77页,个别译文有改动。

　　反对静止的意义观、主张动态意义观的还有法国哲学家德里达。德里达对索绪尔的"差别是语言价值的源泉"的理论进行了分析,对索绪尔的能指表达所指的静止的符号理论进行了批判,继而提出了一种动态的意义观和动态的文本理论,其基本观点在他的《论文字学》(*Of Grammatology*)、《书写与差异》(*Writing and Difference*)、《播撒》(*Dissemination*)等著作中一再重申。在他看来,在欧洲的历史上,存在着一种严重的"逻各斯中心主义"和"语音中心主义"。"语音中心主义"意味着一种在场,如德里达所说,"当我说话时,我不仅意识到对于我的所思是当下在场的,而且我也意识到让一个没有落入世界之中的能指尽量接近我的思想或'概念',一旦我说出这个能指,我也同时听到它,它似乎依赖于我纯粹的和自由的自发性,不要求使用来自世界的工具、附加物和力量。这样,能指与所指不仅似乎是统一的,而且在这一混同中,能指似乎抹去了自身或者变得透明了,从而允许概念按其本来面貌呈现出来……"[1] 然而事实上,"并不存在纯粹的语音文字"[2],除了语音文字,语言还有另外一种很重要的表现形式,就是"书写文字",而在书写文字中,由于写者的不在场,因此在能指与所指之间始终存在着空间概念上的差异,也存在着时间概念上的延异,这种时空概念上的"延异"的不断发生,使表示"意义"的所指处于一个始终不断发展的不稳定状态,于是意义的确定性便被消解了。意义不能被马上确定,要靠词与词之间、词与句之间、句段与句段之间、篇章与其他篇章之间的交涉,意义才能衍生。在这个衍生过程中,便又出现了两大特征,首先,意义不断被"延异";其次,意义在不断"播撒",书写或阅读不再"急于将自己固定在限定的意义、文本的主要所指、甚至是它的主要指称上",而是"把注意力集中在多元意义或多元主题"上,致力于"产生无限的语义结果"。[3] 就一个具体文本而言,按照德里达的思想,文本的生命力或文本意义的生成取决于各个文本之间的交互作用及相互渗透,一个文本要参照其他文本,意义才能被认识,而且这一意义是动态发展的、不断播撒的。意义在不断出现,不断被"擦抹"而又不断留下踪迹,始终处在发展的动态过程中。

　　从假定有"现成的、先于词而存在的概念",认为意义具有始终在场的确定性的传统意义观,到意义始终处于延异、播撒状态而呈不确定性的解构主义意义观,在理论上,我们的翻译活动仿佛从天堂走向了地狱。如果说一个文本的意义是确定而唯一的,那么翻译便不仅仅是可能的,而且是"万能的";但如果说意义是不确定的,是播撒的,那翻译的可能性便被大大打了折扣,

1 《多重立场》,雅克·德里达著,佘碧平译,生活·读书·新知三联书店,2004年,第26页。
2 同上,第31–32页。
3 同上,第51–52页。

或者说在理论上就根本不可能了。德里达在《巴别塔》（"Des Tours de Babel"）一文中，对"翻译"活动进行了深刻的哲学思考，并进行了令翻译实践者绝望的解构。在他看来，当上帝驱散人类，变乱其语言时，他"把翻译这项工作强加于人类，又禁止人类翻译"[1]。所谓"禁止翻译"，就是从德里达的意义理论中得出的"翻译在理论上不可能"的断论。在上文中，我们已经指出，索绪尔的语言意义观与价值论对传统的意义观进行了科学的批判，从而帮助我们摆脱了天真、机械的翻译转换观，从差异、系统和整体各个方面去认识意义、把握意义。如果说从索绪尔的语言意义观中，我们虽然看到了翻译存在着重重障碍但仍可以进行的话，那么面对德里达的意义不确定和播撒论，翻译的可能性便显得十分渺茫了。有学者明确感到了或清楚地意识到了解构主义的意义观可能对翻译理论构成的巨大影响，认为它"对于翻译来说也是有利有弊的，其利在于它帮助我们打破结构主义留给我们惟科学主义思想桎梏，从而使翻译研究出现多元丰富的局面。其弊是它可以导致人们对翻译的错误认识，认为一切翻译均是不可能的，从而导致虚无主义；或者产生无政府主义的'怎么都行'，使翻译研究变得毫无意义而走向消解，使翻译实践也无规律可循而变成一片混乱"[2]。上述的担心无疑是有一定道理的，然而，当我们换一个角度去理解德里达，把德里达对意义的解构视作是针对"意义确定论"的一种批判，把意义从"确定而唯一"的桎梏中解救出来，让我们更好地去认识意义的不断消解、延异、播撒的动态生成过程，那么，我们便不能否认这种批判是具有积极意义的。而对于翻译理论而言，德里达的"意义不确定性"看似宣判了翻译的不可能，但实际上却又在理论上为翻译开启了一扇"意义再生"之门，正如他在与《书写与差异》一书的译者张宁的谈话中所说的："正是那种抗拒翻译的东西在召唤翻译。也就是说译者正是在他发现了某种限制的地方，在他发现了翻译之困难的地方，才会产生翻译的欲望，就如像是'文本'、'欲求'被翻译一样，同时他还必须为了翻译而对他自己的语言进行转化。"[3] 在他看来，"要去翻译，但翻译不等于去确保某种透明的交流。翻译应当是去写具有另一种命运的其他文本。"[4] 看来，德里达的"意义不确定论"，有点置传统的翻译观于死地而"后生"的意思，翻译的不可能，是复制原文意义的不可能，而翻译的新生，在于"在一种新的躯体、新的文化中打开了文本的崭新历史"[5]。

1　《巴别塔》，德里达，黄国彬译，《西方翻译理论精选》，陈德鸿、张南峰编，香港城市大学出版社，2000年，第218页。
2　引自《跨越文化障碍——巴比塔的重建》，吕俊著，东南大学出版社，2001年，第97页。
3　《访问代序》，《书写与差异》，雅克·德里达著，张宁译，生活·读书·新知三联书店，2001年，第24页。
4　同上，第24页。
5　同上，第25页。

4.2.2 对意义客观性的质疑

在很长一段历史时期内，人们普遍认为，语言的结构与宇宙的结构和人类思维的普遍结构有一种或多或少的同源关系，因此，人们将语言、现实与思维置于同一的关系之中，将所指等同于意义。对不少人来说，意义就像是一个容器里的内容，语言就是容器，翻译的任务无非就是换一种容器来装里面的内容。而且这种内容是一种客观的存在，译者在翻译中要力戒注入自己的主观因素，以忠实于原文的意义，保证原文意义的客观性。这种观念具有一定的理想色彩，将意义视为纯客观的存在，仿佛翻译者在翻译过程中，唯一的任务就是抓住那客观存在于文本中的意义，再用另一种语言传达出来。正是基于这种观念，认为文本的意义是客观存在，所以它在很大程度上是静止不变的。就像一部经典的著作，其意义无论是在过去，还是在现在，应该都是同一的。这种观念的产生，究其原因，主要有二：一是上文中所谈的语言观，即把语言、现实与思维视为同一的结构，而这一结构的同一性，在理论上赋予了意义的纯客观存在基础。二是在语言学习的过程中，特别是外语学习的过程中，词典是谁也离不开的。刘宓庆曾分析说："几乎所有的辞典、字典都只能记载每个词明确、限定的一面。这样就显示了一种假象，似乎意义都是明确的、限定的。"[1] 在学习语言过程中，谁都不可避免地会不断遇到新词，因此，学习者也就会不断地查阅词典以弄明白生词生字的意思，也就是词语的意义，这样一来，久而久之，便形成了一种观念，仿佛任何一个词的意义都是明确的，都是客观的存在。而我们知道，在外语学习中，为了帮助学生掌握词汇，一般在课文后都列有词汇表，而这种词汇表最常用的做法，就是除了标明词性外，用母语的相应词语进行标解，在外语词与母语词之间划了一个无形的等号。可以说，学外语者从一开始就被引向了一条"等值"的机械翻译道路，且在这条道路上，又慢慢加强了这种意义完全客观的观念。

不能否认，意义具有实体性，例如面对一个文本时，我们确实感觉到它向我们诉说了一些东西。但意义的实体性并不能被理解为意义的纯客观存在，两者不是一个概念。当我们问意义是否是客观的，它实际上隐含了一个重要的问题，那就是文本作为一个客观存在，它的意义是否也是客观的。如果是，那么不论翻译者是谁，译出的文本的意义也应该是同样的；如果不是，那么不同译者所译出的文本就有可能存在意义上的差异，哪怕这种差异是极其微弱的。

对这一问题，我们可以从两个方面去进行思考与回答。一是从实践角度。我们都知道这样一个事实，那就是同一部著作，在不同译者的笔下，译文会

---

1 《翻译与语言哲学》，刘宓庆著，中国对外翻译出版公司，2001年，第353页。

出现差异。在翻译批评中，人们往往把这种差异进行对比，并进而以原文为依据，判定译文的对与错。但在深入的研究中，批评者有可能遭遇到两难的尴尬，发现不同译者笔下的译文虽然存在着差异，但又不能完全以原文为依据，判定哪一种译文是否有错。这一现象存在的本身，在一定程度上便对意义的纯客观性提出了质疑。二是在理论上，借助近一个世纪以来意义理论研究的成果，我们至少可以澄清以下几点：（1）语言具有社会人文性和社会约定性，语词和语句的意义是在一定的文化背景下获得的。语词的意义不是凝固不变的，而是在历史、文化的发展中不断变化的。相比于这一观点，"把意义看作语词语句无赖于任何背景而独立具有甚至是自然固有"[1]的观点便显示出其片面性和机械性。（2）根据斯特劳森的观点，考察语言或词语的意义，不能忽视其实际运用中可能产生的变异，更不能忽视言者与听者之间包括意向、人际关系和语词语境等在内的各种因素。在这个意义上，语句的意义虽然由比较稳定的概念规定和支撑着，但言者的参与会赋予语句以新意义因素。（3）德国哲学家、数学家弗莱格（Gottlob Frege）认为意义与指称有联系，但两者并不等同。在他看来，意义与所指的范畴是不同的，意义一般指语言表达式中所说的东西，而所指则为该表达式谈及的对象，意义是观念性的，而所指则还要把握现实。这一区别对我们理解意义与所指的全面关系，在翻译中领会内涵意义是十分重要的。（4）美国学者赫施（Eric Donald Hirsch, Jr.）认为，在文学作品中，存在着某种客观的意义，这种客观的意义，源于作家写作时体现在文本之中的"意图"，但同时，他强调读者在阅读作品时会掺入自己的因素去解读作品的意义，这种解读出的意义，他称为"意味"。"意义"与"意味"的这一区分对翻译中处理意义问题的启迪是明显的，在保证意义解释的客观性和有效性的同时，又给解释者的主观性打开了一个合理的空间。（5）根据接受美学的文本意义观，文本的意义不是一个包装盒中存放的物品，也不是我们通常所说的装在一个容器里的内容，其意义在于读者的阅读反应，是在读者阅读过程中能动地生成的。这一观点对意义的纯客观论的冲击最大，它告诉我们，意义有赖于主体的发现，这一点无疑是正确的。但我们需要认识到另外一个方面，那就是主体的发现必须与作家的意图和文本的结构结合在一起，以免导向意义的纯主观论。通过以上五点，我们可以比较清醒地认识到，并不真正存在一种纯客观的作为意义构成物的实体。对翻译来说，力图照搬原文的所谓纯客观意义，在理论上也就站不住脚了。

---

1 引自《翻译与语言哲学》，刘宓庆著，中国对外翻译出版公司，2001年，第228页。

4.3 意义的分类

在翻译实践中，特别是在文学翻译中，整个的翻译过程都与在意义打交道。但是，通过上两节的分析，我们知道，意义并不是一种客观的、唯一的、确定的存在，意义的这一本质特征给翻译实践活动造成了很大的障碍。从实践角度来说，如能给意义大致分个类，译者在遇到难以克服的障碍并无法完全赋原文本的意义以新生时，就能够分清轻重、主次，尽可能减少语义损失。

不同的学科，基于对"意义"的独特理解，对"意义"的分类自然会有区别。即使在同一个学科内，对意义的理解也是多元的，其中不乏不同甚至对立的观点，因此，对意义的分类或粗或细，或面面俱到，或突出重点，都体现了各自的一份努力，表明了自己的一种意义观。下面我们将以其中几种比较重要的意义分类法为例，来看看这些对意义分类的方法给翻译理论与实践带来的启示。

4.3.1 意义分类法举例

4.3.1.1 奈达对意义的分类

对中国翻译界而言，自20世纪70年代以来，奈达的翻译思想一直起着重要的影响作用。在意义问题上，奈达的探索是持续不断及不断发展的。在他思想发展的前期，他对意义的认识主要依据描写语言学的观点，而到后来，采取的则是社会符号学的意义观。基于不同的理论，奈达对意义的区分也发生了变化。在前期，他把意义区分为"语法意义、所指意义和内涵意义"。"语法意义"指的是词与词组之间的关系含义。奈达指出，"语法也是一种具有意义的语言现象。凡是词组以上的语言单位，其意义并不简单地是词组中各个词项的意义的总和。词组的整体意义中有一部分是为该词组的特定语法结构所决定的。"[1] "所指意义"指的是"用词语来指示某一客观事物、某一思想概念时语言所获得的意义，是语言之外、人体之外、由社会场合所引起的意义"[2]。而"内涵意义"则是"人们在使用语言时所附加给语言的意义，是语言之外、人体感觉以及社会行为方面的意义"[3]。对于"所指意义"和"内涵意义"，奈达认为它们之间的差别在于，"所指意义"是客观的，通常是字典上标注的意义，或者说词语的字面意义，而"内涵意义"则是主观的。

---

1 《奈达论翻译》，谭载喜编译，中国对外翻译出版公司，1984年，第31页。
2 同上，第46页。
3 同上。

到了后期，奈达的翻译思想有所发展变化，此时他将意义区分为"修辞意义、语法意义和词汇意义"。"词汇意义"和"语法意义"都比较容易理解，"修辞意义是通过语言选择和安排的形式来表达的"[1]，简而言之，就是语言的修辞手法和功能所具有的意义。这三大类意义又各分为"所指意义和联想意义"两个层次，对"所指意义"和"联想意义"的定义基本等同于奈达前期翻译理论中对"所指意义"和"内涵意义"的定义。由此可见，奈达的翻译理论发展到后期时，他对意义的理解更为深入，对其分类更为系统、合理。他将产生意义的语言系统分为词汇、语法、修辞三个层次，在每个层次上又分别考察了产生意义的语言内和语言外因素，因此，这样的意义分类法对翻译实践具有直接的指导意义，且具有很强的可操作性。

4.3.1.2 莫里斯对意义的分类

除奈达的意义区分法外，对中国翻译理论教学界也有着普遍影响的，还有莫里斯（C. W. Morris）提出的意义三分法，即指称意义、言内意义和语用意义。柯平在编著《英汉与汉英翻译教程》时，依据的就是莫里斯的意义区分法，在该书的第二章"翻译的语义学"中，作者对"三类符号学意义"作了简要但清晰的介绍。所谓指称意义，是"指语言符号和它所描绘或叙述的主观世界或客观世界的实体和事件之间的关系"，也就是语言符号与它的所指物的关系。在大部分情况下，指称意义是语言符号的基本内容和它所传递的主要信息，所以也被称为"概念意义"或"认知意义"。就指称意义与人们常说的字面意义的关系问题，柯平特别指出："指称意义和字面意义（literal meaning）虽然在大部分情况下是重合的，却是从两个不同角度去看的两个不同概念。指称意义是词语同它之外的某个实体之间的关系，而字面意义则是单个词语最先在语言使用者脑中唤起的概念或形象。当译者从指称意义的角度考虑问题时，是把原语信息中具有相对独立的交际能力的一个词语同它所指称的实体联系起来，然后再在译语中找出同样一个实体的对等说法。而从字面意义的角度考虑问题时，则是把原语中单个的词最常见的意义换用译语中具有这种意义的符号表示，完全不顾发讯人的交际用意和语言符号的外在所指。"[2] 柯平还举例说明，如"Indian meal"和"Indian summer"两个词组，从指称意义的角度去译和从字面意义的角度去译，译法是不同的。他认为，若按前者的角度去译，意为"玉米粥"和"小阳春"，而字面意义则分别为"印第安饭"和"印第安夏

---

1 《新编奈达论翻译》，谭载喜编著，中国对外翻译出版公司，1999年，第91页。
2 《英汉与汉英翻译教程》，柯平编著，北京大学出版社，1993年，第23页。

天"。区别指称意义和字面意义是非常重要的,尤其是对翻译实践而言,如何借助语境,把握发讯者的真实意图,继而在译文中表现出来,需要译者正确区分不同的语义,有选择地进行传译,关于这一点,我们在下文中还要论及。所谓言内意义,"是语言符号之间的关系"。任何一个语言符号都不是孤立地存在着的,它总是与同一系统之内的其他语言符号发生着关系,"言内意义"是作者利用语言自身的特点,通过创造特殊的表达效果而获得的意义。柯平认为,言内意义包括传统语义学的系统意义,它体现在语言符号的音韵、语法、词汇、句子和话语等各个层面,诗歌利用词语的语音特点制造的韵律美就是言内意义的一种体现。语用意义则是语言符号与符号使用者——包括收讯人和发讯人——之间的关系。语用意义又"包括表征意义、表达意义(主要同发讯人有关)、社交意义(主要与沟通发讯人和收讯人的渠道有关)、祈使意义(主要与收讯人有关)和联想意义(同时与发讯人和收讯人有关)"[1]。语用意义涉及到人,而人又具有主观感情,因此语用意义就带有了一定的主观性。

4.3.1.3 乔治·穆南对意义的分类

事实上,乔治·穆南本人并没有提出过系统的意义分类法,但是,在其著作《翻译的理论问题》中,乔治·穆南对包括莫里斯在内的学者所提出的意义观作出过系统深入的分析与研究。在对他人成果进行研究的基础之上,乔治·穆南主要对外延意义和内涵意义进行了探讨。对于"外延意义",乔治·穆南没有花费太多的笔墨,因为他指出理论界本身对如何定义"外延意义"就存在着诸多争议,一般来说,人们倾向于将"外延意义"视作是索绪尔在《普通语言学教程》中提出的所指。乔治·穆南主要将目光集中在了对内涵意义的探讨上。对于"内涵意义",乔治·穆南指出:"我们暂且承认,因为一些方法上的原因,内涵不应该被视作是一个语义学的概念,而是一个语用学的概念……"[2] 因此他所说的"内涵意义"与莫里斯的"语用意义"范围基本一致。实际上,乔治·穆南所依据的,也是交际学和符号学的理论。他指出,内涵意义是指跟语符相联系的主观的补充价值,牵涉到三类实际关系:一是表述者(也就是上文所说的收讯人)与语符之间的关系,亦即发话者倾注在语符上的情感态度,是一种心理的表达性价值;二是接受者与语符之间的关系,亦即接受者对语符的态度;三是表述者与接受者和语符之间的关系,此时内涵表现为一种极其社会化的情感因素,且是发话者与听话者所共有的[3]。

---

1 《英汉与汉英翻译教程》,柯平编著,北京大学出版社,1993年,第27页。

2 Georges Mounin: *Les problèmes théoriques de la traduction*, Paris, Gallimard, 1963, p.159.

3 Ibid., chapitre X.

从上述的三类关系看，内涵意义蕴涵在所指意义或者说外延意义之内，又区别于所指意义，这就不可避免地会给翻译的传达带来两个方面的困难：一是主观性、表感性强，难以捕捉，且有可能会造成不同的理解；二是内涵意义有时与所指意义交织在一起，在符号转换过程中，原文中依据符号特点所构成的并与符号本身紧密结合在一起的多重含义，很有可能在目的语的符号重组中变得单一化，由多义变成单义，由含蓄变为直露，由含混变为明确。在乔治·穆南看来，通过对意义的区分了解翻译困难之所在，是解决这些困难或障碍的认识基础，是不能忽视的。

4.3.1.4 罗杰·T.贝尔对意义的分类

英国的罗杰·T.贝尔是明确要以系统的语言模式来描述翻译过程的翻译学者。他着重于翻译的人类交际性质，对翻译中的意义问题进行深入研究与探索。他没有直接借用杰弗里·里奇（Geoffrey Leech）建立在交际理论基础上的意义分类法，而是顺着词、句、篇的层次，有针对性地结合具体翻译实践，对意义逐一进行归类。关于词汇意义，他认为要关注的不是单个词汇的意义，而是词与词之间的关系。为了更好地明确或识别词汇意义，他认为卡纳普（Rudolf Carnap）于1956年提出的"词项的意义可用蕴含关系来加以确定"的词义公设，即表达词汇系统意义的公式，有助于人们系统地把握蕴含关系中的下义、同义和反义关系。关于句子意义，他认为句与句的关系与词与词的关系一样，其中也存在着蕴含与相斥关系，同样也可使用蕴含、相斥、下义、反义等概念及它们在具体文本中的关系再把握句子的意义。为此，他又对句子的意义所依赖的语境作了进一步的细分，那就是"语句的直接情景(immediate situation of utterance)，语句的语境（context of utterance）和话语的空间（universe of discourse）"[1]。在篇章文本层面，贝尔又区分了认知意义、相互作用意义、话语意义。贝尔认为"一个文本的意义可以从三个层面进行研究，一是其内容，二是其目的，三是其组织结构"[2]，而所谓认知意义，就是上述三个层面中的内容，相互作用意义指的是言语的功能意义，而话语意义是构成话语的若干语句的意义之和。贝尔还对文本与话语作了区分：文本是对语法主位系统选择的形式产物，是通过衔接起来的句子来传达命题与语义的一个单位，话语是通过语言（或其他交际系统）的意义潜势连贯起来的语句来传达交际价值。[3] 贝尔对意义的分析与归类有个明显的特点，那就是摆脱以往的纯理论分类，从词汇层次

1　引自《当代英国翻译理论》，廖七一等编著，湖北教育出版社，2001年，第238-239页。
2　同上，第239页。
3　同上，第247页。

入手，进而对句子、句段、篇章的意义进行系统的分析，既有宏观的把握，又有微观的佐证，具有系统性，而且与翻译实践结合得相当紧密。

4.3.1.5 释意派对意义的分类

从翻译的实践出发，对意义问题进行过深入研究的，还有法国的翻译释意派。该学派对意义的阐述非常明确，其最大的贡献便是区分了潜在的意义和现实化的意义，前者可称为涵义。释意派的弟子安帕罗·于塔多·阿尔比（Amparo Hurtado Albir）在《翻译的"忠实"概念》（*La notion de fidélité en traduction*）一书中，发展了释意派理论中对意义的认识，澄清了七个与翻译有着密切关系的概念，并就翻译中经常遇到的这七个概念与意义的异同作了剖析。我们在《当代法国翻译理论》一书中曾对此作过梳理，这里再简述如下：

（1）涵义（signification）、现实化涵义（signification actualisée）与意义。在语言学上，涵义指的是语音与语义之间的关系，而所谓"现实化涵义"即指在上下文语境中得到的具体化了的涵义。脱离语境时，每个词都对照着一个或一系列的概念，这就是它的涵义或者说潜在的涵义，此时它具有开放性。但它一旦进入具体的语境，涵义便立即"现实化"，并且这个现实化了的涵义被使用者用来构筑意义。意义，在此基础上，是以涵义的现实化为出发点，而现实化的涵义也确实是意义的一部分。然而意义在阿尔比的分析中，除去涵义之外,还包含有其他非语言的因素，所以我们无法将之等同起来。

（2）信息（information）与意义。现代信息论常常有无所不包的倾向，因而也有很多的人将信息与意义混同。其实信息与意义的区别放在文学作品的情况下往往看得最为清楚：不同的文学体裁，如诗和散文可以用来表达相同的信息，但是它们所牵连进的意义决不相同。

（3）效果（effet）与意义。阿尔比并不反对成功的译作要在译作读者之中激起原作在原作读者中所激起的相同的效果，但是效果依然不能够等同于意义。被理解的意义是效果引发的因素，而效果已经成为某种结果。并且效果很难确定，因为在不同的接受者身上，话语或文本所激起的效果往往是不同的。译者作为接受者，恰恰是要注意在重新表述的过程中带有极端个人化的、与原作者意图不符的"效果"。

（4）意图（intention）与意义。一般来说，当我们谈及忠实时，总是认为我们必须忠实原作，忠实原作者的意图。阿尔比承认原作者的意图是衡量意义的重要尺度，但是指出二者也不尽相同，因为意图是翻译的出发点，而意义则已经是意图经过理解之后的产物。

（5）风格（style）与意义。与前四对关系不同的是，风格与意义通常不会被混同，却作为形式/内容这一对矛盾的另一种代名词。阿尔比也是反对二元对立的，他指出"在内容与形式之间有着一种不可侵害的联系"，话语或文本的接受者从来不会是先接受内容再接受形式，反之亦然。在重新表达阶段，译者当然也不会先表达内容，再表达形式。内容与形式总是作为一个整体被接受、被理解、被表达。阿尔比在此特意指出的是，这并不与他所采纳的"去除语言形式"的观点矛盾，因为在翻译"去除语言形式"这个阶段，形式（风格）与内容一道作为整体，也被去除了语言的外壳。

（6）内涵（connotation）与意义。在专门阐述翻译理论的著述中，乔治·穆南与拉德米拉尔都有专章论述内涵，并且将之视作翻译理论无法跳过的一个概念。阿尔比在此采纳的是鲍梯埃（Bernard Pottier）关于内涵的定义，指出内涵不稳定的特性恰与外延作为语言符号稳定及社会化那一面的性质相对立。尽管如此，在阿尔比看来，翻译仍然不是要翻译"内涵"。和前四组概念一样，内涵也是意义的重要组成部分之一。

（7）不言之意（implicite）与意义。作为语言的一个特性，语言使用中有言明之意与不言之意。而作为译者，在翻译中往往更要注意所谓的不言之意，因为这关系到理解的准确性以及将在译文读者中产生的效果。译者更要注意用新的语言外壳去包含这层不言之意。[1]

通过梳理上述七个与意义有关的概念，阿尔比认为意义"是诸如风格、内涵、信息等因素共同作用之下的一种综合"，而根据"所译文本类型的不同，某些因素所起的作用亦有可能不同，比如说在诗歌中风格与内涵的因素会占上风，而在科技文章中则是信息因素起重要作用"[2]。在这里，阿尔比所说的意义，与我们在翻译实践中所理解的意义范围基本相一致。意义是一个综合的概念，根据不同的理论，可以再细加区分，而澄清与翻译有关的一些基本概念，对翻译中处理意义具有直接的指导意义。

4.3.2 不同意义分类法对翻译理论与实践的启示

在上文中，我们谈到不同的学科或流派基于对意义的不同认识与理解，对意义的分类很多，也有不同，在此不可能一一梳理与列举。有必要指出一点，

1　上述七点参见《当代法国翻译理论》，许钧、袁筱一等编著，湖北教育出版社，2001年，第104—106页。
2　Amparo Hurtado Albir: *La notion de fidélité en traduction*, Paris, Didier Erudition, 1990, pp.71-85.

那就是近五十年来不断发展的各种翻译研究理论或流派，如语言学派，包括社会语言学派、交际语言学派，还有符号学派（包括社会符号学派）、诠释学派、解构学派、文体学派等等，对意义的研究重点与方法不一。就意义分类而言，比较有影响的是社会符号学派和交际语言学派。在上文中，我们根据对翻译研究的影响程度，对奈达、莫里斯、穆南、贝尔等几种较有代表性的意义分类作了简要介绍与分析，从中可以看到他们对意义的分类虽然有相当大的区别，但相互之间却有着一定的联系，或者可以说不同的分类却有着一些共同点。这些对翻译理论与实践具有重要启示的共同点包括：

（1）明确注意区分语言和言语。索绪尔对语言和言语的区分深刻地影响了20世纪的语言学理论。索绪尔认为，语言是社会的、不依赖于个人的，它的意义是相对稳定的，而言语是具体的使用中的语言，它的意义则处于动态之中，相对来说比较活跃。在翻译过程中，译者面对的是一个个具体的文本，除了关注语言的特征之外，译者更应该关注言语的特征，即作者的语言风格。

（2）重视上下文或语境因素。语义是一个大的系统，像一个巨大的网，每一个网眼都是一个意义点，牵一发而动全身。在这个意义上，语义具有系统性和整体性，但就每一个网眼来说，其意义是由它与其他网眼之间的差别来确定的。特别在语言的使用之中，无论是词、句、句段还是篇章，其意义都离不开词与词、句与句、句段与句段，甚至篇章与篇章之间的关系，所以在对意义进行分类时，都离不开上下文和语境这两个因素。同样地，在翻译过程中，要正确把握和再现原作的意义，也离不开对上下文和语境的具体分析。

（3）重视发讯人、收讯人和语符之间呈现的各种关系。根据这三者之间所呈现的关系来确定意义和种类，可以说是动态意义分类法的重要理论基础。将发讯人和收讯人纳入意义系统，意味着承认意义具有主观性的一面。一方面，符号之中渗透着发讯人的意图和情感，因此，对于译者的翻译活动来说，要把握原作的意义，就要将原作者的因素考虑在内。另一方面，收讯人在接受、阐释符号的过程中也倾入了自己的感觉和判断，因此，译文的意义是原作者和译者合作的产物，译者的主体性也就因此而得到了肯定。

4.4 在交流中让意义再生

4.4.1 对意义再生之可能性的探讨

4.4.1.1 交流的社会性

对意义进行区分，对翻译者来说是非常重要的，其重要作用之一便是加深对意义的认识，从理论上去把握意义的种种特征，继而区分处于不同层次的意义。从上文对意义的区分法的介绍中，我们发现对意义的区分越细，对其进行传达的困难就越大，有关意义的一些难题也随之而来：如何确定原文的意义？当原文呈多种意义且比较含混时，是否有必要在翻译中让意义明确化？当原文除字面意义之外还有明显或隐秘的言外之意时，如何处理？

对这些问题，可以从理论与实践两个层面去进行探索。在理论层面，如果说对传统意义观及翻译观的质疑一度使翻译活动陷入困境，那么，布隆菲尔德（Leonard Bloomfield）、梅耶（Antoine Meillet）、切利（Colin Cherry）等西方语言学家对人类的交流活动所进行的不断探索则为翻译活动的可行性提供了新的理论依据。如布隆菲尔德认为一个语言陈述的意义就是"讲话者发出这一陈述的环境以及这一陈述从听话者身上引起的行为——反应"[1]。布隆菲尔德的意思是相当明确的，按照他的推论，若要赋予一门语言的每一个陈述的意义以科学准确的定义，那就必须对讲话者的世界中的任何事物都有一种科学、准确的了解。这种观点的理想性和绝对性并不能排斥人们对世界的认识是在不断加深的过程中，也就是人们对意义的理解也处在不断发展的过程中这一事实。布隆菲尔德充分意识到，人类借助语言进行交流要得以实现，首要的前提便是每一个语言形式应该有一种特定的、恒定的意义。但是由于在科学上还"没有办法去确定大部分意义，也没有办法展示意义的恒定"，所以他提出："我们应该把每一种语言形式的特殊性和恒定性作为任何语言研究的一个假设，完完全全像我们与其他人的日常关系中假设的那样。我们可以提出这一假设，作为语言学的基本假设，此假说可以这样提出：在某些共同体（语言共同体）内，有一些语言陈述，就其形式与意义而言，是同一的。"[2]

布隆菲尔德的这一假说，有着深刻的理论意义。实际上，人类借助语言进行交流是一项无法否认的行为，而在实践层面，这种交流的可能性在很大程度上也正是建立在交流的社会性之上的，所以布隆菲尔德在提出他的假设时，也就隐含地表示了他的一种取向和观点：交流的社会性或社会的实践以各种方式保证每一个语言形式所特有的、也是相对而言的恒定性和特殊性，同时承认了这种种手段的合法性，无论是事物指称，还是词语定义，甚或我们在这里所讨论的翻译的意义传达。这样一来，布隆菲尔德通过引入交流的社会性观点，在理论上又为交流的进行提供了可能性。

1　L. Bloomfield: *On Language*, London, George Allen & Uniwin Ltd., 1995, p.13.
2　Ibid., p.144.

4.4.1.2 "意义即用法"

对翻译而言,最有效、最直接的帮助,就是在理论上明确了意义不是给定的,词语的意义不是孤立的,文本的意义不是词语意义的简单相加。要产生意义,需要交流者双方的参与,需要交流者双方所处的特定环境,需要激活意义所不可缺的交流的社会性。在这个意义上说,要使话语产生意义,并让意义流通,需要一个真实的交流行为,也离不开一个具体的交流环境。就此而言,维特根斯坦(Ludwig Wittgenstein)的"意义即用法"的理论,可为我们在翻译中让原文本的意义在译语中获得再生提供重要的参照。在《哲学研究》(*Philosophical Investigations*)中,维特根斯坦是这样对他的思想进行表述的:"在大多数使用了'意义'一词的情况下——尽管不是全部——我们可以这样解释:一个词的意义是它在语言中的用法。"[1] 把词的意义定义为它在语言中的用法,这一思想显然与语言的意义确定论是针锋相对的。在他看来,"每个符号身躯似乎是死的。是什么给了它生命?——它在使用中才是活的。"[2] 每个词语都有一种意义,但这种意义不是给定的,也不是恒定不变的。如果意义恒定不变地被固定在每一个词语中,那这些词语无疑就会慢慢失去生命力,其表达力会渐渐丧失,只有不同的人在不同的场合下对它们的使用才能激活它们,赋予其生命。正是在这个意义上,一方面在历史的发展中,词语的生命也在不断发生着变化;另一方面,在同一个历史时期,人们在不同环境中使用着它们,赋予了它们鲜活的生命。词语意义就这样与使用的环境和使用者紧紧地结合在一起。而词语一旦不被使用,就不可能产生其意义,因为它的生命之源已经被切断。

如果说在一门语言中,词语的意义在于使用、在于复杂的使用情景,那么,人们对意义的理解,也同样要依赖于其使用的环境和各种因素。而在理解与把握了原文意义的基础上,要让它在另一种语言中重新获得生命,自然也就离不开在新的文化、新的语言中所使用的环境与条件。正是基于这一深刻的道理,人们在翻译中越来越重视上下文与语境的因素。在一个具体的文本中,理解词句的意义不能离开其上下文与语境,而要把握整个文本的意义,则又不能机械地将词句的意义进行简单的相加。萨特对语言、词句与意义的关系作过精辟的论述:"排列在一本书里的十万个词尽可以逐个被人读过去,而作品的意义却没有从中涌现出来;意义不是字句的总和,它是后者的有机整体。"[3] 若从翻译的角度去理解维特根斯坦的"意义即用法"和萨特"意义不是字句的总和,

---

1 《哲学研究》,维特根斯坦著,汤潮、范光棣译,生活·读书·新知三联书店,1992年,第7页。
2 同上。
3 《萨特文学论文集》,让–保罗·萨特著,施康强等译,安徽文艺出版社,1998年,第99页。

它是后者的有机整体"的意义观，我们至少可以明白如下两点：一是原文的词句的意义不是死的，要在语境中去加以理解；二是要特别重视作品意义的整体性，即萨特所说的"有机整体"，在理论上则要求翻译者不能机械地进行词句的转换，而应着力于其有机的结合。

4.4.2 对意义再生之障碍的探讨

基于对维特根斯坦的语言意义论的理解，再参考萨特对意义问题的分析，我们可从理论上确立一个观念，那就是在翻译中，首先要考虑的，是要重建原文意义生成的环境，重建交流的空间。在理论上指出重建文本的生命空间的必要性，这是非常重要的。但是我们也发现，无论在理论上，还是在实践中特别是在文学翻译中，一词多义、意义含混、意在言外等复杂的情况给文本生命空间的重建提出了不少难题。面对这些情况，译者如何处理？该采取怎样的方法？对这些问题，人们的认识和做法远远没有达到统一。

4.4.2.1 语义含混或多义性问题

我们知道，凡是以认知意义传达为目的的科学文本，在表达上追求的首先是单义性和准确性，意义传达越准确越好。而文学作品则不一样，因为它要作用于人的感觉，追求的是丰富的联想，所以文学作品中多比喻，多暗示。罗兰·巴特曾指出："作品同时包含多种意义，这是结构本身使然，并不是因为读者阅读能力的不足……假如词语只有一个意义，也就是说辞典上的意义，假如第二种语言没有扰乱或解放'语言的确定性'，那就没有文学了。"[1] 也就是说，多义与含混是文学作品意义的特征，而且这种特征越来越引起人们的注意。例如英美"新批评"流派代表人物燕卜荪（William Empson）对文学作品，特别是诗歌中的意义含混性作了系统性研究，写成了《朦胧的七种类型》（*Seven Types of Ambiguity*）一书。在书中，燕卜荪具体分析了分布在词汇、句段、篇章等层面的由简单到复杂的七种类型的语义含混。[2] 在对现当代文学的研究中，特别是对现代派文学的解读中，不少学者都对意义含混问题予以了极大的关注。周宪在《超越文学——文学的文化哲学思考》一书中指出，在现代文学中，有两种情况值得特别注意。一是现代文学中普遍地使用了"反讽"，二是"大量使用'含混'手法，使文本的意蕴变得不确定，这就是现代作家和批评

---

1 《批评与真实》，罗兰·巴特著，温晋仪译，上海人民出版社，1997年，第50–51页。
2 参见《朦胧的七种类型》，威廉·燕卜荪著，周邦宪等译，中国美术学院出版社，1996年。

家十分着迷的多义性或歧义问题"。[1] 在文学创作中，作者往往有意追求某种多义和含混，因为多义使读者产生丰富的联想，而意义的含混则有可能给读者开启广阔的想象空间。从这个意义上说，文学作品意义含混的特征具有积极的一面，因为它有助于调动读者阅读的主动性，驱动读者作出自己的探索和发现。

然而，文学作品意义含混的特征也有着消极的一面，对翻译活动来说，它从两个方面给译者设置了障碍。首先，从理解的角度来说，含混的语义容易造成译者对作品的"误读"；其次，从再表达的角度来说，含混的语义往往使译者陷入选择的困难之中：如何完整地保留原作复杂的语义? 当意义无法完整得到再现时，应该选择再现哪一个? 法国作家纪德（André Gide）对译者的这种困难处境深有体会。纪德是诺贝尔文学奖得主，他翻译过莎士比亚的戏剧，是公认的出色的翻译家。他在翻译中经常遭遇多义性或意义的含混性问题。在一篇谈莎士比亚作品翻译的文章中，他对词汇层面和作品字句中的多义问题所造成的翻译障碍深有感触。他说："几乎总发生这种情况：即使当一个词指的是精确物体，而且在另一种语言中也有精确的对应词，但它有一种联想与模糊回忆的光环，一种谐波，它在另一种语言中是不一样的，译文中是无法保留的。"[2] 纪德感受到了同时传达原文中某些词的指称意义与联想意义的困难，且困难往往如此之大，以致在原文中难以同时保留。他在这儿谈及的，是文学翻译中一个十分微妙和棘手的难题。从指称意义上看，甲乙两种语言中的词可以是相对应的，但问题是该词在不同语言中却有可能给译者提出一个问题：在理论上，若能在译文中同时创造一个空间，使原文中的两种意义都能获得再生，那当然是最理想的。但若两者不能兼得，那在翻译中是寻求指称意义上的对应，还是追求联想意义的融合? 从英语到法语，特别善于运用词语制造丰富的联想意义的莎士比亚，给纪德所造成的是一个难以解决的两难选择题。对于原文中的多义性或意义含混不清的情况，纪德更是面临选择的痛苦。他说："莎士比亚有无数段落几乎无法理解，或者具有二、三、四种可能的解释，有时明显地相互矛盾，对此评论家们议论纷纷。有时甚至存在着好几种文本，出版商在取舍时犹豫不定，人们有权怀疑最通常接受的文本也许是错误的。"[3] 面对这种情况，纪德认为译者无疑要对如下的问题作出选择性的回答：在原文多种的含义中，"该选择哪一种? 最合理的? 最有诗意的? 还是最富联想的?抑或，在译文中保持含糊性，甚至无法理解性?"[4] 纪德给自己或给译者提出的问题，一方面对实践中出现的障碍作了某种归纳，另一方面为翻译理论研究者提供了思

1　《超越文学——文学的文化哲学思考》，周宪著，上海三联书店，1997年，第314页。
2　《纪德文集》（文论卷），纪德著，桂裕芳等译，花城出版社，2001年，第206页。
3　同上，第207页。
4　同上。

考的实际问题。

当我们认真思考纪德提出的选择性的问题时，我们首先要弄清原文的含混甚或无法理解，是作者的有意追求，还是无意失误。若属于前者，这就对译者提出了很高的要求。首先，译者要尽量减少甚至避免"误读"。在上文中，我们一直强调文本多义或含混性的积极的一面，而对另一面，即它可能导致"误读"的一面，是我们在翻译中关注不够的。从理论上讲，我们对翻译中的"误读"问题的认识研究有一个不断深入的过程。就我们目前讨论的问题而言，在翻译中，多义或歧义造成"误读"，在很大程度上是因为译者对上下文把握不准，对作者的意图领悟不够造成的；但也有可能是因为译者面对多种意义，无法同时传达，主观地选了其中一种而失误的，此时我们要强调的是译者的态度，译者应本着对原作认真负责的精神，谨慎处理作品中意义含混之处，不能以让读者明了为借口，将原文的多义缩小为单义，将原文的含蓄变为直露。若属于后者，即作者无意失误的情况，则可以注解的形式，向读者表示自己的理解。

4.4.2.2 意义的"缺乏"或"过剩"

在我们解读或翻译一些重要的经典作品或文学名著时，会遇到两种情况，那就是"意义的缺乏"或"意义的过剩"。对于"意义的缺乏"和"意义的过剩"，张汝伦认为："这两种情况中都存在着意义形式与意义内容之间的不一致。前一种情况需要一种'补充解释'，如中国古代文献有的文字过于简略，以致后人无法把握其意义，就需要有注疏家添加一些字进而解释其意思。后一种情况则可以采取一种'寓言的解释'。这里，表达形式是隐喻性的，包含了一种意义的过剩，即所谓'意在言外'。除了字面意义外，还有一层隐藏或蕴含的意义。'寓言的解释'就是要寻找在字面的现行的意义之外或后面的意义。"[1]

张汝伦所说的"意义的缺乏"的问题，有时也被称为"语义不足"问题，即语言表达无法令读者完全掌握其意义的情况，类似于中国传统文论中所说的"言不尽意"。这种情况在翻译中颇为常见，某些作家的语言过于简洁、过于抽象，翻译过来后可能令译文读者无法理解，这时，译者常常会采用我们在上文中提到的以注解的形式来解决问题。

意义的过剩，即我们所说的"意在言外"，指的是语义超过语言表达形式的情况。"意在言外"有时是作者刻意的创造，有时可能是"因为语言本

---

1 《意义的探究——当代西方释义学》，张汝伦著，辽宁人民出版社，1986年，第93-94页。

身的性质和意义范围，会产生一些作者也不曾料到的言外之意"[1]。对于"意在言外"的情况，传统的阐释学往往采用"寓言的解释"方式。拉曼·塞尔登也曾指出："古典主义和基督教传统都为了保留古代文本的地位而发展了寓言的解读形式。发现超越'字面意义'以外的意义层面就等于赋予文本以新生。荷马史诗和奥维德的艳情诗中的异教之神在寓言家手里都可以戴上面具，具有新的更加崇高的意义。注重寓言的翻译家试图用一种意义代替另一种。"[2] 对于以张汝伦所说的"寓言的解释"或塞尔登所说"寓言的解读"这种方法来解释经典的有效性和合法性，当代一些文艺批评理论家曾提出过质疑，这里我们不再赘述。要指出的是，"寓言的解释"并不完全适用于翻译，因为"寓言的解释"在"试图用一种意义代替另一种意义"时，很可能忽略原作富有艺术性的语言表达形式。因此"寓言的解释"至多只能是一种"改写"，而不是严格意义上的"翻译"。

那么如何翻译"意在言外"的情况？杨绛曾在《失败的经验——试谈翻译》中谈论过自己的体会："译者一方面得彻底了解原著；不仅了解字句的意义，还须领会字句之间的含蕴，字句之外的语气声调。另一方面，译文的读者要求从译文里领略原文。译者得用读者的语言，把原作的内容按原样表达；内容不可有所增删，语气声调也不可走样。原文的弦外之音，只从弦上传出；含蕴未吐的意思，也只附着在字句上。译者只能在译文的字句上用功夫表达，不能插入自己的解释或擅用自己的说法。译者须对原著彻底了解，方才能够贴合着原文，照模照样地向读者表达。可是尽管了解彻底，未必就能照样表达。彻底了解不易，贴合着原著照模照样地表达更难。"[3] 杨绛的这番言论向我们指出了"意在言外"给翻译造成的困难，同时也提出了解决这些困难的一些原则和方法，这些原则和方法对于我们思考如何让意义在交流中再生具有很大的启示意义。

4.4.3　在交流中让意义再生的几点原则

在上文中，我们对文本的多义性或歧义性，对原文中的言外之意或言外之味的传达之难作了简要分析，归纳起来有两点：原文的多义、韵味、

1　引自《解释学与中国传统文化》，刘婉华，《华南理工大学学报》（社会科学版），2000年第1期，第30-36页。
2　《文学批评理论——从柏拉图到现在》，拉曼·塞尔登编，刘象愚、陈永国等译，北京大学出版社，2000年，第306页。
3　《失败的经验——试谈翻译》，杨绛，《困难见巧——名家翻译经验谈》，金圣华、黄国彬主编，三联书店（香港）有限公司，1996年，第93-94页。

情调创造了一个宽阔的阅读空间，它给译者提供了多重的阅读与阐释的可能性，这种多重的可能性的存在正是文学作品的价值之一。译者的任务是要调遣译入语或目的语所提供的语言手段，着力去建立一个相应的阅读空间，但从实践的角度看，这种阅读空间的重建有着许多难以克服的障碍，在语言的各个层面都有可能存在，另外在文化和心理方面也同样存在。面对原文可能提供的众多意义，译者出于表达的需要或由于多种原因的局限，往往选择其中的一种意义，即他自以为准确的意义加以传达。这样一来，在理论上便缩小了原文本的阅读空间。在事实存在的这些困难面前，到底如何既传达原文字句的意义，又传达原文含蕴未吐的意味呢？应该说，作者有意识地创造原文本丰富多义的想象空间，本身是一种创造，每一个多义的词句的聚合，每一个给人以丰富想象的情景的创造，也是非常困难或具有挑战性的，且这种创造是因人而异、千姿百态、变幻无穷的。我们在此不可能为传达原文所创造的"义"和"味"提供一个万能的方法，只能基于我们对意义的理解，再借助一些卓有成就的翻译家在处理有关意义问题的实践中所总结的经验，提出以下几点原则。

4.4.3.1　去字桎

如果我们在理论上明白了意义不是确定与唯一的，并认同维特根斯坦"意义即用法"的观点，那么我们就会进一步领会到萨特所说的文本的意义不是每个词的意义的简单相加的深刻道理。在翻译中，要正确把握每个词的意义，必须细心地揣摩作者的意图，全面地把握上下文的关系。总之，要在动态的语境中正确领悟字词的意义。对于翻译者而言，要在译入语中让原文本的字词的意义获得再生，不能不从原文字的桎梏中解放出来，让原文的字在译文中重新建立的上下文关系中存活。翻译家思果集半个多世纪的翻译经验，认为翻译的首要原则就是要打破原文对译者的字的桎梏。而原文字对译者的桎梏，对初学翻译者来说往往很难摆脱。首先是在思想上，免不了受流行的观念的影响。余光中在《翻译和创作》一文中指出："流行的观念，总以为所谓翻译也者，不过是逐字逐词的换成另一种文字，就象解电文的密码一般；不然就像演算代数习题，用文字去代表数字就行了。如果翻译真像那么科学化，则一部详尽的外文字典就可以取代一位翻译家了。"在他看来，在这种翻译观念下逐字对译，必定造成死译，其结果是扼杀了原文的意义之生命，"充其量只能成为剥制的标本：一根羽毛也不少，可惜是一只死鸟，徒有形貌，没有飞翔。"[1] 其

1　《翻译和创作》，余光中，《翻译论集》，罗新璋编，商务印书馆，1984年，第742页。

次，学外语者依赖惯了字典，从开始学习外语起就习惯于从课文的词汇表所列的母语解释中去理解外语字词的意义，而习惯成自然，往往误以为词的意义是固定的，因此在翻译中，无法摆脱这种习惯的思维，自觉不自觉地认为"甲文字中的某字或某词，在乙文字中恒有天造地设恰巧等在那里的一个'全等语'"[1]。在这个意义上，要破除字的桎梏，译者首先必须破除流行的翻译观念，继而树立正确的意义观，在其指导之下自觉地改除逐字对译的习惯。应该指出的是，破字梏，并不是去破除字的存在，相反，字词的意义是一部作品意义的基础，在一部文学作品中，每一个字每一个词不是一个个孤立的存在。同样的字和词，在不同的作家笔下，通过不同的组合和上下文，会赋予它们不同的色彩和不同生命。对原文活生生的字与词，若我们全然不考虑目的语的规律，不考虑新的文化土壤，机械地照搬，机械地跟着走，那必然会如罗新璋所说的，"搬过来的往往是一堆文字瓦砾"，全没了生命，而没了生命，也就没有了存在的意义。

4.4.3.2 重组句

去了原文的字梏，就必然涉及原文的句子。杨绛认为："翻译包括三件事：（一）选字；（二）造句；（三）成章。选字需经过不断的改换，得造成了句子，才能确定选用的文字。成章当然得先有句子，才能连缀成章。所以造句是关键，牵涉到选字和成章。"[2] 这不仅仅是经验之谈，而是基于丰富的翻译经验之上的理性总结。从我们目前的研究情况看，将句子作为翻译的一个基本单位已差不多成为共识。傅雷特别重视翻译中"重组句"这一环节。在《致林以亮论翻译书》中，傅雷就明确谈到了短句与长句的翻译问题。他认为短句的翻译难在传达原文的语气、情调与气氛，而长句的翻译难在"重心的安排"。要解决这两难，就应该依靠句法，多加句法的变化。他谈到："我们在翻译的时候，通常是胆子太小，迁就原文字面，原文句法的时候太多。要避免这些，第一要精读熟读原文，把原文的意义、神韵全部抓握住了，才能放大胆子。"[3] 而放大胆子，就是要根据不同语言的规律，破除语言的束缚，重新组句。杨绛在《失败的经验——试谈翻译》一文中对组句的理论依据、困难及方法作了系列的分析与介绍，尤其是她根据实例将组句的机理、步骤和效果作了透彻的揭示，具有很强的指导性。通过重新组句，使原文的字词意义得以复活，使字与字之间的意义得以构成一个基本的整体，凸现出其精神。

---

1 《翻译和创作》，余光中，《翻译论集》，罗新璋编，商务印书馆，1984年，第748页。
2 《失败的经验——试谈翻译》，杨绛，《因难见巧——名家翻译经验谈》，金圣华、黄国彬主编，三联书店（香港）有限公司，1996年，第95页。
3 《致林以亮论翻译书》，傅雷，《翻译论集》，罗新璋编，商务印书馆，1984年，第548页。

4.4.3.3 建空间

任何一个译者，都本能地害怕打破原文与译文的平衡或对等关系，以为离原文形式越近就越有可能接近原文意思，于是尽可能地贴合原文形式，使译文的词的意义与句的形式都能遵从原文。在翻译中，译者不仅致力于传达原文所明言的意义，而且还惟恐读者不明白原作的蕴涵意义，往往将原文蕴含在未说出的话中的意味也明白直露地传达出来，因此，原文的立体空间变成了平面空间，原文所构成的复杂、隐秘的语义空间变成了透明的单义的空间，原文意义的丰富性被大大减少，理解的空间也因此而缩小。这种意义贫乏化或意义丢失的局限性是客观存在的，但是翻译者能否尽量克服这种局限呢？唯一的出路，就是不去照搬原文，不机械地去模仿原文，而是在理解原文的各种背景和关系的前提下，让自身置入原文所创造的环境与空间中，抓住原文的意旨，在翻译中重新创造一种和谐的语言空间，陈述原文的意义，让原文所表达的内容和字句之后的含蕴在新的表达空间中获得自身的生命。

所谓建空间，我们是针对文本的整体意义而言的。去了字桎，在重组的句子中焕发出字词的生命，这只是使意义获得再生的一个基本阶段。杨绛认为，在重组句的过程中，原文句内各部分的次序多有颠倒，"译者连缀成章的不是原文的一句句，而是原文句子里或前或后或中间的部分。因此连缀成章不仅要注意重新组合的短句是否连贯，还需注意上一段和下一段是否连贯，每一主句的意义是否明显。"[1] 她在此强调的，是翻译的成章的必要性。而成章，正是我们在建立译文空间时所不能忽视的。从理论上讲，建空间，是要在去字桎重组句的基础上，为目的语读者建立一个新的文本。在阅读这个新的文本时，原文的阅读与想象空间要尽可能不缩小。如原文的含蕴之义和弦外之音，是作者通过调遣语言的音形义结合的关系，再借助于上下文和语境为读者建立的一个空间，在这个空间中，给读者以理解与想象的余地。在原文中，字面意义与言外之意是不矛盾的，它们的和谐存在正是由作者创造的空间所确保的。要在字面上透出字句之后的含义，在弦上发出弦外之音，译者就不能不依据原作者的创造原理和创作意图，在译文中重建空间，创造出相似的关系，利用目的语中的音形义结合关系和重组句后的上下文，在译文中同样创造出既有字面意义又有字面之后的含义的境界。余光中有过创作与翻译的双重经验，他认为"真有灵感的译文，象投胎重生的灵魂一般，令人觉得是一种'再创造'。"而我们所说的建空间，就是"再创造"的一种体现。余光中曾以英文译中文为例，指出"两种文字在形、音、文法、修辞、思考习惯、美感经验、文化背景上既如

---

1 《失败的经验——试谈翻译》，杨绛，《因难见巧——名家翻译经验谈》，金圣华、黄国彬主编，三联书店（香港）有限公司，1996年，第100页。

此相异，字、词、句之间就很少现成的对译法则可循"[1]。这在客观上也就需要译者根据原文本中所遇到的不同情况，透过作者的匠心，通过"接受选择，修正，重组，甚或蜕变的过程"，在译文中重建一个开放的空间，让目的语读者得以通过译文与作者建立起对话的关系，在阅读与交流中领悟到"意"，品尝到"味"。

思考题

❶ 试阐述为什么翻译的根本任务是意义的再生。

❷ 简述索绪尔的语言意义观与传统语言意义观的不同之处，并分析索绪尔的语言意义观给翻译活动带来的启示。

❸ 结合本章内容谈谈对意义确定性和客观性的认识。

❹ 请指出本章内容中所列举的几种意义分类法的相同之处，并分析这些意义分类法对翻译的影响。

❺ 结合本章内容谈谈为什么意义能够在交流中得到再生。

❻ 试述让意义在翻译中得到再生的几点原则。

---

1 《翻译和创作》，余光中，《翻译论集》，罗新璋编，商务印书馆，1984年，第747-748页。

第五章
谁在翻译？

本章要义：

- 翻译主体有狭义与广义之分，狭义的翻译主体是指译者，而广义的翻译主体则包括作者、译者与读者。

- 传统的翻译观念赋予译者以"仆人"的地位，要求译者在翻译中做一个"隐形人"，让译文"透明"得让读者感觉不到他的存在。

- 随着翻译历史的不断发展，人们逐渐认识到译者在翻译中无法做到"绝对忠实"，译者的主体性是翻译中一个不可避免的因素。

- 绝对忠实导致背叛，而创造性的背叛反而会打开通向忠实的大门，这一看似相悖的说法却在理论与实践两个方面为译者提供了更为宽阔的思想与活动空间。

- 过去，翻译被看成一种认识活动，因此人们追求客观性、真理性。然而，翻译虽有认识的成分，但它还是一种具有创造性的生产活动。翻译研究中对文化误读的认识，对不可译性的强调，对译者主体性的凸现，都是人们看到作为生产活动的翻译的创造性而必然带来的回应与后果。其实，翻译还是一种交往活动，具有一定的主体间性，体现出一种伦理关系。

　　谁在翻译？换句话说，翻译的主体是谁？在回答这个问题时，人们首先必然会想到译者，因为没有译者，翻译就无法进行。在整个翻译过程中，译者处在一个非常独特的位置上，一方面，他要作为读者去阅读、理解作者及其创作的作品，另一方面，又要作为阐释者，通过语言的转换，让作者创作的作品脱胎换骨，在另一种语言中获得新生，以译作的形式去面对新的读者，开创新的阅读与阐释空间。译者的阐释，即用另一种文字所表现的文本，对于不懂原作的众读者来说，是意欲进入原作世界的唯一通道。那么，对于在翻译过程中处于特殊位置的译者，人们应该如何去认识呢？也就是说，译者的身份、地位和作用是怎样的呢？他是否是翻译活动的唯一主体呢？他同世界、作者、原作、译文及译文读者的关系又是怎样的？在这一章中，我们将就这些问题逐一展开讨论。

5.1 谁是翻译的主体？

　　翻译的主体是谁？很久以来，人们都习以为常地把译者看作翻译活动的唯一主体，因为译者既是原文本的读者，又是译文的作者，对翻译实践起着决定性的作用。然而，承认译者在翻译中具有举足轻重的作用，并不一定意味着他就是唯一的翻译活动的主体。当我们思考文学创作与翻译的差别时，这一点显得尤为突出。如果说文学创作是作家的艺术才华的结晶，我们却不能说译作是译者的艺术才华的结晶。事实上，从版权的角度来看，一部原创作品为作者独立所有，而一部译作则不为译者独立所有，而是为原作者与译者共有，国际通行的著作权法也正是本着这一事实，在法律上规定了译作的共有权。由此可见，尽管译者在翻译中的作用十分关键，但翻译的主体是不是只有译者一人还是一个值得商榷的问题。近年来，很多学者对"翻译的主体"这一问题进行了深入探讨，不同学者也提出了不同的看法。

5.1.1 翻译单一主体论

　　法国的安托瓦纳·贝尔曼对"翻译的主体是谁"这一问题进行过系统探索。在《翻译批评论：约翰·唐》（*Pour une critique des traductions: John Donne*）一书中，贝尔曼指出，无论是翻译批评的理论研究，还是翻译批评的具体实施，都不能不去回答这样一个问题：译者是谁？都必须以译者为主体为基本出发点。为此，他提出了一个响亮的口号："走向译者"。[1]毫无疑问，强调

1 Antoine Berman: *Pour une critique des traductions: John Donne*, Paris, Gallimard, 1995.

对译者的研究并把翻译批评的重点放在译者身上是有其道理的，因为，正如贝尔曼所指出的那样，译者的翻译动机、翻译目的，所采取的翻译立场，所制订的翻译方案，以及所使用的翻译方法使译者成为翻译活动中最积极的因素，他的态度、方法和立场一旦选择，一旦确立，译者也就为自己定了位置，译出的"每一个字都成为了一种誓言"[1]。在这个意义上，译者无疑就是翻译活动的主体。袁莉持的也是这一观点。她对翻译主体性问题的关注基于对翻译活动本质的认识。她说："事实上，当我们不再把对翻译的理解停留在字词的层面上，不再试图去寻找与原文本对等的影子，而是把翻译文本看作是经过变形和改造，融入译者的主观审美意向和历史存在的一种自足的艺术创造产物时，立刻就意味着我们必须要面临关于翻译主体性及其能动空间的提问。"[2] 在对艾布拉姆斯（Meyer H. Abrams）的艺术四要素图式（即把文学看作是世界、作者、作品、读者四个基本要素构成的复合体）进行分析之后，袁莉提出了以译者为基点（中介），直接与另外三极，即原作、译作和世界（包括译入语读者）发生关系而构成的新的诠释循环图式，进而明确指出"译者是这个阐释循环的中心，也是唯一的主体性要素"[3]。

5.1.2 翻译多主体论

译者为翻译主体，这似乎是一个不争的事实。但我们发现，对这一问题，人们的看法远未达成一致。杨武能先生是国内较早注意译者的定位问题的学者之一。关于翻译主体，他有如下的一段论述：

过去，人们常常简单地将文学翻译的模式归结为：原著→译者→译本，而忽视了在这之前创作原著的作家，特别是在这之后阅读译本的读者。在我看来，全面而如实地反映文学翻译的特性的图形应该是：

作家–原著–翻译家–译本–读者

与其他文学活动一样，文学翻译的主体同样是人，也即作家、翻译家和读者；原著和译本，都不过是他们之间进行思想和感情交流的工具或载体，都是他们的创造的客观。而在这整个的创造性的活动中，翻译家无疑处于中心的枢纽地位，发挥着最积极的作用。在前，对于原著及作者来说，他是读者；在

1　Antoine Berman: *Pour une critique des traductions: John Donne*, Paris, Gallimard, 1995. p.75.
2　《关于翻译主体研究的构想》，袁莉，《面向21世纪的译学研究》，张柏然、许钧主编，商务印书馆，2002年，第402页。
3　同上，第406页。

后，对于译本及其读者来说，他又成了作者。至于原著的作者，自然是居于主导地位，因为是他提供了整个活动的基础，限定了它的范围；而译本的读者也并非处于消极被动的无足轻重的地位，因为他们实际上也参予了译本和原著的价值的创造。因此，在上面的图形中，没有指示单一方向的"→"，只有表明相互关系的"—"。[1]

在杨武能看来，文学翻译的主体并不限于译者，而是作家、翻译家和读者。译作不是译家创造的客观，而是为上述三者共同创造，只是翻译家在这三者中间处于中心的位置。他的这一观点与贝尔曼观点明显有着分歧，与袁莉的观点有不同之处但也有一致的地方。相同处是袁莉和杨武能一样，都认为译者是"阐释循环"的中心；不同处是袁莉认为译者是"唯一的主体性要素"。谢天振在研究"创造性"叛逆现象时，也注意到了"主体"的问题。在《译介学》一书的绪论中，他指出："通常以为，文学翻译中的创造性逆叛的主体仅仅是译者，其实不然，除译者外，读者和接受环境等同样是创造性叛逆的主体。"[2] 谢天振在此处谈论的主体是"创造性叛逆"的主体。但所谓"创造性叛逆"，在很大程度上讲的是翻译活动的一种基本特征，在这个意义上，"创造性叛逆"便是"翻译"，虽然两者之间并不能完全划等号。因此在谢天振的表述中，"创造性叛逆"的主体，恐怕可以当作"翻译的主体"来理解。若把读者当作翻译主体之一，我们可以完全理解，但把"接受环境"也当作主体，有什么理由呢？谢天振没有直接回答这个问题，而是紧接上面的那句话，作了如下的解释："一部严肃的政治讽刺读物，通过译者的翻译传到了另一个国家，居然成了一部轻松愉快的儿童读物，一部在自己国家默默无闻的读物，通过翻译传到另一个国家却成了一部经典性的著作，这其中固然有译者的作用，但怎能离得开读者和接受环境的作用呢？"[3] 谢天振提出的这个问号具有提醒的作用，意在指出我们在重视译者作用的同时，应该关注并研究读者和接受环境的作用。就我们讨论的"主体"问题而言，接受环境自然是一个应该考虑的因素，但在我们看来，它并不构成"主体"，而是对"主体"构成制约作用的一个因素。

5.1.3 不同翻译主体论的产生缘由

在上面的简要分析与讨论中，我们可以发现，目前，人们对"翻译主体"

---

1 《翻译、接受与再创造的循环——文学翻译断想之一》，杨武能，《翻译思考录》，许钧主编，湖北教育出版社，1998年，第227–228页。
2 《译介学》，谢天振著，上海外语教育出版社，1999年，第13–14页。
3 同上，第14页。

是谁这一问题的认识是不一致的。从目前我们搜集到的国内外有关资料看，对"谁是翻译主体"这一问题，大致有四种答案：一是认为译者是翻译主体；二是认为原作者与译者是翻译主体；三是认为译者与读者是翻译主体；四是认为原作者、译者与读者均为翻译主体。这四个答案看上去是不一样的，显得有些混乱，但若考虑到近年来不断发展的哲学、文艺思潮与文学理论对翻译理论的影响，我们就不难明白这些答案的出现都是以一定理论为支撑的。以原作者为中心，文本决定一切，把语言学当作纯粹的表达工具，在这种观念的支配下，作者是主人，译者自然只能当一个仆人，只能作一个隐形人，他的主体地位实际上是不被承认，也是不被鼓励的。消隐自己的个性，保持纯粹的客观，忠实地传达一切，这些近乎金科玉律的要求便在很大程度上成了阻隔译者主体意识的一道观念屏障。而当"作者死了"，文本呈开放性，意义被延异，被播撒，一切都有赖于读者的参与时，译者得到了解放，作为一个读者，他终于可以摆脱"仆人"的地位，获得构建原作意义的自由，而创造性的叛逆观更从理论上赋予了其独立的主体地位。而当人们以现代阐释学为理论指导对翻译进行新的定位时，理解、阐释与再创造便构成了翻译活动的循环，在这一过程中，作者、译者、读者都有着其相对独立但又相互作用的地位，形成一个各种因素起着相互制约作用的活跃的活动场，而在这个活动场中，从传统的以原作者为中心和无限度的读者阐释走向了作者、译者与读者之间的积极对话，而译者处于这个活动场最中心的位置，相对于作者主体和读者主体，译者主体起着最积极的作用。在这个意义上说，我们可以把译者视为狭义的翻译主体，而把作者、译者与读者当作广义的翻译主体。当我们在定义翻译主体性的时候，我们显然要考虑到作者、读者的主体作用，但居于中心地位的，则是译者这个主体。

5.2 译者身份的传统定位

作为狭义的翻译主体，译者在翻译过程中起着举足轻重的作用。但在翻译研究领域，人们却对译者应该在翻译中发挥何种作用提出了两种完全不同的意见。一种观点主张译者要做作者的"仆人"，"忠实"地传达原文，服务好"读者"。另一种意见认为，译者要发挥自己的主体性与创造性，通过"改写"原作，使其获得新生，产生新的价值。本节将主要探讨第一种观点，并对这一观点所产生的背景、所带来的影响进行分析与研究。

5.2.1 "仆人说"

翻开中西方的翻译史，我们发现在长期形成的观念中，中西方对译者的定位十分相似。在数千年的翻译历史中，由于翻译活动本身具有的一些特性，再加之人们对翻译的认识在很长一段时期内局限于语言的层面，译者无论在东方还是在西方都被定位成一个至今还难以摆脱的角色——仆人。我们把"仆人"视为译者所担当的传统角色，首先是因为这一角色的定位是历史地形成的，且已经成为一种普遍的观念，深深地扎根于人们的头脑之中。其次，对于译者本人而言，由于传统的观念总是起着潜移默化的作用，凡从事翻译工作者，特别是初涉翻译工作者，无不受到这一观念的影响，于是自觉不自觉地在翻译工作中，将自己定位于"仆人"的位置。

译者被定位于"仆人"，他所面对的主人首先是作者或作为作者化身的原作。这是译者的工作形式所决定的关系，因为译者在人们眼里，无非是在"传达"发话者所说或作者所写的话语的意思。其次，译者还要面对听者或读者，因为"传达"发话者所说或作者所写的话语的意思仅仅是一个方面，译者还必须让听者或读者明白、理解发话者或作者的意思。杨绛在一篇谈翻译的文章中，有感于译者的这种仆人地位所造成的令人尴尬的两难境地。她说，"至少，这是一项苦差，因为一切得听从主人，不能自作主张。而且一仆二主，同时伺候着两个主人：一是原著，二是译文的读者。"[1] 杨绛强调翻译工作的困难，而这一困难是由译者的"仆人"地位所造成的。"一切得听从主人"，意味着译者所处的是附庸、从属的位置，他的从属性首先在于"主人"是至高无上的，"得听从"主人的"一切"，其次在于这是一种无条件的服从。而"不能自作主张"，则意味着译者没有任何主体的地位，只能是听从主人，不能自作主张，擅自发表自己的言论。然而问题是，译者不仅要"伺候"原著，还得面对另一个主人，那就是杨绛所说的"译文的读者"。这要求译者放弃自己的立场，处在一种绝对中立的地位，不偏不倚，同时伺候好两个主人。若偏向一边，便有可能得罪了另一边。即使译者尽了最大的努力，尽心尽职地伺候两个主人，若他们不满意，还是"仆人"的不好。总之，译者是命中注定"吃力不讨好"。有趣的是，虽然"吃力不讨好"，译者还是心甘情愿地尽自己的职责。但是，是谁在规定"一切得听从主人，不能自作主张"的呢？若细加推究，这一规定实际上应该是源于一种传统的翻译观念，杨绛对这传统的翻译观念作了如下的概括："反正一切翻译理论的指导思想，无非把原作换一种文字，照模照样地表达。原文说甚么，译文也说甚么；原文怎么说，译文也怎么说。这是翻译家一致承认的。"[2] 从理论上讲，杨绛的说法也许过于绝对化，也不符合当代

---

1 《失败的经验——试谈翻译》，杨绛，《因难见巧——名家翻译经验谈》，金圣华、黄国彬主编，三联书店（香港）有限公司，1996年，第93页。
2 同上，第93页。

翻译理论研究的实际发展状况。但如果现实地考察翻译的历史，且把"一切"两个字改为"传统"，那我们则不得不承认杨绛的观点是切中要害的，因为如我们在上文所分析的那样，把翻译看成纯粹的语言转换，要求照模照样地表达原文，构成了传统翻译思想的基础。至于翻译家是否"一致承认"这一指导思想，我们用不着忙着下定论，但至少对历史上的许多翻译家来说，是认同这一翻译观念的。

传统的翻译观念赋予译者以"仆人"的地位。对于这一地位，译者们不仅仅在下意识中加以认同，有的甚至还从理论上对这一地位进行论证。翻译家杨武能明确指出："原著与译本、原作者与译者之间的关系，是一种主从关系。我们常讲文学翻译为艺术再创造，这"再"字的含义之一，就体现于文学翻译家的创造是在原著所给定的范围乃至线路中进行的，只许尽可能地遵循和贴近，不得随意偏离、自由放任。"[1] 当然，在他看来，作为译者，对"主人"的服从是有一定前提的。他说："一般地讲，只有对自己真正喜爱的作品和作家，我们才会心甘情愿地顺从，才会自然而然地做到谦卑忘我。而只有做到这一点，我们又才能够深入地去理解原著的思想、精神，悉心地去体会它的艺术风格乃至细微特征，并将它们一一地传达和再现出来。就好像只有谦卑忘我的仆人，才会对自己的主子体贴入微，才会理解他的一言一笑、一举一动，才会不折不扣地满足他的心愿；但是，这样的谦卑忘我有一个前提，就是主人确实贤明可敬，仆人确实尊重他，热爱他。"[2] 在这里，杨武能就译者与作者关系又提出了两个重要的方面：一是作者作为主人，要确实贤明可敬，其作品确实能赢得译者的爱；二是面对可尊敬的作者和真正心爱的作品，译者会心甘情愿地顺从，自然而然地谦卑、忘我。如果细心领会，顺从、谦卑、忘我这三点似乎构成了译者作为"仆人"的基本品质。顺从与谦卑，是为了一切都服从作者，而忘我则是为了做到杨绛所说的那样"不自作主张"。

如果说对作者，译者应该顺从、谦卑、忘我，而对于读者，译者应该持怎样的态度？杨武能对这一问题也有着自己独特的理解。他指出："现代接受美学将读者纳入了文学研究的视野。作为文学活动重要的一支，文学翻译同样只有有了读者的参与才能最后完成。我们文学翻译家必须时时心中装着读者，必须满怀对读者的爱。这种爱首先表现为对他们尊重，为他们负责。这种爱也将成为一种力量的源泉，增强我们对自己事业的热爱，使我们在工作中更加一丝不苟，兢兢业业。"[3] 从阐释学的角度看，一个文本的生命要得以延续，必须依

---

1 《圆梦初记》，杨武能著，湖北教育出版社，2002年，第261–262页。
2 同上，第262页。
3 同上，第263页。

赖于读者的阅读与阐释。在这个意义上，任何一个作者，都离不开读者。就译者而言，作为仆人面对作者时，他的基本任务是要正确理解并传达作者所言，而面对读者，则要让读者理解他所传达的作者之言。在这个意义上，译者之于读者的责任，是由译者所从事的工作性质所决定的。

5.2.2 "隐身说"与"透明说"

正是因为译者服务于作者与读者这两个主人被普遍视为其天职，又被大多数译者认同，所以，当人们进一步要求译者"隐身"、译作"透明"时，这一要求便又显得那么自然而且必要了。

隐身或隐形，说到底，就是要让译者"不可见"。更准确地说，译者之隐形，是与要求作为仆人的译者"不能独自主张"的观念紧密相连的。译者要隐形，取决于以下三个条件，这就是在传统的翻译理论中经常强调的三点：一是译者要在翻译中不掺入自己的主观色彩；二是译者要在翻译中不表现自己的个性；三是译者要一切以原文为依归，惟作者是从。而译作"透明"说，实际上与译者隐形说同出一辙。"理想的译者应成为一块玻璃，透明得让读者感觉不到他的存在"，果戈里（Nikolai Gogol）的这句为译界熟悉的名言将透明得不复存在的译者置放在一个理想的位置，而正是理想的隐形的译者才能使译作中不留任何译者的痕迹，包括译者的个性、主观色彩等等，更不用说留下译者的主张了。在翻译中感觉不到译者的存在，在译文中不留痕迹地毕现原著的精神与风韵，无论对作者来说还是对读者来说，这都无疑是一种理想的境界。对这种境界，钱钟书曾以"化境"两字加以概括："把作品从一国文字转变成另一国文字，既能不因语文习惯的差异而露出生硬牵强的痕迹，又能完全保存原有的风味，那就算得入于'化境'。十七世纪有人赞美这种造诣的翻译，比为原作的'投胎转世'（the transmigration of souls），躯壳换了一个，而精神姿致依然故我。换句话说，译本对原作应该忠实得以至于读起来不象译本，因为作品在原文里决不会读起来象经过翻译似的。"[1] 从果戈里的名言到钱钟书这段被反复引用的话中，我们也许可以捕捉到这样的信息：人们都是从积极的角度来理解译者之隐形或译作之透明这一理想境界的。原作经过译者的语言转换，即从一种文字转变为另一种文字，得以投胎转世，以不留译者痕迹的原有风味、以依然故我的精神姿致奉献给异语的读者，这种臻于化境的翻译当然会受到欢迎。而基于对这一理想的积极理解，许多翻译家都非常向往这一理想的境界，且以自觉的意识和奉献的精神向这一理想靠近。但是，从目前所掌握的资料看，我

---

1 《林纾的翻译》，钱钟书，《翻译论集》，罗新璋编，商务印书馆，1984年，第696–697页。

们发现了一个有趣的现象，那就是对"透明"的翻译有着不同的理解，且导致了不同的实践。对有的翻译家来说，他们理解的"透明"，就是翻译中不要留译者的主观色彩，不要留译者的个性，因此在翻译中，他们一切以原文为依归，试图调动一切手段，努力把原文的形式价值与精神风韵都"原汁原味"地传达给目的语读者。在理论上，便有了"异化"说，有了"克己"论。而对另一些翻译家来说，他们理解的"透明"，着重于译文中不留生硬牵强的痕迹，让译文读上去不像译文，换句话说，就如傅雷所一直强调的，"理想的译文仿佛是原作者的中文写作"。而要做到译文仿佛是原作者的写作，译者则不得不"以纯粹的母语"去处理原作中的独特的语言表达形式，避免"翻译腔"。于是在理论上，便导向了译者在语言转换上的"创造"性，在翻译实践上，将原文"化为我有"，以译文的"归化"为最终目的。欧阳桢对"透明"之说的理解颇为独特，且对"透明"的译文颇为推崇。他在一次讲话中谈到鉴明翻译有三个标准，一是"自明"，二是"信达"，三是"透明"。所谓透明，他作了如下的阐述："好的译文应该是'透明'的，也就是说应该透过译文看到原著，而不应让人看出这是翻译过来的。好的译文应该能够反映原著的特点……作家的才赋是有差异的，他们有自己的特点，有不同的经历，译文也应该反映出这些差异，反映出原作者的特点，而不是译者自己的特点。这就是所谓'透明'。"[1] 要做到欧阳桢所谓的"透明"，显然是十分困难的。细究以上的阐述，我们仍可看到一个难以解决的矛盾，既要反映原作者的特点，包括其风格和表达特点，又要不让人看出这是翻译过来的，这里涉及原作的"语言要素"在译作中是否应该保存下来的问题。对这种"透明"，欧阳桢在1993年出版的一部著作中作了进一步的阐述。这部著作仍用了"透明"这个在他看来非常重要的概念，著作的题目为《透明的眼睛：关于翻译、中国文学和比较诗学的思考》[2]。郭建中在评述旅美中国学者的翻译研究时，对这一题目作了颇有启迪意义的说明，有利于我们从另一个角度来看待译者、作者与读者的关系。郭建中这样解释道："'透明的眼睛'引自爱默生的一首诗，其意是当灵魂离开肉体，不仅看清了世界的一切，而且也看清了自己。就翻译而言，翻译不仅能使我们认识别人的世界，而且能更清楚地认识自己和自己的世界。这是翻译在文化交流中的作用，也是欧阳桢这部专著的主题思想。'透明的眼睛'还有另一层意思，即一般读者通过翻译去认识另外一个世界——不管是过去的世界还是现在的世界；通过翻译，也就是通过译者的眼睛。但一般读者是不会注意到译者的存在的。实际上，译者译得越好，也就是眼睛越透明，读者也就能更清楚地

---

1 《翻译漫谈》，欧阳桢，《翻译论集》，罗新璋编，商务印书馆，1984年，第932页。
2 Eugene Chen Eoyang: *The Transparent Eye: Reflections on Translation, Chinese Literature, and Comparative Poetics*, Honolulu, University of Hawaii Press, 1993.

看到原作。"[1] 在郭建中看来,欧阳桢取"透明的眼睛"为其著作的题目是意味深长的。在这部书中,欧阳桢对"透明"这两个字的理解与阐述显然已经超出翻译的标准范畴,而是将其置放在文化交流的高度。"我者"与"他者"的接触、理解与交流,是通过翻译而进行的;而译者、作者与读者之间所呈现的,不是一种简单的个人关系,作者与原作代表着另一个世界,在其身后支撑的是整个历史与文化,而读者了解并理解"他者",必须通过翻译。作为译者,要使作者及其代表的文化与读者及其代表的文化进行交流,最基本的任务便是克服障碍,以保证其交流渠道的畅通。在这个意义上,障碍越少,阻隔交流、遮蔽真实存在的因素越少,交流双方的理解自然就更透明。显而易见,在这一视角之下,作者、译者、读者之间的关系就被注入了社会、历史与文化的内涵,而原作与译者之间的关系,也就可能在文化交流的层面上去加以进一步的审视。

不管是"仆人说"、"隐身观",还是"透明论",这些都反映了人们在心目中对译者角色的定位,即:译者在翻译活动中应该或必须扮演一个怎样的角色? 在翻译活动中应该对作者与读者承担怎样的责任? 从类别上来看,这种研究属于翻译的伦理研究,探讨了译者与作者、读者等他者之间的责任关系;从方法上来看,这种研究属于翻译的"规定性"研究,分析了译者应该怎么做。

5.3 译者主体性的彰显

传统的翻译观要求译者甘愿做作者与读者的"仆人",在翻译中尽量做到"隐身"、"透明",但在现实世界中,由于从一门语言转换到另一门语言,实际上存在着语言、文化等各个层面的困难,译者又无法完全做到这一点。随着翻译历史的不断发展,人们对翻译的认识也不断加深,渐渐地对"翻译—仆人"这一角色、对"忠实"与"客观"的绝对要求产生了怀疑,甚至提出了质疑与批判。人们逐渐认识到译者在翻译中无法做到"绝对忠实",译者的主体性是翻译中一个不可避免的因素。在这种情况下,人们又产生了另一种意见,即:既然译者的主体性是不可避免的,那么为何不让译者有意识地发挥自己的主体性与创造性? 本节将集中探讨译者主体性的相关问题,包括译者主体性的历史渊源、译者主体性的合理性等,同时还将剖析由译者主体性理论导致的认识误区。

---

1 《当代美国翻译理论》,郭建中编著,湖北教育出版社,2000年,第280–281页。

5.3.1 从"忠实"和"客观"的理想到"客观"的"不忠实"的现实

首先，我们不妨看看译者方面对传统的翻译身份的困惑、怀疑或质疑。在对中西翻译史的考察以及对一些著名翻译家关于翻译的思考及观点进行梳理时，我们往往可以看到这样一个事实，那就是译者不可避免地会陷入两难的境地：一方面从思想上认同"忠实"与"客观"的原则，心甘情愿当仆人，但在具体的翻译实践中经常遇到难以克服的障碍和困难，往往为自己对原文的偏离或在出发语与目的语的冲突中不得不采取妥协甚至牺牲一方的做法而内疚。这方面的例子很多。翻译家叶君健曾经发出过"如何'忠实'于原文"的疑问，他在《谈文学作品的翻译》一文中这样写道："我每次提起笔搞点翻译的时候，总感到有些茫然。译篇文学作品，如一首诗，无非是把原作者的本意、思想、感情、意境如实地传达给读者，使读者的感受与作者当初写作时的感受一样或差不多。但作者当时的感受究竟是怎样的呢？我们无法去问作者。这只能从字面上去推测。事实上，作者在'灵感'或'行动'的诱导下写出一篇作品，恐怕他自己对他当时的感受也很难说出一个具体的轮廓。文学和艺术作品毕竟不是科学，而是触及'灵魂'的东西，这里面有'朦胧'和'似与不似之间'的成份，要用像数学那样精确的形式表达出来是不可能的。"[1] 叶君健的困惑显然来自于理想的要求与现实的不可能之间的矛盾。范存忠与叶君健一样，他一方面承认在人们的观念中存在着翻译的理想，而另一方面则清醒地意识到实现这一理想的困难主要来自于语言的差异。他说："严格地说，译品最好能和原作品相等——内容相等，形式相等，格调相等，只是所用的语言不同。这就是马建忠所说的译品和原著完全一样，而读者看了译品能和看原著一样，但这是一个不可能完全实现的理想。为什么？原因之一就是两种语言（任何两种语言）之间，总是存在着差距。"[2] 差距，即差异，亦即我们常说的"不同"，傅雷对之理解更为深刻。早在1951年9月，在《高老头》重译本的序中，他就已经相当全面而深刻地总结了一个翻译者在具体的翻译活动中所能遭遇到的不同或差异："两国文字词类的不同，句法构造的不同，文法与习惯的不同，修辞格律的不同，俗语的不同，即反映民族思想方式的不同，感觉深浅的不同，观点角度的不同，风俗传统信仰的不同，社会背景的不同，表现方法的不同。"若细加分析，我们会发现，这十一个"不同"，早已超出了范存忠和许多翻译家所一再强调的"语言"层面的差距，它们实际上已经涉及到了翻译活动所可能涉及的方方面面以及有可能影响翻译活动的一些主要因素，如语言层面的词

---

1 《谈文学作品的翻译》，叶君健，《因难见巧——名家翻译经验谈》，金圣华、黄国彬主编，三联书店（香港）有限公司，1996年，第119页。
2 《漫谈翻译》，范存忠，《译学论集》，张柏然、许钧主编，译林出版社，1997年，第13–14页。

汇、句法，文字表现层面的"修辞格律"、"表现方法"，文化层面的"风俗传统信仰"，社会层面的"社会背景"。叶君健、范存忠、傅雷等翻译家所指出的这些语言和文化上的"差距"、"不同"或"差异"，客观上导致了翻译的"不忠实"的现实，让人们认识到即使译者自己甘愿做"仆人"，也无法在翻译中抹去自己的痕迹。译者的主体性是翻译中不可避免的一个因素，译者有必要对此有一个清醒的认识，从而在翻译中摆正自己的态度。

不仅有翻译家感受到翻译中客观存在的译者主体性，而且也有不少学者从学理上分析与探讨了这种主体性。钱钟书将这种不可避免的译者主体性称为"讹"。在《林纾的翻译》一文中，钱钟书指出："一国文字和另一国文字之间必然有距离，译者的理解和文风跟原作品的内容和形式之间也不会没有距离，而且译者的体会和他自己的表达能力之间还时常有距离。从一种文字出发，积寸累尺地度越那许多距离，安稳到达另一种文字里，这是很艰辛的历程。一路上颠顿风尘，遭遇风险，不免有所遗失或受些损伤。因此，译文总有失真和走样的地方，在意义或口吻上违背或不尽贴合原文。那就是'讹'，西洋谚语所谓'翻译者即反逆者'。"[1] 细读钱钟书的这段文字，我们可以看到翻译的"讹"在某种意义上是不可避免的，其原因便是我们在上文所强调的"不同"与"差距"。这些距离的存在，意味着翻译本身存在着风险，不可避免地要有所失或有所走样，于是造成意义或口吻上违背或不尽贴合原文。

如果说钱钟书所揭示的翻译中的"讹"只是出发语与目的语之间的有关差异给翻译造成的不可避免的"走样"或"失真"的话，那么在德里达看来，翻译所揭示的不同语言之间的差异要更深刻得多，在语言差异的背后，是一条难以逾越的鸿沟，不仅仅造成翻译的"讹"，更是在根本意义上宣判了翻译的不可能。在《巴别塔》一文中，德里达以"Babel"一词所隐含的各种因素为例，切入了翻译理论中一个基本的问题，那就是翻译的可能与否，他在文章一开始便提出了问题：

"巴别"是个专有名词。这是第一义。不错。可是，我们今日说"巴别"的时候，知道我们所指的是何人何物吗？有关巴别塔的故事或神话是古代流传下来的一个篇章；这个篇章的残余意义，我们如果细加思索，就会发现，它不仅是众多比喻之一那么简单。这一残余意义至少可以说明，甲语言和乙语言互不吻合，百科全书中甲地和乙地互不相干，语言本身难以称职，难以充分达意等等；同时还说明，比喻、神话、转义、各种措词和未能尽善的翻译，虽然

---

1 《林纾的翻译》，钱钟书，《翻译论集》，罗新璋编，商务印书馆，1984年，第697页。

不足以补偿歧义加于我们的局限，却仍有其必要。就这一意义而言，上述名词的残余意义，就应该是神话起源的神话、隐喻的隐喻、叙述的叙述、翻译的翻译等等了。它不会是用这个方法发掘本身意义的唯一结构；不过他发掘本身的意义时，毕竟会按照本身的方式进行（它本身像专有名词一样，几乎不可翻译），而它的语言特性也必须加以保留。[1]

　　德里达以"Babel"一词为例，显然是有哲学上的考虑的，因为在我们今天看来，"巴别塔"既象征着人类试图通过语言进行沟通的不懈努力，也昭示着人类所追求的沟通所面临的不可逾越的障碍。对此，我们不拟展开讨论。我们所关注的，只是在"巴别"一词的背后所存在的差异。一是语言上的，那就是德里达所强调的"互不吻合"、"互不相干"、"难以称职"和"难以充分达意"等等；二是文化意义上的和结构意义上的本质差异和深层差异，即是难以企及的"神话起源之神话、隐喻之隐喻、叙述之叙述、翻译之翻译"等等。语言上的差异和文化、结构意义上的本质差异造成了"巴别"一词的"几乎不可翻译"，而"巴别"一词的"几乎不可翻译"在德里达的笔下，便意味着普遍意义上的"不可翻译"。然而，德里达在宣判翻译不可能的同时，却又以"巴别塔的象征"，指出了"未能尽善的翻译"的必要性。从逻辑上讲，翻译不可能，但却又必须翻译，那么唯一的出路便是不再像传统所要求的那样去"忠实地"翻译，而是赋以翻译以新的意义和新的追求。我们也许可以从这一相悖的矛盾中或多或少领会到一点德里达在文中没有明示的意图，那就是德里达在此文中所要说明的，不是翻译在绝对意义上的不可能，而是盲目追求"忠实对等"的翻译的不可能。在我们看来，他所力求达到的目的之一，便是针对传统的翻译观，解构"忠实"这一绝对标准。

5.3.2 "翻译者即反逆者"的理论价值

　　意大利人有一个谚语，叫"Traduttore, traditore"，直译过来，叫"翻译者即反逆者"，这一在中西方广为流传的谚语所传达的思想，与"翻译是仆人"的观念正好构成了译者身份的两极：一极是仆人，另一极是反逆者；仆人的品质为忠实，而反逆者的特点为背叛。"翻译者即反逆者"或"翻译即叛逆"之说由来已久，虽然对大多数翻译者来说，在情感上无法或根本不愿意认同这一说法，因为从本质上说，叛逆是与翻译的目的相悖的，而且在道德层面，译者

1　《巴别塔》，德里达著，黄国彬译，《西方翻译理论精选》，陈德鸿、张南峰编，香港城市大学出版社，2000年，第213页。

也担当不起这种"叛逆者"的罪名。然而，若我们以客观的目光去看待翻译活动，以清醒的头脑去分析译者在翻译活动中所可能遇到的各种困难，则又不得不承认翻译有着与生俱来的局限，而这种局限又不可避免地会造成所谓的"叛逆"。上文我们对傅雷、钱钟书、德里达所揭示的"距离"、"不同"与"差异"问题有了一个比较全面的认识，现在再来分析"翻译者即反逆者"这一古老的谚语，也许会有几分新的理解，会赋予其新的内涵。我们对"翻译者即反逆者"至少会有以下几点认识。

第一，"翻译者即反逆者"这一谚语道出了一个朴素的真理，那就是翻译活动在本质上存在着不可避免的局限。无论是傅雷在翻译实践中所领悟到的十一个"不同"，还是钱钟书所强调的各个层次的距离，或是德里达以近乎极端但却冷静的笔触所揭示的文化与结构意义上的"延异"与"差别"，都无不在理论上证明了这一谚语所道出的朴素真理有着其合理的内核。

第二，"翻译者即反逆者"这一谚语以其揭示的朴素真理，给人们提供了理论的思考空间。一方面，由于翻译固有的局限，说明要求译者像仆人一样绝对地忠实原文只能是一个不可企及的理想。另一方面，无论是在实践中，还是在理论上，我们都会遭遇到一个悖论：绝对地忠实原文，对原文亦步亦趋，近乎盲目地跟着原文走，非但不能达到将原文的意义与神韵客观地传达给译文读者的目的，反而会导致原作的貌离神散，造成对原作本质的不忠，同时，也由于机械而盲目地追求语言层面的忠实，译出的作品难以符合目的语读者的审美期待与接受心理，往往会引起读者的不满，总之，一方面有可能有负于作者，另一方面有可能得罪了读者。而由此悖论，引发了新的思考和新的探索：承认翻译局限的客观存在，根据这些局限提供给译者的活动空间，以看似不忠的手段，即对原文语言的某种"背叛"，在新的文化语境和接受空间里以另一种语言使原文的意义获得再生，达到另一层次的忠实，这就是"创造性叛逆"这一说法提出的直接原由。绝对忠实导致背叛，而创造性的背叛反而会打开通向忠实的大门，这一看似相悖的说法却在理论与实践两个方面为译者提供了更为宽阔的思想与活动空间。

第三，对"翻译者即反逆者"这一谚语的重新认识为译者主体性的觉醒提供了可能。如果说翻译固有的局限和不可避免的"背叛"在理论上昭示了译者盲目忠实与绝对跟着原文走的负面后果，说明了纯语言层面转换的障碍，那么译者在翻译实践中所遇到的各种各样的困难迫使译者不得不去考虑这样一个问题：译者的忠实与客观并不能完全保证其对原作的忠实，而面对翻译活动中所可能出现的各种矛盾因素，译者不能不从被动的忠实中去设想自己到底应持何种立场，应采取何种方法去处理各种矛盾。于是，译者在翻译活动中便有可能由被动而走向主动，由消极的服从走向积极的参与，由"照模照样"的"复制"，走向赋予原作以新生的再创造，而"翻译选择说"、"翻译变通说"、"翻译和谐说"[1]等种种理论也由此而生，并为翻译主体性和译者在翻译中的中心地位的最终确立提供了理论基础。

5.3.3 翻译主体性理论的定位及其应用误区

如果说传统的译者"仆人说"是对翻译"应然"的理论探索，属于规定性的翻译伦理研究的范畴，那么翻译主体性的研究就可以看作是一种对翻译"实然"的描写性研究，大多属于翻译文化研究的范畴。翻译"改写"理论就是翻译主体性研究的一个重要理论流派，由翻译文化研究学派的领军人物之一勒菲弗尔所创立。在《翻译、改写以及对文学名声的制控》（*Translation, Rewriting and the Manipulation of Literary Fame*）一书的前言中，巴斯奈特和勒菲弗尔写到："翻译无疑是对原文本的改写。所有的改写，无论其意图是什么，都反映一定的意识形态和诗学。……改写就是操纵，为权力服务。"[2] 显然，勒菲弗尔所关心的是译者在意识形态、诗学形态等文化因素的"操纵"下对原文的"改写"。这类翻译主体性研究将有助于人们加深对翻译活动的认识，帮助我们更好地理解与评价翻译中的一些现象。

翻译主体性研究有其研究的范围，超过这个界限就容易出现偏差与谬误。翻译主体性理论在某种意义上主要是一种描写性的文化研究，可以对各种文化因素与翻译的关系加以客观描述与分析，从而揭示译者在翻译过程中"不忠实"或进行再创造的原因，并在此基础上让译者意识到自己的文化立场、翻译动机等因素对于翻译可能产生的巨大影响。然而，翻译主体性理论并不适合作为一种翻译方法论或具体的翻译策略。近来，翻译界有些学者提倡用翻译"改写"理论指导翻译实践，把"改写"理论用作具体的翻译方法，这应该说是不合适的。翻译"改写"理论属于描述性的翻译研究，如若用于指导翻译实践，就可能犯下一个致命的错误，即：存在的就是合理的。翻译"改写"理论揭示了译者所遭受的意识形态、诗学形态等文化因素的"操纵"以及这些偏颇的权力关系对翻译的"改写"，但把这种受权力关系摆布式操控的"改写"用于翻译实践，容易产生偏误，翻译研究界对此应保持充分的警觉。

---

1 有关"翻译选择说"，可参阅许钧的《论翻译之选择》(《外国语》2002年第1期，第62–69页)；有关"翻译变通说"，在许多翻译家谈翻译的文章中可看到相关的精彩论述，虽然不太系统，但大都佐以具体例证，具有说服力。而有关"翻译和谐说"，郑海凌在《文学翻译学》（文心出版社，2000年）一书中有过比较系统的阐述，有心的读者不妨一读。

2 Susan Bassnett & André Lefevere: "General editors' preface", in André Lefevere, *Translation, Rewriting and the Manipulation of Literary Fame*, Shanghai, Shanghai Foreign Language Education Press, 2004, p.vii.

5.4 从主体性到主体间性

通过上述对翻译主体与主体性的探讨，我们认识到译者是整个翻译过程中最为活跃的因素，但也更清醒地意识到译者主体地位的确立并不以排斥作者为前提，也不以否认读者的作用为目的，相反，我们更注意到了翻译活动具有其特殊性，那就是译者的主体作用并不是孤立的，而是与作者和读者的作用紧密相联。作者、译者与读者三个主体，不是孤立的主体，而是以对方存在为前提的一种共在的自我。因此，如何协调好作者、译作与读者间的关系，使共在的自我在翻译中充分发挥和谐的创造作用是非常重要的，而这就是翻译主体间性的研究范围。

5.4.1 翻译主体间性的理论依据

译者之所以需要协调好与原作者和读者的关系，之所以需要把主体间性放在一个十分重要的位置，这是由翻译的多重性质决定的。人类的活动可大致分为三类：认识活动、生产活动、交往活动。"过去，翻译被看成一种认识活动，因此人们追求客观性、真理性，'忠实'便是其中具有代表性的翻译观。然而，自从文学新批评学派发现了'意向谬误'（intentional fallacy），自从读者反应学派认识到文本中普遍存在的需要读者填补的'空白'，自从罗兰·巴特喊出了'作者死了'，人们便认识到读者的主体性与创造性，进而认识到译者的主体性与创造性。的确，翻译虽有认识的成分，但又不仅仅是认识活动，它还是一种具有创造性的生产活动。翻译研究中对文化误读的认识，对不可译性的强调，对译者主体性的凸现，都是人们看到作为生产活动的翻译的创造性而必然带来的回应与后果。……其实，翻译还是一种交往活动，具有一定的主体间性，体现出一种伦理关系。比起客观性或主观性来说，交往性实际上是翻译更为基本的属性。"[1] 翻译的主体间性正是翻译作为交往活动所派生出来的属性。然而，仅仅认识到翻译兼有认识、生产、交往三种活动的性质并不代表译者就一定能处理好与作者、读者等多主体之间的关系，"实际上，克服偏颇的翻译观不仅要求译者认识到翻译的三种属性，还要认识到翻译三种属性得以统一的基础。真正的解决办法就是'诚于译事'，把翻译与立言、立德联系起来，把分裂的客观世界、主观世界与社会世界重新统一到和谐的'生活世界'中来。"[2] "生活世界"的概念为胡塞尔（Edmund Husserl）首先提出，他的目的

---

1 引自《以诚立译——论翻译的伦理学转向》，吴志杰、王育平，《南京社会科学》，2008年第8期，第140页。
2 同上。

在于指出："欧洲人性危机的根源在于它过分着迷于实证主义的科学理论，从而遗忘了或掩盖了人生存于其中的'生活世界'，所以在他看来，只有回归被近代自然科学所掩盖的'生活世界'，才能恢复人在科学中的地位与尊严，重建人与人、人与世界相统一的，有意义、价值和目的的世界。"[1] 翻译界也存在着把客观世界、主观世界与社会世界分离并分别加以绝对化的问题，再次回归统一、和谐、健康、完善的翻译观就是要使翻译的客观性、创造性、伦理性统一在译者对立言、立业、立德的完美人生的追求上。由于翻译同时兼有认识活动、生产活动、交往活动的性质，因此译者在翻译活动中不仅要去面对原文，更要处理好与作者、读者等多个主体之间的关系，用积极、互动的主体间性为作者、译者和读者三者之间的和谐共存提供可能。

5.4.2 化解冲突、走向和谐的探索

翻译是一个旅行的过程，它从一个语言世界来到另一个语言世界。在这一文化旅程之中，由于语言、思维与现实的参照方式发生了变化，由于涉及翻译各个层面的差异的客观存在，翻译在某种意义上说，是在不可能中求得可能，是在"反逆"中求得新生，于是冲突不可避免。这也就是说，凡翻译必有冲突，且冲突会出现在翻译活动的方方面面，正因为如此，翻译中才存在着一系列难以解决的矛盾，存在着令译者两难的悖论。面对客观存在的冲突的可能性，译者不能借口自己的"居间性"而回避冲突。相反，一个有责任心的译者往往在充分认识有可能造成冲突的种种障碍与困难的基础上，充分发挥自己的主观能动性，采取各种方式去化解矛盾，去协调冲突，将被某些持不可知论的哲学家判为不可能的翻译责任勇敢地承担起来，通过译者富于创造性的努力，化冲突为和谐，从隔阂导向相互了解与沟通。为此，翻译家们以实实在在的努力去面对"左右为巫"的困难，在译与不译的尴尬处境中，在异同与得失之间，去进行"选择"与"变通"，在"归化"与"异化"的两极中去寻找一个平衡的度；在对原文本血脉的继承中去创造某种不朽的生命，在一次又一次的复译中去朝理想中的"范本"靠近。在充满冲突和各种矛盾的翻译活动中，不少翻译家积累了丰富的经验，总结出了一套套化解矛盾与冲突的方法，并试图建立起能被普遍接受的原则。余光中在读思果的《翻译研究》一书后，写了一篇长文，叫《变通的艺术》，开头一段意味深长：

1　引自《试析交往伦理的内涵》，汪怀君，《中州学刊》，2007第4期，第128页。

"东是东，西是西，东西永古不相期！"诗人吉普林早就说过。很少人相信他这句话，至少做翻译工作的人，不相信东方和西方不能在翻译里相遇。调侃翻译的妙语很多。有人说，"翻译即叛逆。"有人说，"翻译是出卖原诗。"有人说，"翻译如女人，忠者不美，美者不忠。"我则认为，翻译如婚姻，是一种两相妥协的艺术。譬如英文译成中文，既不许西风压倒东风，变成洋腔洋调的中文，也不许东风压倒西风，变成油腔滑调的中文，则东西之间势必相互妥协，以求"两全之计"。至于妥协到什么程度，以及哪一方应该多让一步，神而明之，变通之道，就要看每一位译者自己的修养了。[1]

余光中的这段话可以说在某种程度上概括了翻译的一些基本特征：翻译是一种相遇、相知与共存的过程，在这个过程中，有冲突，有矛盾。为相知，必尊重对方；为共存，必求"两全之计"，以妥协与变通求得一桩美满婚姻。而这一切，全凭译者的"修养"。在我们看来，这里的"修养"，也就是译者的主体性因素。思果根据中西语言的客观差异与表达方式上的可能冲突，以变通为手段，对症下药，提出了"翻译是译句，不是译字。句是活的，字是死的，字必须用在句中，有了上下文，才具生命"的忠告，并提出了"翻译切不可不守纪律，没有尺寸，乱添乱减"和"切不可译字，要译意，译情，译气势，译作者用心处"等七个"翻译要点"。[2]

如果说思果的对症下药是一种具体而微的化解冲突策略，不少翻译家更是从为人的高度探讨了如何与作者和读者沟通的原则，如曾虚白在强调译者的主观性存在之必要的同时，给自身提出了两重的标准："一在我自己，一在读者。为我自己方面，我要问：'这样的表现是不是我在原文里所得的感应？'为读者方面，我要问：'这样的表现是不是能令读者得到同我一样的感应？'若说两个问句都有了满意的认可，我就得到了'神韵'，得到了'达'，可以对原文负责，可以对我自己负责，完成了我翻译的任务。"[3]傅雷集其丰富的翻译经验，视翻译为神圣崇高的事业，"把损害艺术品看作像歪曲真理一样严重"，要求自己持郑重的态度，慎重选择，以免冲突。他这样说道："选择原作好比交朋友：有的人始终与我格格不入，那就不必勉强；有的人与我一见如故，甚至相见恨晚。但即使对一见如故的朋友，也非一朝一夕所能真切了解。想译一部喜欢的作品要读到四遍五遍，才能把情节、故事，记得烂熟，分析彻底，人物历历如在目前，隐藏在字里行间的微言大义也能慢慢琢磨

---

1 《余光中谈翻译》，余光中著，中国对外翻译出版公司，2002年，第55页。
2 《翻译研究》，思果著，中国对外翻译出版公司，2001年，第XXI页。
3 《翻译中的神韵与达》，曾虚白，《翻译论集》，罗新璋编，商务印书馆，1984年，第415–416页。

出来。但做了这些功夫是不是翻译的条件就具备了呢？不。因为翻译作品不仅仅在于了解与体会，还需要进一步把我所了解的，体会的，又忠实又动人地表达出来。"[1] 傅雷把选择原作当作交朋友，态度是严肃而诚恳的。不勉强与自己格格不入的作者，但对一见如故，相见恨晚者，也不轻率相处，而是去努力地了解对方。金圣华在力求认识翻译的真面目的探索过程中，更是提出了"翻译如做人"的原则："翻译如做人，必须慎言慎行，掌握分寸，方能立于不败之地。"[2]

5.4.3 寻求译者与作者和读者的视界融合

翻译从某种意义上来说也是一个阐释的过程，阐释学对翻译研究有着重要的启示作用，其"视界融合"的理论对处理好翻译中译者与其他主体之间的关系具有十分重要的指导作用。如果按照伽达默尔的观点，翻译需以"完全理解陌生的语言，而且还以对被表达东西本来含义的理解"为前提，以"他人意指的东西重新用语言表达出来"为结果的话，那么我们可以说，前者是针对原文本而言，而后者是为了读者而言。对于翻译的前提——理解，伽达默尔在《真理与方法》一书中有这么一段话："理解甚至根本不能被认为是一种主体性的行为，而要被认为是一种置自身于传统过程中的行动（Einrücken)，在这过程中过去和现在经常地得以中介。"[3] 这里涉及到了一个对翻译理论来说非常关键的问题：若把理解视作译者的纯个人的主观性行为，那么传统翻译论所强调的以客观性（理解的客观性）为基础的忠实，就无可保证。伽达默尔在对理解的主观性提出质疑的同时，又赋予了它一个有限制的存在理由，那就是要将理解的主观性置身于传统之中，因为在他看来，任何一个理解者都不可避免地处于传统之中，正是传统将理解与理解对象联系在了一起。为此，伽达默尔又给传统与成见一个重要的位置，作为个人理解的前提，从而实现了客观性与主观性的统一，为译者理解作者的意图、把握文本的意义起到了积极而有建设性的作用。同时，就译者而言，他作为一个特殊的读者，还担负着用另一种语言将他所理解的东西向他设想的读者表达出来的任务。而我们知道，在翻译活动中，读者的期待与要求始终是译者所考虑的一个重要因素。对一些富有经验的译者来说，作者的意图、文本的意义、读者的期待能否与译者的理解与再表达形成和谐的关系，在某种意义上直接影响了翻译的目的与任务能否完成。翻译的这一多因素和谐的要求，又同样可在伽达默尔的阐释观中找到理论的支撑，这就

---

1 《翻译经验点滴》，傅雷，载《翻译论集》，罗新璋编，商务印书馆，1984年，第626页。
2 《认识翻译真面目》，金圣华著，天地图书有限公司，2002年，第18页。
3 《真理与方法》(上卷)，伽达默尔著，洪汉鼎译，上海译文出版社，2004年，第375页。

是伽达默尔的"视界融合"说可给予我们的启迪。周宪对伽达默尔的"视界融合"说是这样理解的："所谓视界的融合，是指解释者的历史理解不可能是不偏不倚客观公正的，他对过去的理解总是包含着自己对当前情境的理解。然而，解释者的视界又不是凝固不变而是动态开放的，当前的视界可以扩大到包容过去的视界(即施莱尔马赫所要求的)。这样便构成一个新的更广阔的视界。"[1] 周宪补充指出，姚斯在伽达默尔的阐释学基础上，提出了期待视界这一重要概念。期待视界是站在读者的立场上提出来的。文本的接受和理解都有赖于特定的期待视界，对于翻译来说，这便涉及到多种期待视界存在的可能性。对原文本的读者而言，存在着至少两种不同的视界，即文本问世时最初的读者期待视界和当下读者的期待视界。一旦引入目的语的接受语境，便又出现目的语读者的期待视野。这种视界的历史间距与空间间距是客观存在的。译者作为一个特殊的读者，其最基本任务之一，就是要通过自己的理解和阐释，融合成一个更大的视界，让翻译涉及的诸视界达到贯通融合，亦即最终完成沟通与交流之重任。

那么如何去达到视界的融合呢？就翻译而言，视界的融合在某种意义上是为了保证作者的意图、文本的意义能在目的语中得到再生，获得目的语读者的共鸣，这就要求我们处理好客观与主观的关系。对大多数译者来说，他们长期以来都奉行一条原则，那就是在翻译中不要掺入自己的主观因素。而这条原则的形成是基于如下的认识：只有保持客观，才能保证正确的理解与再表达。这是一种典型的客观主义翻译观。然而，伽达默尔指出：理解"不只是一种复制的行为，而始终是一种创造性的行为"[2]。因为在伽达默尔看来，作品的意义场，永远是一种不断开放的结构，其意义不并存在于文本的字面，而是需要读者的不断阐释来激活它，而阐释的最好方法便是作者视界和读者视界的融合。伽达默尔的这一观点表明，阐释活动既不是一种纯个人的主观活动，也不是一种客观主义的对文本意义的简单求索或还原。保尔·利科（Paul Ricoeur）在《诠释学与意识形态批判》中对伽达默尔的视界融合这一概念作了深刻的分析，认为它"是一个辩证的概念，它是由拒绝两种观点而产生的：一种是客观主义，在忘却自身之上假定他人的客观性；一种是绝对知识，普遍历史可以在一个单一的视域内被表述。我们既不存在于封闭的视域中，又不存在于一个唯一的视域中。没有视域是封闭的，因为总有可能使自己置于他人观点和他种文化之中……但是也没有视域是唯一的，因为他人和自己之间的紧张关系是不可

---

1 《超越文学——文学的文化哲学思考》，周宪著，上海三联书店，1997年，第251页。
2 《真理与方法》（上卷），伽达默尔著，洪汉鼎译，上海译文出版社，2004年，第383页。

超越的。"[1] 文中的"视域"，与我们所谈的"视界"是一个词。在利科的分析中，我们可以看到视界融合这一概念的辩证性在于，一方面对否认阐释者自身、抹杀阐释主观的作用、毫无"先见"地解释历史的客观主义提出了质疑；另一方面，又对坚持自己一孔之见、单凭自己误以为的唯一视界去理解历史的主观主义提出质疑。客观主义的结果是阐释者永远无法真正理解与把握文本的意义和真理，因为呈开放结构的文本需要阐释者的投入才能激活其意义。主观主义的结果便是永远无法超越与原作者的冲突，两者的视界无法融合，达不到沟通、交流与对话意义上的积极理解与阐释。针对客观主义和主观主义而提出的视界融合说于是赋予了理解者的主观性以存在的必要性。在此，主观性与客观性构成了阐释过程的辩证与互动关系。从理解上讲，译者作为一个处在特殊地位中的读者和阐释者，面对一部作品，自然会有着某种期待（认知的、审美的等等）。这种期待在某种意义上也是介入原文的一种主体意识。作为审美主体的译者，自然要受到自己的个人兴趣、需要、知识、经验、文艺修养、欣赏习惯，乃至带有社会性因素的个人信仰等因素的制约，这些因素构成了译者理解与阐释原文的主观性，是译者与具有开放结构的文本进行交流与对话的不可忽视的方面，但这些主观因素不能形成封闭的一孔之见，更不能有僵化的好恶判断和随心所欲的自我表现，而是要设法融入文本所提供的历史语境中，在肯定自我为一种必然存在的同时，又时时打破自我的禁锢，走出自我，融入他人，重新塑造一个融合于过去与现在、他人与自我视界的更大视野，真正做到从心所欲不逾矩，让原文本的血脉在译本中得到继承，让异域的文本在新的文化语境中获得再生。

思考题

❶ 谁是翻译的主体？结合本章内容，谈谈狭义与广义翻译主体的确立依据。

❷ 如何认识译者的传统身份？为何同样的"透明"翻译策略在不同的翻译家那里会导致"异化"与"归化"两种背道而驰的结果？

---

1 《诠释学与意识形态批判》，保尔·利科，《理解与解释——诠释学经典文选》，洪汉鼎主编，东方出版社，2001年，第447页。

❸ 请结合本章对译者主体性的经验性认识与理论性探索，分析"译者主体性"的内涵，然后谈谈你对翻译"忠实"观的再认识。

❹ 论述意大利谚语"翻译者即反逆者"在译者主体性确立过程中的作用与意义。

❺ 试运用伽达默尔的"视界融合"理论分析翻译活动的主体间性。

第六章

有什么因素影响翻译活动?

本章要义:

- 翻译作为一种跨文化的交流活动,呈现的是一个开放的活动场,影响翻译的各种因素相互作用,在翻译的不同阶段起着不同的作用,需用动态和全面的眼光来考察。

- 文化语境与社会因素共同构成影响翻译活动的主要外部因素,从宏观和微观层面全面发挥着作用。

- 意识形态泛指社会或个人行为背后的思想及解释系统。翻译是一种再创造的行为,在它的背后,作为思想和解释系统的意识形态始终在起着作用。

- 译者的翻译动机和翻译观念是翻译的主体因素,对翻译活动起着决定性的影响作用。

- 不同语言之间呈现的各种关系,以及各种语言表述现实、切分人类经验的结构差异给翻译造成了一定的障碍,但也为翻译提供了各种可能性。

在整个翻译活动中，译者作为翻译主体，无疑是最为活跃的因素，对翻译起着举足轻重的作用。然而在以往的翻译研究中，作为翻译主体的译者往往是隐而不见的，在场的是静态中的翻译结果，即口译中被传达给接受者的信息，或笔译中已经现实化了的译文。研究者往往将目光局限于语言层面的得与失、正与误，即使再深入一步，通过译文与原文的比照，探讨得与失、正与误的原因所在，也往往把重点放在技巧的层面上。这样一来，翻译问题在许多学习翻译或初涉翻译者的头脑中，在很大程度上被局限在一个相当狭隘的空间：翻译是一项技术性的工作。具体到文学翻译而言，译者所面对的只是原文本，他需要考虑的，只是如何充分发挥自己的语言能力，将原文本转换成译文本。在这个转换过程中，译者除了要对原文本负责外，其他的因素似乎都起不到什么作用。然而，倘若我们把翻译看成一种"以语言符号转换为形式，以意义再生为任务的跨文化交流活动"，对整个翻译的过程所涉及的因素作一研究的话，我们便可发现，翻译活动呈现的是一个开放的活动场，涉及的因素很多。在本章中，我们将以"译什么"和"怎么译"这两条主线为探索路径，从宏观和微观的角度对影响翻译活动的外部与内部因素作有针对性的研究与分析。

6.1 文化语境与社会因素

在上文中我们从五个方面对翻译活动的一些本质特征进行了归纳，其中特别强调了翻译的社会性和文化特质。当我们对影响翻译的重要因素进行考察时，无论从宏观的角度还是从微观的角度，都必须也必然会注意到文化与社会因素在翻译活动中所起的各种作用。

6.1.1 社会因素对翻译活动的影响

我们已经明确指出过，翻译活动是在人类社会发展到一定的阶段才出现的交流活动，而且随着人类社会的不断演变而不断发展、不断丰富。社会的因素对翻译的选择、翻译的接受和传播起着直接的影响作用，这在多方面都有所体现。

6.1.1.1 社会的发展呼唤翻译

人类社会始终处于不断发展的状态之中，而人类社会越发展，越体现出一种开放与交流的精神。人类社会想要走出封闭的天地，首先必须与外界进行接触,以建立起交流的关系,向着相互理解共同发展的目标前进。而在这样一个发展过程中,翻译始终起着重要的作用。

关于翻译的沟通作用,金圣华女士在她的《桥畔译谈——翻译散论八十篇》中有过极为生动的比喻:

> 翻译就像一座桥,桥两端,气候悬殊,风光迥异。两端之间,原隔着险峻的山谷,湍急的溪流。两旁的人,各忙各的,世代相传,分别发展出一套不同的习俗风尚以及语言文化来。

> 有一天,这不同文化习俗的人,忽然想起要跟对岸打个招呼。怎么办?要渡过峡谷,不得不起一座桥……[1]

小溪也罢,巨川也罢,桥的功能总不能抹杀。自从人类有语言文化、习俗风尚以来,各民族之间为了传递讯息、交流文化,没有一桩事不是凭借翻译来达成的。翻译恰如一座桥梁,把两个相异的文化连接起来,在不同文化之间的交流过程中扮演着至关重要、必不可少的角色。

翻译使人类社会迈出相互沟通理解的第一步,无论是东方还是西方,一部翻译史,就是一部生动的人类社会的交流与发展史。社会发展到今天,随着全球经济一体化的步伐的不断加快,世界各国间的科技、经济、文化等领域的交流日渐频繁,对翻译的需要越来越多,翻译的重要性也日渐凸现。

6.1.1.2 不同的社会发展阶段需要不同的翻译

不同的社会发展阶段,对翻译有着不同的选择和需要。以欧洲文艺复兴为例,无论是发生在12世纪的原始文化复兴,还是发生在15、16世纪的文艺复兴,无不伴随着翻译的高潮。翻译在欧洲古代文明的复兴中起着开路先锋的作用。在文艺复兴期间,一些著名的人文主义者以古希腊人培植的自由艺术为榜样,悉心研究他们所感兴趣的一些人文科学,如哲学、历史、音乐,还有拉丁文、希腊文、语法、修辞、诗歌等等。在当时的社会里,为重新发现古希腊和古罗马文化,尤其对古希腊古罗马的哲学、艺术和文学的强烈兴趣,促使一批批人文学者把目光投向了包括欧里庇得斯、西塞罗、贺拉斯、琉善等古典作家的重要作品,在翻译的选择上,表现出了对整个社会的需要及风气的趋同。

社会的风尚对译者选择原文本及处理原文本也起着不可忽视的重要作用,

---

1 《桥畔译谈——翻译散论八十篇》,金圣华著,中国对外翻译出版公司,1997年,第3页。

比如在17世纪初期至中叶的法国，无论是衣饰、举止，还是语言、艺术，一切都务求高雅，在文学、艺术方面，纤巧的情诗和艳丽的小说风行。当时的这股贵族沙龙的"典雅"风尚影响了一些正呈上升趋势的资产者，他们附庸风雅，形成了一种轻浮、艳丽的风气。这种风气对当时的翻译造成了很大的影响，像德·阿布朗古尔（Nicolas Perrot d'Ablancourt），为适合这种社会风尚，在翻译中追求华美、俏丽的文字，他的翻译被梅纳日（Gilles Ménage）称为"不忠的美人"；又如沃日拉（Claude Favre de Vaugelas），他"花了三十年时间修改他所译的库尔提乌的作品，为的是使其语言风格高雅绝伦"[1]。类似的例子很多，可以说法国当时的译坛，是"不忠的美人"的天下，且这股华美的翻译风气还刮到了英国和德国等国家。毋庸置疑，这股"不忠的美人"之译风在很大程度上与当时的社会风尚有关。

处于不同的社会状况下，即便翻译同一作品，译者对文本的处理方式也会有着相当大的差别。以莎士比亚在我国的翻译为例。朱生豪先生翻译莎剧时正值抗战时期，当时"军阀纷争、外族入侵、举国上下百孔千疮"，时代大背景要求的是弘扬中国的文化，而这种文化中带有"抵御外侵"的社会政治因素，即要以翻译莎士比亚作为中华民族文化的标记，并以此显示反抗侵略的决心。因而朱生豪选择了"忠实通顺"的字句翻译莎剧，以便适合当时大众的欣赏要求，使"大诗人之作品，得以普及中国读者之间"，从而向世界证明中国是一个有文化的国家。相比之下，梁实秋开始从事莎剧翻译的社会背景与朱生豪已有所不同，那时中西方文化已经开始交融，而且几乎没有了朱生豪译莎士比亚时那种"以译莎来树立民族文化形象"的迫切需要。因而梁实秋较大程度上采取了异化的手段，并且在译文中增补了大量的注释。[2]

6.1.1.3 社会的开放程度影响翻译

新中国成立以来，中国的翻译事业与社会的发展几乎是同步的。社会的开放与否直接影响着翻译事业的开展。在中国基本封闭了对外的大门的那个年代，翻译活动基本上得不到任何开展，"一切外国文学译本，包括'内部发行'的，都停止出版，内部参考的刊物也一律取消。"而随着"四人帮"的倒台，"特别是党的十一届三中全会决定实行改革开放政策以后，对外国文学译本出版的种种禁锢才被一一打破，迎来了文学翻译的春天。"[3] 改革开放以来，

1　引自《西方翻译简史》，谭载喜著，商务印书馆，1991年，第111页。
2　参见《美的变迁》，仇蓓玲著，上海译文出版社，2006年，第73页。
3　引自《"信达雅"与"真善美"》，屠岸、许钧，《文学翻译的理论与实践——翻译对话录》，许钧等著，译林出版社，2001年，第77页。

翻译一方面为中国的改革开放起着桥梁的作用，而另一方面，改革开放的社会又为翻译的发展提供宽松而自由的空间，中国由此而迎来了历史上又一个新的翻译高潮。

以我国译介法国文学为例。1996年，北京大学中法文化关系研究中心和北京图书馆参考研究部中国学室曾合作编写了一部《汉译法国社会科学与人文科学图书目录》[1]，据编者的话，该图书目录收录了从19世纪末到1993年3月出版的汉译法国社会科学与人文科学图书的书目资料。全书共333页，其中文学书目占209页，包括复译在内，约有1,800种，涵盖了从中世纪到20世纪的法国文学的方方面面，无论是中世纪的英雄史诗、宗教文学与骑士文学、市民文学，16世纪的人文主义文学、七星诗社，17世纪的古典主义文学，18世纪的启蒙文学，还是19世纪的象征主义文学、现实主义文学、自然主义文学，或是20世纪的超现实主义文学、存在主义文学、新小说派文学等等，无一不被纳入翻译工作者的视野。而细究时间，我们发现在20世纪80年代之前被译介的法国文学作品相对较少，且多为零星的译介，比较成规模成系统的译介工作基本都是在20世纪80年代之后进行的。随着中国的大门向世界慢慢打开，中外文化的交流日渐频繁，中国的法国文学研究与翻译工作者有机会与法国文学界、出版界进行直接的交流甚至对话，得以不断加深对法国文学的认识与理解，法国文学的译介工作取得了令中外文学界瞩目的成绩。

文学翻译深受社会开放程度的影响，科技翻译更是如此。根据我们所掌握的资料，科技翻译在我国已有一千多年的历史。特别自近代以来，在中国社会历史发展的各个阶段，科技翻译对引进国外先进的科学技术起到了至关重要的作用。20世纪80年代，科技翻译更是取得了突飞猛进的发展。随着全球化进程的加快，科学技术与经济的快速发展，科技信息涵盖面日趋广泛，信息需求量与日俱增，信息传播也日新月异。翻译作为跨文化交流的信息传播手段，正发挥着越来越重要的作用。当今中国，改革开放的步伐加快，国内的产品不断进入国际市场；与此同时，我国也不断从国外引进先进的技术设备和科学理念。这就要求科技翻译不但要承担起引进外域技术信息和文化的任务，同时还要担负起向世界传播中国文化和科技信息的任务。面对着巨大的市场需求，科技翻译呈现出空前繁荣的局面。一方面，近年来科技翻译的数量已攀升至一个天文数字；另一方面，科技翻译正朝着分工明细化、专业化的方向迈进，不论是内容上还是形式和要求上的划分都越来越细，以符合更高层次的交流需要。[2]

---

1 《汉译法国社会科学与人文科学图书目录》，北京大学中法文化关系研究中心、北京图书馆参考研究部中国学室主编，世界图书出版公司，1996年。
2 参见《文化语境对科技英语翻译的制约》，张文英、孙玲莉，《中国科技翻译》，2007年第4期，第1页。

6.1.1.4 社会的价值观影响翻译

在不同的社会发展阶段会有不同的价值观，而不同的价值观有可能给翻译带来或积极或消极的作用。为了说明这个问题，我们不妨拿当今译坛的问题为例。这几年来中国译坛非常热闹，形成了名著复译热，外国文学名家文集、选集热，外国人文哲学社会科学著作翻译热，一个热潮紧接一个热潮。但在这看上去十分兴旺的翻译高潮之中有许多问题不容忽视，如复译之风十分猛烈，一部《红与黑》竟有二十多个版本；翻译的责任心下降，不少译者对翻译事业的严肃性认识不足，对原文一知半解或不求甚解，率而操刀，急功近利，译文品质低劣，在量的繁荣背后，隐藏着质的危机。另外，在翻译市场上，剽窃、抄译、假冒之作纷纷出笼，毫无顾忌地亮相。同时，外国的版权引进工作，特别是一些外国畅销书的版权引进工作出现无序与恶性竞争的态势，一批批没有借鉴价值的书被引入中国，造成了多方面的危害。2002年5月15日《中华读书报》上，有这样两篇文章：《从一本译文不合格的译书谈科技翻译的质量》和《科技翻译的水平何以日趋下降?》。两篇文章的作者不约而同地谈到了当前科技翻译欣欣向荣的局面背后也存在着令人担忧的问题。文中指出：近年来，中国科技翻译的水平不是随时代发展、先进技术手段的诞生而提高，反而日趋下降。这决不是个别图书翻译质量不高的问题，而是已经成为了一种普遍现象。近几年中国引进的科学文化出版物可以说90%以上存在着翻译问题。[1] 这种状况与改革开放对科技翻译的质量要求是格格不入的，它突出反映了目前科技翻译所面临的困境。

这些问题的存在，固然是多种因素造成的，但其中最主要的一条，就是在当今社会，有些人的价值观发生了严重的倾斜，单纯追求经济效益之风不断滋长，渐渐造成了译风不正。没有了译德的约束，具体的译品质量下降便成了必然。鉴于此，有人指出，中国译坛要纯洁译风，提高翻译质量，必须提高对翻译事业的认识，从端正价值观入手。更确切地说，以追名逐利为特征的倾斜的价值观是造成当今译坛译风不正的主要原因之一。

6.1.2 文化语境对翻译活动的影响

社会因素对翻译的影响是多方面的，上文中我们仅举几例予以说明。应该指出，社会因素并不是单一的，它往往和其他的因素结合在一起，对翻译起着综合的作用。

1　参见《从一本译文不合格的译书谈科技翻译的质量》，王鸣阳；《科技翻译的水平何以日趋下降?》，刘华杰，《中华读书报》，2002年5月15日。

　　与社会因素结合较为紧密的，是文化语境因素。英国人类学家马林诺夫斯基（Kaspar Bronislaw Malinowski）最早提出了文化语境这一概念，他认为，文化语境包括当时政治、历史、哲学、科学、民俗等思想文化意识，是对某一言语社团特定的社会规范和习俗的总体认知。[1] 对于文化语境这一概念，现在人们有着不同的认识和解释。有从宏观的角度去看的，常指一个国家、一个民族所处的文化空间以及与世界其他国家、民族构成的文化关系。如在全球范围内看，目前的世界处在一个多元的文化语境之下。严绍璗对"文化语境"的思考较为深入，他从文学发生学的角度，对"文化语境"作了这样的解释:"'文化语境'指的是在特定的时空中由特定的文化积累与文化现状构成的'文化场'（the field of culture）。这一范畴应当具有两个层面的内容。其第一层的意义，指的是与文学文本相关联的特定的文化形态，包括生存状态、生活习俗、心理形态、伦理价值等组合成的特定的'文化氛围'；其第二层面的意义，指的是文学文本的创作者（有意识或无意识的创作者，个体或群体的创作者）在这一特定的'文化场'中的生存方式、生存取向、认知能力、认知途径与认识心理，以及由此而达到的认知程度，此即是文学的创作者们的'认知形态'。"[2] 严绍璗认为，除了上述两个层面之外，实际上还存在着另外三个不可忽视的方面:一是"显现本民族文化沉积与文化特征的文化语境"，二是"显现与异民族文化相抗衡与相融合的文化语境"，三是"显现人类思维与认知的共性的文化语境",而这一个层面的"文化语境"都有多元的组合。[3] 严绍璗的上述分析是基于文学文本的发生学的立场进行的。就我们所关注的翻译而言，他所指出的"文化语境"所涉及的各个层面，与翻译的关系是极为紧密的，因为就本质而言，翻译文本本身就是原文本在新的文化语境中的生命的延续与拓展。

　　文化语境与翻译是息息相关的。翻译作为一种跨文化的交流活动，无论是广义的翻译，还是狭义的翻译，无不在一定的文化语境中进行。而文化语境中所涉及的各个层面的因素，对从翻译的选择到翻译的接受这一整个过程的各个阶段都起着重要的作用。英国的西奥·赫尔曼曾从理论的高度对文化语境与翻译的关系进行过研究。他认为，任何一种文化，都会"觉得有必要或者看到能从其他语言引进文本的机会，并借助翻译达到目的，在这种情况下，我们只要仔细观察以下这些方面就能够从中了解到有关这种文化的很多东西:从可能得到的文本中选择哪些文本进行翻译，是谁作的决定；谁创造了译本，在什么

1　参见《西方语言学流派》，刘润清著，外语教学与研究出版社，1999年，第278–284页。
2　《"文化语境"与"变异体"以及文学的发生学》，严绍璗，《多边文化研究》，北京大学比较文学与比较文化研究所编，新世界出版社，2001年，第84页。
3　同上，第85页。

情况下，对象是谁，产生什么效果或影响；译本采取何种形式，比如对现有的期待和实践作了哪些选择；谁对翻译发表了意见，怎么说的以及有什么根据、理由。"[1] 在他看来，一种文化或文化的某个侧面会以"自我"和"他者"这些词来标明自己的身份，在这种语境下，"翻译明显地提供了获得外来信息的手段，以便进行文化自我界定。从这一点来说，翻译的各个方面都与文化自我界定有关。"[2] 限于篇幅，我们在此不可能对赫尔曼所说的受到文化语境影响的翻译各个方面进行微观的剖析，但我们觉得仍有必要根据国内外有关学者对此问题的研究所取得的成果，对文化语境与翻译的有关重大问题作一概要性的探讨。

6.1.2.1 一个国家所处的文化空间或一个时代的文化环境对翻译的影响

近几十年来，翻译理论研究发生了具有深刻意义的"文化转向"。根茨勒指出："研究表明，翻译在全世界文化的发展中扮演了重要角色，翻译研究作为一门学科已经形成了自己的研究方法，它表明了文化演变与其他文化体系之间的关系。"[3]

在国内，一批翻译学者在翻译研究的"文化转向"中，也表现出清醒的文化意识，在翻译史、翻译基本理论等研究领域进行探索。如王克非编著的《翻译文化史论》，一方面考察了翻译对于文化（尤其是译入语文化）的意义和影响，另一方面又对文化对于翻译的制约进行了研究。又如王建开的《五四以来我国英美文学作品译介史》则对我国在特定历史文化环境下的英美文学翻译活动进行了考察，他在书中尤为肯定了"五四"时代的文化环境对我国翻译事业的发展所起到的影响："'五四'前后关于外国文学作品译介的一场大讨论，触及从作品层次到译者选材的主、客观因素何者为重等至为关键的方面，对促使译家及出版者朝有规模、有社会影响的方向迈动产生了无形而巨大的鞭策，奠定了日后的方向。那种只为取悦读者或单纯为满足个人审美情感的译介实践受到挑战及遏制，被代之以新的追求：为人生。从精心设计去打动读者的情怀到全力追求唤起民众参与社会变革，达到'足救时弊'，这是'五四'以后译介的一个转向，后来成为贯穿现代中国译介外国文学的主线。"[4]

---

1 《翻译的再现》，西奥·赫尔曼，《翻译的理论建构与文化透视》，谢天振主编，上海外语教育出版社，2000年，第13页。

2 同上。

3 Edwin Gentzler: *Contemporary Translation Theories*, London & New York, Routledge, 1993, p. 196.

4 《五四以来我国英美文学作品译介史》，王建开著，上海外语教育出版社，2003年，第50页。

　　法国的安托瓦纳·贝尔曼将翻译问题的研究带进了一个更为广阔的历史与文化空间。他把翻译与文化的传播、翻译与文化语境的关系等结合起来，对德国浪漫主义时代的翻译与文化问题进行了深入的研究。贝尔曼对德国浪漫主义时代的文化语境和社会因素作了分析，揭示了在这个特定的文化空间和语境中，浪漫派及其他学者是如何选择文本进行翻译，又是采取怎样的策略进行翻译的。他认为，浪漫派及其学者选择外国优秀的哲学、文学和文化著作进行翻译，在很大程度上是他们清醒地意识到了德意志民族文化上的局限性，力图借助外来的文化来弥补自身的不足。基于德意志民族文化在浪漫主义时代深受异域文化的滋养，许多翻译家在这一特定的文化空间中对翻译之于文化的作用有了更为深刻的理解，进而在翻译观上也发生了重要的变化。如诺瓦利斯（Novalis）在给施莱格尔（August Wilhelm Schlegel）的信中这样写道："除古罗马之外，我们是唯一对翻译有着难以抑制的冲动的民族，德意志民族文化也深受其滋养，因此我们的文化与古罗马晚期文化有许多相似之处。然而却只有我们使得翻译成为文化的扩充手段。"[1] 诺瓦利斯认为德意志民族是除古罗马之外唯一对翻译有着难以抑制的冲动的民族，这一观点当然有偏颇之处，但是却从某种意义上表明了德意志民族试图通过翻译向异域文化敞开门户的渴望，而且这种渴望或冲动是难以抑制的。从自身文化语境的局限性看到自身文化的不足，进而渴望通过翻译来吸收异域文化的精华来滋养自身文化，德意志浪漫主义时代的文化与翻译之间的关系向我们充分地证明了它们之间具有的那种互动性。

　　我国作为一个翻译大国，几千年的翻译实践更是让我们深刻认识到敞开心胸，吸纳外国文化的精华对于丰富自身文化的重要性。我们在此不妨再温习一下季羡林先生的那段精辟的阐述："英国的汤因比说没有任何文明是能永存的。我本人把文化（文明）的发展分为五个阶段：诞生，成长，繁荣，衰竭，消逝。问题是，既然任何文化都不能永存，都是一个发展过程，那为什么中华文化竟能成为例外呢？为什么中华文化竟延续不断一直存在到今天呢？我想，这里面是因为翻译在起作用。我曾在一篇文章中说过，若拿河流来作比较，中华文化这一条长河，有水满的时候，也有水少的时候，但却从未枯竭。原因就是有新水注入，注入的次数大大小小是颇多的，最大的有两次，一次是从印度来的水，一次是从西方来的水。而这两次的大注入依靠的都是翻译。中华文化之所以能长葆青春，万应灵药就是翻译。翻译之为用大矣哉！"[2] 悠久的中华文化

1　Antoine Berman: *L'épreuve de l'étranger, culture et traduction dans l'Allemagne romantique*, Paris, Gallimard, 1984, p. 25.

2　《翻译之为用大矣哉》，季羡林、许钧，《文学翻译的理论与实践——翻译对话录》，许钧等著，译林出版社，2001年，第3页。

在水少之时，正是靠着翻译，获得了域外文化的滋养，从而得以生生不息、流淌千年。它所焕发出的强劲的生命力是翻译给予文化补养的有力诠释。

6.1.2.2 文化立场对翻译的影响

在一定的文化语境和文化空间中，译者会形成一定的文化立场，而这种文化立场对翻译的影响是多方面的。安德烈·勒菲弗尔在《西方翻译史源流》[1]一文中提出了翻译活动中起着影响作用的三个重要的方面：权威、专业知识和信任。在他看来，翻译的最大作用在于在另一种语言中创造形象，如斯达尔夫人（Madame de Staël）所说：翻译"对文学最大的贡献就是把人类精神的巨著从一种语言搬到另一种语言。"

就权威而言，这涉及到所译著作所属的文化地位和译者及译者所属民族的文化立场。一个译者，面对不同的文化，面对不同的作品，具有不同的态度和不同的立场。而态度与立场的不同，所采取的翻译方法必然有别。安德烈·勒菲弗尔提到了赫尔德在《德国近代文学杂谈》（Fragmente）中的一段话，很能说明问题：

> 法国人自负天生有品味，把所有的东西都按他们的口味改动，而不是改变自己来适应不同时代的品味，荷马来法国一定会像个俘虏，一定要穿法国的时装，以免刺法国人的眼。他一定要任由他们刮掉他那古色古香的胡子，剥去他那身古朴的衣服。他一定要适应法国人的风俗，但是他乡下人的粗鲁仍然令他像野蛮人。但是我们，可怜的德国人，仍然没有祖国，没有读者大众，在民族品味方面仍然没有暴君统治，我们想看看荷马那个时代的样子。[2]

赫尔德在这里揭示了不同民族的译者的不同翻译态度，或者确切地说，对不同民族文化的翻译心态与做法。法国人以自我为中心，具有文化的优越感，在翻译外国文学作品中，往往强调自己的文化特色，自己的文化品味，喜欢对外来文学作品进行一番"改造"，而且往往冠冕堂皇，打出"读者"的旗号。

在诗歌翻译中，菲茨杰拉德（Edward Fitzgerald）是"创造性"译家的代表。尤其在中国翻译界，谈及庞德与菲茨杰拉德对中国诗的英译时，人们对

---

1 Susan Bassnett and André Lefevere. Eds.: *Translation: Its Genealogy in the West in Translation , History and Culture*, New York, Cassell, 1995, pp.14–28.

2 引自《西方翻译史源流》，安德烈·勒菲弗尔，陈韵琴、朱志瑜译，《外语与翻译》2000年第3期，第28–36页。译文与安托瓦纳·贝尔曼《异的考验——德国浪漫主义时代文化与翻译》一书的引文有个别出入，笔者根据原文作了部分修订。

他们的翻译成就和翻译方法是颇为欣赏的。但殊不知在对外国诗的改造背后，有着对所译文化的不恭及随意处置的心理。勒菲弗尔举菲茨杰拉德为例，揭露了这样一个事实：菲茨杰拉德给他们的朋友科维尔（E. B. Cowell）的信中，谈到了他翻译波斯诗歌时的心理："完全随意地翻译这些波斯人的诗歌，给我很多乐趣，（我想）他们不是令译者却步的大诗人，而且确实需要一点艺术加工。"[1] 在这句话中，我们看到的是译者与波斯诗人之间的关系。在菲茨杰拉德看来，他所译的波斯诗人并不能令他却步，意思中含有这样一层：诗人并不值得他崇敬。不仅如此，菲茨杰拉德还认为诗歌并不完美，需要加工。于是译者菲茨杰拉德便有理由对原作随意翻译。这种对原作者、对原作的心态，看似是译者与作者的关系，可勒菲弗尔却认为这种翻译心态反映了译者心里对两种文化——出发语文化与目的语文化——的权衡。他一针见血地指出："显然，如果菲茨杰拉德翻译希腊和罗马作家，就绝不会这么随意，这是因为有无数的专家在看着他。维多利亚时代的英国把自己当作中心，而菲茨杰拉德翻译的文化对英国来说，又绝不是中心，于是他可以随意地翻译。"[2]

在这一点上，韦努蒂与勒菲弗尔持有相同的观点。他认为如何实现文学的交流与交融在很大程度上取决于译者的文化立场和文化态度，而不同历史时期、不同社会背景下民族文学、民族文化的地位强弱则是决定译者文化立场的重要因素。当民族文学"处于年轻期，或正在建构过程中"、"处于边缘的，或弱小的"、"处于危机或转型期"三种情况下，翻译文学在整个文学系统中往往占据主导地位，反之就会居于次要地位。当翻译文学占据主导地位时，译者会注重译文的"充分性"，即尽量忠于原文的结构、内容，保持翻译文学的"异质性"，以便丰富和发展民族文学；反之，译者则为了迁就读者，尽量采用他们熟悉的语言、结构，甚至对原文的内容作出调整。[3] 以此观点来考察我国的翻译，我们不难发现不同的文化心态会导致不同的翻译方法。回顾一个世纪以来中国的翻译历史，我们也许可以用鲁迅的"拿来主义"和毛泽东的批判、吸收、"洋为中用"的两种不同方针来概括我们对外来文化的态度和在翻译中所采取的文化策略与具体方法。

鲁迅提倡拿来主义，是基于他的一种文化立场，或者说，是基于他对中国文化的一种认识："我们的文化落后，无可讳言，创造力当然也不及洋鬼子，作品的比较的薄弱，是势所必至的，而且又不能不时时取法于外国。所以翻译和

1 引自《西方翻译史源流》，安德烈·勒菲弗尔，陈韵琴、朱志瑜译，《外语与翻译》2000年第3期，第28–36页。译文与安托瓦纳·贝尔曼《异的考验——德国浪漫主义时代文化与翻译》一书的引文有个别出入，笔者根据原文作了部分修订，第30页。
2 同上，第30–31页。
3 Lawrence Venuti: *The Translation Studies Reader*, London, Routledge, 2000, pp.193–194.

137

创作，应该一同提倡，决不可压抑了一面，使创作成为一时的骄子，反因容纵而脆弱起来。"[1] 他认为："注重翻译，以作借镜，其实也就是催进和鼓励着创作。"[2] 鲁迅提出要吸收外国的东西，把它们拿来，目的是非常明确的。在他与瞿秋白关于翻译的通信中，谈到了他对中国古文的看法，提出了通过翻译，输入新的内容，输入新的表现法，促进新文学的发展。正是基于这样的认识，他主张"直译"，主张"陆续吃一点苦，装进异样的句法去，古的，外省外府的，外国的"，以改善"中国的文或话"的辞不达意和不缜密。[3] 读鲁迅的译文，比如他译的《死魂灵》，还有《铁流》等，可以明确地看到他以异的文化、异的句法、异的表现法来改造、"催进"中国文化、文字和创作的努力。可以说，他的"拿来主义"主张，决定了他对外国文化的态度，也取决于他对中国文化的认识。在"异"与"我"之间，他采取的是"扬异"而"善我"的立场，也反映了他对异文化的一种开放而包容的心态与气魄。

毛泽东的"洋为中用"，是"以我为主"这一立场基础上的对待异国文化的原则。"洋为中用"与"古为今用"互为映照，以"去其糟粕，取其精华"为前提。在这一原则下，对外国文化的选择与翻译，都体现了一种"以我为中心"的心态。选择的标准、翻译的方法，都以我为主。在新中国成立后相当长的一个时期内，我们对外国文化的认识基本上没有摆脱这样的一个二元对立：凡资本主义的都是腐朽的，凡社会主义的都是先进的。于是，对待腐朽的资本主义国家的文学文化，我们采取的是一种拒绝或改造的心理。表现在翻译上，就是对西方的文化、文学少有译介，即使译介，也是持批判的态度，于是删改不可避免，译本归化严重。到了20世纪80年代，开放的改革精神影响了翻译的文化心态，对待西方文化的态度也随之发生了变化，对西方文学的译介在方法上也起了变化：删节的少了，要求原汁原味的多了。对异质文化的尊重，促进了交流，也为相互认识、相互理解减少了冲突，给沟通提供了必要的条件。

6.1.2.3 文化心理对翻译的影响

刘宓庆在《文化翻译论纲》一书中对文化心理与翻译的关系问题有过精辟的分析。他认为，每一个民族都有自己独特的民族心理特征，这些特征都是在特定的文化环境中形成的。他在该书的《翻译与文化心理探索》一章中，对文化心理范畴作了界定，区分了文化心理的价值系统、行为系统和表现系统，

1　引自《翻译论集》，罗新璋编，商务印书馆，1984年，第289页。
2　同上。
3　同上，第276页。

进而指出文化心理的系统论中文化表现法次系统对文化翻译具有特别重要的意义。为了说明文化心理之于翻译的重要性，他以屈原所作的《橘颂》的翻译为个案，从"文化历史背景"、"文化信息扫描"、"个案扫描分析的意义"、"语义诠释与心理探索"、"文化心理与语言定夺"、"文化心理与语势获得"等宏观与微观的角度，进行了深入的比较与分析，揭示出文化心理对翻译的理解与表达所产生的直接的影响。

文化因素对翻译的影响是深刻、全面而直接的。在第三章中，我们就翻译过程进行了广义和狭义的区分。广义的翻译过程不仅包含狭义的语言转化活动，还包括文本的选择、译本的生成和译本的生命延续等过程。当我们从广义的翻译角度来探讨影响翻译的因素时，我们不难发现文化因素不仅对翻译的选择、翻译的取向和翻译的具体方式发挥着制约和调节作用，也对翻译的接受和传播构成了深刻的影响。

国外有句谚语说："书籍自有自己的命运"。一部翻译作品完整的生命历程包括它被投放到译入语环境后的传播和接受情况。美国比较文学学者维斯坦因（Ulrich Weisstein）曾从美学层面，对文本生命历程的延续进行过精确的定义，他将这一过程严格区分为两个方面：产生"影响"和获得"接受"。"'影响'应该用来指已经完成的文学作品之间的关系，而'接受'则可以指明更为广大的研究范围，也就是说，它可以指明这些作品和它们的环境、氛围、作者、读者、评论者、出版者及其周围情况的种种关系。"[1] 二者之间互为因果，彼此关联，共同受到来自文本内部及文本以外的其他因素的作用。一部翻译作品能否对本民族的文学文化产生影响，能否和本民族的文化环境相融合，获得广泛的传播与接受，除了有赖于译者高质量的翻译外，还和译入语时代文化需求与原作输出的文化价值观念之间的相互关系有着密不可分的关联。

《钢铁是怎样炼成的》曾是上世纪中国家喻户晓的革命小说，它在中国的翻译接受经历了巅峰、中落和复兴的生命历程。新中国成立后的十年间，我国翻译出版俄苏文学艺术作品达到空前的热潮。在这样的形势下，奥斯特洛夫斯基被译介到我国，其《钢铁是怎样炼成的》印数创下了历史纪录，仅人民文学出版社1952至1956年间就已印了132.8万千册。这部作品深深地影响了王蒙等老一辈作家的文学创作，书中人物保尔更是成了风靡大江南北的英雄人物，"一个人的一生应该这样度过……"的格言曾被无数的读者誊抄在笔记本上，成了铭刻于心的座右铭。卞之琳、叶水夫、袁可嘉、陈燊在新中国十年翻译工作的总结中充分诠释了苏联文学在我国形成热潮的原因："（我国翻译苏联文学）这个惊人

---

1 《比较文学与文学理论》，U.维斯坦因著，刘象愚译，辽宁人民出版社，1987年，第47页。

的数字和突出的比重在今日是来得既自然又合理。道理明显：我国人民解放前特别需要苏联文学，解放后就更特别需要苏联文学。"[1] 像保尔这样疾恶如仇百折不挠的钢铁铸就的英雄、英勇无畏的浪漫主义的革命者正是新中国成立初期国人追求理想和光明的寄托所在。而到了80年代，从"文革"岁月中走出的中国人正经历着改革的深刻洗礼，社会文化越来越要求打破原有的桎梏，宣扬个体的追求。在这样一个时期，《钢铁是怎样炼成的》开始走向中落。1980年和1982年这部译作得以重印，但此后逐步沦为明日黄花，少有再版。直至90年代后期，呼应着学界关于"人文精神"的讨论，《钢铁是怎样炼成的》又重新开始走红。1996年，六个出版社同时出版了这部小说。2000年2至3月，中央电视台在黄金时间播出了据译作改编的20集电视连续剧，获得了很高的收视率。漓江出版社紧接其后出版了《钢铁是怎样炼成的》电视剧文学本，首版达20万册，其后又有多家出版社翻译出版此书。一时间，《钢铁是怎样炼成的》成了媒体评论和街谈巷议的热门话题。[2] 这部译作的复兴代表了中国市场经济时代商品主义下对失落的纯真记忆的呼唤，对曾经的理想主义的返潮，也证明了文化因素推动并引领着翻译的传播。

可以说，文化因素是影响翻译的极为复杂、极为重要的因素。在目前阶段，当我们探讨文化语境对翻译的影响时，我们不能不强调指出，随着中国加入世界贸易组织，中国与世界的交往将越来越多，接触将越来越频繁，而如何克服语言的障碍、促进中外文明的全面对话越发显得重要。在经济全球化、一体化进程不断加快的情况下，如何充分发挥翻译的作用，维护文化多样性，是每一个翻译者和翻译研究者应关注的重大问题。我们应该对选择怎样的文本进行翻译，在翻译过程中应采取怎样的文化立场等问题进行探索，对目前中国翻译界出现的"盲目引进文本"、"误译错译严重"等问题出现的深层原因进行探究、分析，为翻译事业的健康发展指出正确的方向。

在这一节中，我们对影响翻译活动的文化语境和社会因素进行了详尽分析，其中社会因素主要从社会发展状况、开放程度及主流价值观等方面对翻译活动，尤其是对翻译的规模及译本的选择施加影响；而文化因素主要从译者所处的文化环境、民族的文化立场、文化心理等方面对翻译的全过程及发展动向施加影响。我们在行文中已经指出至关重要的两点：第一，文化语境与社会因素都是动态因素，始终处于发展变化之中，因而它们对翻译的影响也在发展变

---

1 《十年来的外国文学翻译和研究工作》，卞之琳、叶水夫、袁可嘉、陈燊，《文学评论》，1959年第1期，第47页。
2 参见《翻译与新时期话语实践》，赵稀方著，中国社会科学出版社，2003年，第195–218页。

化着；第二，文化语境与社会因素都不是独立作用的因素，它们彼此关联，相互影响，并和其他因素一起，共同对翻译活动发挥影响作用。

6.2 意识形态与政治因素

意识形态与政治因素和上文提及的社会、文化因素是紧密联系在一起的，有时是你中存我，我中有你，难以区分。但为了引起人们对意识形态与政治因素在当今世界对翻译所起的影响作用的更大关注，我们觉得有必要集中在本节对意识形态与政治因素在翻译中所起的作用作一分析。

6.2.1 意识形态对翻译活动的影响

"意识形态"是我们比较熟悉的一个术语，自马克思提出意识形态学说以来，法国的阿尔都塞（Louis Althusser）、德国的哈贝马斯（Jürgen Habermas）、英国的特里·伊格尔顿（Terry Eagleton）都对意识形态问题提出过重要的理论,但要对这一概念作出全面的定义，却存在着重重困难。为了便于讨论，我们不得不从目前对意识形态的种种定义或认识中，取一翻译界已基本认可的定义,作为我们讨论的基点。关于何为"意识形态"，目前的翻译界比较倾向于接受以下几种说法：一是阿尔都塞的观点:"意识形态是个体与其现实存在境遇的想象性关系的'再现'。"二是伊格尔顿的说法，意识形态意味着"我们所说的和所信的东西与我们居于其中的社会的权力结构和权力关系相联系的那些方面"[1]。三是布朗的说法，即意识形态泛指许多社会或个人行为背后的思想及解释系统。[2] 中国的庄柔玉认为布朗的说法比较有代表性，代表了对意识形态这个概念的普遍理解，也适用于翻译研究的特殊视角。庄柔玉明确指出："翻译的意识形态，即翻译行为背后的思想和解释系统。"[3] 这一界定明显是从翻译学的角度提出的，虽然不够充分，但我们不妨借此说法当作我们讨论的一个出发点。

安德烈·勒菲弗尔是明确提出翻译在很大程度上受制于意识形态的翻译学者之一。他在《翻译、改写以及对文学名声的制控》一书中提出了一个惊世骇俗的观点：翻译必定受译者或当权者的意识形态和文学观的支配，必定不能真

---

1 引自《文学翻译中的删改》，王晓元，《翻译季刊》，2000年第十六、十七期（合刊），第25页。
2 参见《用多元系统理论研究翻译的意识形态的局限》，庄柔玉，《翻译季刊》，2000年，第十六、十七期（合刊），第123页。
3 同上，第125页。

切地反映原文的面貌。鉴于此，他把翻译、编辑、文集编纂、文学史和工具书的编写等等一律称为"重写"，而且重写就是操纵，是为权力服务的有效手段。[1]勒菲弗尔的观点明显受到法国哲学家米歇尔·福柯（Michel Foucault）的"权力话语"论的影响。换句话说，翻译界对翻译中意识形态问题的重视和研究是与西方社会特别是以福柯为代表的一批西方思想家对"权力话语"进行理论探索的大背景结合在一起的。勒菲弗尔指出：

> 翻译为文学作品树立什么形象，主要取决于两个因素。首先是译者的意识形态；这种意识形态有时是译者本身认同的，有时却是"赞助者"（patronage）强加于他的。其次是当时译语文学里占支配地位的"诗学"。译者采用的翻译策略，直接受到意识形态的支配。原文语言和"文化万象"（universe of discourse）带来的各种难题，译者也会依据自己的意识形态寻找解决办法。[2]

翻译，特别是文学翻译，作为一种再创造的行为，在它的背后，作为思想和解释系统的意识形态始终在起着作用。在勒菲弗尔看来，意识形态是通过译者影响到翻译行为的。就译者而言，他可以认同他所处社会的意识形态，以积极方式去选择拟译的文本，去确定翻译的策略或方式，去解决原文语言与"文化万象"给翻译所造成的各种障碍；译者也可能不认同他所处社会的意识形态，但在翻译委托人的强权下，消极地在主流意识形态所影响的范围内去实施个人的翻译行为。

勒菲弗尔所揭示出的意识形态对翻译的影响作用，使我们联想到了我国在19世纪末和20世纪初的那段历史，最突出的例子是雨果的《悲惨世界》（Les Misérables）一书的初译。邹振环把该书的翻译视为"影响中国近代社会的一百种译作"中的一种，可见其影响之大。对这部书的译介情况，邹振环作了较为详细的介绍与分析。他指出，苏曼殊与陈独秀合译的《惨世界》是个选译本，他们选择翻译的是该书的第一部第二卷《沉沦》，译本的第一至第七回，以及第十三回的后半部，基本上反映了原著的内容。但在第七至十三回的前半部，译者苏曼殊则对原著进行了有目的的删改，加进了一个侠客人物，叫男德。"此人明了世态发展，是个难得（男德）的明白人，他思想激进，大骂孔孟，痛斥官府，对不良时弊痛加针砭。当他在报上读到金华贱被关进监牢，则击案而起，认为他是一个因家里没有饭吃而偷吃一块面包

---

1 参见《西方翻译理论精选》，陈德鸿、张南峰编，香港城市大学出版社，2000年，第175页。
2 同上，第177页。

的'安分守己的工人'。男德以法国青年的口吻说'支那国孔子的教训，只有那班支那黄种人奉作金科玉律，难道我们法兰西贵重的国民，也要听他那些话吗？'并说'世界上有了为富不仁的财主，才有贫乏无锥的穷汉'，由此得出'世界上的物质，应为世界人公用'的结论。他只身劫狱，但义侠行径却得不到被拯救对象的理解。一路上所遇之人多为唯利是图者，他感慨地说'非用狠毒的手段，破坏了这腐败的旧世界，另造一种公道的新世界。'"[1] 通过这段介绍文字，我们不难看出译者是如何在译文中以自己的意识形态和政治抱负来取代原文的。这种近乎"暴力"的翻译行为在我们今天看来不足取，但其中所反映的翻译策略却以某种极端性昭示了意识形态对译文文本的生产所起的作用。颇有意思的是，雨果本人曾就翻译发表过自己的看法，他的观点竟与这段翻译历史有着不谋之合。他说："当你把一部译著献给一个国家时，那个国家几乎总是将这部译著视为对它的一种暴力。……一个外国诗人的作品就是要让他的作品加入你自己国家的诗歌行列；但以这种方式开阔视野并不能取悦于那些既得利益者，至少在开始阶段如此。他们的第一个反应就是反抗"。[2] 如果说译作进入译入语社会文化环境会被相对的意识形态体系视作入侵和暴力，结果必然招致反抗；那么这种反抗则时常表现为译者根据自己或本国的需要对原作进行删改，甚至改写，而在译入语意识形态的影响之下对原作所作的调整，无疑也构成了对原作的暴力操纵。透过这种操纵，我们看到了翻译是一种极有意识的文化行为。

　　运用勒菲弗尔的"翻译操纵论"来考察中西翻译史上的一些翻译现象，有助于我们将翻译行为置于一个更为广阔的空间进行研究。除勒菲弗尔之外，埃文–佐哈尔（Itamar Even-Zohar）所创立的多元系统理论，也可为我们探讨意识形态与翻译的关系提供理论的参照。庄柔玉在《用多元系统理论研究翻译的意识形态的局限》一文中写道："以多元系统理论来研究翻译的意识形态，对翻译研究有一定的贡献。其一，这样的研究为翻译的研究开拓了新的视野，使翻译研究的焦点由个别作品扩展到翻译的意识形态，以及塑造意识形态的整个社会文化体系。多元系统理论的分析进路把个别的翻译作品从原文译文之间狭窄的主次关系中解放出来。翻译作品不再被视为只是依附原文而存在、用规范性的审美标准来检视的独立个体，而是整个社会文化体系的一部分。在多元系统的理论框架下，翻译作品甚至能具体揭示产生翻译作品的文化群体的意识形态，这确实大大丰富了翻译研究的内容。翻译研究因而从个别作品的分析，

1　引自《影响中国近代社会的一百种译作》，邹振环著，中国对外翻译出版公司，1996年，第174页。
2　转引自 André Lefevere: *Translation/History/Culture: A Sourcebook*, Shanghai Foreign Language Education Press, 2004, p.18。

迈向产生作品的历史文化体系的描述；从平面单向的讨论，走向立体多向的辩证。"[1] 另外，庄柔玉认为多元系统理论还"赋予了翻译活动独特的诠释角度，翻译活动不再处于社会文化孤立的边陲位置，翻译被视作形成、推动甚至是塑造整体社会文化的一分子。翻译的意识形态问题，也就随着多元系统研究的开拓而变得越来越受重视；翻译的研究也随着翻译的意识形态研究的展开而越趋系统化。"[2] 虽然庄柔玉一文研究的重点是用多元系统理论研究翻译的意识形态的局限，但她所指出的两点在某种程度上说明了该理论对研究翻译中的意识形态问题的指导价值。

　　意识形态，特别是主流意识形态干预翻译的一个最典型的例证就是翻译中的删改。在历史的不同阶段，在不同的国家，虽然传统的翻译观一般都要求译者在翻译中应尽可能忠实于原作，全面完整地传达原作的内容，但由于意识形态在起着直接或间接的干预作用，翻译中常有删改的现象出现。对原文加以删改，一般有三种情况。当出版社或译者选择了一个文本进行翻译后，在翻译过程中，译者有可能会在主流意识形态的直接干预下，或译者自愿认同主流意识形态，将原文中与目的语国家的主流意识形态有可能发生冲突的文字删去。当译者完成了翻译，将译文交给出版人或委托人后，出版社编辑仍有可能根据所在国的主流意识形态对译文加以删改。除译者、编辑之外，出版管理部门也有可能对译文加以删改，与主流意识形态发生根本冲突的甚至有可能干脆禁止译文出版、进入流通领域。应该指出的是，主流意识形态不是一成不变的，它会随着国家社会、历史、文化与政治形势的发展而发生变化。因此，同一部著作在不同的历史时期就有可能出现不同的命运。笔者对翻译中的删改就有过切身的体会。在20世纪80年代初，法国著名作家吕西安·博达尔（Lucien Bodard）根据他的童年生活，写过一部带有自传性的小说，名叫《安娜·玛丽》（Anne-Marie）。该小说的主要内容是：1925年，法国驻成都领事阿尔贝·博纳尔夫人安娜·玛丽以教育为名，带领十岁儿子吕西安离开她十分厌恶的丈夫，从中国内地回到巴黎。她一回国就把儿子送进远离巴黎的贵族学校，自己沉湎于上流社会的交际，一头扎进前外交事务总局头头安德烈的怀抱，幻想依傍这位权势者跻身上流社会，成为名噪一时的贵妇人。在选择这部小说进行翻译并向出版社推荐要求列入翻译计划时，我们除了考虑该小说的艺术价值之外，考虑得最多的，便是该书所表现的价值观是否符合当时的意识形态。在该书的译后记中，我们写下了如下的文字："小说以吕西安这个从

---

1 《用多元系统理论研究翻译的意识形态的局限》，庄柔玉，《翻译季刊》，2000年，第十六、十七期（合刊），第125–126页。
2 同上，第126页。

小生长在中国的孩子的口吻，真切地讲述了他回到法国之后的所见所闻，所悲所痛，以及他跟随母亲出入上流社会的种种场景。通过这些描述，作家以现实主义的笔触，对资产阶级教育、政治、外交和家庭，对资产阶级社会作了别具一格而颇有深度的揭露，使我们从中看到了贵族教育的黑暗与腐朽，上流社会的灰暗与虚伪以及人与人之间的冷酷与自私。"[1] 根据这些文字，可以清楚地看到，当初我们选择这部小说的主要标准，便是意识形态和政治因素。在翻译的具体过程中，作为该小说的主要译者，我还是对小说中的某些文字作了删除和"淡化"处理，而促使我们这样做的，同样是意识形态的因素，因为该小说中有数段文字对主人公吕西安母亲安娜·玛丽的美貌，甚至对她的身体作了在当时看来过于"露骨"的描写。而随着时代的发展，人们的思想观念也不断发生变化，对翻译中起着重要作用的意识形态也在变化，所以到1997年，当出版社决定再版该小说时，小说中被删除的部分文字，在新译本中基本都恢复了。

　　另一位我国读者非常熟悉的作家米兰·昆德拉（Milan Kundera）的译介也遭受过同样的境遇。米兰·昆德拉作品中深刻的哲思大多通过政治和性这两个主题得以表达。可以说米兰·昆德拉的小说在捷克、在西方国家和东方国家都受到了不同程度的改变，而他认为自己的作品在东方国家受到删改的根源是"意识形态的独裁"。1993年，盛宁在一篇文章中谈到，国内对于米兰·昆德拉的介绍有一种说不出的别扭，"关键就在于，究竟是把他的作品仅仅看成是他对背离的那个社会的抨击，还是从'存在'的意义上去把握，真正窥见他作品中某种超意识形态的、更深层次上的思考。"[2] 中国知识分子对于米兰·昆德拉开掘现实的深度怀有一种仰慕之情，然而在译介米兰·昆德拉的初期，中国的政治现实决定了他的作品不能畅通无阻地进入社会主义话语体系，于是便产生了对米兰·昆德拉的意识形态归属问题的模糊化，其最终结果就是对米兰·昆德拉的"改写"，其具体体现就是对触及社会主义政治敏感地带的词句进行删改、弱化或形而上化。[3]

　　国内一些译绩卓著、经验丰富的老翻译家也曾谈到意识形态因素对他们的翻译所起的影响。屠岸先生既是著名翻译家，也是一位具有丰富管理经验的出版部门领导。他说："意识形态对翻译作品的选择与处理有很大影响，这是事实。50年代中苏'蜜月'时期，也是俄苏作品译本出版的黄金时代，当年欧美古典文学作品占一席之地，是由于我国文艺政策中有'洋为中用'一条，同

1　引自《译后记》，《安娜·玛丽》，吕西安·博达尔著，许钧、钱林森译，江苏人民出版社，1988年，第505–506页。
2　参见《关于米兰·昆德拉的思考》，盛宁，《世界文学》，1993年第6期。转引自《翻译与新时期话语实践》，赵稀方著，中国社会科学出版社，2003年，第135页。
3　参见《翻译与新时期话语实践》，赵稀方著，中国社会科学出版社，2003年，第135–155页。

时，也可说借了'老大哥'的光。苏联诗人马尔夏克的莎士比亚十四行诗俄译，在苏联卫国战争期间全部登载在《真理报》第一版上，战后出单行本，又获得斯大林奖金。所以我译的《莎士比亚十四行诗集》的出版不会受到阻碍。法捷耶夫在《谈苏联文艺》一文中指出：'欧美资产阶级在它发展的时候，也曾有过优秀的文学作品，但现在欧美作家与这种进步文学传统相对立，走向没落的道路……我们的文艺好像是联结点，我们吸取他们的好的成份，创作自己新东西，再传给下一代。'新中国成立初期在对外国文艺的政策上与法捷耶夫所代表的苏联的政策是一致的。所以从50年代到70年代，我国出版界对欧美的现代作品一概拒之门外。60年代中苏分歧公开后，对苏联的当代作品也当作'修正主义'作品而打入冷宫。"[1] 屠岸先生所回顾的这段历史，充分见证了在选择所译文本时，主流意识形态起的是何等重要的决定性作用。"对欧美的现代作品一概拒之门外"，是因为在当时人们的意识中，资本主义已经走向没落，在这个环境下创作的文艺作品自然是腐朽的；而"对苏联的当代作品也当作'修正主义'作品而打入冷宫"，更是在当时中苏两党出现重大的意识形态分歧后所造成的直接后果。

需要强调指出的是，意识形态的影响并不局限在文学翻译领域，在非文学翻译中意识形态所发挥的作用也不容小觑。李长栓在《非文学翻译理论与实践》中提到，在对外宣传、对外翻译中，译者和编辑视意识形态差异对原文内容进行删改是很正常的事情。他举例说："在中央电视台第9套节目，导播确定将要播出的内容后，如果是外电，撰稿人（writer，就是译者）要负责改写；如果是中文稿件，撰稿人要负责编译。所谓编译，就是翻译时删除外国听众可能不感兴趣的内容，添加背景资料。编译后的稿件交给以英语为母语的编辑润色、加工。……经润色加工的稿件交给主编审查，主要在政治上把关。经过这些程序，最后播出的内容和原文（原材料）之间可能有很大的不同。"[2] 我们在对内宣传中时常会使用一些意识形态色彩很浓的语言，在对外翻译的过程中，如果不顾我们和译入语国家的意识形态差异，直译、硬译，容易引起对方读者的反感，达不到应有的宣传效果。而根据意识形态差异，适当采取一些有效的翻译措施，往往更能贴合交流的实际，更好地实现翻译对外宣传、促进沟通与了解的目的。

6.2.2 政治因素对翻译活动的影响

谈意识形态对翻译的影响，不能不涉及政治因素。因为这两者往往是紧密

1　引自《"信达雅"与"真善美"》，屠岸、许钧，《译林》，1999年第4期，第209页。
2　参见《非文学翻译理论与实践》，李长栓编著，中国对外翻译出版公司，2004年，第445页。

地结合在一起，尤其是主流意识形态，它常常渗透或主导有关权力机构，采取政治行为，如以颁布政策的形式，对翻译加以干涉。

我们举一个符际翻译的例子。在《翻译、改写以及对文学名声的制控》中，勒菲弗尔提到了德国剧作家格奥尔格·毕希纳（Georg Büchner）的剧作《丹东之死》（Danton's Death）在德意志联邦的上演情况。1815年维也纳会议后，梅特涅（Klemens Wenzel von Metternich）掌权的奥地利保守政府极端排斥法国大革命所带来的民族自由之风。以积极笔触描绘大革命领导者的《丹东之死》恰恰与当时的官方意识形态格格不入。从毕希纳手中接过剧本的小说家古茨科（Karl Gutzkow）知道，梅特涅政府已通过立法手段颁布了一系列法令，禁止具有"煽动性"的作品面世，并且设立了严密的审查制度，控制出版社的出版发行。古茨科只得大刀阔斧地对剧本进行删改，待到剧本终于躲过查禁，在德意志联邦上演时，用古茨科自己的话说"丹东早已不是毕希纳笔下真实的丹东"[1] 了。

上文中屠岸提到的新中国初期的文艺政策也很能说明问题。另外，施康强也曾以昆德拉著作《不朽》（Immortality）为个案，从意识形态和政治因素这两个相互结合的方面，探讨了"译与不译的取舍标准"及深层原因。他指出，"外国文学作品的整体或部分在意识形态上是否明显背离主流意识形态，是否包含被认为过分的性描写，是大陆出版者的关心焦点。"[2] 在中国大陆，并不存在书报审查委员会一类的审查机构，主要是通过出版部门的自我审查来对译与不译及删与不删作出取舍。但应该看到，随着我国改革开放事业的不断发展，对外交流日益频繁，"各出版社在奉行四项基本原则的同时，在一定程度上放宽了对外国文学作品的审查尺度。当代一些重要的、提出或涉及敏感的意识形态问题的作品得以翻译出版。"[3] 从中，我们也可以看到，随着社会与历史的发展，各民族、各国家间的交流将为异质文化和不同思想的接触与碰撞，提供越来越自由、开放的空间。

这一节中，在归纳和总结翻译家的实践经验及理性研究成果的基础之上，我们明确指出意识形态作为思想和解释系统始终存在于翻译之后。主流意识形态总是对译者施加这样或那样的影响，并且总是通过和政治手段的结合，进一

---

1 André Lefevere: *Translation, Rewriting and the Manipulation of Literary Fame*, Shanghai, Shanghai Foreign Language Education Press, 2004, pp.150–160.

2 《译或不译的取舍标准——一个个案分析》，施康强，《外文中译研究与探讨》，金圣华主编，香港中文大学翻译系，1998年，第88–89页。

3 同上，第83页。

步固化这一影响。意识形态和文化社会因素的共同特点都是主要从外部对翻译活动形成影响。接下来，我们将从翻译活动的内部挖掘更为直接的影响因素。

6.3 翻译动机与翻译观念

在上文中，我们分别就社会、文化、政治和意识形态因素对翻译的影响作了探讨。通过分析，我们可以看到，上述因素的影响主要作用于对拟译文本的选择，也就是"译什么"的选择。同时，对所选文本的删改，是上述因素影响的主要体现。这些影响有时是直接的，有时是间接的，但总的来说，我们可以将之归于外部因素，因为在影响翻译的所有因素中，最活跃且起着决定性作用的，是翻译的主体因素。

6.3.1 翻译动机对翻译活动的影响

20世纪80年代，德国两位翻译理论家弗美尔和赖斯（Katharina Reiss）创立了功能派翻译理论，他们提出的目的论，强调以目的为总则，把翻译放在行为理论和跨文化交际的框架中进行考察，为翻译理论界开辟了一条崭新的道路。目的论将"行为理论"引入翻译理论中，认为翻译是一种行为，一种跨文化的交际行为。任何一种行为都有其自身的目的，翻译过程中译者所要达成的目的决定了翻译所应采取的方法策略。目的论认为，一项具体翻译任务的目的决定了翻译一个文本需要直译、意译或者是二者的中和，决定了具体的翻译策略。在强调译者的目标在翻译中的决定作用的同时，目的论提出了另一个原则——连贯原则。目的论把译者的目标理解为一种集合了多种因素的翻译动机，当译本到达目的语读者手中时，译者体现在译作中的意愿可能与原作的写作目的不相吻合。而目的论所强调的连贯原则，即语篇内部的连贯，就是指译作所体现的意愿与目标读者社会文化环境中的意愿具有内在的一致性，具备这样条件的翻译，就可以被视作成功的翻译。[1]

译者的翻译动机是体现翻译主体因素的重要部分，而它往往又脱离不开译者所处的社会历史环境。回顾中国翻译史，特别是近一个世纪以来的翻译史，我们可以看到，在各个不同的历史时期，翻译总是与社会变革或思想文化运动紧密地结合在一起，而一些具有代表性的翻译家，总是以他们在明确的翻译动机推进下所进行的翻译活动，起着推动社会变革或思想文化运动的积极作用。

---

1 参见 Hans J. Vermeer, "Skopos and Commission in Translational Action", in Lawrence Venuti ed. *The Translation Studies Reader*, London and New York, Routledge, 2000, pp.221–232.

我们知道，翻译作为一种跨文化的交流活动，具有很强的目的性，这里必然涉及到"为什么翻译"的根本问题。对具有历史使命感的翻译家来说，只有明确了"为什么翻译"这一根本问题，才能解决"翻译什么"的选择，而这前两个问题一旦找到明确的答案，如何翻译的问题便能在原则上得到解决。在这个意义上说，翻译家的翻译动机对他们选择什么文本来译、采取怎样的策略来进行翻译具有直接的决定作用。我国近代著名思想家、政治活动家梁启超的翻译活动是一个很好的例证。

在19世纪末，梁启超曾在《变法通义》中专辟一章，详论翻译，把译书提高到"强国第一义"的地位。而就译书本身，他明确指出:"故今日而言译书，当首立三义:一曰，择当译之本;二曰，定公译之例;三曰，养能译之才。"[1]梁启超所言"择当译之本"，便是"译什么书"的问题。他把"择当译之本"列为译书三义之首义，可以说是抓住了译事之根本。选择什么样的书来翻译，这取决于多方面的因素。其中最主要的，便是翻译的目的或动机。梁启超把翻译当作强国之道，目的在于推行维新变法。在他的倡导之下，一批批外国社会科学著作先后被介绍到了中国。显而易见，梁启超的选择不仅仅是一般意义的翻译选择。推行维新变法，改造旧中国的明确目的是其"择当译之本"的出发点。

清末民初时期，出现了文学翻译的高潮，而"政治小说"更是风靡一时。梁启超虽大力倡导翻译社科著作，维新救国梦并没有因此实现，于是他转而对小说的作用抱有幻想，希望借助小说"支配人道"的不可思议之力，来达到改良社会与政治，实现社会革命的目的。香港中文大学翻译系的王宏志认为，梁启超提出小说界革命，"实际上是要革掉传统小说的命"，因为在梁启超看来，中国传统小说一无可取，"地位低微，著者多为市井俗夫，内容方面只知诲盗诲淫，更是'吾中国群治腐败之总根源'。相对而言，西洋小说却是文学的正宗，著者皆为硕儒道人，写的都是政治议论，与政体民志息息相关，对国家政界的进步极有裨益。在这情形下，译印域外小说，便是小说革命的第一步，也是最自然不过的选择了。"[2] 在对清末民初文学翻译大盛之原因的探讨中，我们可以清楚地看到，翻译的目的与翻译的选择之间的联系是再也紧密不过了。

梁启超的翻译动机是强大而明确的。翻译家齐邦媛曾专门撰文，论述了梁启超的翻译动机对他的翻译选择及翻译手段的影响，在《由翻译的动机谈起》一文中，齐邦媛开篇这样写道:

---

1 引自《中国近代翻译文学概论》，郭延礼著，湖北教育出版社，1998年，第227页。
2 引自《导言:教育与消闲——近代翻译小说略论》，见《翻译与创作——中国近代翻译小说论》，王宏志编，北京大学出版社，2000年，第3-4页。

从事翻译工作的人，思绪长年盘旋在别人的字句之间，不免有时感到自我遗失的沮丧，但大多的时间会在两种语言的认知、移转和重组的过程中得到唯有翻译者才能领悟的兴趣与满足。而且成功的翻译应是一种高难度的艺术，不能像创作者一样任思潮畅流，字斟句酌之际并无必然的约束，甚至可以避重就轻。既然如此，为何许多才情洋溢的作家也会深入译作领域？主要应是另一种创造方式的挑战。在两种语言之间浅滩涉水，深处搭桥的过程自有它的魅力。但是在文字魅力之外，经常有更强大的动机，对有些人来说，是一种必备的热情。[1]

从齐邦媛的这段话中，我们可以得到这样的信息，那就是翻译动机可以是多种多样的。确实，它可以是政治的，文化的，也可以是艺术的。它可以是强大而明确的，也可以是微弱而隐约的。应该承认，任何一种翻译活动，都受到一定的动机所驱动，都为着一定的目的去进行。

伟大的翻译家往往充分意识到目的性在翻译过程中所起的重要作用，主动以自己的翻译目标引领自己的翻译实践。在学习巴金的译文和有关翻译的论述时，我们深切地感受到巴金对自己的翻译有着明确的认识。他认为自己不是严格意义上的翻译家。他说："我记得有一位外国记者问过我：作家一般只搞创作，为什么我和我的一些前辈却花费不少时间做翻译工作。我回答说，我写作只是为了战斗，当初我向一切腐朽、落后的东西进攻，跟封建、专制、压迫、迷信战斗，我需要使用各式各样的武器，也可以向更多的武术教师学习。我用自己的武器，也用拣来的别人的武器战斗了一生。在今天搁笔的时候我还不能说是已经取得多大的战果，封建的幽灵明明在我四周徘徊！即使十分疲乏，我可能还要重上战场。"[2] 在这段话中，我们可以清楚地看到，翻译对他而言是一种武器，一种手段，而战胜黑暗、求得光明，便构成了他进行翻译工作的动机。

翻译活动中，翻译动机和目的直接影响着对作品的选择。在不同的历史时期，译者对于社会现实需求有着不同的认识，出于不同的动机，对作品的选择也就不同。我们发现，在历史动荡或社会大变革时期，翻译家们往往出于政治的动机，把翻译当作实现其政治理想或抱负的手段，因此，他们在选择翻译的作品时，特别注重其思想性，如梁启超、胡适、鲁迅、巴金等人的选择，都充分地证明了这一点。而在社会环境稳定的时期，翻译家们则把更多的目光投向

---

1 《由翻译的动机谈起》，齐邦媛，《外文中译研究与探讨》，金圣华主编，香港中文大学翻译系，1998年，第28页。
2 参见《译林书评》，1996年10月30日第1版。

作品的文化内涵、审美价值和艺术性。

在改革开放的进程中，法国作家普鲁斯特的《追忆似水年华》和爱尔兰作家乔伊斯（James Joyce）的《尤利西斯》（*Ulysses*）两部巨著在中国的翻译与出版，便是一个充分的例证。萧乾和文洁若夫妇认为乔伊斯的《尤利西斯》对20世纪小说创作曾经起过并且仍在起着巨大的作用，他们不顾自己年事已高，也不怕翻译中可能遇到重重障碍而选择翻译这部巨著，是因为他们认为这部作品有着多方面的价值，"对我国小说的创作有可借鉴的地方"[1]。有了明确的翻译动机，在对具体作品的选择上便会有明确的标准。萧乾先生在选择作品时，特别强调必须"喜爱它"，日本文学翻译家文洁若则"喜欢选择那种具有强烈的艺术感染力的作品来译"，并"着重翻译那些谴责日本军国主义对我国发动侵略战争的作品"[2]。

在新的历史时期，屠岸先生的选择标准："一是在文学史上（或在现代、当代舆论上）有定评的第一流诗歌作品；二，同时又是我自己特别喜爱的，能打动我心灵的作品。选择第一流作品，是为了要把最好的外国诗歌介绍给中国读者，把外国的'真善美'输送到中国来；选择我喜爱的、能打动我的作品，因为这样的作品我才能译好。对生命力不能持久的畅销书，我不感兴趣。作为出版社负责人，考虑选题就应当更全面，视野更广阔。对入选原著的语种、原作者的国别，要扩大，时代的跨度，要延长。出版社推出外国文学作品的译本，要从改革开放的角度着眼，从中国与世界各国进行文化交流的角度着眼，从不同爱好、不同层次的广大读者的要求的角度着眼。作为文学出版社，应当出第一流的、古典的和现当代的外国文学作品，作品的文学性是第一选择标准。但有些产生重大影响的作品，其文学价值或许还没有定评，但对读者具有认识价值，也可列入选题。"[3]

从翻译的动机到对翻译作品的选择，两者的联系是非常紧密的。但有必要指出一点，就译者个人的翻译动机而言，他欲达到的翻译目的及对作品的选择，有可能与影响翻译的其他因素，如上文中提到的政治、社会、文化因素发生冲突，其结果可能会造成"语内连贯"的缺失，从而影响译本的传播与接受。日本文学史上有这样一个例子：1939年，日本大举侵华，而在其后方，大批从军者的家庭正在遭受死亡的威胁。此时，译者和出版社洞察了国民的心态，适时翻译出版了以《死亡》为题的法国作家布尔热（Paul Bourget）的小

---

1 参见《文学翻译的理论与实践——翻译对话录》，许钧等著，译林出版社，2001年，第84页。
2 引自《翻译这门学问或艺术创造是没有止境的》，萧乾、文洁若、许钧，《译林》，1999年第1期，第210页。
3 引自《"信达雅"与"真善美"》，屠岸、许钧，《译林》，1999年第4期，第208–209页。

说，这部经过大量改写的译作竟在特定的历史环境里成了畅销小说。然而后来，又有译者本着还给原著以本来面貌的目的，重新翻译了这部小说，结果因为日本民众接受这一题材的社会历史环境早已发生了改变，这部更加忠实的译作，问津者却寥寥无几了。[1]

可以说译者对社会历史文化环境的体察以及由此产生的翻译动机，对整个翻译过程起到了至关重要的作用，并且也在一定程度上决定了经其之手产生的译作能否获得广泛的传播。在上文中，我们以一些著名的翻译家的具体例子对翻译动机所起的作用进行了探讨，我们所引用的例证也都是从积极的方面选取的。但我们也意识到，在我们这个时代，社会上的一些消极的因素在时刻影响着翻译界，起着潜移默化的作用，像在战争年代或在社会大变革年代的那种以翻译求知救国的强大动机如今已经少有张扬，而"追名逐利"的翻译动机却在严重地败坏着翻译界的风气，其严重的后果便是翻译质量的下降，甚至出现明目张胆的抄袭与剽窃行为。对这些问题的存在，译界应该予以充分关注。

6.3.2 翻译观念对翻译活动的影响

译者作为翻译的主体，在整个翻译过程中始终起着决定性的作用，而上文中我们所探讨的翻译动机则是直接制约翻译者的行为的因素之一。与之紧密相关的，还有译者的翻译观念。

所谓翻译观念，即是译者对翻译的认识，它直接体现了译者对翻译活动的理解，也制约着译者的价值取向及翻译方法。应该说，译者进行翻译活动，都是为着一定的目的，其动机将有形或无形地始终影响着译者在整个翻译过程中的选择与取舍，而与翻译动机同时起作用的，还有不可忽视的翻译观念。

我们一再申明这样一个观点，那就是翻译不是一种纯粹个人的活动，也不可能是一种纯粹个人的活动，因为翻译直接涉及到交流的双方，它不是一种单向的行为。在这样一种事关交流双方的活动中，任何一个翻译者都或多或少地会意识到自己的责任，并对其所担负的翻译行为有一个起码的认识，并且会基于自己的认识与责任，为自己的翻译活动建立某种原则。作为一个译者，如何理解翻译活动，对翻译的影响是至关重要的，同时他对翻译的理解与认识不是静止不变的，会因时代或社会、文化语境的变化而变化，在这个意义上，一个人的翻译观也是在不断变化、发展的。以笔者个人为例，在20世纪80年代初，当自己刚刚涉足翻译时，对翻译的认识还是比较幼稚的，应该说，当时的

---

1 参见《翻译研究新视野》，谢天振主编，青岛出版社，2002年，第60页。

翻译观基本囿于"语言转换"的范围，因此，翻译时关注的是"语言的忠实"和"形式的对等"。二十年来，随着自己对翻译的思考的不断深入，自己的翻译观也由纯粹的"语言转换"观发展到了今日的"文化交流观"，把翻译活动理解为促进不同民族对话、思想交流的文化活动。特别在世界化和经济一体化进程不断加快的今天，如何通过翻译活动来维护文化多样性，便成了自己思考翻译活动的本质与作用的一个基本点，也成了自己选择拟译文本、组织大型译丛的一个基本原则。

翻译观的确立不仅仅对拟译文本与翻译策略有着重大的影响，对译者的具体的翻译方法和处理原则也有着直接的影响。例如从《红与黑》的各个译本中我们看到，在不同的翻译观的指导下，译家采取了不同的翻译方法，出现了不同的实践，产生了风格殊异的译文。

以翻译家许渊冲为例，许渊冲对翻译有着明确的认识，提出了这样的观点："翻译是两种语言的竞赛，文学翻译更是两种文化的竞赛。"[1] 在《红与黑》的"译者前言"中，许渊冲又重申了这一观点。在他看来，翻译就是竞赛，而这一竞赛是在两个层面展开：一是语言的竞赛，二是文化上的竞赛。关于文化上的竞赛，在许渊冲论翻译的其他文章中没有进一步的阐述。但就语言的竞赛而言，许渊冲先生则不仅有深刻的见解和明确的表述，而且基于这一翻译观提出了一系列相关的见解。许渊冲认为，在两种语言的竞赛当中，译者要充分"发挥译文语言的优势"，也就是要充分发挥目的语的优势。那么到底如何发挥译文语言的优势呢？在《约翰·克里斯托夫》（*Jean-Christophe*）重译本"译者前言"里，我们可以得到这样的解答：

> 在两种语言的竞赛中，只能紧紧跟在原文后面，永远不能超越原文；这就是说，翻译文学永远不能和创作文学比美，更不可能胜过创作了。但是，如果能用"再创作"的方法，充分发挥译语优势，使人读译文后，不但"知之"（信），而且"好之"（达），甚至"乐之"（雅），那翻译文学才有可能和创作文学平起平坐，才有可能在本国建立起世界文学。如果能把本国文学译成外文，能使外国读者"知之、好之、乐之"，那就是在全世界建立世界文学了。[2]

要发挥译文语言的优势，关键一条，就是不能紧紧跟在原文后面，而要做对这一条，许渊冲认为要破除文学翻译力求词语"对等"的思想与做法。他认

---

1 《文学翻译与翻译文学》，许渊冲，《世界文学》，1990年第1期，第285页。
2 《译者前言》，许渊冲，《约翰·克里斯托夫》，罗曼·罗兰著，许渊冲译，湖南文艺出版社，2000年，第6页。

为，"对等"论和"形似"论对译者最不利的影响是：翻译时经常考虑译文某个词和原文的某个词是不是"对等"，是不是"相似"，却不知道"对等"的词并不一定是最好的译文。在他看来，文学作品中"有较低层次的词句和较高层次的词句。较低层次的词或句，在翻译时比较容易找到'唯一的'对等词，找到后别人也不容易超越，只好依样画葫芦。较高层次的词或句，在翻译时就不容易找到'唯一的'对等词，而要八仙过海，各显神通；也就是在翻译高层次词句时，需要译者有'再创作'的才能，所以才可能分辨出不同译文的高下，译文甚至有胜过原文的才能。"[1] 在具体的翻译中，许渊冲采取了"等化、浅化、深化"三种方法，以便在翻译中"扭转劣势、争取均势、发挥优势"[2]，最终的目的，就是要发挥译文语言的优势，"取得竞赛的胜利"，让读者不仅"知之"，而且"好之"，"乐之"。许渊冲曾经以自己在翻译实践中所遇到的一些具有代表性的例子，如译界如今已经非常熟悉的"不爱红装爱武装"、"春蚕到死丝方尽"等译法，充分地展示他在翻译中所主张的"创造性"。这些努力也充分体现在他翻译的《红与黑》、《约翰·克里斯托夫》等译本中。根据我们的理解，由"翻译是两种语言的竞赛"这一基本观念，到充分发挥译文语言的优势，再到具体运用"三化"方式，在翻译上朝"美化"与"归化"的方向努力，使读者"知之、好之、乐之"，这一条环环相扣的翻译之路，充分见证了翻译观念对译者的价值取向及翻译原则与翻译方法所起的巨大作用。

如果说由"翻译竞赛观"到主张发挥译文语言优势，必然导向"美化"与"归化"的翻译之路的话，那么"翻译交流观"，即把翻译看作不同文化之间的"交流"，则不可避免地会确立与前者不同的价值取向及翻译原则与方法。"翻译交流观"重在交流与互通有无，因此强调翻译中应持平等的态度，并要求译者充分认识与了解原文所表现出的文化差异，并尽可能将之融入到目的语的大语境中去，融入到接受语文化中去，以真正达到吸收出发语文化与丰富目的语文化之目的。为此，在翻译上尽可能保持原作的"原汁原味"，又成了一种必然的追求。郝运也同样翻译过《红与黑》，他对翻译虽然没有系统的思考，但却有着自己的理解与目标。他在给笔者的信中说："我从事法国文学译介工作时间不算短，但始终不敢好高骛远，只追求一个目标：把我读到的法文好故事按自己的理解尽可能不走样地讲给中国读者听。我至今仍认为做到这一点并不容易。有时候原作十分精彩，用中文表达却不流畅，恰似营养丰富的食品偏偏难以消化。逢到这种情况，我坚持

---

1 《译者前言》，许渊冲，《约翰·克里斯托夫》，罗曼·罗兰著，许渊冲译，湖南文艺出版社，2000年，第6页。
2 引自《翻译："美化之艺术"——新旧世纪交谈录》，许渊冲、许钧，《文学翻译的理论与实践——翻译对话录》，许钧等著，译林出版社，2001年，第56页。

请读者耐着性儿咀嚼再三，而决不擅自用粉皮代替海蜇皮。"[1] 话讲得十分朴素，但道理很深。他的观点十分明确，坚持"不走样"，尽可能让读者读"原汁原味"的东西，哪怕一时难以消化，也不擅自"创造"。郝运先生的出发点也很明确，他不想"存心欺骗读者"。读郝运先生的译文，我们确实可以感受到他的这一良好的愿望。他译的《红与黑》理解准确，语言平实朴素，在这一点上，与原作者司汤达的风格是一致的。但我们也看到，由于他极力坚持"不走样"，译文的句子读起来比较吃力，拿许渊冲先生的话说，有着严重的"翻译腔"，读者需要咀嚼再三，才能读出味道来。应该说，郝运所使用的翻译方法，是基于他对翻译的理解，也是他的翻译原则的具体体现。

在历史的各个不同发展阶段和不同的文化语境中，人们对翻译会有不同的理解，因此，有可能会提出不同的翻译主张，奉行不同甚至对立的翻译原则，在中西翻译史上，与之相关的一些重要的翻译现象值得我们去进行深入的考察与探讨。

应该说，译者的翻译动机和翻译观念是直接起作用的因素，是决定性的因素。在翻译活动中，外部因素的影响只有诉诸译者主体才能发挥作用。译者进行翻译活动的目的、对翻译活动的认识直接制约了译者的价值取向及翻译方法，有形或无形地影响着译者在整个翻译过程中的选择与取舍。在明确的翻译动机和翻译观念的指导下所进行的翻译活动往往有的放矢、特色鲜明，然而在翻译的过程中，译者还是必然会遭遇来自语言方面的具体问题。在下一节中，我们将着重讨论语言关系与翻译能力对翻译活动造成的影响。

6.4 语言关系与翻译能力

在对语言关系与翻译能力这两个因素进行探讨之前，我们认为有必要对我们所谈的"语言关系"和"翻译能力"的基本含义作一界定。

首先谈"语言关系"。一般来说，所谓"语言关系"，是指甲语言与乙语言或其他语言之间所构成的关系。在以往的语言研究中，常见的有谱系关系、语系关系或语系之说，实际上这就是一种语言之间的关系的模式研究，是将语言之间的关系比作和家族关系相似的谱系关系的一种确定模式。据哈特曼（R. R. K. Hartmann）与斯托克（F. C. Stork）合编的《语言与语言学

---

1 引自《〈红与黑〉汉译的理论与实践——代引言》，《文字·文学·文化——〈红与黑〉汉译研究》，许钧主编，南京大学出版社，1996年，第13页。

词典》(*Dictionary of Language and Linguistics*)，在语系模式中，一个"语群"即一组彼此有关系的语言，叫作"语系"，如印欧语系。"根据这种理论模式，印欧语可以说是拉丁语和希腊语的母语，而拉丁语和希腊语又可以说是姊妹语，法语和意大利语则可以说是拉丁语的派生语或子语。这种模式的进一步发展就是德国语言学家施莱赫尔提出的谱系树，即将一个语群的语言间的关系比作树枝。"[1] 我们在这里所谈的"语言关系"，与上述的语系模式有一定的联系，但也有很大的区别。其联系是在具体的翻译活动特别是在语际翻译中，涉及的两种语言即出发语与目的语之间，必然存在着上述的某种关系，即亲与疏、远与近的关系，这种关系给翻译造成的障碍也必然是不同的。其区别在于我们所说的"语言关系"，还隐含着另一方面的意思，即不同的语言对现实的构建和对人类经验的切分所反映出的不同语言结构关系。在新洪堡学派看来，不同语言以独特的方式构建现实，以不同的结构来切分人类经验，其影响对翻译来说是"致命性的"，因为按照新洪堡学派的观点，如果不同语言对现实有着不同的切分，那么，不同语言所指涉及的存在物、过程、品质和关系就不一致，因此，出发语文本与目的语文本之间就不可能逻辑地存在等值性，这也就意味着严格意义上的翻译是不可能的。

如果我们以上述两个方面来界定我们所说的"语言关系"，那么，我们所说的"翻译能力"也含有两层意思：一是指具体翻译活动中所涉及的两种语言之间所构成的关系给翻译提供的可能性，二是指译者在语言关系所提供的可能的翻译空间内，凭借自己对所涉及的两门语言的驾驭能力，在具体的翻译活动中所具备的一种才能。余光中对这种能力或才能作过富有感染力的表述："大翻译家都是高明的'文字的媒婆'，他得具有一种能力，将两种并非一见钟情甚至是冤家的文字，配成情投意合的一对佳偶。将外文译成中文，需要该种外文的理解力和中文的表达力。"[2]

6.4.1 语言翻译能力对翻译活动的制约

从理论上讲，世界上的各种语言都具有同等的表达力，在这个意义上，我们也可以说，世界上的各种语言也都具有同等的翻译能力。奈达曾经提出，翻译中有些基本问题的产生，是由于人们对原语和译语抱有错误的观点。为了修正传统的观点，他提出了几条重要的原则：一是语言各有所长。每一种语言

---

1 引自《语言与语言学词典》，R. R. K.哈特曼、F. C. 斯托克著，黄长著、林书武、卫志强、周绍珩译，上海辞书出版社，1981年，第126页。

2 《余光中谈翻译》，余光中著，中国对外翻译出版公司，2002年，第2页。

都有独特的词法、语序、遣词造句方法、话语标记以及各种特殊的语言形式。每种语言也都有丰富的词汇以表达民族和文化的特征。二是各种语言具有同等表达力。但也必须看到,语言之间不存在完全一致的对等关系和对应关系,因此在翻译中不可能做到"绝对准确"的翻译。三是翻译必须尊重语言各自的特征。奈达认为,译语中如果出现某种缺陷,翻译者不应抱怨,而应尊重它的特征,尽可能地挖掘它的表达潜力。[1] 在我们看来,奈达的这些观点,具有重要的启迪和指导价值。

但"世界上各种语言都具有同等的翻译能力"这一观点,可能会遭遇来自两个方面的质疑。首先是来自实践方面。在西方翻译历史上,特别在14世纪至17世纪这几百年中,在"俗语言",如法语、德语等民族语言能否翻译"神圣、完美的希腊语、拉丁语"的问题上,曾有过激烈的争论。如在法国的查理五世时代,翻译家尼克拉·奥莱斯姆(Nicole Oresme)就认为法语不如拉丁语完善、丰富,因此在翻译拉丁语时就存在局限。在翻译亚里士多德的论集时,他在译本序中指出:"在世界的所有语言中,拉丁文是最适应于表达自己的意思的。但是,要把亚里士多德全部翻译出来,却不可能,因为有许多希腊词在拉丁语中没有对应的词。就目前而言,拉丁语比法语要更完善,更丰富,因此,就不可能将拉丁语完美地译成法语了。"[2] 奥莱斯姆的观点具有相当的代表性,在当时的翻译界具有广泛的影响,对这一派观点予以彻底批判的,是16世纪的翻译家杜贝莱(Joachim du Bellay)。杜贝莱曾就语言的起源和差异提出过重要的观点,认为语言起源于人类的智性,而语言的差异则产生于人的"随意性"。就表达的潜力而言,任何语言都是平等的,不能对不同的语言随意"褒贬"。基于这一观点,杜贝莱认为虽然"法语目前不如希腊语和拉丁语那么丰富",但其价值和翻译能力不可否认。法语具有无限的表现力,其证据就是"数不胜数的希腊语、拉丁语作品,甚至还有意大利语、西班牙语和其他语言的作品被我们时代的一些优秀的文人译成法语"。[3] 奥莱斯姆与杜贝莱的观点在本质上是有着根本的不同的,但通过对比,我们可以发现一个有趣的现象,那就是他们两人都承认,与希腊语和拉丁语相比,14世纪或16世纪的法语都存在着不足。这种不足,亦即四个世纪之后奈达所说的"缺陷",是一种客观的存在,而这一客观的存在,正是通过翻译,亦即两种不同语言的特殊接触与碰撞中得以揭示出来的。承认其存在,并不意味着放弃翻译的努力。而相反,在翻译中,应该充分认识到不同语言之间所存在的客观的差异,充分

---

1 参见《新编奈达论翻译》,谭载喜编译,中国对外翻译出版公司,1999年,第2–4页。

2 Michel Ballard: *De cicéron à Benjamin,traducteurs, traductions, réflexions*, Lille, Presses Universitaires de Lille, 1995, p.86.

3 引自《当代法国翻译理论》,许钧、袁筱一等编著,湖北教育出版社,2001年,第311–312页。

尊重这些差异，并采取积极的手段去弥补译语的不足或缺陷，实际上，翻译本身也往往是通过吸收出发语的优点，起到不断丰富目的语的目的，如"马丁·路德翻译希伯来语《圣经》的过程，无疑也是德意志文学语言的首次决定性的'自我论证'。"路德以"大众的语言"翻译古老的希伯来语《圣经》，经历了双重的考验。对路德而言，用大众的德语翻译《圣经》，"意味着既不脱离、背弃这种大众语言，又要将它提到一定的高度，即在翻译语言上的双重尝试：以'土生土长'的地方性语言为出发点，在翻译的过程中进行提炼，使其成为规范语言。这种具有广泛大众意义的翻译语言的创立，不仅使新版《圣经》成为德国宗教改革的基石，更是扫清了中世纪德意志语言的积秽，成为其后几百年里书面德语的典范。"[1] 对"世界上各种语言具有同等的翻译能力"提出质疑的第二个方面，来自新洪堡学派的理论观点。乔治·穆南在《翻译的理论问题》一书中，曾对新洪堡学派有关语言与宇宙的关系、语言与思维的关系的观点作了深入的分析。在新洪堡学派看来，语言结构与宇宙的结构及人类思维的普遍结构之间不是一种直接的对等关系。而相反，新洪堡学派的代表人物之一特里尔明确指出："每一门语言都是一个通过并依赖客观现实进行选择的系统，实际上，每一门语言都创造了一幅完整、自足的现实图景。每一门语言也都以其独特的方式构建现实。因此而建立了这一特定语言所特有的现实要素。一门特定语言中的语言现实要素决不会以完全一样的形式在另一种语言中出现，也决不是现实的直接描摹。"[2] 叶姆斯列夫（Louis Hjelmslev）也持类似的观点，认为同样的自然事物可以根据不同的文明对象得到完全不同的语义描写。比如狗，在爱斯基摩人眼中，它首先是一种牵引动物；对琐罗亚斯德教徒来说，它是一种神圣的动物；在印度社会里，狗像贱民一样遭受歧视；而在西方社会里，狗是一种通过驯服后，用以狩猎、警卫的动物。在这四种不同的社会里，"狗"的语义描写自然是有差别的。[3] 语言学家沃尔夫（Benjamin Lee Whorf）的观点更为激进，他认为："每一门语言都是一个宏大的结构系统，与别的系统有着区别，在这一系统中，个人不仅借之以交流，而且还借之以分析自然、发现或忽视这一或那一类型的现象或关系的形式与范畴进行文化上的排列，个人在这些形式与范畴中注入了其思维的方式，并通过它们构建他的世界知识大厦。"[4] 从特里尔、叶姆斯列夫和沃尔夫的这些观点中，我们至少可以看到以下几点：一是对语言与宇宙之间关系的传统看法提出了质疑。根据传统的看法，语言的结构或多或少都直接地源于宇宙的结构和人类思维的普遍结构，而在新洪堡

1　引自《当代法国翻译理论》，许钧、袁筱一等编著，湖北教育出版社，2001年，第254–255页。

2　Georges Mounin: *Les problèmes théoriques de la traduction*, Paris, Gallimard, 1963, pp.44–45.

3　*Ibid.*, p.46.

4　*Ibid.*, p.47.

学派看来，任何语言系统对外部世界都有着独特的分析，有别于其他语言或同一语言在其他各阶段的分析，事实上，"每一门语言在现实中切分着不同的一面（忽视另一门语言所提示的东西，发现另一门语言所疏忽的东西等），而且对同一现实的切分单位也有差别（你划分我合并，我合并你划分，你兼含我排斥，我排斥你兼含等）"[1]。由于语言与世界的关系不是直接的,不同语言对现实的切分有差异，因此当我们用不同的语言表述同一现实时，结果是我们表述的实际上不是一个完全同一的现实，在这个意义上看来，从一门语言到另一门语言的翻译，在理论上就不可能了。二是不同的语言往往以不同的语言结构表述同一自然现实，同时不同的语言也往往以不同的结构来切分人类的客观经验。问题在于，表述同一的自然现实和切分同一的人类客观经验时的不同语言结构，是否能够对译？如果可以,这种对译是否有局限性？新洪堡学派的语言哲学观对于翻译理论来说，看似是摧毁了翻译的可行性，但同时，却在一定意义上又给翻译开启了一扇新的大门，那就是在新洪堡学派有关语言、思维与现实、语言结构与"世界映象"之间关系的思考的启发下，我们可以进一步关注不同语言的结构关系，进一步认识到不同语言的传情达意规律的深刻差异,在语言的结构、语言的实际运用中去发现、考察与语言的本质密切相关的翻译障碍以及世界映象与文明差异给翻译造成的种种困难。总之，通过揭示翻译障碍，人们不再抱有简单主义语言与翻译观，不再无视这些障碍的存在而去盲目地追求理想化的绝对忠实。通过描写并揭示这些障碍存在的原因，便可为认识这些障碍的限度，寻找排除这些障碍的方法提供某些可能性，从而提高人们的翻译能力。

6.4.2 寻找克服语言障碍的途径

正是基于对各语言不同翻译能力的深刻认识，自20世纪50年代开始，西方的翻译理论研究界有人开始特别关注不同语言之间呈现的各种关系，并通过对比的方法揭示它们之间深刻的差异给翻译造成的障碍，从而为翻译者认识与克服这些障碍提供方便。在国内的翻译研究中，也有不少学者正是通过比较两门具体语言的特点与关系来探讨翻译的可能性及具体方法的。通过类似的各种研究，我们可以进一步看到，语言之间的各种关系，包括历史的长短、谱系的亲疏、文字的形式、语言的结构等等，给翻译提供的可能性是有区别的，而各种语言表述现实切分人类经验的结构差异给翻译造成的障碍也是多方面的。

在理论上，语言越相近，翻译的可能性就越大，特别是同属于一个大文化

---

1 引自《当代法国翻译理论》，许钧、袁筱一等编著，湖北教育出版社，2001年，第38页。

圈的语言之间的互译，障碍相应来说要少得多。但人们发现，语言越相近，越容易倾向于采用逐句逐字翻译的方法，而这种翻译方法一旦成为习惯性的主流翻译方法，就会带来一个不利的因素，那就是被相近语言间大量的"假朋友"现象磨去翻译者本应始终保持警觉的差异意识，对它们之间的一些细微但却具有区别性特征的差异熟视无睹，导致翻译中直接克隆原作结构而使原作精神在译作中得不到全面传达。翻译家李芒先生就曾谈到，在翻译日本文学时，有的翻译家就将"物哀"、"余情"之类的词原封不动地夹杂在自己的译文中，甚至习以为常。他认为，"出发语和目的语之间的距离大小，在翻译的难度上恐怕不是决定性的，原因是翻译并非单纯的语词移译，而属于再现原作的再创作。"[1] 既客观地分析与认识语言关系给翻译造成的影响，又深刻地理解翻译的再创造性，这无疑将有助于译者正确处理不同语言关系给翻译造成的障碍或困难，以尽可能实现翻译的沟通与交流的目的。

在长期的翻译实践中，许多翻译家充分地意识到了语言之间的不同关系与差异给翻译造成的影响，因此在具体的翻译中特别注意不同语言的结构特点和差异，并寻求积极有效的方法，有针对性地去克服障碍。翻译家傅雷曾明确地提出如何处理东方人与西方人的不同思想方式和西欧文字与中国语言的不同历史与结构方式的原则性意见。他认为东方人与西方人的不同思想方式实质上与语言表达方式密切相关，两者的差异为彼此融洽交流造成了重要的障碍，加之中国白话文历史又浅，句法词汇也存在缺陷，他提出了"重神似不重形似"的原则。而在明确了差异、困难及解决这些困难的原则之后，傅雷又提出了提高译者翻译能力的具体意见："事先熟读原著，不厌其详，尤为要著。任何作品，不精读四、五遍次不动笔，是为译事基本法门。第一要求将原作（连同思想，感情，气氛，情调等等）化为我有，方能谈到迻译。平日除钻研外文外，中文亦不可忽视，旧小说不可不多读，充实辞汇，熟悉吾国固有句法及行文习惯。鄙人于此，常感用力不够。总之译事虽近舌人，要以艺术修养为根本：无敏感之心灵，无热烈之同情，无适当之鉴赏能力，无相当之社会经验，无充分之常识（即所谓杂学），势难彻底理解原作，即或理解，亦未必能深切领悟。"[2] 确切地说，在这里傅雷涉及了对提高翻译能力来说极为重要且关系密切的一面，那就是译者的素质要求。

如果说针对语言的不同关系与差异，傅雷提出的是"重神似而不重形似"并强调译者的素质等原则性的意见的话，那么，从具体的语言结构与特点出发，通过对比揭示差异，并有针对性地探求具体的转换手段，则是许多翻译家

1 引自《文学翻译的理论与实践——翻译对话录》，许钧等著，译林出版社，2001年，第40页。
2 《论文学翻译书》，傅雷，《翻译论集》，罗新璋编，商务印书馆，1984年，第695页。

的通常做法,如余光中就在这一方面作了典范性的探讨。[1] 又如对西文中的长句结构,不少翻译家都进行过深入的研究并探索出了行之有效的转换手段。[2] 在具体的翻译活动中,语言的转换作为一个操作层面,译者无时不在与语言打交道,重视并探索语言的关系与对译手段,既需要我们有宏观上的思考,更需要我们在微观的层面进行积极探索。

在科技翻译方面,也不乏通过语言间的细致比较,成功找到突破认识差异和语言障碍的译例。1869年,俄国科学家门捷列夫发明了化学元素周期表,并利用周期表,通过已知的63种元素,成功地预测出了当时尚未发现的元素。我国从英文翻译引进了化学元素周期表。然而,过去我国化学方面长期落后,加之周期表中很多的元素名称都来源于希腊语词素,在汉语中根本没有现成的对应词汇供译者使用。语言的不对等给翻译造成了很大的困难。不过,我国的翻译家和化学家分析对比了西方构词特点和汉语的音形规律,创造性地采用了利用词素层翻译命名新名词术语的译法成功地翻译了元素周期表的化学元素名。他们利用汉字的偏旁部首及形声字等特点,为汉语创造了一套科学的化学周期表中诸元素的译名。由于这样的翻译手段符合汉字的构成机制,所以原本不为中国人所认知的元素很快就被人们广泛接受,并被汉字系统吸收消化。[3]

在上文中,我们从文化语境与社会因素、意识形态与政治因素、翻译动机与翻译观念、语言关系与翻译能力等四个密切相关的方面,就影响翻译过程与翻译质量的因素作了分析与研究。我们充分地意识到,鉴于翻译是一项极其复杂的跨文化交流活动,涉及的因素很多,难以作出全面而深刻的描述与分析,且这些因素密切相关,相互作用,形成一个极其活跃的活动场,在翻译的不同阶段起着不同的作用,无法以静止的目光来加以确定。此外,我们还想作一说明,读者的接受视野和审美期待无疑是一个重要的因素,但由于在讨论"谁在翻译"这一问题时,我们已经对作者、译者与读者的关系及其相互作用作出了阐述,在此不再赘述。

1　参见《余光中谈翻译》,余光中著,中国对外翻译出版公司,2002年。

2　参见《谈文学》,朱光潜著,安徽教育出版社,1996年,第128–140页;《语言与翻译》,陈原、许钧,《译林》,2000年第4期,第207–213页。

3　参见《词素层译法在中医名词术语翻译中的应用》,李永安,《中国科技翻译》,2005年第2期,第51页。

思考题

❶ 文化语境与社会因素对翻译活动的影响作用主要体现在哪些方面?

❷ 请结合本章内容,谈谈对勒菲弗尔的"翻译操纵论"的评价及认识。

❸ 如何认识意识形态在翻译活动中的作用?

❹ 试从"翻译什么"和"怎样翻译"两方面,举例说明译者的翻译动机和翻译观念对翻译构成的影响。

❺ 什么是"语言关系"及"翻译能力"?结合汉语与西方语言的现实差异,谈谈对中西互译可行性的认识。

第七章

翻译活动会遇到什么矛盾？

本章要义：

- 正确认识翻译过程中矛盾的各种因素，从主要方面入手加以解决，对于译者采取可行的方式，尽可能克服翻译障碍，在两难的处境中权衡得失，实现翻译目的，是非常重要的。

- 翻译是可行的，但存在着一定的限度。在翻译者看来，不可译因素的存在并不意味着翻译在根本上就"不可能"。

- 可译性限度包括由语言因素造成的可译性障碍以及由文化因素造成的可译性障碍，其根源在于文化传统、社会风俗、语言结构和思维方式等深层次差异。

- 从"异"与"同"，到"他者"与"自我"，再到"异化"与"归化"，译者在面对不同文化差异时，需要以不偏不倚的态度，努力促进本土文化与异域文化的沟通与交流。

- 在"形"与"神"这对矛盾中，译者要视两种语言、两种文化语境以及各种因素所提供的可能性，发挥主体的创造性，实现二者的辩证统一。

- 在翻译活动中，"可译"与"不可译"、"异"与"同"以及"形"与"神"的矛盾分别是其在哲学、文化和诗学层面上的体现。

翻译的过程是一个复杂的动态过程，涉及的因素很多。在翻译过程中，涉及的众多因素构成了一个个矛盾，给译者提出了多种多样的难题。同时翻译活动会因时代的不同、涉及的语言不同和译者的条件不同而出现不同形式的困难或障碍。但是，我们也应该看到，由于翻译活动特有的本质，无论在哪个国家，在任何一个时期，对所有进行翻译活动的人来说，都会不可避免地遇到一些具有共性的问题和矛盾，需要在理论上加以思考，通过思考和探索，对在实践中出现的一些具体问题的解决提供具有方法论意义的参照。如何正确认识构成矛盾的各种因素，从主要方面入手加以解决，对于译者采取可行的方式，尽可能克服翻译障碍，在两难的处境中权衡得失，实现翻译目的，是非常重要的。

早期的许多翻译家在他们自己翻译实践经验的基础上撰文探讨了翻译过程中的某对矛盾问题以及他们的解决策略。20世纪70年代，许渊冲在《翻译中的几对矛盾》一文中明确提到并逐一分析了翻译过程中的三对矛盾，即理解与表达、忠实与通顺以及直译与意译之间的矛盾。[1] 本章将从更为宽阔的视角选取可译与不可译、异与同以及形与神这三对国内外译学界广泛讨论的矛盾，对它们逐一进行理论探讨和分析，其中也涉及到意译与直译、归化与异化等一些问题，希望能够对翻译过程中的矛盾的解决提供方法论上的参照。

7.1 可译与不可译之矛盾

讨论翻译的矛盾问题，我们首先遭遇的便是一个看似荒诞的悖论，那便是翻译的可能与不可能，也就是可译与不可译。这个悖论导致了翻译理论上出现许多难以作出断论的两难。人类有着悠久的翻译历史，操不同语言的人们自从有了交流与沟通的需要，人类的翻译活动就一直在进行着。在实践的层面上，谁也无法否认，翻译是可能的，也就是说"可译性"是真实存在的。但是，在人类不断翻译的同时，我们却又始终听到"翻译是不可能"的说法，而且这种说法听起来虽然有些荒谬，却在近几十年的翻译理论研究中一再被论及，并在理论的层面得到分析、论证，乃至有人得出了"不可译性是绝对的"结论。于是，实践上的"可译"与理论上的"不可译"以其看似荒谬的对立为我们重新认识与理解翻译打开了一个缺口，昭示了翻译的理论与实践之间所存在的一条鸿沟。理论上的"不可译"就像是一个难解的斯芬克司之谜，需要我们加以探索。

---

1 参见《翻译中的几对矛盾》，许渊冲，《翻译论集》，罗新璋编，商务印书馆，1984年，第793–802页。

7.1.1 不可译之理析

"不可译"这一命题包括两个层面的含义：一是理论层面的"不可译性"，二是实践层面的"不可译因素"。对于翻译者而言，在翻译活动中，特别是在文学翻译活动中，"不可译因素"是客观存在，谁都或多或少地遭遇过难以翻译或纯粹的不可翻译的因素。如语言上的一些不可译因素（方言、土语、双关语等）和文化上的一些不可译因素（词汇缺项等）。但是，从情理上讲，在翻译者看来，不可译因素的存在并不意味着翻译在根本上就"不可能"。只要存在翻译的需求，就得通过各种方法将翻译进行下去。从这个意义上讲，实践中存在的不可译因素并不能完全证明理论上的"不可译性"。反之，实践中的可译性虽然常常被人们当作批驳"不可译"论的重要论据，但在理论的探讨与论证中却又常常显得苍白无力。为了对"不可译"这一命题进行分析，我们首先应该对这一命题的理论基础有个大致了解。

7.1.1.1 不可译命题的理论基础

乔治·穆南在《翻译的理论问题》一书中对翻译的可行性即可译性问题进行过深入的研究，他以现代语言学理论为参照，并吸收人类学、语文学的研究成果，对"翻译万能论"与"翻译不可能论"作了深刻的剖析，最终得出了"翻译是可能的，但它确有限度"的结论。我们不妨以乔治·穆南的论述作为我们讨论的一条线索，对"不可译"这一命题的主要观点作一简要介绍与分析。

"不可译"这一命题的提出，主要源于语言学理论和语言哲学对翻译活动可行性的质疑。首先是语言学的意义理论，其对翻译的可行性所提出的质疑是"致命性"的。在本书第四章，我们谈到了布隆菲尔德对语言陈述的意义所作的定义。确实从实践的角度看，要完全、准确了解我们生活在其间的这个世界是不可能的，这也就意味着对一个陈述的意义要作出准确、全面的阐释也是不可能的。在乔治·穆南看来，布隆菲尔德的"意义"理论意味着对任何翻译活动在理论上的正当性或实践上的可行性的一种否认：既然一个陈述的意义永远难以认识，那么旨在把一门语言的意义传达到另一种语言中去的翻译，也就"不可能"了。新洪堡学派的"世界映象"理论也对翻译的可行性提出了质疑。新洪堡学派认为，语言结构、宇宙结构与人类思维的普遍结构之间并非是直接的对等关系，那么，在理论上不同语言的对等翻译也就没有了坚实的理论基础。这一对"翻译的可能性"的质疑，可从叶姆斯列夫、特里尔和沃尔夫论述语言、世界和思维的关系的诸多著作中找到根据。

7.1.1.2 哲学家眼中的不可译命题

哲学家们对于不可译命题的关注，不少是在使用翻译这种人类经验来说明自己的哲学观念之时。他们对于彻底可译性的诉求引发了对于不可译这一命题更深层次的哲学思考。美国哲学家奎因（Willard van Orman Quine）在《语词与对象》（*Word and Object*）一书的第二章"翻译与意义"中，通过"极端翻译（radical translation）"这一假想形式向人们暗示了不可译性这一命题的存在。所谓极端翻译（也有学者译为"彻底翻译"[1]）就是"对迄今为止没有人接触过的语言进行的翻译"[2]。这种假设的翻译涉及到一个实地调查一种与自己母语非同源的土著语的语言学家。当他作为一名旁观者看到土著人见到一只兔子出现时说出"Gavagai"时，这名土著人究竟是说"兔子"还是"那里有一只兔子"还是"作为不可分割的整体的兔子（而不是它的某个身体部位，如耳朵、四肢、躯干等）"？等等。为了验证这个句子的对应翻译，他必须通过在其他场合设计其他一系列句子进行检验。但是无论如何，"这些句子的翻译并不是只有一个正确的翻译，甚至针对该语言的句子可能会出现几种完全不相容的翻译，而每个翻译又完全切合实证搜集到的数据。"[3] 这就是翻译的不确定性。这里我们需要指出的是奎因这种将一种语言系统的句子与另一种语言系统的句子进行对应的机械论观点不是翻译研究所关注的对象，但是意义的不确定性这一现象确实给翻译造成了极大的障碍。

哲学家德里达曾专门撰文讨论过"不可译"这一命题。他在《巴别塔》一文中提出了"翻译不可能"的命题，但他在提出翻译不可能的论点的同时，又提出了翻译的必要性。他借用巴别塔的神话来说明多重的主题："语言最初何以会产生混乱；各种族的语言有不可简化的多样性；翻译是一项必需而又不能完成的工作；无从完成就是一种必需。"关于"翻译是必需又无从完成的"这一观点，德里达在文章结束前又再次明确提出："上帝以自己的名字加诸闪族、对抗闪族时，无疑打破了理性的明澈，便同时也打断了殖民暴力或语言的帝国主义。他注定闪族人要依赖翻译，要他们服从一种翻译的规律。这种翻译，既是必需，却又无从完成。由于这一行为，上帝以自己可译而又不可译的专有名词提供了一个普遍公理（这一公理，不会再受个别民族的势力统辖）；不过这样一来，上帝也恰巧在同一时间内限制了公理的普遍性：语言的明澈遭取缔，单义境界无从实现。结果翻译变成了律令、职责、债务；可是，该项债务，

1　参见《语词与对象》，W. V. O. 奎因著，陈启伟、朱锐、张学广译，中国人民大学出版社，2005年，第29页。

2　Willard van Orman Quine: *Word and Object*, Cambridge, Massachusetts, MIT Press, 1960, p.28.

3　A. P. Martinich: "Philosophy of Language", In John V. Canfield (ed.), *Philosophy of Meaning, Knowledge and Value in the Twentieth Century*, New York and London, Routledge, 1997, p.33.

我们已无力清偿。"[1] 如果仔细研读德里达的全文，我们可以从文章中找到几个关键词，那就是语言、理性、语义、多样性、混乱，还有就是翻译。若再进一步，我们还可以发现，德里达以"Babel"一词为对象，以该词所包含的多义性来解构翻译的传统观念。以"Babel"作为例证，我们在"语言"的本质处遭遇的是语义问题。德里达在文章中用的最多的是"意义"一词，仅在开篇第一段，就有"残余意义"、"歧义"、"转义"、"本身的意义"、"本身意义"、"充分达意"等多种说法，在文章的后面，还可以看到"一词双义"、"字面意义"、"隐喻意义"、"换喻意义"、"多义"（"多重意义"）、"真正意义"等等。闪族人要建通天塔，要用"天下通用的语言"扬名，在这里，"通用"可作"统一"解，以统一的语言扬名世界，使世界翕然循理，而"统一语言"即构成德里达所说的殖民暴力或语言帝国主义，语言一旦统一，世界只讲一种语言，也就不需要进行翻译。而当上帝变乱了语言以处罚闪语时，语言帝国主义便被打破，出现了"众舌"（也就是"众语言"），且上帝把自己的名字强加给了人类，其名字不仅仅是一个专有名词，即一个纯粹的能指对一个独特事物的指涉，还是一个普通名词，与某一意义的泛指有关，展示了其自身的"分歧、二裂、矛盾和多义"，即"混乱"。于是在"统一的语言"一侧，是单义，是理性，则无需翻译的一个"一"；在"众语言"，即"变乱了的语言"的一边，是多样性，是"混乱"。"语言的明澈遭取缔，单义境界无从实现"，于是翻译在成为必要，成为"律令、职责、债务"的同时，又变得无从实现，即"不可译"，也就是德里达所说的："上帝既开始解构通天塔，也开始解构天下会共用的语言；把宗谱系统驱散于四方；截断了它的世系；一瞬间把翻译这项工作强加于人类，又禁止人类翻译。"[2] 至此，我们也许可以看清楚一点，那就是德里达在阐述上帝之解构的同时，也在解构着"语言的理性"和"意义的确定性和单一性"，他以"Babel"一词所隐喻的"多义"、"多样性"、"歧义"，即"混乱"，更为深刻地揭示了他的"意义"观，即意义的不断"延异"与不断"播撒"。统一的语言以其明澈的理性和单义境界而无需翻译，变乱的语言因"多义"、"混乱"而不可翻译却又必须翻译。在这"不可译"又"必须译"之间，是不是存在出路？

7.1.2 可译之理析

无论是布隆菲尔德的行为主义意义理论，还是沃尔夫、特里尔、叶姆斯列

---

1 《巴别塔》，德里达著，黄国彬译，见《西方翻译理论精选》，陈德鸿、张南峰编，香港城市大学出版社，2000年，第222–223页。
2 同上，第218页。

夫对语言、现实、思维之关系的探索，或是德里达所解构的意义确定性和理性中心主义，从某种意义上说，都在宣判翻译的"不可能"。然而，我们却不能否认这样一个现实，那就是无论有多么困难，人类总是在试图寻找沟通与交流。世界语言的多样性将翻译强加给了人类，而语言与现实、思维之间的非直接关系，造成了语言结构的差异和意义的不确定性，给翻译造成了难以逾越的障碍，即我们所讨论的"不可译性"。从理论上讲，是"必须译"，是上帝强加给人类的"律令、职责和债务"使人类在不断地从事着翻译工作，但是，"必须译"并不等于"可译"，在"必须译"与"不可译"悖论之中，我们于是听到了一代又一代翻译者的千年之叹："不可为而为之!"这一翻译者的经验之谈倒是从另一个侧面印证了德里达所揭示的难解的翻译之悖论。

翻译不可为，却又必须为之，而为之的前提，即是"可为"。那么，如何使"不可为"成为"可为"呢，亦即让"不可译"成为"可译"呢？这是一个翻译理论上的难题："当我们问'翻译是可能的吗?'，它早已超越了翻译实践中的种种障碍，而直接指向一种理论与实践之间难以弥合的割裂。如果我们能纵向地回顾一下翻译理论的发生，事情也许会更加一目了然。翻译理论得到'系统讨论'之初是被包涵在语言学范围之内的，尽管只有相当短的一段时间，对翻译理论作系统研究的，毕竟是以一批语言学家为先! 那么我们也就不难明白正是他们借助了现代语言学的一些重大成果对翻译进行了'成见性'的否决：思维与世界，语言与思维的传统线性关系被现代语言学割断，自17世纪始渐趋占主导地位的哲学还原论被现代语言哲学消解，翻译历来依据的出发语的客观真实不复存在……"[1] 在上文中，我们已经谈到，翻译的可行性受到了现代语言学理论的质疑。这里，势必涉及到另一个带有根本性的问题，那就是"翻译"的概念本身。与其说现代翻译理论否定的是翻译活动本身，不如说它是对传统的翻译观提出了质疑。在乔治·穆南的《翻译的理论问题》中，我们可以看到索绪尔的"语言不是命名集"的观点否认了逐字对应翻译的普遍有效性；布隆菲尔德的行为主义"意义理论"让我们有足够的理由对传统的翻译观赖以依存的"意义的恒定性"表示怀疑；新洪堡学派的"世界映象"理论打破了"世界、思维与语言"之间的简单化认识，宣判了"字面意义"的机械传译的传统翻译方法的局限。德里达的语言意义"延异"与"播撒"论更是对原文本意义的还原与追索予以了否认。正是在这个意义上，乔治·穆南并没有对现代语言学理论所支撑的"不可译"论感到绝望，反而从另一个角度吸收了这些理论的合理内核，看到了这些失之偏颇的理

---

1 引自《"不可译"与"再创造"》，袁筱一，《译学论集》，张柏然、许钧主编，译林出版社，1997年，第146页。

论反而给翻译理论带来了新的出路："当今的语言学坚持认为人类是凭借语言得以交流的。因此，当今的语言学在使翻译陷于瘫痪状况的同时，又给了翻译以救助。它通过揭示翻译障碍，使人们不再无视这些障碍的存在。通过描写这些障碍，它同时指出了排除这些障碍的限度，以及如何排除的可能性。通过对语言事实更为深入细致的分析，它使译者得以更为准确地估价其相对的忠实的程度。自觉地测定其不忠的限度，以至不可译的限度。"[1]

7.1.2.1 翻译理论家对可译性的探索

针对"不可译"论，乔治·穆南着力于对"可译性"的多方面探索。首先，对于翻译的可行性的认识，翻译理论确实经历了一个相当长时期的发展过程，从"翻译万能"与"不可翻译"的观点对立阶段逐渐进入了一个认识相对统一的阶段：翻译是可行的，但存在着一定的限度。从经验出发，自觉或不自觉地体会到"翻译的局限性"，也许并不怎么令人折服。但从理论的高度，通过多途径的探索，以客观的分析来加以论证，这无疑对翻译实践会产生积极的指导作用。乔治·穆南正是以科学的态度，客观分析了翻译的诸方面障碍，第一个明确地提出了"翻译是可能的，但它确有限度"的观点。他对翻译障碍的分析是多方面的。首先，他分析了文化的多样性对翻译构成的障碍。除了奈达归纳的"生态环境、物质文化、社会习俗、宗教文化"等几个方面的差异外，穆南还提出了"意识形态方面的差异"。这些差异势必反映到语言中去，首先表现在文化的缺项造成语言词汇缺项；其次表现在文化背景不一导致各民族语言对"非语言经验的实际切分不同"。穆南还分别从"语言的意义单位"、"句法结构"、"形式功能"、"交际环境"等诸方面探讨了各种不同民族语言之间的差异，客观地指出了语际翻译转换过程的困难及其限度。乔治·穆南对翻译障碍的客观分析的意义在于：通过对翻译中各类不同障碍的描述，明确其产生的原因，有助于人们在翻译中采取相应的科学手段，加以克服。比如文化缺项造成的词汇缺项，只能通过"借词"去解决，而"借词"的生命力长短取决于这一文化现象在目的语国家能否扎根及被了解的程度。又如各种不同语言对非语言经验实际切分不同造成的语义单位的非对应，就要求译者采取灵活的手段加以传达，这也在实践上说明了翻译单位的非确定性。从这个意义上说，只要明确了翻译障碍的症结所在，就是克服障碍的开始。由此可见，乔治·穆南对翻译障碍的客观分析在理论上有助于我们克服"翻译万能"论与"不可译"论，在实践上有助于人们消除翻译障碍的神秘性，大胆采取相应可

1　Georges Mounin: *Les problèmes théoriques de la traduction*, Paris, Gallimard, 1963, p.170.

行的方法，克服障碍，最大限度地达到异语交际的目的。

其次，乔治·穆南对翻译活动始终持发展、辩证的观点。他认为，翻译的可行性存在于其限度之中，而其限度也不是一成不变的。他明确指出："翻译活动的成就是相对的，它所能达到的交流思想的水平是变化发展的。"[1] 这是因为翻译活动势必受到整个人类知识水平与世界认识水平等诸方面的限制。他列举法俄翻译活动为例，指出在分析法语与俄语之间的转换活动的可行性时，不可避免地要进行语言对比，但同时也不可忽视两种文化及语言之间的接触对翻译可行性产生的作用。他说，将俄语翻译成法语，20世纪60年代的水平已经远远超过18世纪60年代的水平。那时，第一部法俄词典尚未问世，两种文化与语言之间的接触甚为罕见。到了18世纪后期，两国之间的交往逐渐增多，每一次接触都为法俄翻译的可行性增加了一分，直到屠格涅夫、托尔斯泰热在法国兴起，两国文化背景之间的差异不断减少，语际转换之间产生的有关障碍也自然减少了。

再次，在分析不可译论的代表沃尔夫提出的有关人们对世界映象的认识差异与翻译的关系时，乔治·穆南认为，沃尔夫在强调语言对人们的世界观的"引导、组织"的作用的同时犯了极端主义的毛病，指出沃尔夫的错误在于夸大了语言对人们世界观形成的作用，仿佛语言完全能够禁锢人们对世界的认识。穆南明确指出：新洪堡学派以语言的差异导致了人们对世界映象的认识差异为依据，提出了"不可译"的绝对观点，是失之偏颇的。其原因在于新洪堡学派只片面地看到了"从语言到世界的运动关系，而忽视了从世界到语言的运动关系"，从而也就忽视了人类对世界的认识水平对异语交际的制约作用。鉴于这一点，乔治·穆南坚持"人类语言能力与人类对世界认识"之间相互制约的辩证关系，进而提出人类的文化史是在人们克服困难、不断认识世界、相互交流的运动中发展的，异语交际，即翻译活动的可行性在很大程度上取决于不同文化之间的接触与交流。这一观点对我们从根本上认识翻译的意义，辩证地处理文化结构与语言符号结构之间的关系，克服翻译活动的盲目性无疑是大有裨益的。

另外，乔治·穆南还以"共相"[2] 的存在为依据，以科学的方法论证了不同文明与不同语言之间并非完全隔绝、互不渗透。相反，由于它们之间存在着"比人们想象的要多得多"的相似性，相互之间的交流是可能的，而人类的文明史正是一部人际间、民族间相互交流的历史。从翻译的角度看，各语言与各

1　Georges Mounin: *Les problèmes théoriques de la traduction*, Paris, Gallimard, 1963, p.278.
2　参见《当代法国翻译理论》，许钧、袁筱一等编著，湖北教育出版社，2001年，第51—56页。

种文化之间的共性构成了翻译的可行性或哲学意义上的可能性，而不同语言或不同文化所特有的个性，则构成了翻译的必要性，同时也构成了翻译的障碍，在这个意义上说，翻译也是有一定限度的。

从乔治·穆南的努力中，我们可以清楚地领悟到他的意图：从现当代语言学的有关理论对翻译可行性的质疑中意识到翻译理论研究中存在的问题，继而又自觉地吸取语言学的研究成果，以多方面的探索在理论上论证翻译的可行性，在实践上探索翻译的可能途径。

7.1.2.2 哲学家对可译性的思考

如果说乔治·穆南执著于对翻译实践所提出的重大问题进行理论的思考，继而以理论的探索观照具体的实践，为"可译性"寻找实践的基石的话，那么瓦尔特·本雅明（Walter Benjamin）、亨利·梅肖尼克等一批哲学家则是对传统的翻译观进行批判，在树立新的翻译观念的努力中为"翻译"寻找"新生"，寻找理论上的可能性。

在本雅明的《论译者的任务》（"The Task of the Translator"）一文中，我们可以读到如下明确的表述："如果其本质在于求得与原著的类似，那么任何翻译均是不可能的。"[1] 换言之，翻译的不可能在于"以追求与原著的类似"为本质。在这里，本雅明宣判的，不是翻译在绝对意义上的不可能，而是追求与原著的相似、复制原著的不可能。那么，如何从"不可能"走向"可能"呢？这就意味着首先要对"翻译"进行重新认识与定义。在本雅明看来，翻译的"可能性"即"可译性"有二：一是要有称职的译者，二是原著的本质不仅可译，而且需要翻译。他认为，第二点是决定性的。正是这种可译又需要翻译的决定性因素为原著的"来生"提供了可能性："译文标志着作品生命的延续"，"原著的生命在译本中达到不断更新、最终和最丰饶的繁荣"。[2] 而为了使原著的来生得以实现，使原作的生命之花在译作中蓬勃开放，"点燃作品永恒生命和语言永无休止的更新之火"，本雅明从"表意方式"与"表意对象"的概念区分中，指出了不同语言的表意方式具有独特性和局限性，从而提出了"纯语言"之思想，以"纯语言"为基点，为各语言之间建立联系提供了可能性。"因为纯语言的缘故，翻译建立在对自身语言考验的基础上。翻译家的任务在于在自己的语言中将受困于另外一种语言魔咒中的纯语言释放出来，在再创造中将囚禁于一部作品中的语言解放出来"。在本雅明看来，翻译的可能性或者说原著

---

1 引自《本雅明：作品与画像》，本雅明著，孙冰编，文汇出版社，1999年，第121页。
2 同上，第119页。

的来生取决于两点：一是"解放"，二是"再创造"。为此，本雅明对传统翻译的"忠实性"概念提出了批评："在翻译中忠实地——对译每一个个别的词语，几乎永远不可能完成复制它们在原文的意义"。这无异于说，忠实的复制毫无出路，原著的"来生"取决于从原著语言的囚禁中获得自由，不受原作语言的束缚，使翻译的语言"能对原文的意图发出呼声，不是作为复制，而是作为一种表现自身的语言的补充，作为一种其自身的意图达到共鸣。"[1] 从而使译者与原著之间形成相互补充、相互联系的亲缘关系，使译作在保持与原作的血脉关系的同时，拥有自己新的生命。

德里达的观点与本雅明有相似之处。在《巴别塔》一文中，德里达在指出上帝在"把翻译这项工作强加于人类，又禁止人类翻译"的同时，对"翻译"这一概念本身进行了探讨。他在文章中多次论及"翻译"的概念，特别对雅各布森在《论翻译的语言学层面》（"On Linguistic Aspects of Translation"）一文中提出的三种类型翻译，即"语内翻译"、"语际翻译"和"符际翻译"进行了分析，指出从事语内翻译与语符翻译的人有一个先决条件，那就是"首先要知道如何极准确地判断有关语言的特征和统一性，也就是该语言的准确局限"。同时，通过对三类翻译的描述与分析，对"真正意义上的翻译"和"比喻意义上的翻译"作了明确区分。另外，在分析伏尔泰在《哲学词典》（*Dictionnaire philosophique*）中撰写的"Babel"这一词条以及路易·瑟贡（Louis Segond）和舒哈基（André Chouraqui）对《圣经》中有关"巴别塔"那一段的译文时，德里达又提到了西塞罗对翻译者的入门忠告，以及译文如何与西塞罗的训示背道而驰，因其几乎是以逐字对译来接近原文的字面意义的。细读全文，不难发现德里达看似在探讨"Babel"一词的具体翻译，但要揭示的却是传统翻译观念给翻译活动造成的局限。他在文章的第二段中谈到了所谓真正的翻译，即"两种表达方法清楚而恰当的互相诠释"。然而，由于各种语言具有各自的特性，亦即本雅明所强调的"独特性"，给这种"真正的"翻译造成了局限，亦即理论上的"不可能"。

也许德里达所区分的"真正意义上的翻译"即是追求"相互诠释"、"接近字面意义"的传统翻译观，这种翻译常以"逐字对译"和"绝对对应"的方式进行，与本雅明所否认的"以追求类似为目的"的翻译有着本质上的一致。不可否认的是，以一门语言的独特性来诠释另一种语言的独特性，这本身是无法实现的。这种语言的局限，亦即德里达在文章结束处所说的"巴别式语言表现所造成的困难"是不可能克服的。在理论上明确了这一点之后，德里达提出

1　引自《本雅明：作品与画像》，本雅明著，孙冰编，文汇出版社，1999年，第130–131页。

了"比喻意义上的翻译"。何为"比喻意义上的翻译"？德里达在文中没有细加阐释。但在欧阳桢的《透明的眼睛：关于翻译、中国文学和比较诗学的思考》一书中，他的"翻译是比喻"的论述则为我们理解德里达的"比喻意义上的翻译"提供了某种可能性。实际上，欧阳桢对语言发展的历史的三分法，即"前通天塔世界"、"通天塔世界"和"后通天塔世界"的区分或多或少受到过德里达和乔治·斯坦纳的启发。欧阳桢的"翻译是比喻"之说旨在揭示："翻译的目的不是复制，而是重新展现一种关系——正如比喻选择不同的指称对象——建立相似的或平行的关系。"[1] 联系到德里达在文中所说的"真正的"翻译往往是一种"没有翻译"的同一词语的重复，即复制，再参照德里达就《书写与差异》的汉译问题与译者的谈话，我们也许可以把"比喻意义上的翻译"理解成对"重复"的一种否认，对"复制"性的翻译的一种否认，在语言的多样性给翻译造成局限的同时，在多样性所提供的看似"混乱"实则"丰富"的可能性中，摆脱意义的简单复制，在新的语境中让译作在不与原著割断本质的联系的条件下，"在新的躯体、新的文化中打开文本崭新的历史"，去"书写另一种命运"，这也就是本雅明所说的"来生"。[2]

7.1.2.3 "择译而生"与"不译而亡"

本雅明和德里达在宣判了"复制"性翻译的不可能的同时，以"来生"和"另一种命运"为翻译寻求可能性。那么，这种"来生"和"另一种命运"如何来实现呢？本雅明在《论译者的任务》一文的结束处有这么一段颇值得玩味的话："意义陷入一个接一个的深渊，直到在语言无底的深度中遭遇失落的威胁为止。然而，这种危险也有终止的时候。不过，只有《圣经》才可能避免这样的危险，在《圣经》中意义不再是语言流和意义流的分水岭。在那里，文本和真理或教义是同一的，它本身就应该是纯语言，而不需要意义这一中介，这一文本无条件地具有可译性。在这种情况下，翻译的需要仅仅是因为各种语言的不同。就像在原著中，语言和意义显现是同一的，没有张力，所以翻译一定是原著行间隔行对照的一个版本，逐字逐句的对译和不拘一格的自由在其中得以统一起来。就某种程度而言，所有伟大的文本在其行间都存在着一个潜在的译本。对于最高的神圣的写作来说，这是确定无疑的。《圣经》行间的译本是所翻译的典范或者理想。"[3] 有评论说，本雅明在此提倡的是"极端的直译

1　引自《当代美国翻译理论》，郭建中编著，湖北教育出版社，2000年，第290页。
2　参见《访谈代序》，《书写与差异》（上册），雅克·德里达著，张宁译，北京，三联书店，2001年，第22–25页。
3　引自《本雅明：作品与画像》，本雅明著，孙冰编，文汇出版社，1999年，第134页。

法"，实则不然，他所强调的是"语言"和"意义"的统一，是"逐字逐句的对译"和"不拘一格的自由"的统一，是通过关注各种语言的不同，透过字里行间，去唤醒文本潜在的生命。在这里，本雅明所说的"逐字逐句的对译"指向的是原文，是在某种程度上承认"翻译中的忠实"的正当性，而"不拘一格的自由"则是就翻译活动的转换而言，也就是说对那些"不可转述的东西，即那些依赖上下文语境显露出来的东西，就是那些象征物和被象征物"，要在目的语中解放出来。而要做到这一点，必须不拘一格，重新创造。而本雅明所说的纯语言，实际上也并不神秘，它不外乎是人类普遍的语言能力，这种普遍的能力不可能只囿于一种语言，它是适用于所有语言的，关键在于译者不要被一种语言的特殊性所束缚，要善于通过"再创造"，让人类的这种普遍的能力在目的语中得到创造性的发挥。应该说，若全面地理解本雅明，他要反对的，正是将"翻译中的忠实与自由"相对立的倾向，他也不主张以"忠实"来否定"自由"的正当性，或相反，以"自由"来否定"忠实"的正当性。让两者统一起来，即《圣经》行间对照译本所体现的"逐字逐句的对译和不拘一格的自由"的统一，于是成了"所有翻译的典范或者理想"。这一与本雅明在文中反复强调的观点看似矛盾的结论，倒从反面给了我们一个启迪：在翻译所面临的种种矛盾中，从统一的角度去看，往往能发现一线生路。绝处逢生，在不可译中寻求可译，这在某种意义上构成了翻译的辩证法。换句话说，也就是采取某种与原文存在本质联系的阐释而运用各种手段将翻译进行下去，"择译而生"。

"翻译是可能的"这一论断还可以从更为广阔的社会文化背景中来考量。翻译作为一种跨文化活动"已不是一种可有可无的文本转换手段"，而是"今天任何民族和文化的基本存在方式"。[1] 面临全球一体化的趋势，任何国家或者民族都需要通过翻译这一工具向先进文明学习，同时向"他者"展示属于自己本民族的优秀成果。在这些内向型翻译与外向型翻译的过程中肯定会遇到各种各样难以逾越的翻译障碍，但是其中重要的是不管译者是如何处理的，对原文做出什么样的变通，其目标只有一个，就是将原文（或原作）引入一个新的社会语境，促进目标语国度与外界的交流与联系，共同发展进步。这不是一个可不可能的问题，而是一个"不译而亡"的事实。科技领域内随着信息型文本的翻译而产生的众多术语的"零翻译"现象，造成大量字母词涌入我们的母语，显示出在当今瞬息万变的信息社会，翻译是不得不进行下去的一项民族事业。正如美国语言学家恩格尔所言："翻译或者死亡"，"或许某一天，世界上每一个生物的生存与否也会取决于对一个关键词的紧迫的和准确的翻译"。[2]

1　引自《巴别塔的重建与解构：解释学视野中的翻译问题》，李河著，云南大学出版社，2005年，第323页。

2　同上。

7.1.3 可译性的限度

上面我们已经提到："翻译是可能的，但是有一定限度。"对可译与不可译这一对矛盾的讨论，无疑会牵涉到对于可译性限度的探讨。国外较早对可译性限度进行系统研究的是英国翻译理论家卡特福德。他在《翻译的语言学理论》一书的最后一章专门讨论了可译性的限度问题。卡特福德指出："可译性的确表现为一个**连续体**，而不是一个泾渭分明的二分体。源语文本或单位**或多或少都**是可译的，而不是绝对的可译或不可译。在完全翻译中，翻译等值依赖出发语文本和目的语文本对于同样相关（至少是部分相关的）环境因素特征的互换性。"[1] 此处的"完全翻译"按照卡特福德的定义就是目的语在语法词汇层面与出发语对等，在语音和字形层面不等。此外，卡特福德还区分了语言不可译性和文化不可译性：前者产生于与出发语语言形式有关的一些特征，诸如出发语中词汇和语法的同形异构、一词多义以及出发语和目的语词汇语义的非对应；后者产生于出发语的"文化情境特征在目的语中的缺失"，"这种不可译性与语言不可译性相比，不那么'绝对'"。[2] 但卡特福德最后指出："假如文化不可译性的所有个案确实最终都能够描述为语言不可译性的一种形式，那么翻译理论的功能将大大增强，且机器翻译的前景也将更加宽广。"[3] 卡特福德作为语言学派翻译理论家的重要代表，坚持翻译可行的观点，反对将可译与不可译这一矛盾的两面对立化，同时区分了不可译性产生原因的两个范畴，最后希望用一个语言不可译性统一所有具体的可描述的不可译现象。国内的一些研究者对此作过一些定性或定量研究[4]，指出了在翻译的技的层面区分二者的必要性——文化方面的不可译性因素可以通过补偿或增加信息的手段在一定程度上去消解；而语言的不可译性因素则由出发语语言本身的特点所决定，只能通过解释的办法达到翻译的目的。

在可译性限度这一问题上，国内外学者的研究多属于描写性的。国内较早对可译性限度进行专门探讨的学者是包振南。他在《翻译通讯》1983年第5期上发表了一篇题为《试论可译性的限度》的论文。文中指出："语言是可译的，因为语言都是表达思想的有效工具；但又由于文化传统、社会条件、语

1　J. C. Catford: *A Linguistic Theory of Translation*, Oxford University Press, 1965, p. 93. Emphases original.

2　*Ibid.*, p. 99.

3　*Ibid.*, p. 103.

4　参见《语言不可译性与文化不可译性——兼评卡特福德的可译性理论》，朱玉彬，《合肥工业大学学报（社会科学版）》，2004年第3期，第150–153页。

言结构、思维方式的不同，有时又是不完全可译的，甚至是不可译的。"[1] 这里我们需要注意的是作者注意到了由于语言是人类表达思想的工具，具有一定的同一性，因而语言具有广泛的可译性基础，同时指出语言可译性障碍的根源，就是文化、社会、语言与思维诸方面的差异。"语言是可译的，有时又是不可译的"，正说明了可译与不可译这一矛盾的辩证关系。乔治·斯坦纳提到："有一些文本我们现在还没有办法翻译，但是可以通过语言上的转化、阐释手段的细化以及接受敏感性的转移，在将来转变成可译的。出发语语言与译者的语言处于一种双重运动之中，既自我演进，又互相影响。"[2] 这是可译性限度的动态阐述，说明可译与不可译这一矛盾始终处于一种不断发展变化之中，而变化的主流方向是从不可译向可译。

在这一节中，通过梳理翻译理论家和哲学家们对不可译以及可译性命题的探讨，我们对于可译与不可译这一对矛盾的基本看法是：翻译是可行的，但存在着一定的限度。在翻译者看来，不可译因素的存在并不意味着翻译在根本上就"不可能"。

7.2 异与同之矛盾

探讨可译性与不可译性，势必要涉及异与同这一对矛盾。对翻译而言，"异"与"同"这两个概念的重要性不言而喻。在上一节的讨论中，我们多次与"异"与"同"问题相遇，从中可以发现一个虽属表面但却又颇能说明实质的现象：不可译往往源于"异"，而可译则基于"同"。与之相关，持不可译论者强调"异"，持可译论者则着眼于"同"。异同之间，深刻地展现了与翻译相关的方方面面，我们有必要首先对"异"与"同"的基本含义及所涉及的主要问题作一界定与梳理。

7.2.1 "异"与"同"诠释

根据《辞海》的解释，"异"字有五种基本含义，其中三种与我们的讨论密切相关。《辞海》解释的"异"字第一义，为"不同"，与"同"相对，构成两极。"异"字第三义，为"其他、别的"，如"异地、异域"等。第五义，为

---

1 《试论可译性的限度》，包振南，《翻译理论与翻译技巧论文集》，中国对外翻译出版公司选编，中国对外翻译出版公司，1983年，第264页。

2 George Steiner: *After Babel,* London, Oxford University Press, 1998, p. 262.

"不平常的、特殊的"。我们不妨以这三种基本含义为起点，展开对"异"与"同"问题的讨论。

　　"异"相对于"同"，可解为"不同"。对翻译研究来说，"异"是一个具有特别重要性的问题。首先，没有"异"，就没有翻译的必要性。在这个意义上说，翻译是因语言之"异"而产生，翻译的根本任务，便是"克服"语言之"异"造成的障碍，以进行思想的沟通与交流。但是，各种语言有着不可简化的多样性。在德里达看来，这种多样性的不可简化，是无法"克服"的，也是无法翻译的，他甚至提出翻译的根本任务之一，就是要"设法保持这种语言的多样性特征"[1]。在这里，像上帝"一瞬间把翻译这项工作强加于人类，又禁止人类翻译"这一悖论一样，既要克服"差异"又要表现"差异"又成为翻译所面临的一个难以克服的具有现实感的悖论。而正是这一悖论的存在且以非常现实的具体问题不断给翻译者造成障碍。很多翻译家都对"语言层面"上的"异"深有体会，对造成这些翻译障碍或困难的原因也往往有着深刻的认识，而随着认识的不断加深，他们也逐渐透过语言之间的"异"，发现了与之相关的思维、文化等更深层的"异"。[2] 在翻译理论探讨的层面，近半个世纪以来，对"异"之问题的研究在理论上得益于哲学、语言学、比较文学等学科有关探索成果的启迪。布隆菲尔德的行为主义"意义"理论、新洪堡学派的"世界映象"理论对传统翻译观念提出的质疑以及乔治·穆南对存在于人类精神与物质等各个方面的"差异"给翻译可能造成的障碍所进行的探索，都对"异"之问题的认识的不断深入起到了实质性的推进作用。而德里达则以"异"的概念对"逻各斯中心主义"和"语音中心主义"的解构为"多样性"的存在和价值打开了大门，他的《书写与差异》涉及的许多问题，如开篇的《力量与意谓》一文所探讨的"形式与意图"、"语言与意义"等，对翻译研究所关注的"意义"的再生无疑具有重要的启迪作用。

　　"异"与"同"相对立而存在。当我们对这两个概念再作进一步的思考时，我们可发现与之相联系或者说在本质上有着某种一致性的另一对概念："自我"与"他者"。在《辞海》对"异"字的解释中，第三个定义就是"其他，别的。"顾彬（Wolfgang Kubin）在其演讲集《关于"异"的研究》中，第一讲为"'异'的概念"，他是这样定义德文中的"Fremde"（即中文里的"异"）一

1　引自《访谈代序》，《书写与差异》，雅克·德里达著，张宁译，北京，三联书店，2001年，第23页。
2　翻译家傅雷对"异"的感受以及对"异"与翻译之间的关系的认识就是一个明证。在《谁在翻译？》一章中，我们已经结合对译者身份的辨析，在从"仆人"到"叛逆者"这一身份转换的过程中揭示了"异"所起的作用，其中已就傅雷对"异"的认识展开过讨论，这里不再赘述。

词的:"'异'可以用来表示自己所不了解的一切,与'异'相对的乃是自己。"[1]
如果说"异"的第一个释义强调的是"异"与"同"的相对立,作为一正一负
的两极所组成的整体,那么在"自我"与"他者"的这一对概念中,我们则看
到了除对立之外的另一种可能性,那就是两者的互存性。无论是在精神世界
还是在物质世界中,"异"都是一种必然的存在,有"同"而无"异",便没有
世界的多样性和丰富性。翻译研究所要面对的这些"异",从根本上说,构成
了翻译的必要性,而翻译之根本目的,就是在保存这些"异"的同时,让这些
"异"之间不隔绝,而是形成一种相互联系、相互渗透的关系,以达到进一步的
发展和丰富。因此,当我们研究翻译中的"异"与"同"的问题时,不能将"自
我"与"他者"这一对概念割裂开来。我们认识事物,都有一个出发点,那
就是往往以"我"为出发点,凡"我"不了解的,与"我"之"不同"者,皆为
"异"。这也就为翻译研究提出了另一个方面的问题,那就是作为译者,应如何
对待"异"与"同",如何协调"自我"与"他者"之间的关系,翻译中的"归
化"与"异化"之争由此而生。所谓"归化",即是某种意义上的"同我",所
谓"异化",便是一定程度上的"异我"。从"异"与"同",到"他者"与"自
我",再到"异化"与"归化",我们可以看到一条贯穿其间的主线。

7.2.2 文化视域下"异"之考察

贝尔曼在《异的考验——德国浪漫主义时代文化与翻译》一书中,以文化
的视界来探讨翻译问题,将对翻译的探讨与对文化的透视结合起来,形成了为
西方翻译理论界普遍称道的翻译文化观。就翻译理论的探讨而言,基于"翻
译是一种跨文化的交流活动"这一认识,我们在关注语言差异的同时,也自然
会关注在语言差异之后所存在的文化差异以及在语言中所积淀的文化差异。在
翻译的具体操作层面,语言的差异给翻译造成的障碍是直接而具体的,但是若
翻译者只囿于语言的差异而忽视其差异背后及差异中间所存在的文化差异,便
有可能在机械的符号转换中扼杀深层面的"异"所表现的价值和生命力。正是
在这个意义上,有不少翻译研究学者都持这样的观点:与其说是语言的差异造
成了不可译的因素,不如说是文化的差异是不可译的根本原因。翻译看似是以
异语的接触、转换为基本形式,但它所承载的却是不同文化之间的接触、碰
撞与交流。贝尔曼在他的研究中,揭示了翻译在异域文化交流中所起的作用,
通过马丁·路德翻译《圣经》的实践过程,从文化的深层意义上阐明了翻译在
"异"的交流中带来的新的生命。在他看来,路德翻译希伯来语《圣经》的过

---

1 《关于"异"的研究——顾彬讲演》,顾彬著,曹卫东译,北京大学出版社,1997年,第1页。

程,无疑也是德意志文学语言首次决定性的自我确立过程。[1] 通过翻译希伯来语的《圣经》,亦即通过与"异"的接触,达到了"自我"的确立。正是在这个意义上,我们可以说,"异"与"同"之间展示了"自我"与"他者"的深刻关系。"他者"是"认识自我"的一个参照,是"丰富自我"的一个源泉,是"确立自我"的一个途径。在贝尔曼看来,路德的翻译不仅促进了德意志文字的确立,也给了德意志文化以新的养分。从贝尔曼的研究中,我们可以得到这样一个启示:翻译的任务和地位,应该从世界文化交流这个大前提下去认识。翻译是一项跨文化的交流活动,同时,也是一个各民族间相互影响与作用的交流手段。从这个角度去认识、分析翻译中的"异"与"同"的问题,我们便有可能从正确的翻译立场出发,处理好在翻译中所遇到的种种矛盾。

如果把翻译置于文化交流的高度去进行考察,我们必须承认,翻译上的语言问题往往与文化问题紧密结合在一起。翻译通过语言的转换促进文化的开放,继而又促进我们的思维的开放。异语间的交流,便是不同文化间的交流。在这种交流之中,各自的独特性虽然为对方认识自己、丰富自己提供了可能性,但同时,也往往成为一种严峻的考验。

"异"的这种考验,首先是在观念上,它表现在对"异"的认识上,体现在对待异文化的态度上。如何对待异、对待异文化,首先有个出发点。不管哪个民族或哪个个人,在空间上无疑都会取自己所处的位置作为视野的出发点。在这个意义上说,以"我"为中心,或以我为本的倾向就自然而然地成为一种主要倾向。问题是人们能否意识到,这一倾向有可能带来的视野狭窄或其他危害。站在自己的位置上,以自己为中心,未必就一定会有危害。关键是目光不要只停留在自己的身上,目空一切,唯我独尊,周围的一切都附属于自己,或把敌视的目光投向周围,投向异域。世界是个整体,若把自己视为世界的一部分,协调好自己与其他部分的关系,这时的目光自然就会有变化,就会有对异域的关注,就会有一种交流与沟通的需要和追求。若目空一切,唯我独尊,则差异势必要被视作异端。若考察一下世界发展的历史,我们可以看到这种现象是屡屡发生并存在的。如基督教内,凡不符合"正统"教义的思想、学说,会被视为异端。在中世纪,对待非正统的教义、思想或学说,必诛灭之而后快。欧洲文化中心论者,也认为其他民族的文化是异端。只有欧洲民族是文明的,其他民族都是"蛮族",19世纪初,这种观点在欧洲十分盛行,如今在世界文化的接触、往来中,持欧洲中心论者还大有人在。

1　Antoine Berman: *L'épreuve de l' étranger, culture et traduction dans l'Allemagne romantique*, Paris, Gallimard, 1984, p.47.

对待外国文化，有可能还会走上另一个极端，那就是一味崇拜外国的文化，看不到自己的长处，而渐渐丧失"自我"。这种情况在历史上也不同程度地多次发生过。那种"言必称希腊"与"美国的月亮比中国的圆"的文化论调就是丧失"自我"，奉"他者"为神明的极端错误观念。

不同民族的文化之间具有差异性，这是不可否定的事实。按《辞海》的解释，所谓差异，就是"没有激化的矛盾"。因此，承认世界不同民族文化之间的差异，就是承认它们之间所存在的尚未激化的矛盾。如何对待文化差异？是激化矛盾，还是互通有无、互相尊重、平等对待？这是个关键的问题。

翻译，是文化的媒人，起着不同文化交流的中介作用，就是我们经常说的"桥梁作用"。面对不同文化差异，面对事实上存在的矛盾（对文化的共存而言，差异自然是个矛盾的因素），翻译首先需要解决的问题，就是如何对待不同的文化。是偏向一方，以牺牲一方的利益为代价？还是以不偏不倚的态度努力促进沟通、交流？在这项工作中，有三种态度需要克服：一是无视异域文化，二是轻视异域文化，三是仰视异域文化。前两种态度是"不平等"的"唯我独尊"的傲慢态度，第三种有可能由"仰视"而发展成为"盲目崇拜"。在中法文化交流史上，先后出现过这两种极端的倾向。就法国一方而言，曾经有过以伏尔泰为代表的对中国文化的狂热崇拜，也有过以孟德斯鸠的某些论点为发端的对中国文化的排斥思潮。[1] 极端的排斥与盲目的仰慕都是不足取的。在翻译上，译者对不同文化的态度直接影响着其对具体作品的译介。最说明问题的是罗马人对希腊文化的译介。谭载喜谈到在公元前2世纪，"罗马势力刚刚兴起，希腊文化依然高出一筹，或者说罗马文化才开始进入模仿希腊文化的阶段，希腊的作品为罗马的译者奉为至宝，因而在翻译中亦步亦趋，紧随原文，唯一目的在于传递原文内容，照搬原文风格。比如恩尼乌斯所译欧里庇斯的悲剧，普劳图斯和泰伦斯所译的希腊喜剧，都突出地反映了这种态度。随着时间的推移，罗马人意识到自己是胜利者，在军事上征服了希腊，于是以胜利者自居，一反以往的常态，不再把希腊作品视为至高无上的东西，而把它们当作一种可以由他们任意'宰割的'文学战利品"。[2]

"异"的考验，不仅仅表现在观念和态度上，更是实实在在地体现在语言的差异给翻译造成的障碍上。对于目的语而言，利用异语的"新字眼、新句法"来改造自己、丰富自己，进而确立自身，这个过程是相当漫长，而且往往是充满冲突和痛苦的。语言系统虽然是开放的，但在语音、词汇和结构层次等

1 参见《仰慕中国者与排斥中国者》，见《中国之欧洲》（下卷），艾田蒲著，许钧、钱林森译，河南人民出版社，1994年，第338–352页。
2 《西方翻译简史》，谭载喜著，商务印书馆，1991年，第22页。

方面具有一定程度的排异性。对外来词语、句法、结构的接受过程，不仅仅构成对出发语的考验，也构成对目的语的考验，要通过语言的转换将异质因素引入到另一种文化之中，其困难是不言而喻的。汪堂家认为，要解决这些困难，经受"异"的考验，最好的办法"就是用尽可能多的'同'来显示尽可能多的'异'，用两种语言中相互重叠的部分来显示不重叠的部分。正是这些不重叠的部分再现了文化的多姿多彩，显示了不同民族相互学习的必要性。在翻译中，'灭异为同'或'以同害异'都是一种暴虐，不单单是文字的暴虐，也是思维的暴虐，亦即消灭客观存在的差异，利奥塔甚至把它称为'恐怖'。"[1]以尽可能的"同"来显示"尽可能多的'异'"，这种方法应该是一种理想的方法，以"同"为基础去认识"异"，以理解"异"，进而去接受"异"，正如以"已知"为基础去认识"未知"，这是一种发展与辩证的观点。但是，应该看到，这种认识、理解与接受的过程，不是能轻易完成的。比较文学学者孟华对这一过程进行了理论的探索，提出了"相异性"与"相似性"两个概念，指出："任何一种相异性，在被植入一种文化时，都要做相应的本土化改造。那么，被传递的因素就不可能是真正的'相异性'。而在目的语文化对原作的改造中，核心的机制是找到既与原文对应，又能为本民族读者所理解和接受的词语来进行置换。因而，用以置换的东西，实际上是一种近似'相异性'的因素（近似的程度会因译者水平、策略的不同，历史、文化语境的不同而不等，却永远不会等同于原作），由于没有现存的词语来定义，我权把它称作'相似性'（resemblance）。实际上，'相似性'仍应归并在'认同性'内。它表面上与'相异性'很接近，但却以隐含的形式包含了极强的'认同性'。换言之，它是'认同性'激活'相异性'，使后者亦呈开放态势，然后对其进行加工改造，使其能融入'认同性'的因素。"[2] 在这里，孟华提出了一个重要的观点，那就是任何"异性"的因素，是不能不加改造地直接进入目的语系统的。目的语要接受"异"，需以"认同性"为基本条件，通过加工、改造，融入新的环境。这种加工或改造，既有历史、社会和文化语境对其的客观限制（或者说对其提供的客观可能性），也有译者的主体性、意识形态和文本的语言关系等因素所起的作用。

---

1 引自《可译性、不可译性与思维模式的转换》，汪堂家，《辞海新知》总第7辑，2001年3月，第15页。
2 《翻译中的"相异性"与"相似性"之辩》，孟华，《多边文化研究》（第一卷），北京大学比较文学与比较文化研究所编，新世界出版社，2001年，第110页。

7.2.3 归化与异化之争

澄清了有关"异"与"同"的一些基本含义,明确了"异"的本质及可能所起的作用之后,我们现在可以更进一步在"异"与"同"这一对矛盾所展示的深刻内涵之中,去考察近几年来在译界争论不休的"归化"与"异化"问题。在我们看来,所谓"归化"与"异化",实际上是以译者所选择的文化立场为基本点来加以区分的。译者作为跨越两种文化的使者,他所面临的有出发语文化与目的语文化。面对这两种文化,出于不同的动机和目的,译者至少可采取三种文化立场:一是站在出发语文化的立场上;二是站在目的语文化的立场上;三是站在沟通出发语文化与目的语文化的立场上。第一种文化立场往往导致所谓"异化"的翻译方法;第二种立场则可能使译者采取"归化"的翻译方法;而第三种立场则极力避免采取极端化的"异化"与"归化"的方法,试图以"交流与沟通"为翻译的根本宗旨,寻找一套有利于不同文化沟通的翻译原则与方法。劳伦斯·韦努蒂曾以日本小说的英译以及亚里士多德(Aristotle)《诗学》(*Poetics*)的英译为例,来考察译者所采取的文化立场与"异化"及"归化"这两种翻译策略的确立之间的关系,指出在受多种因素决定的翻译活动中,译者对异域语言与文化的态度与理解以及对本土文化价值的认识与立场是决定翻译方法的一个最重要的因素。而对异域文本的选择与翻译策略的制定,反过来又影响着本土文化与异域文化之间的关系。一个国家、一个民族的文化心态和译者本人的文化立场在很大程度上决定了译者对翻译策略的制定。从这个角度看,对翻译的许多技的层面的探讨,不能忽视政治、文化层面的因素对翻译的影响。在我国翻译史上,远的不说,近的有20世纪30年代鲁迅与赵景深之间关于翻译的论战,看上去是翻译方法与技巧之争,实际是表明了各自的一种文化态度和政治立场。孙歌曾指出,鲁迅在与新月派文人的论战中,"坚持了他'硬译'的立场,从此把翻译的问题转向了文学和文化重构的政治性问题"[1]。鲁迅在谈及《死魂灵》的翻译时说:"在动笔之前,就先得解决一个问题:竭力使它归化,还是尽量保存洋气呢?"鲁迅对这个问题的回答十分明确,他认为翻译的目的,不但移情,而且要益智,因此翻译必须保持原文的异国情调,对原文"不主张削鼻剜眼"[2]。鲁迅的立场是分明的,翻译要尽可能保存洋气,采取的方法是"在有些地方,宁可译得不顺口"。这种翻译方法,若仅仅从技的层面去探讨,有可能会得出反面的评价,乃至给予彻底的否定。但我们若从鲁迅的文化立场出发去加以探究,恐怕会得出不同的评价。鲁迅的"硬译"或"不顺",只是一种翻译策略,

---

1　引自《前言》,《语言与翻译的政治》,许宝强、袁伟编,中央编译出版社,2001年,第28页。
2　引自《"题未定"草》,鲁迅,《翻译论集》,罗新璋编,商务印书馆,1984年,第301页。

他所要达到的是改造中国文化的目的。对于"归化"与"异化"的讨论，我们应该从翻译的技的层面即方法技巧的层面走出来，将翻译方法的选择置于文化立场的表达及文化重构的高度去加以审视与探讨。

孙致礼通过译者对"归化"与"异化"策略的选择概述了从19世纪70年代开始直到21世纪一百三十多年间的中国文学翻译情况。[1] 作者指出在一百多年的中国文学翻译中，归化论占了主导地位。其间，林纾、朱生豪、张谷若等译者采取了归化的策略，让目的语文本尽量向读者靠拢，让原作者去接近读者。当时历史条件的限制——中国文学翻译尚未成熟，译者大多为作家，对翻译理论思索深度不够，导致了这一时期的翻译除了"五四"后十年间鲁迅强调的保存原作的"洋味"，基本上是归化论占主导地位。20世纪的最后二十年，是中国文学翻译界对归化异化策略选取重新思考的时期。刘英凯于1987年在《现代外语》上发表《归化——翻译的歧路》一文，大力倡导"异化"翻译策略。1995年，上海《文汇读书周报》和南京大学翻译研究所举办过一次关于《红与黑》译本意见的调查，不少人认为读者希望看到原作的异国情调，就是采取异化策略的译文。此间中国文学翻译界对于归化与异化的思考对中国文学翻译的繁荣起到了重要的推动作用。作为贯穿中国文学翻译实践全程的"归化"与"异化"之争，恰好反映出百年来中国文化对待外域文化的态度，即"自我"对于异于自身的"他者"的态度流变。中国翻译文学发轫之初，翻译家对于"异"采取了一种消解的手法，特别是林纾的译文，完全是采取一种符合国人口味的"同"。20世纪后二十年中一些翻译理论家开始反思这种灭"异"为"同"的翻译文化观，开始强调"异"与"同"之辩证共生。到了21世纪，因为翻译的目的是促进文化交流，因此通过对"异"的诉求，找寻"他者"，恰好是从另外一个侧面论证了"自我"之存在。

在本节中，我们在阐述"异"与"同"这一对概念的基础之上，从宏观的文化交流视角考察了"异"与"同"这一对矛盾。其间涉及到"归化"与"异化"这一翻译界广泛讨论的论题，并指出新时期文学翻译需要进一步强化"异"与"同"的辩证共生。

7.3 形与神之矛盾

翻译中的"形"与"神"问题，是讨论最多、意见也最难统一的根本问题

---

1 参见《中国的文学翻译：从归化趋向异化》，孙致礼，《中国翻译研究论文精选》，严辰松主编，上海外语教育出版社，2005年，第246–263页。

之一。"形"与"神"在本质上相互依存，不可分割，而翻译的根本任务，则是要通过"形"变，而达到"神"的再生。问题在于，"形"变了，神是否依旧不变？

7.3.1 "形"与"神"界说

在讨论"形"与"神"的关系问题之前，我们有必要对"形"与"神"这一对概念的来历以及翻译活动所涉及的"形"与"神"作一大致的界定。

7.3.1.1 "形"与"神"概观

"形"与"神"是中国古典哲学中的一对重要范畴，本来指人的形体和人的精神之间的关系，后来借用到传统文艺美学领域。《庄子·外物》提到："荃者所以在鱼，得鱼而忘荃；蹄者所以在兔，得兔而忘蹄；言者所以在意，得意而忘言。吾安得夫忘言之人而与之言哉！"这里庄子使用了引譬设喻的手法，意思是：竹笋是捕鱼用的，一旦捕着了鱼就会被遗忘；兔网是用来逮兔子的，一旦逮着了兔子就会被遗忘；言语是用来表达思想的，一旦领悟了意义就会忘掉言语。我怎样才能找到一个忘掉言语的人而跟他谈一谈呢？庄子提到了"形"与"神"的关系：前者是人们的言语，即"言"；而后者指人们交流时要用言语表达的意义，即"意"，他欣赏的是那种"得意忘言"之人。这一"意（神）"与"言（形）"的关系雏形后来又出现在中国古代文论中，并得到了进一步发展。《文心雕龙·神思》提到："方其搦翰，气倍辞前，暨乎篇成，半折心始。何则？意翻空而易奇，言徵实而难巧。是以意授于思，言授予意，密则无际，疏则千里。"这里刘勰指出：自己刚提起笔，其气势（文思）比搜寻言语表达时要强一倍；等到文章写成，所写只有所想的一半。为什么会这样呢？文思容易驰骋万里而设想出离奇之处，但是语言却比较实在，很难运用得巧妙。因此，在思想转化为具体的意义，具体的意义再转化为语言时，贴切时可以说天衣无缝，而疏漏时则相差千里。这一论述说明了"意（神）"与"言（形）"的难于一致，正是创作时"形"与"神"之关系的真实写照。

"言（形）"与"意（神）"之关系是中国古代文学艺术的一个重要论题，是中国艺术意境论的一个重要基础。"诗歌求言外之意，音乐求弦外之音，绘画求像外之趣，其中的美学观念都是相同的，都要虚中见实。"[1] 这段论述中的

---

1 引自《中国诗歌艺术研究》（增订本），袁行霈著，北京大学出版社，1996年，第77页。

"虚"与"实"其实也是"神"与"形"的一种表现。唐代画论家张彦远在《历代名画记·论画六法》中提到："今之画纵得形似而气韵不生；以气韵求其画，则形似在其间矣。"又说："至于神鬼人物，有生动之可状，须神韵而后全。若气韵不周，空陈形似；笔力未遒，空善赋彩，谓非妙也。"大意是：今人的画纵然可以得到形似，却没有神韵；用神韵来要求他的画，那么形似也就在其中了。画鬼神人物的时候，仅仅带有生动的形象状貌还是不够的，只有具备神韵才能周全。如果没有神韵，那么只能展示出形似；笔力不遒劲有力，虽然可以显示出较好的赋彩技巧，却不能算得上妙笔。这里论画的"形似"与"气韵"与我们关注的"形"与"神"何其相似。不过从上述论述中，我们可以看出中国传统美学中的"形"与"神"似乎没有什么明确的定义，只能作为一对相生相伴的模糊范畴，这也为后来我国翻译理论研究中"形"与"神"具体指涉的含混性埋下了伏笔。不过，上述这些中国传统文艺美学思想为翻译研究中"形"与"神"的探讨提供了丰富的土壤。翻译家傅雷曾在上海美专任教职，他的翻译观在很大程度上就受到了"形"与"神"的影响。陈西滢更是在画论的基础上阐发了自己的翻译观。

7.3.1.2 翻译研究中对"形"与"神"的界说

"在中国古代文论史上，历来存在这'文质'、'形神'方面的争论，大多数批评史论著作均将其称之为'内容'与'形式'的争论。"[1] 我们认为在翻译活动中，"形"最主要的是指"语言"。而"形变"，则是我们通常所说的"语言的转换"。从出发语到目的语，"形变"，即"语言的转换"是不可避免的，音的变化，形的改变，音形义结合的方式也要改变。而"神"，拿当代语言学的术语来说，指"语言活动"的产物。从目前翻译界比较认可的观点看，"神"在很大程度上是指"意义"，但问题却在于对"意义"的界定，语言学界并未形成统一的观点。实际上，有关"神"与"形"的许多争论，或多或少都源于对"神"与"形"的不同认识上。应该看到，在翻译历史上，有关"形"与"神"的思考几乎一直在持续着，在20世纪，我国文学翻译界曾围绕"形"与"神"的问题有过多次激烈的讨论，而讨论的焦点主要集中在翻译应该求形似还是神似这一点上。从表面上看，翻译应该求形似还是神似，似乎不构成问题，因为求形似不是也不应该是翻译的目的所在。但是，主张形似的一派认为，只有先求形似，才能保证达到神似；而主张神似的一派认为，形似难求，只能以神似为依归。前者追求的是先形似而后神似，"形神皆备"为最佳

---

1 引自《中国古代文论教程》，李铎著，北京大学出版社，2000年，第9页。

185

境界；后者则以"神似"为唯一追求，明确提出"翻译所求的不在形似而在神似"。由于形似派与神似派着力点不同，因此在翻译的方法上也有别，前者崇尚直译，后者则主张意译。

为了从"形似"与"神似"的二元对立中摆脱出来，我们有必要找到一个共同的出发点，看一看翻译，特别是文学翻译所涉及的"形"与"神"到底是指什么。

首先讨论"形"。"形"，翻译界又称为"形式"。"形"或"形式"，首先是指语言符号系统及其组成部分。在这个意义上，翻译的首要任务便是要克服不同的语言符号系统所造成的理解障碍，通过变"语言"之形，亦即我们所说的语言转换，给持不同语言的人提供沟通的可能性。对这一层面的"形"，我们自然不会去追求"似"，而是相反，要敢于去"破"，去克服。就此而言，任何一个译者都不会持异议。但对于具体的翻译活动，它所面对的不是纯粹的语言符号系统，而是利用语言符号系统所提供的可能性生产的话语。就我们在此讨论的范围即文学翻译而言，翻译者所面对的是文本。而文本作为一个创造的产物，它对于翻译者来说，其形式是什么呢？这里，我们会遭遇到对"形式"的不同理解。傅雷对"形似"中的"形"没有明确的界定，但从他的《致林以亮论翻译书》和《〈高老头〉重译本序》中，我们也许可以大致看出傅雷主张不求似的"形"主要包括"原文字面，原文句法"以及"文字词类"、"句法构造"、"文法"、"修辞格律"和"俗语"等。他所提出的这些方面主要还是属于"语言文字"和"语言法则"的层次的"形"。但傅雷在提到"原文句法"时，连带想到了"原文的风格"，他对林以亮说："你不在原文的风格上体会，译文一定是象淡水一样。而风格的传达，除了句法以外，就没有别的方法可以传达。"[1] 傅雷在此遇到了一个两难的问题：各种语言的文字和句法不同，翻译不能去机械地求似，但对一部文学作品来说，文本的句法或文本的遣词造句方式，则在很大程度上体现着原文的风格，若不在句法上下功夫，原文的风格便无从传达。这也就是说，放弃了对原文句法的转换，就难以传达原文的风格，在此，我们便面临了这样一个问题：原文的遣词造句方式、原文的语言风格是属于"形"的范畴还是"神"的范畴？对这一问题，我们在下文中再作讨论。主张"形神皆似"的江枫对"形"的看法比较明确。他是针对诗歌翻译而谈"形似"的首要性的，他认为诗歌之形，应该包括诗的"结构、词汇（和词序、词的组合）、诗行（或不分行）、韵律（或无韵律）……乃至词的拼写

---

1 《致林以亮论翻译书》，傅雷，《翻译论集》，罗新璋编，商务印书馆，1984年，第548页。

和字母的大写小写等等。"[1] 总的来看，他所指的"形"，既包括语言层面的"形"，也包括语言使用层面的"形"，与法国诗人瓦莱里（Paul Valéry）对"诗的形式"的界定基本一致。瓦莱里认为："诗的形成，也就是说其中包含节奏、韵律、和谐、修辞的对称、反衬等一切称得上形式的基本特征的手段。"而"一部作品的形式即是那些可感知特征的整体。"[2] 瓦莱里对文学作品的"形式"的这一界定，具有很强的概括性，但主要涉及语言的使用层面，在这一层面，形式往往打上作者的个性特征，而这些可感知的特征又是具有价值的。就一部文学作品而言，这一层面的"形式"的价值在很大程度上决定了其是否具有艺术性，因为文学是文字的艺术，充分地利用语言文字所提供的可能性，创造具有个性的表现形式，是赋予作品生命的基础。毫无疑问，放弃对这些形式所蕴涵的价值的领悟，忽视对这一层面的形式的再创造，不可能会有真正成功的翻译。

与"形"相对的"神"，是文学翻译界界定最为模糊、认识最不统一的"概念"之一。若把"形"定义为语言层面和言语层面的"形式"，那么，与之相对应的便是"内容"。在这个意义上，"形式"与"内容"在翻译探讨的文章中常可与"形"与"神"相替换。但问题是，"神"在许多翻译家和翻译研究者的笔下，又往往可与如下的说法联系在一起："精神"、"神韵"、"味"、"原旨"、"意义"、"气势"、"风格"等等。在这些说法中，我们可以看到有的失之笼统，有的过于宽泛，有的难以捉摸；有的是中国传统文论中常用的术语，有的则是现代语言学使用最多但又争议最大的术语，总之，用这些本身就难有统一认识的术语去界定"神"，其结果可想而知，不可避免地会造成争论的各方从各自的角度出发，各执一词，莫衷一是。从理论上讲，如推崇"神似"，必要对何为"神"有所交待，心中要有数，若连自己也说不清道不明，怎能在实践中去自觉地追求呢？傅雷提出"重神似而重形似"的主张，从他对翻译的有关思考文字中，我们发现他对"神"的理解大致包括"意义与精神"和"韵味"。如他在《〈高老头〉重译本序》中，三次提到"意义"，两次提及"精神"，两次论及"韵味"；在《致林以亮论翻译书》中，傅雷谈到"神气"，"语气"、"情调"、"气氛"等等，在他看来，这些都可以归结为"神韵"。我们注意到，傅雷在论及"神似"时，基本都包括两个方面，即"意"与"神"，如"传神达意"。但两者又是有一定区别的，"意"是一部作品的基础，而"神"则是一种境界。在这个意义上，我们可以说傅雷的"神似论"是主张"传神达意"的一种高标准的翻译。虽然

---

1 《形似而后神似》，江枫，《翻译思考录》，许钧主编，湖北教育出版社，1998年，第420页。
2 《文艺杂谈》，瓦莱里著，段映虹译，百花文艺出版社，2002年，第150页。

现代语言学对于"意义"的界定也是极为复杂，意见也难以统一，但总的原则是，语言学界越来越倾向于把意义看作一个综合的整体，包括我们在上文所提及的各个因素。有必要指出的是，不同的文本意义所构成的各种因素是不同的，如非文学作品，基本上以"逻辑意义"为基本意义，而文学作品，特别是诗歌，则是包括节奏韵味、情调、气势等等因素共同起着作用的一个综合整体。正因为如此，王以铸在《论神韵》一文中说，神韵"不会是表面上的东西，而是深藏在语言内部的东西；不是孤立的东西，而是和包括它的全体、和作者本身、甚至和作者的时代背景交织在一起的东西。这种东西不是在字面上，而是在字里行间"[1]。至此，我们也许可以暂对"神似"中的"神"作如下结论：按照翻译界流行的说法，"神似"中的"神"不仅包括神韵、情调、气势、风格等，还包括我们通常所说的"意义"、"精神"和"内容"，非常有趣的是，翻译在方法上的"直译"与"意译"的二分法，将"意译"中的"意"又扩大化，其"意"中又是包含着"神"的。在这个意义上，"意"与"神"，都可纳入现代语言学界目前所界定的"意义"范畴。

7.3.2 "形"与"神"的辩证关系

对"形"和"神"的基本内容作了一个大致的梳理与界定之后，我们认为还有必要辩证地看待翻译中"形"与"神"之间的关系。

我们在上文中说过，"形"与"神"的概念，是一个古老的概念，如前所述，宗教、哲学、语言学和文艺学等都使用这两个概念，但其所指是有区别的。我们之所以在上文中用了如此多的笔墨来梳理翻译中的"形"与"神"的概念，是因为只有弄清楚了它们在不同翻译家的认识中具有哪些一致的地方和哪些不一致的地方，我们才可能找到一个探讨的共同出发点。在翻译上，"形"与"神"这两个概念或两种说法，应该说是借自于"绘画艺术"。国内公认的对翻译中"形"与"神"的问题有过较为自觉的思索和较为系统的探讨的翻译家，如陈西滢、傅雷，都是借绘画艺术中的这两个概念来论及翻译的。在论述文学作品的创造问题时，巴赫金（Mikhail Bakhtim）也曾以雕刻艺术与文学艺术作比，区分了文学艺术作品的三个基本的因素，对我们认识"形"与"神"的关系颇有启发。在他看来，作为艺术活动的文学创造，作者是整个"艺术观照中起组织作用的形式与内容的中心"。他指出，在文学创作中，"作者把目光投向内容（主人公的生活风云，即认识伦理的积极活动），他构建并完成这一内容，为此而利用一定的材料（在我们这里就是语言材料），使其服从于自

---

1 《论神韵》，王以铸，《翻译论集》，罗新璋编，商务印书馆，1984年，第567页。

身的艺术任务，即完成这一认识伦理积极活动的任务。从这一点出发，可以在艺术作品中，或者确切地说，是在这一艺术任务中区分出三个因素：内容、材料、形式。"[1] 我们知道，巴赫金是从美学的角度来讨论艺术作品的内容、材料和形式问题的。他对内容的界定非常全面，其中涉及作品与世界、作品与创作主体、作品与表现形式等方面的问题。从具体的角度看，所谓"内容"，是"审美客体的必不可少的结构因素"，包括"认识因素"和"伦理因素"，"与之相对的是艺术形式。离开这一相关性，艺术形式就根本没有任何涵义。"他明确指出："形式倘若离开与内容的关联，即离开与世界及其要素的关联（这个世界是以认识和伦理行为为对象的），它就不可能获得审美的意义，也就不能实现自己的基本功能。"[2] 巴赫金在此讲的"内容"与我们在研究翻译时所涉及的文本的"内容"看似没有什么关联，但实际上，我们若考虑到译本与原作之间的"同源而不同一"的关系，透过原文本的语言层面，指向原作所意欲表现的世界时，我们便能从更深一层的角度来理解作品的内容所包含的各种因素。原作所意欲表现的世界，可以因作品而异，包含多方面的内容，如人性与神性、现实世界与超验世界、仿自然与超自然等等因素，以及现实与情感、物质与精神等等方面。这一切都可以构成原作者和原文本所指向的源，而译作与原作的关系中，最为本质的就是这种同源的指向。语言表层、语言表现形式的同等或同一，不是翻译所要达到或所能达到的，而译作与原作的同源性,确保了译作与原作不可能割断的血缘关系。理解一部作品的内容或意义，必须将作品置放于其创造所指的世界中去。因为，"作品获得生命与意义，是发生在同样活生生的、具有意义的世界里，也是在认识的、社会的、政治的、经济的、宗教的诸方面之中。"[3] 在这个意义上，翻译不可能在形式的对等转换中去实现原作所包含的意义。如果说巴赫金所指的"内容"对我们理解翻译研究所关注的意义问题还是比较宽泛或抽象的话，他对"材料"与"形式"的区别倒有可能帮助我们更进一步把握我们所讨论的"形式"。就文学作品而言，所谓"材料"，巴赫金指的是语言学所界定的纯粹意义上的"语言"，亦即我们翻译研究中所说的由词语、语法、句法等组成的语言符号系统。而"形式"，巴赫金认为"是内容的形式，但它全由材料实现的，仿佛紧固在材料上。所以，形式应从两个方面去理解、去研究：（1）从纯审美客体内部，这时它是建构形式，它的价值在于表现内容（可能的事件），并从属于内容；（2）从作品的整个材料布局内部：这是对形式的技术方面的研究。"[4] 巴赫金将

---

1 《巴赫金全集》（第一卷），巴赫金著，晓河等译，河北教育出版社，1998年，第289页。
2 同上，第331页。
3 同上，第325页。
4 同上，第356页。

"形式"区分为"建构形式"与"布局形式"。"建构形式"具有主体的创作性，有着明确的个性特征，而"布局形式"是某种艺术类型的一种技巧性的布局，如戏剧形式、诗歌形式、小说形式等，有点像我们所说的"体裁"。这种区分对我们所讨论的"形"与"神"的问题的启迪在于，我们可以将我们所讨论的"形"分三个层次：一是语言层次，即巴赫金所说的"材料"；二是言语层次，即运用语言所提供的一切可能性的具有主体创造性的建构形式；三是文体层面，即不同类型文本的不同的布局形式。若把翻译比作临画，我们在第一个层次便可看到两者明显的差别。临画与原画"素材"（亦即巴赫金所说的材料）相同，而译作与原作，虽说用的都是语言，而不同的语言的音、形及音、形、义结合的规律都不同。在这个层面上，如果说临画的"形式"有着相同的素材和相同的法则作为理论上的保证的话，那么翻译则不仅不应该追求"形似"，而是必须以破原作语言之形为首要手段。在第三个层面，也就是巴赫金所说的"布局形式"的层面，主要涉及我们所关注的体裁问题，如小说有一定的形式要求和相应的语言要求，如诗歌对押韵、格律等都有一定的要求。在翻译中，对这一层面的形式，译界的认识比较统一，都认为必须加以传达，也就是我们经常强调的，译出的小说要像小说，译出的诗歌要像诗歌。日本文学翻译家李芒认为，"以形式来论，其中的体裁和语言最为重要"，并以日本和歌的翻译为例子，说明了保存和歌体裁形式的重要性及其可译性。[1] 意见较难统一的是在第二个层次，即言语层次，显而易见，追求"形似"也具有理论上的困难和障碍，但是应该看到，一部文学作品的生命，在很大程度上取决于创作主体对语言所提供的可能性的独具个性的运用。同样的几个单词，在不同的创作主体的笔下，会出现不同的生命姿态。一部作品的可感知的一切特征，构成了一部作品生命的基础，"形"的重要性是不言而喻的。就创作而言，作者的语言风格在这一层面显得尤为重要。法国作家福楼拜说过，"风格就是生命。这是思想的血液"。语言风格具有可感知的一面，也就是我们通常所说的"客观可感性"。作者在语言使用中作用于风格的诸方面，尤其是其独特的遣词造句方式，是具体实在的，是可以感觉和辨识的。应该看到，翻译界对要不要以"形似"为重的争论，主要就集中在这一层面。从理论上讲，不同的语言风格具有不同的表现力，赋予作品不同的气势、情调和神韵，就翻译而言，其着眼点和着力点应该在这具有个性的"不同"上，只有在翻译中表现了原作的这一"不同"，才能赋予原作不同于他者的独特生命。关键是，翻译如何来表现原作的这一"不同"呢？是采取摹仿的方法去求？还是有别的什么途径？

---

1 参见《翻译，再现原作的再创作》，李芒、许钧，《文学翻译的理论与实践——翻译对话录》，许钧等著，译林出版社，2001年，第25–45页。

对这一问题,翻译界有不同的认识,且根据不同的认识有不同的答案。语言的差异和语言差异所反映的各个方面的差异,给语言层面的机械转换造成了困难,正因为如此,傅雷在给友人的信和探讨翻译的文章中多次强调差异的存在,并基于种种层面的差异给翻译造成的难以克服的困难,提出了不重形的观点。应该承认,无论是在纯语言的层面,还是作者根据语言的音、形及音、形、义结合的特点所进行的言语层面的创造,如双关、谐音等等,都不可能以"形似"的方法去进行机械性的摹仿。译者所要关注的,是作者采取的是何种创造手法去充分利用语言所提供的可能性,他在翻译中首先要体现的就是原作者的创造个性,以原作者所提供的文本为出发点,通过语言层面的词与句,深入到字里行间去把握原作者的意图和文本的语境所限定的意义,再根据目的语的文化语境充分调遣目的语所提供的可能性,在目的语中使原文本获得新的生命。正因为如此,是采取与原作相同、相似的语言表现手段,还是不同的甚至相反的语言表现手段,并不是一个有着明显界限的是非对错的原则问题,而是要视两种语言、两种文化语境以及各种因素所提供的可能性而定。形可似,也可不似,但译者都不能不投入自己的创造个性,不然,形合神离,形似神散,都是不可避免的。在这个意义上,我们才有可能对本雅明的"逐字逐句的对译和不拘一格的自由"的辩证关系有更深刻的理解。翻译家方平的观点比较明确,他认为在对待"形"与"神"的关系上要持辩证的态度,并提出了"亦步亦趋"与"灵活再现"相结合的观点。他指出:"高度重视艺术形式和内容间不可分割的关系,亦步亦趋,自然很好;但无论如何不能摒弃语言处理上的变通和灵活性。因为必须清醒地认识到语言既有它的流动性、可塑性,也有它约定俗成、不可强求的一面;不能为了迁就原文而不考虑本国语言的承受能力,造成语言超载、语言疲劳的现象。"[1] 强调"亦步亦趋"的合理性,是因为"重神"并不意味着"轻形";而强调"灵活再现"的必要性,则为了避免"形似"导致"神死"。方平的观点为我们理解并处理翻译中的"形"与"神"的问题提供了可资借鉴的原则。

7.4 三对矛盾的关系

上面三节分别论述了翻译活动中的三对矛盾,但是人们也许要问,翻译活动的具体矛盾多种多样,为什么是这三对矛盾而不是别的矛盾?这三对矛盾之间究竟有没有什么关系?

---

1 《他不知道自己是一个诗人》,方平著,湖北教育出版社,2002年,第263页。

7.4.1 三对矛盾，三个视角

本章我们主要探讨了"可译"与"不可译"、"异"与"同"以及"形"与"神"这三对矛盾。在翻译过程中译者遇到的具体矛盾可说是千变万化，奈达在《语言与文化：翻译中的语境》一书的第一章提到了翻译活动中的多个悖论，都可以看作翻译过程中的具体矛盾。[1] 首先是"可译"与"不可译"的矛盾，奈达指出："那些坚持认为翻译是不可能的人关注的是隐喻性语言和复杂诗学结构的一些边缘性特征。"[2] 其次是翻译与解释的矛盾。针对"翻译是正当的，解释是错误的"的观点，他指出："既然语言在表达内容上没有本质差异，而只是在表达方式上有差异，所以解释是不可避免的。重要的是解释在语义上的合理性。"[3] 奈达此处的解释是指那些违背了字字对译和结构对译的翻译。对译者来说，在译文中一定会有不同程度的解释成分出现，但是关键的问题是其语义需要与原文保持一致。再次，奈达谈到了究竟是先关注风格，还是直译完成后再关注风格的问题。既然跨语言交流过程中，风格是其不可分割的部分，因此奈达认为译者需要从一开始就关注风格问题。接着奈达又谈到了翻译是天生的还是后天训练培养的问题。对于这一"天赋观"与"后天发展观"之间的矛盾，奈达认为潜在的译者需要具有高超的语言创新使用能力，否则他们不太可能成为本专业内的佼佼者。而翻译培训的最重要价值就是使人意识到自己的短处。接着奈达又谈到了机器翻译与人工翻译之间的矛盾，并指出对于那些风格魅力十足和语义复杂的文本来说，人工翻译总是必需的。翻译活动中最让人感到惊讶的悖论之一是总是无法找到完美无缺、流芳百世的译文。这里牵涉到译本与时代背景和文化的矛盾。通过人类对于文本的重新阐释，语言的不确定性是需要我们多加关注的。奈达还谈到了理解与表达的矛盾。不少人都认为翻译活动中的最大困难是在目的语中选择恰当合适的词语和结构，而奈达觉得对于译者来说最困难的事情莫过于彻底了解一个文本的概念意义和联想意义。最后奈达归纳说翻译活动中的悖论基本上是语言与文化范畴内的悖论。奈达通过这一章向读者介绍了翻译活动中语言层面和文化层面的矛盾，对于实践中的译者具有很大的启发意义。奈达对翻译活动中矛盾的探讨主要集中在操作层面，希望通过对于这些悖论（矛盾）的分析，向译者表明自己的态度，同时对译者在处理这些问题时提供一些观念性的指导原则。

---

1 Eugene A. Nida: *Language and Culture-Contexts in Translating*, Shanghai, Shanghai Foreign Language Education Press, 2001, pp.1–7. 该书实际上由三个部分组成，第一部分是原来在1993年由上海外语教育出版社出版的《语言、文化与翻译》（*Language, Culture and Translating*）一书，第二部分是原来由荷兰阿姆斯特丹本杰明斯（Benjamins）出版社出版的《翻译中的语境》（*Contexts in Translating*）一书，最后一部分是奈达与中国学者的交流。

2 *Ibid.*, p. 3.

3 *Ibid.*, p. 4.

本章上面三节的讨论主要是从理论视角探究翻译活动中的矛盾。"可译"与"不可译"、"异"与"同"以及"形"与"神"这三对矛盾分属哲学、文化和诗学三个层面。通过不同理论层面上的透视有助于揭示翻译活动中矛盾的本质。哲学问题一般属于方法论层面的问题，带有根本性，"可译"与"不可译"就是翻译活动哲学层面上的矛盾，关系到翻译存在的意义的问题。我们通过上面的分析确定"翻译是可行的，但是是有一定限度的"。文化问题关系到文明构建与民族身份的认同。"异"与"同"的矛盾作为民族文化发展中遇到的一个关键性问题，要求我们要以不偏不倚的态度，促进本民族文化与异域文化的交流。"形"与"神"作为诗学层面上的矛盾，要求译者既要充分发挥译语的优势，灵活再现原文的"神"，同时又要把握住原文的"形"，达到"形"与"神"的辩证统一。

7.4.2 三对矛盾的联系

上面我们谈到三对矛盾彼此之间各属于不同的理论层次，但这并不是说它们之间毫无联系。关于翻译活动中矛盾的关系，徐永煐曾撰写《论翻译的矛盾统一》一文。作者首先指出了翻译活动中一般矛盾与特殊矛盾："思想内容与表达形式之间的矛盾"是一般语言工作的矛盾；而"原文同译文的矛盾"是翻译领域内的特殊矛盾。而特殊矛盾的主要方面是"作品的思想"。[1] 这里作者注意到了翻译作为语言工作的一种，其自身的特殊矛盾就是一个思想统领下的两种语言间的转换表达。接着作者又讨论了严复"信达雅"标准的一致性，即严复"似乎是在很大程度上把信达雅看成同一件事的三个方面，而不是三个步骤"[2]；以及泰特勒三原则的差别性，即在思想传递、风格再现和译文流畅程度三个方面，它们的重要性逐级递减。然后作者又论述了鲁迅所提的"宁信而不顺"与严复标准的一致性，"只是不得已的时候暂时牺牲雅来保全信达罢了"[3]。作者紧接着提出解决上述这些矛盾的统一译者应持有的正确态度："把同一的思想从一个语言转换到另一个语言，这样来统一两种语言的矛盾。"[4] 在此文中，作者提出了翻译活动的一般矛盾在于语言层面，而具体的特殊矛盾就是原文与译文的矛盾，二者是特殊与一般的关系。最后作者又论述了翻译的可能与限制问题，与我们在上文论述的翻译活动中的"可译"与"不可译"之矛盾有很多相通之处。徐文从总体上利用矛盾的一般性与特殊性原理来探讨翻译活

---

1 《论翻译的矛盾统一》，徐永煐，《翻译论集》，罗新璋编，商务印书馆，1984年，第678–695页。
2 同上，第683页。
3 同上，第688页。
4 同上，第689页。

动的一般性矛盾和特殊性矛盾，这里面的核心就是一个思想在两种语言间的转换表达。

我们上面提到的三个矛盾分属三个不同的理论层面。首先，"哲学是心灵的创造，是对世界的一种认识与价值的把握，以及对人本身的理想的实现。因此，没有哲学就没有文化可言；因此，只有人类能够把握心灵、精神的力量，能做有创造性的思考；也因此才能有所发明，才能创造文化。"[1] 从哲学层面论述"可译"与"不可译"之矛盾，是解决翻译存在价值的基本问题。试想如果人类认为翻译是不可能的，那么翻译就没有必要进行下去，不同文化间的交流与互促发展就没有可能，只能是泾渭分明的本土文化与异域文化老死不相往来。我们明确"翻译是可行的"这一观点，不仅仅要在哲学的层面肯定翻译的可行性，而且还试图指出，现代社会中一个民族不可能孤立存在，必须与其他民族进行最广泛、最全面的交流，而交流的前提之一就是翻译。其次，"文化是社会的遗产，而不是生理遗传；文化是群体共享，而不是个人的行为；文化是一种生活样式，包括了生活的各个方面；文化的形式多种多样，有可以看到的，也有人们不易看到的。"[2] 文化中的"异"就是不同于本土文化的异域文化因素，是域外群体共享的生活样式，包罗万象。而翻译的目的就是求得不同文化间的交流与共同发展，这就要求我们采取一种不偏不倚的态度，对异域文化的吸收和本土文化的对外宣传都要注意一个度，把握正确的跨文化交际态度。文化的交流也会对人们的思想和哲学观念产生影响，应避免"自我"狭隘观念和"民族"中心主义，同时随着文化交流的持续进行，"翻译是可行的"也进一步得到证实，而"不可译性因素"存在的空间也逐渐缩小，这是一个动态发展的过程。最后，我们所指的"诗学"是广义的诗学，"是与作品创作和撰写有关的、而语言在其中既充当工具且还是内容的一切事物之名，而非狭隘地看成是仅与诗歌有关的一些审美规则或要求的汇编"，即"指文学的整个内部原理"。[3] 在这个文学内部原理中，"形"与"神"的矛盾始终存在，语言形式与意义的矛盾在文学创作过程中是不可避免的。在翻译活动中，如何在"形变"，即不同语言形式的转换中保持意义的恰当转换和再生一直是译者们在技法层面关注的问题。不断涌现的"形神兼备"的翻译作品也证实了"翻译是可行的"这一观点，同时随着文化的广泛交流，翻译文学从边缘走向中心的例子屡见不鲜。哲学层面和文化层面的矛盾在诗学层面又具体表现为

---

1 引自《从中西互释中挺立——中国哲学与中国文化的新定位》，成中英著，中国人民大学出版社，2005年，第227页。
2 引自《跨文化交际学概论》，胡文仲著，外语教学与研究出版社，1999年，第35页。
3 引自《诗学——文学形式通论》，达维德·方丹著，陈静译，天津人民出版社，2003年，第2页。

"形"与"神"的矛盾。

综上所述,这一节从哲学、文化和诗学这三个不同的层面,将翻译过程中的矛盾范畴化并统一起来。"可译"与"不可译"、"异"与"同"以及"形"与"神"这三对矛盾既互相联系又互相区别,都是翻译活动中的基本矛盾。

在本章中,我们在翻译的多种矛盾中从哲学、文化和诗学的视角选择了"可译"与"不可译"、"异"与"同"以及"形"与"神"这三对译界最为关注且争论不休的矛盾,并结合这三对矛盾,对"直译"与"意译"、"归化"与"异化"等问题也进行了一定的讨论,其中既有对矛盾本身的分析,也有针对这些矛盾的认识与处理提出的方法论层面的思考,相信对这些问题的讨论会有助于我们更深刻地认识与把握翻译过程中出现的种种矛盾,并为探讨解决这些矛盾的途径与方法提供理论上的参照。

思考题

❶ 请结合自己学习翻译或从事翻译实践的经历,举出翻译中的一些常见矛盾。

❷ 请结合本章内容,谈谈"不可译"这一命题的含义。

❸ 谈谈你对乔治·穆南"可译性"理论的认识。

❹ 结合自己在翻译学习或实践中的经历,找出一些翻译障碍,看一看如何解决其中的不可译性因素。

❺ 什么是"异"?请从文化交流的角度谈一谈翻译时对待"异"与"同"应采取的正确态度。

❻ 傅雷"神似说"的主要内容是什么?谈谈你对"形"与"神"关系的认识。

❼ 谈谈本章中论述的翻译活动中三对矛盾之间的关系。

第八章

翻译有什么作用?

本章要义:

- "译何为"是对翻译作用的理想期待,它涉及到诸如翻译目的、方法、手段和结果一系列因素,贯穿着整个翻译过程和翻译历史。

- 翻译在语言、政治、文化等多方面的历史作用在翻译史的具体翻译现象和翻译事实中得以彰显。

- 文化视角下的翻译之"用"强调的依然是经由语言的接触与转化所达到的文化的交流和沟通,这种交流在"异"与"同"的冲突和融合中实现,具有双向的意义。

- 从翻译的本质特征,即翻译活动的"社会性"、"文化性"、"符号转换性"、"创造性"和"历史性"五个方面出发,我们可以看到翻译具有"社会价值"、"文化价值"、"语言价值"、"创造价值"和"历史价值"。

- 翻译的本质特征中强调的交流、传承、沟通、创造与发展等五方面的作用构成了翻译的本质价值,也是翻译精神之体现。

翻译作为人类一种跨文化的交流活动，它所涉及的内容是深刻而广泛的。对翻译的研究，除了我们在上文所探讨的有关翻译本质、翻译过程、翻译主体、翻译任务、影响翻译的因素和翻译矛盾等基本问题之外，不能不对翻译活动的作用问题加以思考。路易·凯利（Louis Kelly）也曾指出，完整的翻译理论应该有三个部分：对翻译的功能和目标的说明；对翻译操作的描写与分析；对目标与操作之间关系的批评性评述。[1] 凯利将对翻译的功能与目标的说明摆在突出重要的位置，由此可见，对翻译作用的考察是必须的，也是必要的。

探讨翻译活动的作用，既可以根据自己对翻译的理解和认识对翻译目的与功能进行理想的定位，也可以根据对某一翻译现象、翻译事实的分析，对翻译在历史和现实中的具体影响予以揭示，甚至可以根据对某一文本的深入分析，对文本的价值和效果进行评价。在这里，作用、功能、影响、价值等等词语，虽然意义有所区别，但就本质而言，指的都是翻译活动应该起到或已经起到的作用，即"译何为"、译之"用"的问题。因此本章的讨论，我们将在理论剖析的基础上，结合翻译史实的例证，对翻译在语言、文化、社会、历史等等各个方面的作用予以观照，以此建立我们的翻译价值观。

8.1 对"译何为"的理论思考

8.1.1 "译何为"与翻译目的论

"译何为"，即"翻译应该有何作为"，而更多的是落实在"应该"一词上。"应该"一词往往带有理想化的色彩，它不可避免地又要与翻译者的目的与动机结合在一起，还涉及到翻译本质、原则、标准与方法诸方面。可以说，思考"译何为"，牵一发而动全身，从宏观到微观，从外部到内部，从翻译目的到翻译实际过程，再到翻译结果，都应该有所考虑。正因为如此，20世纪60年代以来西方兴起的一些翻译理论流派，在他们探讨翻译问题的论著中，或多或少都涉及"译何为"这一问题，[2] 而其中尤其是"目的学派"的理论作为对翻译的外部研究弥补了传统翻译的不足，也为思考"译何为"的问题提供了崭新的视角。

翻译目的论是由德国译论家弗美尔发展起来的翻译模式。他认为"任何形式的翻译行动，包括翻译本身，都可以视为一种行动，任何行动都必定有目

1　Louis Kelly: *The True Interpreter: A History of Translation and Practice in the West*, New York, St. Martin's Press, 1979, pp.1–5.

2　《西方翻译理论精选》，陈德鸿、张南峰编，香港城市大学出版社，2000年。参见该书第四、六、七、十、十一章。

的。"鉴于此，他从狭义的翻译角度探讨了翻译"目的"这一概念所包含的三层意思：一是"谈翻译过程时，指过程的目标"；二是"谈翻译结果时，指译文的功能"；三是"谈翻译模式时，指模式的意图"。[1] 但通常所说的"目的"大多指的是译文的功能，即翻译过程的发起者决定译文的交际目的。发起者出于某一特殊需要，在理想状况下，会给出需要译文的原因、译文接受者、使用译文的环境、译文应具有的功能以及与原因有关的细节等，所有这些构成了"翻译要求"。翻译要求向译者指明了需要何种类型的译文，而译者并非被动地接受一切，他可以参与决定译文的目的，特别是当发起者因为专业知识不足或某些原因对译文的目不甚明了的时候，译者可以与发起者协商，从特殊的翻译情况中得出译文的目的。

目的，目标，功能，意图，弗美尔提出了多个相关的概念，我们不妨对这多个与目的相关的概念做一个梳理：目的（purpose）指达到目标过程中的阶段和结果，目标(aim)即行为要达到的最终结果，功能指接受者心目中文本意在传达的意义，意图指有目标的行为计划，包括传送者有目标地以某种适当的方式生产文本和接受者有目标地理解文本。若我们再深究一步，不难看到，弗美尔所指的"目标"、"功能"与"意图"与"译何为"的关系是非常紧密的：目的，是翻译所应达到的要求，或者说是实现译文作用的原动力；制定目标，实际上是为翻译应有何为确定一个坐标；而"译文的功能"，更是翻译行为的最终完成到底能起何种作用的具体体现；至于"模式的意图"的确立，直接影响着翻译策略的采取，涉及到翻译"欲何为"的关键所在。

由此可见，"译何为"可以说是对翻译目的的补充与延伸，它一方面体现对翻译所应起到的作用的憧憬，另一方面又是对翻译过程中各种选择、各种行为的导向。正确认识"译何为"，便意味着给翻译以明确的定位，从而有助于更有效地探讨翻译在历史发展过程中所发挥的多方面作用。

8.1.2 "译何为"与译之"用"——理想与现实之间

如果说"译何为"是对翻译作用的理想期待，那么译之"用"则是对翻译所实际发挥作用的揭示。思考或探讨翻译之"用"，至少有三个方面的因素需要加以着重考虑。首先，翻译之"用"的探讨需以翻译观的确立为前提。翻译观是对翻译本质的认识，它决定着对翻译的理论思考以及翻译的实际操作中的价值取向。一个人的翻译观不同，对翻译的认识便有异，对翻译之"用"的定

---

1 参见《西方翻译理论精选》，陈德鸿、张南峰编，香港城市大学出版社，2000年，第73页。

位不一样，对翻译之"用"的评价也会大相径庭。其次，翻译之"用"的探讨需以历史事实为依据。当我们对某一个历史时期的翻译事件或翻译现象进行思考时，既要以正确的翻译观为指导，又要以对翻译事实的科学分析为依据，理性的把握与科学的分析相结合，可以为我们正确描述翻译之"用"提供某种客观的保证。再次，对翻译之用的探讨不能局限于一时一事，应该有发展的眼光和辩证的观点。

"译何为"的期待由于往往受到具体翻译行为或翻译过程的限制，翻译的理想目标因而难以完全实现，翻译的理想作用也常常因得不到正常的发挥而大打折扣。从翻译历史的进程看，我们不难发现，在理想的目标与实际的作用之间存在着不可忽视的差距，甚至出现负面的偏差。人们期望翻译能起到双向的沟通作用，有助于不同民族文化的交流和丰富，但历史上却不乏对出发语文化加以曲解，甚至当作"文化战利品"随意宰割的翻译事实;[1] 人们期待翻译为目的语语言与文化引入新鲜的血液，带来新的思想，催育或丰富目的语文化，可历史上却往往出现过分"归化"的翻译潮流，其结果是不时造成目的语语言和文化的"溶血";人们期待翻译能为不同文化的对话创造条件，却不无痛苦地发现在弱势文化与强势文化的对话中，翻译有时竟充当着强势文化侵略弱势文化的帮凶角色，沦为某种殖民的工具。无可否认，翻译因为有时承担了过于现实的使命而丧失了原本理想中所应起到的作用。这也是理想与现实之间由来已久的矛盾。

通过对"译何为"与译之"用"的剖析，我们认识到"译何为"是对翻译理想作用的期待，与翻译的目的紧密相关，而译之"用"则是翻译在历史中所真正起到的作用。考察中西方翻译史，可以看到理想的目标和实际的作用之间所出现的负面的偏差不是个别的现象，尤其在后殖民的语境下，翻译的作用问题更成了人们关注的焦点问题之一，因此，在下一节中，我们将给翻译一个定位，结合翻译史实，看看翻译到底发挥了怎样的历史作用。

8.2 翻译的历史定位

8.2.1 为翻译定位

为翻译定位，更确切地说，是要探讨翻译到底应该有何作为。在对这一问题进行讨论之前，有必要说明一点，那就是"为翻译定位"这一说法，借自于

---

1 参见《西方翻译简史》，谭载喜著，商务印书馆，1991年，第22页。

特贾斯维尼·尼朗贾纳的《为翻译定位：历史、后结构主义和殖民语境》[1]一书。

尼朗贾纳在这部著作中所使用的"翻译"一词，"并非仅指一种跨语际的过程，而是对一个完整问题系的称谓"[2]，因为"在后殖民的情境下，翻译的问题系（the problematic of translation）成了引发有关再现、权力以及历史性这诸多问题的一个意义重大的场点。"[3] 所谓"翻译的问题系"，实际上指的是翻译这一实践所引发的有关"再现、权力以及历史性"这一系列重大问题的思考。尼朗贾纳明确表示，为翻译定位，对翻译进行研究，"完全不是要去解决什么译者的困境，不是要在理论上再给翻译另立一说，以便能够找到一个'缩小'不同文化间之'隔阂'的更加保险可靠的'办法'。相反，它是要对这道隔阂、这种差异作彻底的思考，要探讨如何把对翻译的执迷和欲望加以定位，以此来描述翻译符号流通其间的组织体系。"[4] 鉴于此，尼朗贾纳试图通过翻译这一人类实践去认识历史，并从中反思翻译在这一历史中所起的作用。在研究中，她通过对"翻译问题系及其与后殖民状况的关联"、"'翻译'在传统译学话语和民族志著述里的状况"的审视与检讨，发现翻译这一实践活动"构塑了殖民状态下不对称的权力关系"，并揭示了在殖民统治下，翻译在"哲学、语言学和政治学"等诸多领域都在"发挥作用"。在传统的视界里，翻译往往只是在认知和知识的领域发挥作用，尼朗贾纳在分析印度的翻译实践以及对殖民语境中的翻译作了多方面的分析之后，认为翻译的实际作用远远不止于"知识"的再现，她指出，"翻译的如此派用，是配合了一个目的论的等级文化模式的建立，或为之创造了条件"，"影响广泛的翻译召唤了殖民主体，把某些关于东方的描述加以合法化或权威化"。[5]

应该看到，尼朗贾纳为翻译定位，不是以规定性的手段简单地规定翻译应该发挥何种作用，而是借对具体翻译事实的列举与分析揭示翻译在历史中发挥的作用远没有被人们所认识，尤其是翻译所起的负面作用和所扮演的不光彩角色。在此基础上，尼朗贾纳进一步指出："自由人文主义的意识形态鼓吹殖民主义的教化使命，其自身也因此而得以延续，在遵循阿诺德、利维斯和艾略特传统的'文学'和'批评'的话语里，也还依然被继续宣扬着。这些学科压制了自身得以合法建立的基础，即德里达借海德格尔之言，称之为逻各斯中心主义或本体神学的形而上学，所有关于再现、翻译、实在、整体和知识的概念都包

1 Tejaswini Niranjana: *Siting Translation: History, Post-structuralism and the Colonial Context*, Berkeley, University of California Press, 1992.
2 引自《语言与翻译的政治》，许宝强、袁伟选编，中央编译出版社，2001年，第122页。
3 同上，第117页。
4 同上，第122–123页。
5 同上，第142页。

含在其间。"[1] 在尼朗贾纳看来，对逻各斯中心主义或本体神学的形而上学所包含的这一系列语境和概念，很少有人从后殖民的角度加以质疑，而她要做的，正是通过对翻译之"用"的反思，对这些话语加以深层次的质疑："为了能有助于对这些话语与殖民和新殖民统治之间的共谋性展开质疑，我打算以检讨翻译之'用'作为一个适度的开场。自欧洲启蒙运动时起，翻译就一直被用来支撑着种种主体化的阐述，对被殖民民族来说，尤其如此。在这样一个情境下，对翻译进行反思便成了一项重大的课题，对于要把早已活在'翻译里'、被殖民视角一再设想的'主体'弄个清楚的后殖民理论，具有极大的迫切性。这样一种反思试图通过解构翻译并重新刻写其作为抗争之策的潜能来重塑我们对翻译的认识。"[2] 不难看出，尼朗贾纳的目的是多重的：通过对翻译之"用"的检讨，对与殖民、新殖民有着共谋关系的话语加以质疑；通过对具体翻译个案的分析，揭示翻译在殖民主义权力结构中的作用；通过对"翻译里的历史"的反思，来重塑人们对翻译的认识。

尼朗贾纳通过翻译看历史，又通过历史看翻译，为殖民语境中的翻译作出了政治的定位。但是同时也应看到，她只是从自己的角度，以翻译历史中的某个阶段的翻译实践为分析对象，从某个侧面为翻译定位，这种定位自然不可能是全面的。但她的分析在方法论意义上为我们认识翻译之"用"提供了可资借鉴的途径。

8.2.2 翻译的历史定位

前面我们谈到为翻译定位，从而进一步思考翻译到底应该有何作用，那么翻译的历史定位，或者说，翻译的历史作用，则主要通过对翻译史的考察探讨翻译活动所发挥的历史作用。如果说尼朗贾纳是通过详尽的分析与严密的论证旨在唤起人们对翻译在历史中所发挥作用的重视，那么法国译论家米歇尔·巴拉尔的话则一语中的："对翻译研究的首要目的，就是要还翻译应有的历史位置，让人们清楚地看到翻译所起的重要的历史作用。"[3]

8.2.2.1 翻译历史作用之一：对译入语的影响与改造

在以往的研究中，人们很少就此问题展开深入的思考与讨论。梁启超是对

---

1 引自《语言与翻译的政治》，许宝强、袁伟选编，中央编译出版社，2001年，第120页。
2 同上，第120–121页。
3 引自《当代法国翻译理论》，许钧、袁筱一等编著，湖北教育出版社，2001年，第301–302页。

翻译问题有着深刻思考的学者之一，在《翻译文学与佛典》一文中，他从词语的吸收与创造、语法、文化之变化等方面讨论了佛经翻译文学对汉语的直接影响，并提出了许多重要观点。梁启超认为："初期译家，除固有名词对音转译外，其抽象语多袭旧名。吾命之曰'支谦流'之用字法。盖对于所谓术语者，未甚经意，此在启蒙草创时，固应然也。及所研治日益深入，则觉旧语与新义，断不能适相吻合，而袭用之必不免于笼统失真。于是共努力从事于新语之创造。"[1] 梁启超在此所论涉及到语言转换中一个非常重要的问题：出发语中表达新事物、新观念的名词，若目的语中不存在相应的词语，译家有可能采取两种方法：一是袭用旧名，二是创造新语。而袭用旧名，有可能笼统失真，旧语与新义不相吻合，起不到翻译之用，于是创造新语便成了译家努力之方向。正是靠了翻译，汉语在不断的创新中得到了丰富与发展。据梁启超介绍，当时日本人编了一部《佛教大辞典》，其中收录"三万五千余语"，而"此诸语者非他，实汉晋迄唐八百年间诸师所创造，加入吾国语系统中而变为新成分者也。夫语也者所以表观念也；增加三万五千语，即增加三万五千个观念也。由此观之，则自译业勃兴后，我国语实质之扩大，其程度为何如者？"[2] 梁启超提出的这一问号，在我们看来有"惊叹号"之用。暂不论"三万五千语"是否完全进入汉语系统，但就词语带来的新观念而言，其价值不仅仅在于汉语词汇的丰富、汉语实质的扩大，更是思想观念的革新，这种直接与间接的作用是需要我们认真关注的。梁启超还以唐玄奘重译符秦译过的《阿毗昙八犍度论》中的一些译例为分析对象，指出了翻译的特殊功用："盖我国自汉以后，学者唯古是崇。不敢有所创作，虽值一新观念发生，亦必印嵌以古字，而此新观念遂淹没于囫囵变质之中，一切学术，俱带灰色，职此之由佛学既昌，新语杂陈；学者对于梵义，不肯囫囵放过；搜寻语源，力求真是。其势不得不出于大胆的创造。创造之途既开，则益为分析的进化。此国语内容所以日趋于扩大也。"[3] 梁启超在此指出了一个值得深刻思考的问题，即以旧语译新观念，新观念必变质，而在对佛经的翻译中，面对大量的新观念、新事物，若固守旧语，翻译的可能性必大打折扣，且又违背了翻译的初衷，故"不得不出于大胆的创造"，创造新语译新观念，既扩大了语言的实质内容，又引进了新观念、新思路。如果以此观点去考察一下我国的"五四"新文化运动和文学革命与白话文运动之间的关系，再去审视"白话文为维新之本"、"开民智莫如改革文言"等等观点[4]，便不难领会白话文运动之于新文化运动的重要性，而翻译则又在很大程

---

1 《翻译文学与佛典》，梁启超，《翻译论集》，罗新璋编，商务印书馆，1984年，第63页。
2 同上。
3 同上，第64页。
4 参见《中国现代文学史》（一），唐弢主编，人民文学出版社，1979年，第3-4页。

度上为白语文运动起到了强大的推动和促进作用，更不难理解为何"五四"运动前后的几乎所有进步报刊都登载翻译作品，且鲁迅、刘半农、沈雁冰、郑振铎、瞿秋白等为何会热衷于翻译。客观地看，在"五四"文学革命所进行的诸如反对文言、提倡白话、建立新诗、改革旧剧这些重要的运动中，翻译在某种意义上都起了重要的先锋作用。

如果说梁启越十分清醒地看到了佛经翻译对于"汉语实质之扩大"所起的重要作用，那么鲁迅则是无论是在认识上，还是在实践中，都把翻译当作改造语言、革新思维的重要事业去对待的。"在鲁迅那里，翻译并不仅仅是一种手段，而且本身便是目的。把外国语译成汉语，不仅仅是把外国人的思想、情感介绍给中国人，同时本身便是汉语自身的一种实验。或者说，翻译，不仅仅是把外国人的思想、情感介绍给中国人，同时也把外国人的语言方式，也就是产生这种思想、情感的方式，一并介绍给中国。"[1] 鉴于此，鲁迅极力主张"直译"、"硬译"、"宁信而不顺"，借助翻译来改造汉语、丰富汉语，使汉语更细致精密，更富有表现力，更具有逻辑性。

当我们把目光从中国移开，投向西方语言的发展史，我们发现历史具有惊人的相似，翻译对于语言改造的特别作用在历史的进程中得以不断凸现。路德翻译《圣经》的例子具有深刻的历史内涵。从路德所处的历史环境看，路德翻译《圣经》具有两方面的重大意义：一是对德国宗教改革的实质性推动，二是对德国语言统一与发展的开拓性作用。安托瓦纳·贝尔曼在《异的考验——德国浪漫主义时代文化与翻译》对此有详细的论述与分析。[2] 为了推动宗教改革，路德用德国大众的语言来翻译《圣经》，以"土生土长"的地方性语言为出发点，在翻译的过程中不断提炼、不断丰富，最终使其从俗语言逐渐提升成为了规范语言。在欧洲，不仅仅在德国，在法国、西班牙、意大利等国，翻译都起到了培育现代语言的作用，使与拉丁语这种公认的"文明语言"相对而言的"俗语言"，如德语、法语、西班牙语等，在翻译过程中不断丰富自身，在种种"异"的考验中最终显示了自身的生命力，确立了自我。

纵观中西方语言发展史的演进，翻译无论是在对旧语言的改造、新语言的形成，还是在不同语言的接触与交流中，都发挥了重要作用。

1　引自《为批评正名》，王彬彬著，时代文艺出版社，2000年，第147页。
2　Antoine Berman: *L'épreuve de l'étranger, culture et traduction dans l'Allemagne romantique*, Paris, Gallimard, 1984, pp.45–48.

8.2.2.2 翻译历史作用之二：对政治思想和意识形态的塑造

张立波在《翻译与马克思主义中国化》一文中探讨了马克思主义在中国早期的传播与接受，并进而指出，翻译在整个过程中发挥了历史规划与主体召唤的巨大作用。历史规划作用不仅仅体现在对汉语政治新词的引进与创造，如"干部"、"农民"、"封建"、"阶级"等等，而且整个马克思主义思想的译介过程对中国的政治生活与经济生活都有着至关重要的影响，渗透到中国革命与建设的方方面面。因为有了《共产党宣言》的翻译，中国的社会主义发展才能超越国际社会主义尝试胜败的个例，从思想的高度，对未来的走向提供了某种理论上的指导，进而作出历史性的规划，因此毛泽东一针见血地说"没有翻译就没有共产党"。马克思主义被译介到中国的过程，延续了"唤醒中国"的历史使命，发挥了"召唤"主体、唤醒民众的独特作用。[1] 张立波因此援引了王观泉于1984年出版的著作中的一段话："中国的共产主义运动如若没有一批出洋留学或大学深造，没有那些精通外文又甘心情愿献身工人运动的'赤色'知识分子把《共产党宣言》，把马克思的、恩格斯的、列宁的、早期斯大林的，以及诠释经典理论的书籍如布哈林的《共产主义ABC》等，还有苏俄的共产国际的指令、文件翻译成中文，马克思主义靠'悟'是悟不出来的……靠什么来提高工人阶级的觉悟，十月革命的炮声是如何传布入国被融化进中国革命实践的?从媒介学的角度，靠的是翻译!"由此可见，在马克思主义进入中国的历程中，翻译具有某种先导作用，而对马克思主义的译介，从某种程度上说，也是塑造中国主流政治思想的过程。

翻译与政治的特殊关系，无疑是翻译发展的一大特征。若我们从政治角度去考察整部翻译史，许多翻译现象可得到更为合理的解释；同时，翻译活动的进行，也因为最初的政治目的与价值取向，其作用的发挥也或多或少带上了政治的色彩。中国的佛经翻译曾取得了辉煌的成果，也积累了丰富的翻译经验。但是，历朝历代的佛经翻译都是与当时的封建王朝的支持分不开。显而易见，佛经翻译深刻影响着封建王朝子民的思想价值观，从而进一步巩固帝王的统治。在中国近代史上，中日甲午战争的失败是对中国知识分子阶层震动最大、影响最深的一次历史事件。这一时期的翻译家以梁启超、严复、林纾等人为代表，怀着"吸彼欧美之灵魂，淬我国民之心志"的民族文化心理，大都带有明显的政治目的、意识和策略。反映在外国文学译介中，关注民族命运、反抗外国侵略、讴歌民族独立和解放，就成为一时译介选择的风尚。而事实上，他们在翻译过程中所确立的目标也在翻译的实践中得以实现。

1　参见《翻译与马克思主义中国化》，张立波，《现代哲学》，2007年第2期，第24–32页。

在谈到影响翻译的因素时，我们将意识形态纳入到我们的研究视野，这也与文化学派代表人物巴斯奈特和勒菲弗尔的观点不谋而合。但是我们不能忽视，在意识形态影响翻译取向、翻译选择的同时，翻译活动也对意识形态本身有着某种反作用。正如有学者指出，文学翻译在一定程度上改变了译者个体乃至整个社会的意识形态。[1] 以梁启超、严复、林纾、苏曼殊、马君武和周桂笙等这一代文学翻译家为例，他们翻译的小说体现了反对民族压迫、争取民族独立、拯救祖国危亡的爱国主义思想，追求个性解放、人格独立和爱情自由的进步思想，以及反对种族歧视的人道主义精神。然而，在译介异域的思想与文化时，难免会产生"异"的道德观念与意识形态与中国的封建传统相冲突的事实，而那时的翻译文学也正是在与中国传统的伦理道德思想的斗争中获得发展的。这也是为何杨紫麟和包天笑译了半部的《迦茵小传》就产生了广泛的社会影响，而林纾将其补全，却遭到强烈的批评，因为该小说后半部描写的女主人公迦茵怀孕并生一私生子，有悖于中国的传统礼教。但是，随着时间的推移以及翻译文学读者人群的扩大，这些观念也逐渐为国人所接受。

我们看到，翻译对政治思想和意识形态的塑造不是一蹴而就的，不是短时间内便能实现的，它总是经历着一个逐渐渗透、逐渐深化的过程，在一代人、甚或是几代人的发展中得以彰显。也正是由于翻译所发挥出的作用具有深远的历史性，翻译活动才能始终活跃在社会、政治、文化等诸多领域。

8.2.2.3 翻译历史作用之三：不同文化之间的交流与沟通

就我们对翻译本质的认识而言，季羡林在为《中国翻译词典》所写的序言中明确指出："只要语言文字不同，不管是在一个国家或民族（中华民族包括很多民族）内，还是在众多的国家或民族间，翻译都是必要的。否则思想就无法沟通，文化就难以交流，人类社会也就难以前进。"[2] 基于这一认识，我们可以说，翻译是因人类相互交流的需要而生，文字与文化的差异性是翻译诞生的原动力，从这一意义出发，寻求思想沟通，促进文化交流，却是翻译的目的或任务之所在。在人类各民族文化的交流中，翻译所发挥的作用是巨大的。若把翻译放在人类文化交流的大背景中去进行考察，那就可以非常清楚地看到，翻译绝不仅仅是文字符号的简单转换，它涉及到文化交流的方方面面：文字积淀的文化价值、文本所置身的文化土壤、文本转换所涉及的出发语文化与目的语文

---

1 参见《文学翻译与社会文化的互动关系述略》，骆贤凤，《文艺理论与批评》，2006年第6期，第124—127页。
2 引自《序》，季羡林，载《中国翻译词典》，林煌天主编，湖北教育出版社，1997年。

化之间的关系等等。不同文化的相互了解、互为尊重、互为补充，以达到人类心灵的沟通，应该是多元文化语境下的一种理想追求。翻译在其中可起的作用无疑是非常重要的。

那么如何发挥翻译在多元文化语境交流中的作用呢？首先我们应该明确认识到，任何一个国家，任何一个民族，其文化要发展，就不能不与其他民族文化交流。封闭与阻塞只能导致民族文化的贫乏化和枯萎，只有交流，才会带来生机与发展。其次，翻译促进不同文化之间的交流与沟通，可以有效阻止全世界的文化走向同质化和同一化的危机，保护文化的多样性。孙会军在《普遍与差异——后殖民批评视阈下的翻译研究》一书中谈到文化"全球化"与翻译的关系时认为，多样性的文化是构建普世文化的重要资源，若要使多元文化资源转化为具有普遍意义的全球文化，唯一的构建方式是异质文化之间的对话。文化之间的对话离不开翻译，翻译是异质文化之间进行交流和对话的最重要的媒介。[1]

考察翻译历史，检视翻译之"用"，途径多样，观点纷呈，一方面为我们认识翻译提供了新的视角，另一方面，也为我们评价翻译提供了事实依据。如果说近三十年来翻译界和文化界对翻译的功能与作用的认识在不断深入、不断提高的话，那么，对翻译之"用"的不断提高和不断深入的认识，则有助于我们全面客观地对翻译活动进行评价，进而为如何更有效地进行翻译活动和开拓翻译的可能性提供理论的参照。通过对具体翻译史的考察，我们看到翻译在语言、政治、文化等多方面发挥的历史作用。如果说尼朗贾纳通过对翻译的定位重新认识翻译在后殖民语境中所引发的一系列问题为我们分析译之"用"提供了某种新的视野的话，那么我们从翻译史的角度切入则实在地揭示出翻译在历史发展过程中所发挥的作用。在我们所列出的翻译的三种历史作用之间，并非是孤立的，而是相互关联、相互促进的。语言是思维的工具，也是文化交流的主要手段，翻译对于语言的影响与改造势必会加快对新思想的塑造，提高文化交流的广度与深度；同样地，翻译在引进新思想的过程中也必然会引进新的语法习惯、词汇用词。其实，无论是语言层面、政治层面还是思想层面，翻译归根结底是"跨文化的交际活动"，鉴于文化本身的包罗万象以及翻译与文化之间密不可分的联系，我们在下面专辟一节来探讨文化视角下的翻译之"用"的问题。

1　参见《普遍与差异》，孙会军著，上海译文出版社，2005年，第232页。

8.3 文化视角下的翻译之"用"

近三十年来，随着翻译研究的不断发展，翻译文化意识日益觉醒，人们对翻译的认识与理解也不断深入与提高。当翻译界渐渐达成共识，以"跨文化的交流活动"来定义翻译时，这也就意味着我们应该从文化的高度去认识翻译，去理解翻译。

从世界的范围内来考察，我们看到各国翻译界和文化界都已经开始从翻译的性质、翻译选择、文化立场、翻译影响、价值重构等各个角度切入，对翻译史上的一些重大的事件和现象进行文化层面的审视，探讨一个民族文化的发展与翻译的互动关系，出现了"文化翻译"[1]的概念。像美国的安德烈·勒菲弗尔、英国的苏珊·巴斯奈特、法国的安托瓦纳·贝尔曼、德国的弗美尔、奥地利的玛丽·斯内尔–霍恩比、以色列的吉迪恩·图里（Gideon Toury）等翻译理论家的"研究表明，翻译在全世界文化的发展中扮演了重要的角色"[2]。在国内，王克非的《翻译文化史论》是这方面研究的一部开山之作，在这部书中，我们可以看到一些国内重要学者对翻译与文化关系的深刻思考，有助于认识"翻译对于文化（尤其是译入语文化）的意义和影响，它在文化史上的作用，以及文化对于翻译的制约，特别是在通过翻译摄取外域文化精华时，翻译起到什么样的作用，达到什么样的目的，发生什么样的变异。"[3] 王克非在强调与论述翻译与文化的互动关系时，一连提出的三个"什么样"，既为我们认识翻译的文化价值提供了研究路径，又为我们全面把握翻译目的、翻译过程和翻译结果之间的关系开拓了批评的疆界。王克非认为，"翻译文化"应该是21世纪译学研究最为重要的课题之一，"发掘翻译的文化意义、从文化的角度理解和解释译品等工作有待今后开展"[4]。可以说，随着这方面研究的不断展开和深入，翻译在文化方面的作用将得到全面深刻的展现，我们对翻译的认识将不断提高。

1　据我们所知，"文化翻译"的概念最早是由社会人类学家提出的，如埃德蒙·里奇（Edmund Leach）在《我们自己与他者》（"Ourselves and Others"）一文中就对这一概念加以了较为明确的界定。塔拉尔·阿萨特（Talal Asad）在《英国社会人类学中关于文化翻译的概念》（"The Concept of Cultural Translation in British Social Anthropology"）一文中对这一概念进行了批评。有关线索参见《跨语际实践——文学，民族文化与被译介的现代化（中国，1900–1937）》，刘禾著，宋伟杰等译，生活·读书·新知三联书店，2002年，第1–4页。

2　参见《翻译研究与翻译文化观》，许钧，《南京大学学报》，2002年第3期，第219–226页。

3　引自《翻译文化史论》，王克非编著，上海外语教育出版社，1997年，第2–3页。

4　参见《翻译文化——21世纪译学研究课题之一》，王克非，《面向21世纪的译学研究》，张柏然、许钧主编，商务印书馆，2002年，第569页。

8.3.1 翻译之"用"与文化的差异性

劳伦斯·韦努蒂在《翻译与文化身份的塑造》一文中（"Translation and the Formation of Cultural Identities"），通过考察日本小说的英译、亚里士多德《诗学》的英译和围绕圣哲罗姆的《旧约》的翻译在早期基督教内所引起的广泛争议等情况，揭示"翻译是如何形塑特殊的文化身份，如何使这些文化身份维持某种程度的连贯性和纯粹性的"。韦努蒂认为，任何翻译活动都以"交流"为目的，但"只有异域文化不再是天书般地外异，而是能够在鲜明的本土形式里得到理解时，交流的目的才能达到。"[1] 鉴于此，他明确指出：

> 因此，翻译是一个不可避免的归化过程，其间，异域文本被打上使本土特定群体易于理解的语言和文化价值的印记。这一打上印记的过程，贯彻了翻译的生产、流通及接受的每一个环节。它首先体现在对拟翻译的异域文本的选择上，通常就是排斥与本土特定利益相符的其他文本。接着它最有力地体现在以本土方言和话语方式改写异域文本这一翻译策略的制定中，在此，选择某些本土价值总是意味着对其他价值的排斥。再接下来，翻译的文本以多种多样的形式被出版、评论、阅读和教授，在不同的制度背景和社会环境下，产生着不同的文化和政治影响，这些使用形式使问题进一步地复杂化。[2]

细读韦努蒂的这段话，我们可以发现其中所使用的"影响"和"价值"两个词有着特殊的意义，韦努蒂认为，翻译的生产、流通和接受的每一个过程，一方面要打上本土特定群体易于理解的语言和文化价值的印记，另一方面又起着反作用，即产生着不同的文化和政治影响。我们也许可以这样去理解，翻译在一定程度上总是要受到目的语文化价值的制约，但同时，它又深刻影响着目的语文化。这种作用与反作用贯穿着翻译的整个过程。有必要指出的是，韦努蒂在此段文字中，除了强调翻译所产生的文化影响之外，还特别提出了政治影响，对此，我们在讨论影响翻译的诸要素问题时曾辟一节，谈到意识形态和政治因素对翻译活动，特别是翻译选择，即"翻译什么"与"怎么翻译"这两大基本问题所起的制约和影响作用，但这只是一方面。我们一直强调，翻译是一种跨文化的交流活动，因此翻译的双向性必然决定着它也将对影响它的所有因素产生反作用，因此在之前对翻译的历史作用的探讨中，我们也透过翻译史看到了翻译对政治思想和意识形态的塑造与影响。的确，翻译所起的作用是多

1　参见《翻译与文化身份的塑造》，韦努蒂著，查正坚译，《语言与翻译的政治》，许宝强、袁伟选编，中央编译出版社，2001年，第358–382页。

2　同上，第359页。

方面的，而韦努蒂认为，在翻译所起的作用中，"最重要的是对文化身份的塑造"。他强调：

> 翻译以巨大的力量构建着对异域文化的再现。对异域文本的选择和翻译策略的制定，能为异域文学建立起独特的本土典律，这些典律遵从的是本土习见中的美学标准，因而展现出来的种种排斥与接纳、中心与边缘，都是与异域语言里的潮流相背离的。本土对于拟译文本的选择，使这些文本脱离了赋予它们以意义的异域文学传统，往往使异域文学被非历史化，且异域文本通常被改写以符合本土文学中当下的主流风格和主题。这些影响有可能上升到民族的意义层面：翻译能够制造出异国他乡的固定形象，这些定式反映的是本土的政治和文化价值，从而把那些看上去无助于解决本土关怀的争论与分歧排斥出去。翻译有助于塑造本土对待异域国度的态度，对特定族裔、种族和国家或尊重或蔑视，能够孕育出对文化差异的尊重或者基于我族中心主义、种族歧视或者爱国主义之上的尊重或者仇恨。从长远来看，通过建立起外交的文化基础，翻译将在地缘政治关系中强化国家间的同盟、对抗和霸权。[1]

韦努蒂把翻译所起的最重要的作用归结于"对文化身份的塑造"是不无道理的。应该看到，文化身份的塑造所面对的最基本问题，是差异性问题。韦努蒂在这段论述中，涉及到了有关文化交流的许多重要因素：一是翻译以其对异域文化的再现、对异域形象的制造，使异域文本脱离赋予其意义的文学传统；二是翻译以文本和策略的选择为切入点，对异域文本加以改造，甚至改写，使其符合目的语文化的主潮；三是通过对异域文本的改造，使目的语文化形成一种对异域文化的基本态度：基于我族中心主义、种族歧视或者爱国主义之上的尊重或蔑视，甚至仇恨。由此一来，这种对异域文化的态度和翻译策略所造成的结果，势必上升到民族的意义层面，最终"在地缘政治关系中强化国家间的同盟、对抗和霸权"。在这里，我们再次看到了在翻译活动中所凸现的文化与政治之间的紧密关系，同时文化的民族性与文化的差异性又无法避免地摆在了我们的面前。对文化的民族性和差异性的不同态度与处理方法，在一定程度上制约着翻译所起的作用。韦努蒂认为，翻译产生的作用，可以是保守的，也可以是逾越常规的。对异域文本的语言及文化差异性的压抑，常常会抹杀翻译的积极作用。

对文化的差异性问题，北京大学的孟华有着深刻的思考。她明确指出，在

---

1 引自《翻译与文化身份的塑造》，韦努蒂著，查正坚译，《语言与翻译的政治》，许宝强、袁伟选编，中央编译出版社，2001年，第359–360页。

中外文化交流中，翻译具有传递"相异性"的功能，即翻译"可在一国的文化传统中，亦即在一个民族的身份认同中植入相异性因素"。[1] 从某种意义上说，孟华与韦努蒂的观点有着共通之处。不同的是，韦努蒂是从反面来提醒人们注意翻译在"对文化身份的塑造"中可能会起到的不同作用，而孟华则是从正面来论述翻译"在不同文化间将一种异域文化的'相异性'植入本民族'身份认同'中来的"积极功能。孟华在此所说的民族的身份认同，实际上是"民族的文化身份认同"。孟华的这一观点，基于她对中国翻译史上四个重要阶段的分析，尤其是基于对明末清初（17世纪末18世纪初）对西学的译介，和对自清末民初始而至20世纪30年代达到高潮的对西学大规模译介活动的分析。孟华指出，"在十七、十八世纪，随着天主教传教士的东来，发生了第一次大规模的中西文化交流。面对中国这个有着悠久历史文化传统的古老民族，传教士们遇到了前所未有的困难。为了把上帝的'福音'传入'天朝'，传教士们确实费尽了心机。"由于在目的语中难以找到对应的词汇传达原文的意义，传教士们采用音译的方法，如罗明坚神甫在《天主圣教实录》"天主圣性章"中将"Pater"（圣父）、"Filius"（圣子）、"Spiritus Sanctus"（圣灵）分别译作"罢德肋"、"费略"、"斯彼利多三多"，但这种方法达不到传播"福音"的目的。利玛窦采取了一种"改写"的方法，"取中国人传统的概念，往里面硬塞进了基督教的含义，以此来取悦中国士子。如在《天主实义》一书中，利氏就引用了大量儒家典籍的原文，以说明基督教的'上帝'实乃中国人传统的'天'。尽管'天'的概念离'上帝'的内涵相去甚远，但利玛窦这种中国化的努力，却保证了他日后能在中国扎下根，取得传教的成功。"[2] 孟华借用此例想要说明的是，利玛窦采用灵活的翻译策略将基督教义纳入目的语文化体系，通过对出发语文本的改造，将"相异性"因素引入到另一种文化之中。她认为，"利玛窦的成功主要在于他找到了如下规律：越是将基督教义这一绝对的相异性中国化，中国文人就越不会提防它，它也就越容易为儒士们所接受，从而有可能进入中国人的身份认同中。我们甚至可以说，将相异性植入中国文化传统的深度和广度，与这一相异性的中国化程度是直接成正比的。简言之，越是本土化的，就越易被接受。而利玛窦的实用主义以及他所取得的成功都使我们看到：在文化交流中只要翻译策略运用得当，相异性

1 参见《翻译中的"相异性"与"相似性"之辩——对翻译与文化交流关系的思考与再思考》，孟华，《多边文化研究》，北京大学比较文学与比较文化研究所编，新世界出版社，2001年，第101页。
2 同上，第101–113页。

因素就有可能在一定程度上转化为身份认同。"[1] 不难看出，孟华在此所说的得当的翻译策略，在很大程度上是一种"本土化"方法，也就是韦努蒂所强调的"归化"的策略和手段。看来，将异域文本加以归化的努力，是将异域文化中的差异或"相异性"植入到目的语中的一种较为普遍的方法。但问题是，在"本土化"或"归化"的过程中，异域文本中所蕴涵的文化差异是否还能保存？翻译的文化交流目的是否能达到？孟华显然已经意识到这些问题，她以"相异性"与"相似性"之间的互动关系和交互作用对上述疑问作了解答："将相异性因素植入认同性并非一种单向的直线运动。实际上，相异性与认同性两者间是存在着一种交互作用的：只有本土化了的相异性，才有可能被植入接受者文化体系；而同时，这一被本土化了的相异性也就以其携带的异国因素（无论此因素经历了怎样的变形，相对于传统，它依然具有某种他者的性质）丰富了本土文化，从而反作用于身份认同，为更新目的语文化传统做出了贡献。"[2]至此，我们终于明白，孟华所强调的翻译的重大作用，在于通过"归化"的策略，将相异性因素植入目的语文化体系中使之被认同，以目的语文化的"认同性"来激活"相异性"，达到更新目的语文化传统、丰富目的语文化的目的。在这个意义上，这种更新和丰富的过程是渐进的，其对文化的推进作用是积累性的。

在上面的简述和讨论中，我们通过翻译理论界和比较文学研究界对翻译之"用"的思考与探讨，主要从文化的差异性展示了翻译活动可能产生的正面或负面作用。对于翻译所起的文化影响，不少学者也有过较为深入的研究。而在上文举出的例子中，我们看到韦努蒂是通过对翻译历史中一些具有特殊意义的翻译事件与翻译现象的分析，为翻译的作用作了文化层次的深刻思考；而孟华则从一个比较文学学者的独特视角出发，对交流的双向作用作了启发性的分析。可以说，无论从理论的高度还是翻译史的具体事实，在人类的文化交流与发展中，翻译所起的作用是巨大而广泛的。

8.3.2 从文化的高度把握翻译的作用

在本节中，我们将着重讨论文学翻译之于民族文化的构建作用。有必要说明的是，之所以选择文学翻译为例来探讨其对民族文化的作用，一方面可以使我们的研究视角更为集中，另一方面，文学翻译有着比非文学翻译更深层次的

---

1 参见《翻译中的"相异性"与"相似性"之辩——对翻译与文化交流关系的思考与再思考》，孟华，载《多边文化研究》，北京大学比较文学与比较文化研究所编，新世界出版社，2001年，第103–104页。
2 同上，第104页。

任务与使命，文学翻译不仅要传达原作内容的基本信息，而且还要传达原作的审美意蕴，文学翻译甚至"是一种在本土文学语境中的文化改写或文化协商行为"[1]，由此可见，文学与文化一脉相承，密不可分，探讨文学翻译之于民族文化的作用对审视非文学翻译对文化的作用具有普遍性的意义。

斯达尔夫人曾说：翻译"对文学最大的贡献就是把人类精神的巨著从一种语言搬到另一种语言"。当然，文学翻译远非仅仅是语言上的迁移，但"精神"二字道出了翻译之于民族文化最重要的作用，而文学翻译对精神的构建作用无疑也是对其贡献的最高褒奖。杨义在《文学翻译与百年中国精神谱系》一文中指出翻译与人的本质相联系，与百年中国文化谱系相联系。他说："这股历百余年而不衰的翻译文学的流脉，对于现代中国文化的转型重建，是不可或缺的。"[2] 他认为翻译文学具有混合型或混血型的双重文化基因。正是由于"异"与"同"的冲突与融合，才决定了每个民族的文学不可能只在本民族的文化系统内进行封闭性的循环创造，否则不仅影响了文学接受和传播的范围，同时也使各民族文学发展的演变十分缓慢。"翻译是中国人看世界的一双眼睛，同时又随着翻译借得一双异样的眼睛看中国。"这一形象的说法明确地揭示出翻译在文化交流中的双向作用，一方面通过翻译，我们了解到不同于本国的文学与文化，而另一方面，在与"异"的冲突与内化中，我们找到了另一种角度、另一种视野来反观本民族的文学与文化。杨义还系统地梳理了百余年来的中国翻译文学史，不仅对具体的个案有所涉及，更重要的是他从整体上把握了翻译在文学史演进中的突出作用，并指出了翻译与文化和精神的互动、互渗、互斥、互化的关系，继而将文学翻译之于民族文化和精神的作用概括为以下五个方面："开拓视野；标举潮流；援引同调；扩充文类；新创热点。"[3] 我们可以看到，文学翻译一直贯穿在中国思想和精神文化的演进轨迹中，文学翻译通过对异质文化的引进和自身文化的输出，不仅扩大了各个不同民族的文学版图，使其获得了世界文学的意义，而且在将异质文化植入自身文化土壤的过程中，也是对本民族文化、精神的重构和改写。而在百年中国文化的发展中，也是因为翻译的制导和催化作用，中国文学才走出传统的局限，渐渐被赋予了现代化和世界化的色彩，他说："20世纪中国文学的开放性和现代性，以翻译作为其重要标志，又以翻译作为其由外而内的启发性动力。"[4]

对于文学翻译在中国的现代性文化进程中所发挥的作用，王宁也有相同的

---

1 引自《中国现代翻译文学史》，谢天振、查明建主编，上海外语教育出版社，2004年，第2页。
2 《文学翻译与百年中国精神谱系》，杨义，《学术界》，2008年第1期，第8页。
3 同上，第21页。
4 同上，第8页。

看法。他指出："在漫长的中国文学史上，20世纪的文学实际上是一个日益走向现代性、走向世界的一个过程，在这一过程中，中国文学日益具有了一种整体的意识，并有了与世界先进文化及其产物文学进行直接交流和对话的机会。一方面，中国文学所受到的外来影响是无可否认的，但另一方面，这种影响也并非是消极被动的，而是更带有中国作家（以及翻译家）的主观接受——阐释的意识。"[1] 如果说在翻译对文化的双向作用中，杨义侧重于强调对异质文学、文化的吸收之于百年中国精神文化的作用，王宁则更期待中国文化和文学在对外国文化和文学的影响方面有所作为，这也是为何他会作出这样的展望："翻译的重点将体现在把中国文化的精华介绍到世界，让全世界的文化人和文学爱好者共同分享中国文化的博大精深。"[2]

若从文化交流与建设的这个角度再去审视中国近现代史中的一些翻译现象，我们便会有更深刻的理解。我们不会再以"忠实"的唯一尺度去对林纾的小说翻译加以根本的否认；也不会以"直译"与"意译"的无谓争论对鲁迅的"硬译"主张作反面的理解。正是站在文化交流与建设这个高度，人们便有可能更清楚地看到这样一个客观的事实："翻译与民族的交往共生，与文化的互动同在。一部翻译史就是一部活生生的接受史。从佛经北传到西风东渐，从中国革命到改革开放，翻译既开始了中华民族的精神启蒙，也参与了中国社会的全面改造。"[3]

在这一节中，我们主要从文化的视角切入检视翻译所发挥的作用，其中更特别探讨了文学翻译之于民族文化的重构与改写作用。尽管不同的学者即便从同一个角度着手，对翻译的作用也会作出不尽相同的回答，但通过上文的介绍和探讨，我们不难看出，文化视角下的翻译之"用"强调的依然是经由语言的接触与转化所达到的文化的交流和沟通，这种交流在"异"与"同"的冲突和融合中实现，因此具有双向的意义。可以说，文化是我们探讨翻译之"用"无法忽视的一个重要层面，但翻译的价值绝不仅限于此，因此，下面我们将结合本章前几节所涉及的内容，对翻译价值进行全面的观照，以期建立正确的翻译价值观。

---

1 《文化翻译与经典阐释》，王宁著，中华书局，2006年，第139页。

2 同上，第140页。

3 引自《可译性、不可译性与思维模式的转换》，汪堂家，《辞海新知》总第7辑，2001年3月，第11页。

8.4 翻译价值面面观

我们认为,建立翻译价值观,一方面要以对翻译之用的理论探讨与历史思考为基础,另一方面又要不局限于对翻译之用的客观描述,相反,应该超越对翻译的实际之用的描述与分析,对翻译之用进行价值的是非评判。在这个意义上,建立翻译的价值观,可为我们进行翻译评价与批评提供理论的基础。

上文中,我们对"译何为"和译之"用"进行了初步的研究,又结合翻译史,揭示了翻译所发挥的不同的历史作用,尤其是在文化交流与沟通中的突出功能。现在,我们不妨对上述内容作一整合,以我们对翻译的认识和理解,即我们的翻译观为出发点,对翻译的理想作用与实际影响进行较为系统的探讨,以建立我们的翻译价值观。我们曾对何为翻译进行了历史的分析和理性的思考,提出了我们对翻译本质的认识,特别强调指出翻译活动五个方面的特征:"社会性"、"文化性"、"符号转换性"、"创造性"和"历史性",从而构成了我们对翻译进行定义的基础:"翻译是以符号转换为手段,意义再生为任务的一项跨文化的交际活动。"这一定义,可以说是我们对翻译的基本理解,也就是我们的基本翻译观。以此为基础,我们也拟从五个方面对翻译之"用"进行相应的探讨,并由此建立我们的翻译价值观。

8.4.1 翻译的社会价值

翻译的社会价值,是由翻译活动的社会性所决定的,主要体现在它对社会交流与发展的强大推动作用。考察翻译对社会发展的推动力,我们不能不从源头开始。在廖七一等编著的《当代英国翻译理论》一书引论的开头,我们看到了这样的一段论述:

翻译是人类社会历史最悠久的活动之一,几乎与语言同时诞生。从原始部落的亲善交往,文艺复兴时代古代典籍的发现和传播,直至今天世界各国之间文学、艺术、哲学、科学技术、政治、经济的频繁交流与往来,维护世界的稳定和持久和平,翻译都发挥了不可估量的作用。[1]

以这样一段结论性的论述,来作为《当代英国翻译理论》一书的开篇,在我们看来,作者是经过精心考虑的。翻译活动历史之悠久,领域之广泛,形式之丰富,无疑为翻译作用的发挥提供了客观的基础。从源头上讲,翻译所起的

---

1 《当代英国翻译理论》,廖七一等编著,湖北教育出版社,2001年,第1页。

最为本质的作用之一，便是其在交际基础上的人类心灵的沟通。翻译因人类的交际需要而生。在克服阻碍交流的语言差异的同时，翻译为交流打开了通道。因为有了翻译，人类社会从相互阻隔走向相互交往，从封闭走向开放，从狭隘走向开阔。阿弗雷德·波拉德（Alfred W.Pollard）在论述《圣经》翻译的重要意义时说过一段不乏诗意而又极为深刻的话："翻译如同打开窗户，让阳光照射进来；翻译如同砸碎硬壳，让我们享用果仁；翻译如同拉开帷幕，让我们能窥见最神圣的殿堂；翻译如同揭开井盖，让我们能汲取甘泉。"[1] 波拉德的这段话虽然是针对《圣经》翻译而论的，但从中我们不难领会到，翻译给人类社会带来的，既有精神之光芒，又有物质之果实。翻译搭建起了交流的桥梁，同时也是人类文明果实的接力与传承。应该说，没有旨在沟通人类心灵的跨文化交际活动，即我们所说的翻译活动，人类社会便不可能有今天的发展。在上文中，我们曾提到邹振环的研究成果，他所著的《影响中国近代社会的一百种译作》一书，可以为我们在此探讨的论点提供具体的例证，从中可以看到翻译是如何又是在哪些方面影响了中国近代社会，对其发展起到推动作用的。邹振环以译本的社会影响为标准，选择了一百种译作。他认为，这些译作"使近代中国人超越了本民族、本世纪、本文化的生活，给他们带来了新的见闻、激动、感悟、灵智与启迪，使他们开始了从狭窄的地域史走向辽阔的世界史的心路历程。"[2] 邹振环的这段论述与我们在上文中所阐述的观点不谋而合：翻译之于社会的推动力，首先在于其交际性，翻译开启心灵，打开思想的疆界，交流是理解的基础，而理解是世界各民族"从狭窄的地域史走向辽阔的心路历程"的原动力之一。就对中国近代社会的影响而言，邹振环认为这一百部译作虽然"谈不上有主宰中国民族命运的天体之力"，但这种影响是"如影随形，如响应声"，起到了推动中国社会文化发展的效应和作用，"当然其中包含有精神的和理智的力量在起作用。这种影响可以是正面的，也可以是负面的；有直接的，也有间接的；有回返影响，也有超越影响。"[3] 从邹振环以对社会的影响为标准所选的一百种译本来看，种类极为丰富：有自然科学技术类的，如《几何原本》、《同文算指》、《代数学》、《远西奇器图说》、《泰西水法》等；有哲学社会科学类的，如《天演论》、《共产党宣言》、《资本论》、《社会学》、《性心理学》、《民约论》、《法意》等；有地理学类的，如《坤舆万国全图》、《四洲志》、《地学浅释》等；还有文学类的，如《巴黎茶花女遗事》、《黑奴吁天录》、《悲惨世界》、《少年维特之烦恼》、《浮士德》等。可以看到，这些译本几乎涉及

---

1 《当代英国翻译理论》，廖七一等编著，湖北教育出版社，2001年，第1页。
2 《前言》，《影响中国近代社会的一百种译作》，邹振环著，中国对外翻译出版公司，1996年，第V页。
3 同上，第VI页。

人类所有重大的知识领域和精神领域，它们对中国近代社会所产生的影响是广泛而深远的。上述每一个译本的接受与传播史，都以其深刻的思想内涵和具体的历史事实为翻译的社会影响提供了难以辩驳的例证，《共产党宣言》的翻译，更是具有强大说服力的一例。

翻译对社会的推动力，还在于对民族精神和国人思维的影响。鲁迅的翻译实践和追求可为我们理解这一问题提供某种答案。王彬彬在《作为翻译家的鲁迅》一文中谈到："启蒙，是鲁迅毕生的事业；而启蒙的重要方式，便是把异域的新的思想观念，把异域的精神生活，介绍到中国来。在20世纪的中国，可以说鲁迅是对翻译事业最重要者之一。而且，在翻译上，他有两个独特的方面。一是注意介绍弱小民族的精神生活,思想行动。与只把眼睛盯着西方强国者不同，鲁迅早年在日本时，便留心搜求被压迫民族的作品，并把它们译介给中国读者。因为他觉得弱小民族、被压迫民族与中国境遇相同，因而对中国读者更具有现实针对性，更能促使中华民族反省和觉醒，更能激发中华民族的血性、热情和斗志。另一方面，是他希望通过翻译，改造汉语，从而最终改造中国人的思维方式。"[1] 对作为翻译家的鲁迅的这两点评价，应该说是翻译界已经基本达成的共识。就王彬彬所说的鲁迅的这两个独特方面，一是翻译对于精神塑造的作用，二是翻译对于改造语言最终达到改造国人思维方式的作用，我们认为两者在本质上是相通的。思维的改造与精神的塑造是推动社会变革的基本力量，而翻译对于这两者所起的作用往往是直接而深刻的。考察中西方翻译史，这方面的例证极为丰富。如严复翻译《天演论》，其目的明确，"通过进化论的译介，既告诉国人有'不适者亡'的危险，又号召人民奋发图存，自强保种"。王克非在《严复的翻译——以〈天演论〉为例》一文中对严复所翻译的《天演论》一书所产生的巨大社会影响，作了系统的分析，认为在特定的历史环境中，严复在特殊的翻译动机的驱动下，采用了"达旨"的方法，使《天演论》"成了义富辞危的警世之作，成了维新变法的思想武器，使有识之士怵焉知变，使爱国青年热血沸腾，启迪和教育了几代中国人"。[2]

翻译之于社会的推动力，还在于对社会重大政治运动和变革实践的直接影响。且不谈在整体上翻译对于近代社会的变革所起的先锋作用，前文中我们谈到马克思主义思想在中国的译介，可见翻译对中国政治思想和意识形态的塑造作用。同样地，易卜生（Henrik Ibsen）的《玩偶之家》（*A Doll's House*）这部剧本的翻译对于中国社会特别是对中国妇女解放运动产生了巨大影响力。邹振

---

1 引自《为批评正名》，王彬彬著，时代文艺出版社，2000年，第146页。
2 《翻译文化史论》，王克非编著，上海外语教育出版社，1997年，第132页。

环对这部戏剧的翻译情况及其对中国社会的影响作了较为全面的介绍。茅盾认为易卜生和"新文化运动""有一种非同等闲的关系"。萧乾认为易卜生在《玩偶之家》中的娜拉形象"对我们的影响之大是西方人难以想象的,起自黄帝时代的社会习俗受到了挑战,个人开始维护他们独立思考与行动的权力,中国,这个在亘古未变的山谷中沉睡着的巨人突然从一个使人苦闷的梦魇中惊醒了。"邹振环认为"娜拉在'娜拉热'中也演变成一种符号,即成为我们心目中的'革命之天使'、'社会之警钟'、'将来社会之先导'和'妇女解放运动的先驱'"。[1] 这个符号所揭示的《玩偶之家》的思想深度和广度由此可见一斑,而该剧在中国社会所产生的全面的影响力为翻译的作用作了有力的诠释。

8.4.2 翻译的文化价值

翻译在世界文明进程中扮演着重要而独特的角色。社会的发展、文化的积累和丰富与文明的进步是紧密结合在一起的。前文中,我们多次涉及翻译在文化交流与沟通中的作用,上一节我们也提出要从文化的高度把握翻译之"用",旨在更好地将翻译与文化相联系,从而揭示翻译的文化价值。如果说翻译以克服语言的障碍、变更语言的形式为手段,以传达意义、达到理解、促进交流为目的,那么把翻译理解为一种人类跨文化的交流活动,应该说是一个正确的定位。从这一定位出发,我们便不难理解翻译在人类文化发展进程中所起的作用了。

8.4.3 翻译的语言价值

就形式而言,翻译是一种语言转换活动,因此我们应该树立一定的翻译语言价值观,而翻译语言价值观从根本上来说,就是如何认识翻译活动对语言产生的作用和影响问题。王克非的《近代翻译对汉语的影响》一文在介绍近代翻译的文化史背景基础上,具体分析了翻译对于汉语的影响,包括汉语的词汇、语法、句式等多方面。[2]

在提及翻译的历史作用时,我们已经对翻译之于语言的改造作用作了一番探讨,因此这里不再赘述,但是有两点需要指出,首先,我们在这里所说的语言不仅仅限于狭义的语言,还包括雅各布森的符际翻译的符号系统。所以我们

---

1 参见《影响中国近代社会的一百种译作》,邹振环著,中国对外翻译出版公司,1996年,第257–263页。
2 参见《近代翻译对汉语的影响》,王克非,《外语教学与研究》,2002年,第6期,第458–463页。

也可以说翻译就其形式而言是一种符号转换活动。如果说雅各布森所区分的语内翻译、语际翻译和符际翻译这三种翻译类型涵盖了人类一切翻译活动，那么我们就不能不承认这样一个事实的存在：任何翻译活动的完成都要经过符号转换这个过程。符号的转换性由此成为翻译活动的特性之一。而我们讨论翻译的语言价值，对符号转换活动所带来的一些基本问题也应予以关注；另外，当我们在强调翻译的语言价值，论述翻译对目的语所起到的种种积极作用时，我们也清醒地意识到，在历史上，由于翻译方法或策略运用不当，翻译的过分"异化"对目的语造成的负面影响也不容忽视，如在"五四"新文化运动前后，翻译中所出现的对"欧化语言"的过分推崇现象，值得反思。

8.4.4 翻译的创造价值

对翻译的创造性，我们在本书的第二章已经作了简要的论述，特别强调指出，把翻译视作机械的语言转换和纯粹摹仿的传统翻译观遮蔽了翻译的创造性。在上文讨论翻译的社会、文化和语言价值时，我们实际上已经涉及到了翻译在上述层面所表现出的创造功能。从社会的角度看，任何社会活动都必须以交流为基础，交流有利于思想疆界的拓展，而思想的解放又构成了创造的基础。从文化角度看，翻译中导入的任何"异质"因素，都是激活目的语文化的因子，具有创新的作用。从语言角度看，为了真正导入新的事物、新的观念、新的思路，翻译中就不可避免地要像梁启超所说，进行大胆的创造。如果说文学是语言的艺术，那么在翻译活动中，语言符号的转换更是具有创造的特征，"好的文学翻译不是原作的翻版，而是原作的再生。它赋予原作以新的面貌、新的活力、新的生命，使其以新的形式与姿态面对新的文化与读者。"[1] 张泽乾所用的这六个"新"字在一定程度上为翻译艺术的创造性作了最为精辟的注解。探讨翻译的创造价值，我们注意到一个非常有趣的现象，那就是在"创造"两字之前，有一个限定词"再"。这一个"再"字，连接着出发语文化与目的语文化，也连接着具体翻译过程中所涉及的出发语与目的语、原作与译作，它提醒我们不要割断两者的血脉关系，也告诉了我们这样一个道理，任何创造都不可能是凭空的创造，它应该是一个继承与创新的过程。当"本我"意欲打破封闭的自我世界，向"他者"开放，寻求交流，打开新的疆界时，自我向他者的敞开，本身就孕育着一种求新求异的创造精神。这种敢于打开封闭的自我，在与"异"的交流、碰撞与融合中丰富自身的求新的创造精神，我们可视为一种翻译精神。我们认为，这种翻译精神构成了翻译的创造功能之源泉。

1　引自《翻译百思》，张泽乾，《翻译思考录》，许钧主编，湖北教育出版社，1998年，第470页。

我们探讨翻译的创造价值，既要从这一形而上的高度去把握，又要善于在形而下的层面去进行分析。实际上，翻译的创造性寓于翻译活动本身，又体现在翻译活动的整个过程之中。而翻译打开的新的世界，更是为人们进行新的创造起到间接但却广泛的作用。不少当代作家在论及翻译与自己的创作之关系时，都谈到翻译的创造性以及翻译的创造性对于他们自身创作所产生的推动作用。如梁晓声在讨论翻译界争论不休的"翻译文体"时，谈了自己这样的认识："所谓'翻译文体'，当然是指有水平而又严肃认真的翻译家们之精神劳动，乃是一种人类文学语言的再创造。必自成美学品格。它既有别于原著的母语文字，也不同于译者所运用的客体文字。它必是二者的结合。它在语音的抑扬顿挫，句式的节奏，通篇整体的气韵等等方面，必是十分讲究的。它必不至于忽视母语文字风格的优长，也须着意于发挥客体文字表述的特点。一部上乘的翻译作品，如同两类美果成功杂交后的果子。若精当若此，当然便是创造!"[1] 而正是王道乾"不仅翻译了杜拉的短句子，还翻译了她的灵魂"的创造性劳动，开启了王小波的创造之门[2]，也为赵玫的创造提供了丰富的养分[3]。

8.4.5 翻译的历史价值

树立翻译的历史价值观，包括两个重大方面的内容。首先，我们要充分认识翻译对于人类历史的发展所作的实际贡献，在上文中，季羡林就翻译在中华文明发展中所作的贡献所说的那段话，是深刻而精辟的。考察人类文明发展史，我们发现历史的每一次重大进步与发展，都离不开翻译。每一次重大的文化复兴，都伴随着翻译的高潮，如古希腊、古罗马文化的复兴往往以翻译为先锋。像发生在9世纪的加洛林王朝的古典文化的复兴，发生在12世纪的所谓的原始文化复兴，以及15至16世纪的文艺复兴，翻译在其中都起着不可替代的推动作用。其次，我们要从历史的角度来看待翻译的可能性。翻译作为跨文化的人类交际活动，有着不可避免的历史局限性。就具体的翻译活动而言，无论是对原文的理解还是用目的语进行的阐释与再表达，都不是一个译者一次就能彻底完成的。尤其是艺术个性强的原作，往往有相对来说比较大的阐释空间，需要一代又一代译者不断去挖掘。当我们认识到翻译活动的历史局限性时，实际上也就为树立翻译的历史价值发展观奠定了某种基础。换言之，我们既要清醒地意识到翻译活动的历史局限性，又要以发展的眼光来看待这种局限性。正如

1 引自《译之美》，梁晓声，载《作家谈译文》，上海译文出版社编，上海译文出版社，1997年，第275—276页。

2 参见《我的师承》，《王小波文集》第四卷，王小波著，中国青年出版社，1997年，第302页。

3 参见《怎样拥有杜拉》，赵玫，《出版广角》，2000年第5期，第52–54页。

乔治·穆南在《翻译的理论问题》一书中所坚持的,我们要对翻译活动始终持发展的观点,认识到翻译活动是在历史的发展中不断丰富的,翻译所能达到的沟通与跨文化交流的水平是不断发展的。随着人类历史的发展,翻译活动的可能性会越来越多。持翻译的历史价值观,也就是意味着:一方面,我们可以从人类的翻译活动去考察人类历史的发展,另一方面,我们可以从历史的发展来看翻译活动的不断丰富的内涵和不断扩大的可能性。

以上我们以我们对翻译本质的认识为基础,从五个方面对如何认识翻译的价值进行了初步的探讨。"翻译之为用大矣哉",季羡林的这句话可为我们认识翻译的作用提供一个启发性的答案。翻译的作用是广泛而深刻的,上文的探讨只是提供了某种认识的角度。在结束讨论之前,我们有必要指出:从本质上看,翻译的社会性重交流,翻译的文化性重传承,翻译的符号转换性重沟通,翻译的创造性重创造,而翻译的历史性重发展。交流、传承、沟通、创造与发展,这五个方面也正构成了翻译的本质价值所在,从某种意义上,它们也是翻译精神之体现。

思考题

❶ 请结合本章内容,谈谈你对"译何为"的理解。

❷ 从历史的角度,如何看待翻译的积极作用与负面影响?

❸ 在全球化进程逐步加快的今天,关于维护"文化多样性"、"语言多元化"的呼声越来越高,那么你认为在这一过程中,翻译应该或者能够起到怎样的作用?

❹ 本章中所列出的翻译价值的五个方面,你认为彼此间有什么样的内在联系?

❺ 客观认识翻译的作用,树立翻译的价值观,对你今后的翻译实践有何积极意义?

第九章
如何评价翻译？

本章要义：

- 从广义上讲，翻译批评就是理解翻译与评价翻译；从狭义上讲，翻译批评是对翻译活动的理性反思与评价，既包括对翻译现象、翻译文本的具体评价，也包括对翻译本质、过程、技巧、手段、作用、影响的总体评价，而不论"具体评价"还是"总体评价"，都依赖并取决于相关的理论和一定的标准。

- 翻译批评既是对翻译理论的实际应用，也通过实践反作用于翻译理论，对翻译理论进行检验、促进和指导。翻译批评的价值应在实践与理论两方面得以实现。

- 实践层面，翻译批评具有监督功能，包括对译者的指导功能和对读者的引导功能。理论层面，翻译批评具有理论研究和建构功能。

- 翻译批评根据其不同主体相应地包括读者批评、译者批评和专家批评三种形式。

- 批评者的主观态度和精神与批评者的客观技能与素质同样重要，批评者不仅要具备语言能力、文化知识和文学素养，还应树立客观精神、创造精神和求真精神。

- 随着翻译研究的深度和广度不断拓展，对翻译的评价由传统的以"信"为基本准绳的单一标准走向多维度、多视角的多元标准。翻译批评的标准应具有合理性、互补性、历史性和发展性。

作为人类最古老的跨文化交流活动之一，翻译是任何社会都必不可少的，而翻译事业的健康发展离不开翻译批评。季羡林曾指出："翻译事业要发展，要健康地发展，真正起到促进中华文明发展的作用，就不能没有翻译批评"。[1] 翻译实践需要引导，翻译现象需要辨析，翻译作品需要评介，翻译队伍需要扶持，所有这些都离不开翻译批评。翻译界对批评的关注由来已久，不少翻译家和翻译研究者都充分意识到翻译批评的重要性，早在20世纪30至50年代，鲁迅、茅盾、董秋斯、焦菊隐等人就曾呼吁要大力开展翻译批评。例如，鲁迅在1933年发表的《为翻译辩护》一文中就明确强调："翻译的不行，大半的责任固然该在翻译家，但读书界和出版社，尤其是批评家，也应该分负若干的责任。要救治这颓运，必须要有正确的批评，指出坏，奖励好，倘没有，则较好的也可以。"[2] 可见，对于翻译事业的繁荣与进步，翻译批评负有不可推卸的责任。

本章以如何评价翻译为出发点，主要讨论翻译批评问题。那么，究竟什么是翻译批评？翻译批评的本质何在？翻译批评的价值与功能如何体现？翻译批评包括哪些类型？谁来进行翻译批评？翻译批评的对象是什么？翻译批评的开展必须遵循什么样的标准和原则？

9.1 翻译批评的本质

正如各个流派的学者对翻译的概念提出了不同的定义，对"什么是翻译批评"这一问题的回答也没有形成定论。目前比较有代表性的表述有以下几个：

1. 翻译批评即参照一定的标准，对翻译过程及译作质量与价值进行全面的评价。（林煌天，1997）

2. 翻译批评是一种具有一定的实践手段和理论目标的精神活动，是从一定的价值观念出发，对具体的翻译现象（包括译作和译论）进行分析和评价的学术活动，是审美评价与科学判断的有机统一。概括地说，翻译批评是按照文学翻译的审美理想，根据一定的批评标准，对具体的翻译现象（译本或者译论）进行的科学的评价活动。（郑海凌，2000）

3. 翻译批评即依据一定理论，采用相关方法，对译者、翻译过程、译作

1　引自《翻译之为用大矣哉》，季羡林、许钧，《文学翻译的理论与实践——翻译对话录》，许钧等著，译林出版社，2001年，第4页。
2　引自《中国译学理论史稿》，陈福康著，上海外语教育出版社，1992年，第306页。

质量与价值及其影响进行分析与评价。（文军，2001）

4. 常规意义上比较完整的翻译批评应是：依照一定的翻译标准，采用某种论证方法，对一部译作进行分析、评论、评价，或通过比较一部作品的不同译本对翻译中的某种现象做出评论。（杨晓荣，2006）

5. 翻译批评是以一定的翻译理论和翻译批评理论为背景和基础，对各种翻译现象、翻译作品和翻译思潮进行分析、阐释和评论的科学认识活动。（温秀颖，2007）

这些定义虽然从各自不同的角度透视了翻译批评的本质，但就其中涉及的关键词而言基本是一致的，即评价、翻译作品/现象、标准/理论。

首先，翻译批评是一种评价活动。翻译批评与文学批评有着千丝万缕的联系，虽然二者在研究对象上有所不同，文学批评的对象是原创作品，而翻译批评的对象是翻译作品，属于理解基础上的再创造，但翻译批评与文学批评在本质上可以说是一致的，都是从主体出发面对文本的接受和评价行为，在评价者与文本之间以一种普遍的"对话–理解"模式出现。正如韦勒克（René Wellek）所言，一切文学研究，无论是理论还是批评，归根结底都旨在"理解文学和评价文学"，他在《近代文学批评史》（*A History of Modern Criticism*）的前言中写道："'批评'这一术语我将广泛地用来解释以下几个方面：它指的不仅是对个别作品和作者的评价，'裁决的'批评，实用批评，文学趣味的征象，而且主要是指迄今为止有关文学的原理和理论，文学的本质、创作、功能、影响，文学与人类其他活动的关系，文学的种类、手段、技巧，文学的起源和历史这些方面的思想。"[1] 可以说，翻译批评就是理解翻译与评价翻译，是建立在理解和对话基础上的评价行为。

评价不同于科学认知活动，而是"一种主体性的精神活动"，"必然地包含着并表达着主体的'态度'、选择、情感、意志等"[2]。而主体是具体的、历史的、不断变化的，评价"总是随着价值关系主体的变化和发展而变化和发展"[3]。因此，以主体性为根本属性的翻译批评活动具有历史性和发展性，反对一切僵化的、绝对的、一成不变的价值判断。在这个意义上，无论对翻译现象、翻译事件的考察，还是对翻译作品的文本评价，都应从特定的历史环境出发，充分关注不同的历史文化因素。

1　《近代文学批评史》，韦勒克著，杨岂深、杨自伍译，上海译文出版社，1997年，第1页。

2　引自《价值论》，李德顺著，中国人民大学出版社，2007年，第232页。

3　同上。

其次，翻译批评以翻译作品、翻译过程和翻译现象为评价对象。翻译不仅是一种静态的结果，更是一个动态的过程，一个包含了原作、原作者、译作、译者以及读者在内的相互关联、相互影响的系统。翻译批评的对象不应限于文本，从原文文本到翻译文本的单一模式远远无法承载翻译批评的全部内涵，对翻译本质、过程、作用、影响的关注以及对翻译现象和事件的解读与评判是翻译批评不可或缺的重要维度。

最后，翻译批评的开展依赖并取决于相关的理论和一定的标准。作为一种主体性的评价活动，翻译批评并不等同于任何仅凭主观印象和感受而进行的鉴赏和阐释，相反，任何仅仅依赖主体的感觉而进行的评判都不能被视为科学的、理性的批评。因为评价，特别是自觉的、有意识的评价，"总是包含着对一定价值关系可能后果的预见、推断"[1]。而这些预见和推断必须以深刻而全面地把握主客体关系和实践活动的发展为前提。因此，翻译批评作为对翻译价值的判断，是某种翻译观念和伦理意志在翻译评价中的体现，应超越纯粹个人的情感而代表某个历史时期的集体的主要价值观念，摒弃一味依赖个人趣味和个体主观感受的纯感性判断。在这个意义上，翻译批评应自觉地、有意识地完成从"本能的评价、情感心理的评价逐步上升为意志的和观念的、理论的评价的过程"[2]，而这一过程的完成必须借助翻译及其他相关学科的理论并依赖一定的翻译批评标准。

可以说，从广义上讲，翻译批评就是理解翻译与评价翻译；从狭义上讲，翻译批评是对翻译活动的理性反思与评价，既包括对翻译现象、翻译文本的具体评价，也包括对翻译本质、过程、技巧、手段、作用、影响的总体评价，而不论是"具体评价"还是"总体评价"，都依赖并取决于相关的理论和一定的标准。

9.2 翻译批评的价值与功能

9.2.1 翻译批评的价值

明确了翻译批评的本质，那么，翻译批评的价值体现在哪里、又如何实现呢？作为一种对象化的活动，批评应在其实践对象中看到自身的力量。可以说，翻译批评的价值正是通过实现其对象的价值而得以实现，也就是说，翻译批评在实现翻译的价值中实现自身作为批评主体的价值。作为以符号转换为手

---

1 引自《价值论》，李德顺著，中国人民大学出版社，2007年，第232页。
2 同上，第233页。

段、意义再生为任务的一项跨文化交际活动，翻译具有社会性、文化性、符号转换性、创造性和历史性五大本质特征。基于这样的翻译观，我们在第八章中指出，翻译的价值分别体现在社会、文化、语言、创造和历史五个方面。从本质上看，翻译的社会价值重交流，翻译的文化价值重传承，翻译的语言价值重沟通，翻译的创造价值重创新，翻译的历史价值重发展。交流、传承、沟通、创新与发展，这五个方面共同构成了翻译的价值所在。因此，翻译批评的根本任务在于促使翻译在民族交流、文化传承、社会发展方面发挥应有的作用，促进翻译事业健康、理性地发展，保证翻译的价值得以实现，从而实现翻译批评自身的价值。

翻译批评不是翻译的附属品，也不能被简单视为应用翻译学的一个分支，而应该被理解为如纽马克（Peter Newmark）所言的"将翻译理论和翻译实践连接在一起的一个重要环节"[1]。翻译批评的对象总是具体的翻译作品或翻译现象，这体现了它的实践性；同时，翻译批评的实践过程又必须以各种理论为基础，翻译批评原则、标准等重要规范的确立与各种翻译观密切相关，正如姚斯所言，"任何关于翻译作品的价值或质量的陈述都包含着关于翻译的性质与目标的理解，或者说预设了一种理论"[2]，这体现了它的理论性。因此，翻译批评既是对翻译理论的实际应用，也通过实践反作用于翻译理论，对翻译理论进行检验、促进和指导。"给文学翻译一个方向"，翻译批评承担的这一重大使命具有实践上和理论上的双重含义，因此，翻译批评的价值应在实践与理论两方面得以实现。[3]

9.2.2　翻译批评的功能

翻译批评的功能并不等同于翻译批评的价值。功能与价值是两个既相互关联又相互区别的概念。简单而言，"价值是功能的基础，功能是价值的表现形式。批评价值实现的过程，也就是批评发挥功能并产生相应结果的过程。"[4] 如果说，翻译批评的价值指向主观愿望下批评应当发挥的作用，那么，翻译批评的功能则强调批评行为"客观呈现出来的实际产生的作用"[5]。翻译批评具有实践和理论两方面的价值，同样，翻译批评的功能也应在实践和理论两个层面上得以体现。杨晓荣在《翻译批评导论》中明确指出，"翻译批评最基本的功能

1　引自《翻译批评导论》，杨晓荣著，中国对外翻译出版公司，2005年，第7页。
2　引自《国际翻译学新探》，辜正坤、史忠义编，百花文艺出版社，2006年，第248页。
3　参见《论翻译批评空间的构建》，刘云虹，《中国翻译》，2008年第3期，第11—15页。
4　引自《科学翻译批评导论》，文军著，中国对外翻译出版公司，2006年，第54页。
5　同上。

是监督功能，由此派生的是对读者的引导功能和对译者的指导功能"，"翻译批评的第二个基本功能是理论研究"。[1] 我们将立足于翻译批评的本质，结合其实践和理论双重价值，探讨翻译批评在实践层面具有的监督、指导、引导功能及其在理论层面具有的研究和建构功能。

9.2.2.1 翻译批评的监督功能——对译者的指导

鲁迅在1934年的《再论重译》一文中指出，翻译批评的责任在于"或者培植，或者删除，使翻译界略免于芜杂"。[2]"培植"和"删除"是批评的方法，根本目的在于"免于芜杂"，即保证翻译质量，避免翻译界良莠不齐的状况继续下去。纽马克在论述翻译批评的五大功能时强调，翻译批评的首要目的是"提高翻译质量"。[3]桂乾元提出了翻译批评的六大功能，其中的"帮助——帮助译者提高翻译水平，甚至可以帮助译者提高某些基本功，帮助译者提高理论修养"；"限制——限制粗制滥造、质量低劣的译作泛滥，甚至出版问世"；"监督——监督译者工作，促进他们认真负责地工作"[4] 等功能都指向翻译作品的质量。可以说，翻译批评最基本、最主要的功能就是监督功能，监督翻译作品的质量，坚决杜绝价值不高、品质低劣的译本流入图书市场，因为，不言而喻，翻译作品的质量是翻译价值得以实现的根本保证，是翻译事业健康发展的必要条件。

保证和提高翻译作品的质量，首先应立足于文本，对译者在翻译过程中所采用的方法和技巧等具体问题予以关注，例如，纽马克提出的"比较原语和译语在语义和语法上的异同"[5]，杨晓荣提出的"为从事翻译工作者提高翻译水平提供学习、揣摩的范例"[6]。但翻译批评若仅限于从文本到文本的单一模式是远远不够的，还必须对译者作为主体进行翻译活动时的立场和态度加以指导。翻译，尤其是文学翻译，被喻为是"解释学的杰出楷模"[7]。可以说，就本质而言，翻译首先是一个理解、解释的过程，而作为翻译主体的译者自最初的阅读起便开始扮演一个笃信原文言之有物并意欲重构其意义的探寻者的角色。随着文本意义的确定性被颠覆，文本不再被视为一种既定意义的载体，因此，原作

---

1 《翻译批评导论》，杨晓荣著，中国对外翻译出版公司，2005年，第21页。
2 引自《中国译学理论史稿》，陈福康著，上海外语教育出版社，1992年，第308页。
3 参见《当代英国翻译理论》，廖七一等编著，湖北教育出版社，2001年，第197页。
4 参见《译事繁荣需评论》，桂乾元，《外国语》，1994年第2期，第8–13页。
5 引自《当代英国翻译理论》，廖七一等编著，湖北教育出版社，2001年，第197页。
6 《翻译批评导论》，杨晓荣著，中国对外翻译出版公司，2005年，第21页。
7 引自《文学翻译的释义学原理》，蔡新乐、郁东占著，河南大学出版社，1997年，第8页。

中也不再只有某个既定的、权威性的意义有待阐明，它所提供的乃是意义的无限可能性及解读、阐释的自由空间。翻译远远不是单纯的语言现象，解释不仅是文字技巧和知识的把握，而更是译者对周围世界的意义的一种选择。与任何形式的理解一样，译者对原作的理解具有历史性、主观性和创造性，每一位译者，尤其是复译的作者，都寻求赋予原作某种新意，都希望自己所奉献的译作是一件再创造的艺术品。然而，在肯定并鼓励译者摆脱"一仆侍二主"的心理状态的同时，必须警惕"译而作"过程中的混乱与盲目。过犹不及，脱离原作的译作无疑是失败的。翻译作品不仅体现译者的技巧、能力，更包含着其对翻译的态度和立场。译者具备了相当的语言能力和审美情趣，这并不意味着他一定能够奉献出令人称赞的译作。因而，鼓励译者在翻译过程中进行能动的再创造并使之保持在适度的范围内，避免一切因主观性而可能导致的理解、诠释的过度自由或盲目，促使翻译行为进一步走向成熟与自律，这是翻译批评面对翻译主体必须履行的监督功能中不可忽视的重要维度。[1]

9.2.2.2 翻译批评的监督功能——对读者的引导

对读者在翻译接受过程中的引导是翻译批评发挥监督功能不可或缺的重要方面。接受美学认为，作品总是为读者而创作，未被阅读的作品仅仅是一种"可能的存在"，文学作品这个既是具体的又是想象出来的对象只有在作者和读者的联合努力下才能出现，正如萨特所言："只有为了别人，才有艺术，只有通过别人，才有艺术。"[2] 同样，译作的价值也只有在读者的阅读、鉴赏、阐释、批评等一系列过程中才能得以实现。因此，翻译批评必须充分重视作为翻译最终服务对象的读者的重要地位，切实关注读者群体。王宏印提出的"帮助读者阅读和理解文学作品"[3]，温秀颖提出的"帮助读者选择和鉴别译作"[4] 等翻译批评应具有的功能都旨在对读者的接受行为予以指导，前者强调翻译批评的阐释作用，后者侧重于翻译批评的引导作用，二者都是翻译批评的建设性的重要体现。

翻译批评的阐释作用是由翻译的本质所决定的。翻译活动远远不能被简单地视为一种语言的转换，而是通过理解使原文的意义得以再生，从而使作品在新的历史空间得到交流、展现、完善与延续。就根本而言，翻译是一种广义上的阅读和理解，是从主体出发面向文本的接受行为，在接受者与文本之间以

---

1 参见《论文学翻译批评的多元功能》，刘云虹，《中国翻译》，2002年第3期，第28–30页。
2 Jean-Paul Sartre: *Qu'est-ce que la littérature?*, Paris, Gallimard, 1948, p.68.
3 引自《文学翻译批评论稿》，王宏印著，上海外语教育出版社，2006年，第61页。
4 引自《翻译批评——从理论到实践》，温秀颖著，南开大学出版社，2007年，56页。

一种普遍的对话模式出现。在翻译过程中，无论译者"如何力图进入原作者的思想感情或是设身处地把自己想象为原作者，翻译都不可能纯粹是作者原始心理过程的重新唤起，而是对本文的再创造，而这种再创造乃受到对本文内容的理解所指导"[1]。现代阐释学认为，文本的意义不能完全被作者本来头脑中的想法所限制，相反，"通过文字固定下来的东西已经同它的起源和原作者相脱离，并向新的关系积极开放"[2]。理解并不是重复某些过去的东西，而是参与了一种当前的意义，对一部文学作品的真正意义的汲取是一个永无止境的过程。因此，翻译作为一种理解行为，总是作者、作品与译者之间，历史、传统与现在之间的视域融合过程，不可避免地具有历史性和创造性等特点。在这个意义上，翻译批评的阐释作用在于，批评者凭借自身的审美感悟能力和翻译专业知识向读者传达自身的阅读感受和审美体验，为读者提供一种或几种理解原文意义和译文意义的可能性，并鼓励和引导读者积极发挥其主观能动性，对译作进行不同角度、不同层次的创造性解读，以吸引读者充分享受阅读的乐趣，进而促使更多的人喜爱翻译作品、关注翻译事业。

翻译批评不是狭隘意义上的"好"或"坏"的评判，批评者也并不具有某种君临译者和读者之上指点江山的权威，其责任不仅在于"给文学翻译一个方向"，也在于给读者一个方向。近十多年来，随着翻译的发展与繁荣，名著复译似乎已经成为一种潮流，大凡名家的著作都一再被复译、再版，一部作品少则二三个译本，多则上十个译本，经典名著《红与黑》的中译本更达到二十余种。复译本身不仅无可厚非，而且是完全必要的。因为，翻译很难有所谓的"定本"，翻译批评切忌宣扬译本唯一论，任何一个严肃的译本都有可能在某一方面优于其他译本。如果我们认同"只有不朽的创作，没有不朽的译作"的说法，复译存在的合理性与必要性便也不难理解。任何一部翻译作品，无论多么优秀、多么经典，也只能在一定的历史时期——或长或短——产生广泛的影响，发挥其应有的作用，而无法超越时间、一劳永逸地被奉为原作的翻译定本，供世世代代的读者欣赏、赞美，"理想的范本"或许只是一种永远无法、也不可能企及的理想和追求，况且，平庸之作也并不鲜见。复译产生的原因大致可以归纳为三点：一是旧译中存在过多的失误和不足，不能真实地向读者展现原作的魅力。二是旧译年代久远、过于陈旧，已无法满足当代读者的审美需求，需要当代译者对其进行修订和补充，使其更易于理解和接受。三是同一时代中对于同一部文学作品有不同解读，以满足不同层次、具有多元审美情趣的

1　引自《真理与方法——哲学诠释学的基本特征》，汉斯-格奥尔格·伽达默尔著，洪汉鼎译，上海译文出版社，1999年，第492页。

2　同上，第505页。

读者的需求。[1] 然而，复译名著在形形色色的外表之下却存在着这样几个问题：一是名著，尤其是诸如《红与黑》、《茶花女》、《高老头》、《情人》之类的经典名著，版本繁多，普通读者在目不暇接之余难以进行选择，仅凭外观随便挑选一本也许就是大多数人不得已的做法。二是某些品质不高的译作改头换面地多次重复出版，而新版本中并无对旧译的实质性的增补、修订之处。三是新译本中没有创新的内容，或者说所谓创新仅仅局限在文字表达层面，甚至于有流于同义词替换游戏之嫌，而译者并没有在综合旧译本的基础上对原作内涵进行新的解读。

多种译本存在的必要性及复译良莠不齐的现状为翻译批评开创了前所未有的广阔空间，也使其肩负的责任更加重大，引导读者阅读与鉴赏真正高质量、有价值的翻译作品，并通过开启复译的空间以满足不同层次读者的审美需求，这是翻译批评的建设性所在，也是其引导功能的重要体现。

9.2.2.3 翻译批评的理论研究与建构功能

自20世纪90年代以来，翻译界一直十分重视翻译理论建设，但理论视野的狭窄、理论思想的贫乏、对西方译论的盲目借鉴、理论与实践脱节、如何辩证看待理论与实践的相互关系等问题至今仍是翻译理论建设过程中必须解决的棘手问题。作为连接翻译理论与翻译实践之间的纽带，翻译批评必须发挥积极作用，协调翻译理论与翻译实践的辩证关系，深化翻译理论研究，促进翻译学科的建构与发展。

虽然，我们不能过分强调翻译理论对翻译实践的指导价值，但丰富多彩的翻译实践活动永远是探寻翻译行为的本质、把握翻译活动的客观规律、促进翻译理论产生和发展的源泉与基础。董秋斯在论及翻译理论建设的必要性和迫切性时曾谈到翻译理论、翻译实践与翻译批评之间的相互关系，他认为，加强翻译批评工作应"提供时间和力量，广泛地寻找典型，优良的加以推荐，粗滥的加以批评"，其目的在于"不但提高翻译工作者的积极性，也给翻译理论的建设提供丰富的实例"[2]。翻译批评在翻译理论研究成果的指导下，以分析翻译过程、评价翻译作品、解读翻译现象为基础，实现经验总结与理性升华，既对已有的理论研究进行检验和修正，又进一步拓展理论研究视野，提供新的研究方向和研究内容，从而促进翻译理论研究的深化、发展与完善。

1　参见《复译重在超越与创新》，刘云虹，《中国图书评论》，2005年第9期，第16–17页。
2　引自《中国译学理论史稿》，陈福康著，上海外语教育出版社，1992年，第367页。

在《对建立中国翻译学的一些思考》一文中，张柏然、姜秋霞指出建立翻译学的两个必要途径，除了"从翻译实践中总结理论，再以理论为依据调节具体操作"之外，还必须"从翻译本体纵观文化外围，再从文化外围透视翻译本体，进行多角度、全方位的探讨"[1]。在这个意义上，翻译理论研究应该关注文化、社会现象，关注热点问题，关注人文社会科学所关心的与翻译有关的问题，在交流中吸引哲学家、社会学家、语言学家、作家等来关心翻译事业，思考翻译问题。毫无疑问，实现这种本体与外围的沟通、翻译与文化的互动自然是翻译批评理应承担的责任。

有必要强调，翻译批评的理论价值的实现在很大程度上取决于翻译批评自身理论的构建。对于"批评究竟是什么"的问题，弗莱（Northrop Frye）在《批评之路》（*The Critical Path*）中这样阐述过自己的观点，他说："我拒绝这样的看法：批评是文学的一个分支，因为那显然是无稽之谈。批评是文学的理论，而不是文学实践中的一个次要的和非基本的因素。"显然，在这段话中，弗莱要强调的是，批评不是文学的附属品，相反，它具有独立性与自主性，并对文学理论的建构起到指导作用。正如文学批评不应被视为文学的附属品一样，翻译批评作为文学批评的特殊形式，也不应依附于翻译理论或翻译实践。在力图廓清翻译批评的概念、为翻译批评正名时，贝尔曼认为，作为"大写的批评"，翻译批评必须摒弃其传统的裁决性的否定角色，转而着重于其"肯定性"。贝尔曼所确立的翻译批评的"肯定性"首先针对翻译批评的自身理论建设而言，即翻译批评首先要"肯定"自身，要让翻译批评成为"一种自省的，能以其自身特点为批评主体的，产生自身方法论的评论方式；它不仅要产生出自身的方法论，而且还试图将该方法论建立在有关语言、文本及翻译的明确的理论基础之上"[2]。可以说，翻译批评的科学性在很大程度上立足于其理论体系的独立性和自主性，没有自主理论体系作为依托的翻译批评是非理性的，不仅阻碍翻译及翻译理论的发展，还将导致自身的使命难以完成，自身的价值无法体现。[3] 同时，翻译批评一直以来都是翻译学的一个薄弱环节，其理论建构本身，包括翻译批评的概念、原则、方法、标准等整个研究内容和成果，又构成翻译理论研究中不可或缺的重要组成部分，对推动翻译学的发展具有积极意义。

---

1 《对建立中国翻译学的一些思考》，张柏然、姜秋霞，《译学论集》，张柏然、许钧主编，译林出版社，1997年，第29页。

2 Antoine Berman: *Pour une critique des traductions: John Donne*, Paris, Gallimard, 1995, p.45.

3 参见《论翻译批评空间的构建》，刘云虹，《中国翻译》，2008年第3期，第11–15页。

9.3　翻译批评的类型

　　根据不同的划分标准，翻译批评可以被分为多种不同的类型。例如，依据翻译作品的体裁划分，翻译批评包括文学翻译批评和科学翻译批评；依据批评主体的身份划分，翻译批评包括读者批评、译者批评和专家批评；依据批评的目的划分，翻译批评包括"为理论的批评"、"为创作的批评"和"为翻译的批评"[1]；依据批评的层次划分，翻译批评包括鉴赏、阐释和评论；依据翻译批评对象划分，翻译批评包括译者批评、过程评论、译作批评和影响研究；依据翻译的定义范围划分，翻译批评包括对狭义的、严格意义上的翻译的批评和对编译、摘译、改写等广义上的翻译的批评[2]；依据翻译方向划分，翻译批评包括对外译汉作品的批评、对汉译外作品的批评和对回译作品的批评[3]。下面我们将重点讨论其中的三种划分标准及相应产生的不同翻译批评的类型。

9.3.1　依据翻译作品的体裁划分

　　在翻译批评所涉及的作品中，就体裁而言，主要有文学翻译作品和科学翻译作品两大类，其中文学翻译作品占了大多数，翻译批评类的论文和著作在没有明确指示的情况下一般都约定俗成地以文学翻译作品或现象为考察对象。杨晓荣认为，如此"强大的文学翻译批评实力"的形成与"我国翻译研究本身就有一种重视文学翻译的传统"密切相关，"原因也许是人们认为文学作品内涵丰富，特别是在翻译中，涉及的因素特别多，要译'好'也最不容易，因此这方面的研究比较有价值，研究者的兴趣也高。同时，由于外国文学作品的阅读面极广，文学翻译及其批评所承担的'教化'责任也十分重大。"[4]

　　尽管翻译批评对文学翻译作品的关注由来已久并有相当的道理，但文学翻译作品并不能成为翻译批评和翻译研究的全部内容，也不应该把翻译批评等同于文学翻译批评。事实上，在翻译的历史中，非文学类翻译作品占有十分重要的地位，并对社会交流与发展发挥了强大的推动作用，特别是对中国近代社会的产生过深远的影响。在第八章中，我们曾提到邹振环所著的《影响中国近代社会的一百种译作》一书，在作者以译本的社会影响为标准遴选的一百种译作中，科学类作品的种类极为丰富，数量也相当可观，例如自然科学技术类的《几何原本》、《同文算指》、《代数学》、《远西奇器图说》、《泰西水法》等，

1　引自《文学翻译批评论稿》，王宏印著，上海外语教育出版社，2006年，第51–56页。
2　参见《翻译批评导论》，杨晓荣著，中国对外翻译出版公司，2005年，第10页。
3　同上，第11页。
4　同上，第15–16页。

哲学社会科学类的《天演论》、《共产党宣言》、《资本论》、《社会学》、《性心理学》、《民约论》、《法意》等，地理学类的《坤舆万国全图》、《四洲志》、《地学浅释》等。由此可见，科学翻译在翻译事业中占据着不容忽视的重要地位，而针对科学翻译作品进行的评论和研究也是翻译批评中不可或缺的组成部分。

中国对外翻译出版公司2006年出版了文军编著的《科学翻译批评导论》，对科学翻译批评的概念、价值、功用、过程、标准、对象、方法、趋势等进行了深入的研究。文军认为，科学翻译指科技翻译、社科翻译、涉外翻译和科普翻译，其外延包含除"文学翻译"之外的其他体裁的翻译。[1] 科学翻译批评即依据一定理论，采用相关方法，对科学翻译的译者、翻译过程、译作质量与价值及其影响进行分析与评价。[2] 科学翻译批评的对象由四方面内容构成，即科学翻译的译者评论、科学翻译的过程评论、科学翻译译作评论和科学翻译的影响研究。[3] 科学翻译批评具有社会价值、个人发展价值和学科发展价值。[4] 科学翻译批评的方法主要有理论性方法和实证方法两大类。[5]

9.3.2 依据批评目的和批评主体的身份划分

依据批评者在翻译批评活动中采取的不同角度，希望达到的不同目的和翻译批评实际发挥的不同作用，翻译批评分别为深化理论研究、丰富文学创作和提高翻译质量服务，并由此形成为理论的批评、为创作的批评和为翻译的批评三种不同类型。王宏印在《文学翻译批评论稿》中对此进行了详细论述，他认为，为理论的批评就是从理论家角度进行的文学翻译批评，也可以说是专业理论家所从事的文学翻译批评。这一类批评的基本特点是学派眼光或学院风格，也运用理论眼光来照射翻译活动，也从具体的翻译活动和作品中寻找对于某一理论有关的和有用的东西，作为素材加以吸取，使其能够补充进原有的理论体系之中，从而丰富、深化甚至改造原有的理论。为创作的批评主要涉及的主体是作家，或作家兼翻译家、作家兼评论家。这一类批评者所关注的往往是作品的语言问题、写作技巧问题，甚至结构问题、风格问题。批评的目的主要是考察批评的对象中是否有可以借用于自己创作的方方面面，而且往往是自己可以欣赏甚至可以赞赏的新颖要素，例如异国情调、新异手法等等。在这个意义

1　参见《科学翻译批评导论》，文军著，中国对外翻译出版公司，2006年，第6页。
2　同上，第10–11页。
3　同上，第13页。
4　同上，第50页。
5　同上，第160页。

上，作为批评家的作家的个人好恶和因创作源泉的缺乏感而产生的对可用资源的需求，往往具有十分重要的作用，而未必总是以原作者的名气高低或影响大小作为选择的基准。因为翻译批评的主体就是翻译家，他们的眼光往往会集中在翻译的语言处理的细节上，并且能提出中肯的修改意见。在这一类批评中，有一种较为特殊的形式，即翻译家对自己的翻译作品进行自我评价，其中往往伴随着翻译家自我经验的总结。

关于由于批评主体的不同身份而产生的读者批评、译者批评和专家批评三种翻译批评类型，我们将在下一节"翻译批评的主体"部分进行详细讨论，此处不拟赘述。

9.3.3 依据翻译批评的层次划分

当我们提到翻译批评时，一般是指狭义的翻译批评，即依据与翻译研究相关的理论和某种相对具有普遍意义的标准，对翻译作品和翻译现象进行理性的反思与评价，属于一种创造性和科学化的认知活动。事实上，批评的概念是相当宽泛的，法国当代著名现象学美学家杜夫海纳（Mikel Dufrenne）曾经指出，"无论我们是否是专家，我们都在以自己的方式作为批评家而存在，我们会毫不犹豫地评价呈现在我们眼前的东西。"[1] 法国批评家蒂博代（Albert Thibaudet）把文学批评的类型分为"自发的批评"、"职业的批评"和"教授的批评"，其划分依据除了批评主体的不同身份特征之外，很大程度上也取决于读者与文本之间展开的对话−理解的层次。"所谓'自发的批评'较多体悟，有时难免在作品意义的准确把握与阐释上有所缺失，可包括从读后感式的即兴批评到新闻式的批评。'职业的批评'其学院化气息可能消减情感共鸣，其思考之冷峻难免对艺术作品的'性灵'感悟有所冲淡。'教授的批评'也就是学者的批评，在鉴赏−阐释−评论之间有更大伸缩自由的弹力，而达到一种综合高度。"[2]

因此，正如我们在讨论翻译批评的本质时强调，从广义上讲，翻译批评就是理解翻译与评价翻译，是以阅读为基础，在读者与文本之间通过"对话−理解"模式进行的评价活动。从阅读出发，翻译批评涵盖着鉴赏、阐释和评论三个层面。鉴赏往往是发生在单个读者与翻译作品之间独特的阅读体验与强烈的感情参与，是主体与对象间的意义领悟和情感共鸣。虽然鉴赏不可避免地包含一种价值判断，也可能以随笔、短评等形式出现在各种媒体上，但它可以"仅

1　引自《颠覆与重建——后批评中的价值体系》，毛崇杰著，社会科学文献出版社，2002年，第3页。
2　同上。

仅停留于内省"[1]，是主体知识与审美需求的体现，而不以针对翻译活动的交流、说明、评判或指导为目的。

相比鉴赏而言，阐释"在主体与文本的关系中更侧重于文本深层意义的悟解与探知，往往从文本意义导向创作主体，即所谓'意图'，以求文本意义、作者意图、读者体悟三者关系之解决"[2]。也就是说，阐释主要指向文本的意义，就翻译批评而言，阐释还指向译者在翻译过程中对原著意义的理解与把握以及译者在一定翻译观念指导下，通过各种方法、策略对原著意义的传达。纽马克在论述翻译批评的目的时指出，翻译批评应"阐明特定时期和特定领域内的翻译观念；帮助理解名家名作和名家译作"[3]，事实上，这既提出了翻译批评的阐释功能，也凸现了翻译批评的阐释维度。

评论较之鉴赏和阐释更具专业性和社会化，更依赖于某种相关的理论和相对具有普遍意义的评价标准，因而也对实现翻译批评的价值承担更多的责任。

必须指出，翻译批评的上述三个层面往往是相互交织、相互包容的，其关系之紧密以致可以无视上述区别。

9.4 翻译批评的主体

就其本质而言，翻译批评是一种评价行为，而评价"是人类实践－认知活动中的一种独特形式，即主体通过实践对于同自身种种欲求和需要有关的对象属性之判断或认知，也就是对价值的认识"[4]。因此，具有一定价值观念或意识的评价主体与被评价的对象以及评价赖以实行的标准共同构成评价活动的三大要素。翻译批评如何开展，在很大程度上取决于批评主体的身份、视角、素质与精神。

20世纪早期，法国批评家蒂博代把批评划分为自发的批评（即读者的批评）、职业的批评（即教授或学者的批评）和大师的批评（即公认的作家的批评）三种类型，其区别首先在于批评主体的不同身份。作为一种特殊的文学批评形式，翻译批评根据其不同主体也相应地包括读者批评、译者批评和专家批评三种形式。

1　引自《颠覆与重建——后批评中的价值体系》，毛崇杰著，社会科学文献出版社，2002年，第4页。
2　同上。
3　引自《当代英国翻译理论》，廖七一等编著，湖北教育出版社，2001年，第197页。
4　引自《颠覆与重建——后批评中的价值体系》，毛崇杰著，社会科学文献出版社，2002年，第59页。

9.4.1　以读者为主体的翻译批评

在以上三类批评中，读者批评是相对边缘化的一种，比较少见，"多散见于非专业报刊上"[1]。然而，随着网络文化的空前发展，在网络的开放性和虚拟性背景下出现了网络翻译批评这一全新的读者批评形式，表现出自发性、敏感性和时代性等特征，就其形式而言主要包括四种类型：1.引导讨论型，主要是有关出版社或图书销售网在其网站开辟的翻译图书评论区内转载选自报刊的某篇评论文章，引导读者有针对性地发表自己的观点；2.主题探讨型，主要是以某部在社会中产生了巨大反响的翻译作品或在读者心目中具有重要位置的外国作家为中心，读者通过网络自动形成了一个类似于俱乐部的松散圈子，就某部翻译作品或某位外国作家展开探讨；3.私语批评型，这类的批评文字常见于个人开设的网页，在所谓的"网上日记"中，读者发表个人的阅读感受，其中有相当一部分涉及到对文学翻译作品的阅读、理解与评论；4.流散型批评，主要以聊天的形式展开，没有固定的主题，大多是对某部翻译作品或某位外国作家整体性的肯定或否定，少有深入的探讨。网络翻译批评的主体是广大读者，他们有一定的趣味和鉴赏力，阅读翻译作品并发表评价只是为了获得精神上的满足和快乐而没有任何职业目的。因此，网络翻译批评需要的不是学者日积月累的学识，而是迅速、敏感、热烈的反应，相比批评家们"缜密然而笨重的思考"，它更倾向于"有血有肉、有声有色的体味"[2]，使翻译作品"被一种现代的潮流、现代的新鲜感、现代的呼吸和现代的气氛所包围"[3]。翻译批评的根本目的在于促进翻译事业的健康发展，就这一点而言，以网络为媒介的读者批评至少具有以下三点积极意义：1.批评的广泛性有助于促进更多的读者关心与理解翻译；2.批评的不拘一格有助于丰富翻译批评的形式，作为学术性翻译批评的有益补充；3.批评的互动性使出版者、译者与读者的直接交流得以实现，有助于拓展翻译的可能性，提高翻译的质量。然而，网络翻译批评也表现出任何"自发的批评"所不可避免的问题，往往缺乏客观性、深刻性和独立性，容易染上尖酸刻薄、党同伐异、人云亦云等毛病。作为一种新颖并具有强大生命力的批评形式，网络翻译批评的广泛开展将促使翻译批评界对批评主体的地位进行反思，对读者批评的价值和局限性进一步加以关注。

1　参见《翻译批评导论》，杨晓荣著，中国对外翻译出版公司，2005年，第45页。
2　引自《六说文学批评》，蒂博代著，赵坚译，生活·读书·新知三联书店，2002年，第5页。
3　同上，第55页。

9.4.2 以译者和专家为主体的翻译批评

相对于读者批评，译者批评和专家批评具有相似性，都是以一定的翻译实践为基础，对翻译活动进行评价和思考。译者作为翻译主体，其批评的实践基础不言而喻，专家作为翻译理论的研究者和翻译学科的建设者，倘若没有足够的翻译实践经验的积累，而仅仅立足于理论层面对翻译的质量和价值加以评判，可以说，如此的翻译批评好似"无源之水"、"无根之木"，不仅难以令人信服，也难以承担起对翻译实践应有的监督、指导和促进作用。没有人苛求文学评论家进行文学创作，然而，没有人能接受翻译评论家不进行翻译实践，这是由翻译批评的理论与实践相结合的本质所决定的。

译者批评和专家批评是翻译批评的主流形式，肩负着体现翻译批评的价值、促进翻译事业的健康、可持续发展这一重要使命，因此，其主体除了应有足够的翻译实践经验作为评价的基础之外，还必须具有基本的职业素养，树立科学的批评精神。董秋斯曾就翻译批评工作指出，"正如我们反对翻译工作可以不学而能的说法，我们也反对翻译批评用不着特殊修养的见解。文艺界既然有专业化的文艺批评家，我们翻译界也应当有专业化的翻译批评家。"[1] 可以说，翻译批评者的专业化正体现在职业素养和批评精神两方面。

9.4.2.1 批评者的基本素质

正如翻译界对翻译主体的素质非常重视，翻译批评界对翻译批评主体的职业素养和职业操守也一直相当关注，近几年出版的翻译批评专著大多有针对这一问题的系统论述。在《翻译批评导论》中，杨晓荣把翻译批评者应具有的基本素质归纳为四方面：1. 思想道德修养，指翻译批评者应有实事求是、与人为善和严谨的态度；2. 语言文学修养，包括对语言、文学有敏锐、准确的感受力和鉴赏力，在语言运用方面有较强的动手能力以及有一定的翻译实践经验积累；3. 理论修养，包括哲学、相关学科理论和翻译理论；4. 知识储备。[2] 其中，第一点涉及批评者的主观态度，另外三点涉及批评者的客观技能，分别就语言、理论和语言外知识三个层面对翻译批评者的素质提出要求。同样，在《文学翻译批评论稿》中，王宏印指出理想的文学翻译批评家应当具备以下七个条件：1. 精通两种语言及其相关的文化，能够辨别语言的优劣高下文野等风采；2. 懂得翻译方法并具有鉴别力，其一在于识别写进了书本中的技巧以及可能获得的效果；其二在于所谓的知人论世；3. 具有相当的文学鉴赏力，包括一般的

1　引自《翻译批评导论》，杨晓荣著，中国对外翻译出版公司，2005年，第56页。
2　同上，第57-60页。

文学修养和具体的分国别的文学作品的认识；4.对原作和译作要有研究，在同等水平情况下，即在语言、文学、翻译等方面能力和眼光同等高低的情况下，研究译作和原作越透彻，则评价的权利和资源越有利；5.同情心和解释力，所谓同情心要求评论者能够站在译者的位置上，设身处地地理解译者的翻译策略和翻译方法以及要达到的翻译效果，所谓解释力指不但能够理解译者和翻译活动，而且能够对于自己理解的东西做出解释；6.超越与达观态度，不与译者斤斤计较，不对读者盛气凌人；7.评论者的风度，即温良敦厚的长者之风，不计较小节的学者之风。[1] 其中，前四条针对语言、文化、文学等层面论述成为理想的翻译批评家的客观条件，后三条强调任何评论者都必须具有的主观品质。并且，在该章节的附录部分，作者还就翻译批评的非技术性、非智力性层面提出批评主体必须引以为戒的十大禁忌：勿自私、勿自执、勿自傲、勿自卑、勿自弃、勿尖刻、勿两可、勿玄虚、勿势利、勿偏狭。[2]

9.4.2.2 批评者的科学精神

与批评者的客观技能与素质同样重要的是批评者的主观态度与精神，翻译批评主体是否具有良好的批评态度和科学的批评精神，这对于翻译批评是否能朝向积极有益的方向发展具有决定性作用。就批评者应具备的素质而言，主要集中在语言能力、文化知识和文学素养三个维度，以上两位学者的归纳和概括已经相当周全，无需赘述，就批评精神和态度而言，我们认为批评者应树立客观精神、创造精神和求真精神。

1. 客观精神反对一切僵化的、绝对的、一成不变的价值判断，批评者应充分发挥主观能动性，坚持翻译批评的历史观，无论对翻译现象、翻译事件的考察还是对翻译作品的文本评价，都应从特定的历史环境出发，充分关注不同的历史文化因素。

2. 创造精神应在翻译理论和翻译实践两个层面得以体现。在理论上，批评者要开拓视野，丰富理论资源。目前，导致翻译批评发展滞后的重要原因之一便是批评者学术视野狭窄，缺乏新的理论武装。面对新的翻译现象和新的翻译环境，某些批评者或是仍因循传统的批评模式，停留在从原作到译作的印象式评论，或是不求甚解、不加辨析地一味照搬西方的各种时髦理论，使得翻译批评无法履行自身的历史使命，既失去学界的认同也得不到读者的青睐。在实践上，批评者要有意识地探寻新的批评方法，构建新的批评维度。随着研究

---

1 参见《文学翻译批评论稿》，王宏印著，上海外语教育出版社，2006年，第77–84页。
2 同上，第84–86页。

语境的不断拓展，翻译研究对象不断被重新界定，经历了从文本到文化再到社会的变化过程，从"文化转向"到"社会学转向"，翻译不仅被纳入反映其产生的历史背景和文化条件中加以考察，并且被视为"一种受社会调节之活动"，"社会语境对译品生产与接受的制约作用"[1] 得到广泛重视。这就意味着，翻译批评不能局限于文本内部，而要充分关注文本之外可能影响翻译活动的一切社会、文化因素。真正的翻译批评也应是内部批评与外部批评的有机结合。

3．求真精神强调批评者不仅要有真知灼见，更要有真情实感，只有怀着真诚、热情和高度的责任感，才能维护批评的尊严、实现批评的价值。真诚与热情不仅是人格的魅力，也是一切文学艺术活动获得成功的根本保证。高超的文学艺术修养固然是文艺工作者必须具备的基本功，但这"最终属于一种客观的条件"，而精神领域的活动在更大程度上依赖并取决于一种主观姿态。除了真诚、热情的精神品格和主观姿态之外，批评者还应具有对翻译事业、对读者、对社会的高度责任感。目前我国翻译界存在的诸如版权的盲目引进、翻译质量的多重失控、译风的普遍浮躁等问题已不容忽视，甚至在一定程度上影响了翻译价值的实现。因此，批评者必须负有责任感和使命感，通过积极、有效的批评抵制翻译的生产、传播和流通过程中的不良倾向，为我们时代的翻译活动营造良好的社会环境和精神氛围。

9.5 翻译批评的标准

开展翻译批评，对翻译过程和翻译作品的质量与价值进行评价，就必须依据一定的标准。早在20世纪50年代，董秋斯在《翻译批评的标准和重点》一文中就提出，翻译批评的根本困难之一是"没有一个公认的客观标准"[2]。虽然，"公认的客观标准"从理论上来说是不可能成立的，"公认"只是翻译界美好的向往，"客观"也往往失落在主体的话语权中，但规范的标准对任何形式与目的的批评而言都是不可或缺的，翻译批评当然也不例外，否则，评价将会失去方向，极有可能面临既失去学界的认同、又遭受译者和读者质疑的尴尬境地。而批评之所以比鉴赏和阐释更具有专业性和社会性，其中一个重要原因就在于，批评更依赖于某种普遍的评价尺度和标准。

1　引自《国际翻译学新探》，辜正坤、史忠义编，百花文艺出版社，2006年，第128页。
2　引自《中国译学理论史稿》，陈福康著，上海外语教育出版社，1992年，第363页。

9.5.1 传统译学中的翻译标准

既然有批评就必须有一定的标准作为评判的依据和准绳，那么，在译学发展的漫漫历程中，究竟有没有建立起科学、规范并得到翻译界公认的翻译批评标准呢？就普遍意义而言，翻译的标准也就是批评的典律，翻译标准不仅是翻译主体在翻译实践中遵循的原则和努力的方向，也是批评主体用以鉴赏、阐释和评论译作的尺度，其重要性对整个翻译活动，包括理论的建设和实践的开展，都是不言而喻。可以说，中外翻译界对翻译标准问题的关注和探讨由来已久。我国传统译论中最具代表性和影响力的翻译标准自然是严复的"信、达、雅"，他在《天演论》的《译例言》中指出，"译事三难：信、达、雅。求其信，已大难矣。故信矣不达，虽译犹不译也，则达尚焉。""三者乃文章正轨，亦即为译事楷模。故信达而外，求其尔雅。"[1] "信"指忠实于原文，"达"指译文行文通顺流畅，"雅"指译文典雅，有文采。通过"信、达、雅"三个字，严复不仅指出了翻译的难题，更结合"我国长期翻译活动的历史经验"、"对中外翻译理论成果的研究"及"自己在翻译实践中的体会"，[2] 明确提出了以"信"为核心的翻译标准。

鲁迅虽然没有提出过明确的翻译批评标准，但他关于"直译"与"硬译"等问题鞭辟入里的精湛论述对翻译标准的厘定具有重要的参考意义。他反对"歪译"，主张翻译应采用"直译"的方法，但并不赞成晦涩和拘泥于原文的"直译"，而对经过潜心研究的"意译"求之不得。他反对"顺译"（顺而不信），主张"硬译"，借以把新的表现方法"同化而成为己有"。鲁迅对翻译有过一个著名的"削鼻剜眼"比喻，"凡是翻译，必须兼顾着两面，一面当然力求其易解，一则保存着原作的丰姿，但这保存，却又常常和易懂相矛盾：看不惯了。不过它原是洋鬼子，当然谁也看不惯，为比较的顺眼起见，只能改换他的衣裳，却不该削低他的鼻子，剜掉他的眼睛。我是不主张剜眼削鼻的，所以有的地方，仍然宁可译得不顺口。"[3] 可见，不论"直译"，还是"硬译"，鲁迅强调的是翻译必须忠实原文，当"信"和"顺"产生矛盾，不能兼顾时，宁可牺牲译文的通顺易懂，而必须保存原姿原貌。

罗新璋在《我国自成体系的翻译理论》中把我国传统译学研究中对翻译标准的探讨归纳为"案本——求信——神似——化境"这一发展进程。"神似论"是20世纪20年代末由陈西滢首先提出，他用美术创作和临摹作比喻，指出

---

1 引自《中国译学理论史稿》，陈福康著，上海外语教育出版社，1992年，第119–120页。
2 引自《译论——翻译经验与翻译艺术的评论和探讨》，乔曾锐著，中华工商联合出版社，2000年，第344页。
3 引自《中国译学理论史稿》，陈福康著，上海外语教育出版社，1992年，第301页。

翻译的三种境界：形似、意似和神似，认为"一个最好的摹拟者是个最忠实的译者"[1]，应能看出原文的特点，模仿原文的风格，抓住原作者的神韵。但这种以"神似"为最高境界的翻译标准在当时并没有引起重视，没有形成气候，直到50年代才由傅雷发展成为一派理论学说，明确提出"重神似不重形似"的翻译观，把"神似"作为翻译的最高标准。他在1951年的《〈高老头〉重译本序》中写道："以效果而论，翻译应当像临画一样，所求的不在形似而在神似。以实际工作论，翻译比临画更难。临画与原画，素材相同（颜色、画布，或纸或绢），法则相同（色彩学、解剖学、透视学）。译本与原作，文字既不侔，规则又大异。各种文字各有特色，各有无可模仿的优点，各有无法补救的缺陷，同时又各有不能侵犯的戒律。像英、法，英、德那样接近的语言，尚且有许多难以互译的地方；中西文字的扞格远过于此，要求传神达意，铢两悉称，自非死抓字典，按照原文句法拼凑堆砌所能济事。"[2] 60年代，傅雷在致罗新璋的信中再次明确指出，"愚对译事看法实甚简单：重神似不重形似"[3]。"重神似不重形似"的提法似乎有重神似而轻形似之嫌，实际上，"神"与"形"如同译界一直争论不休的"意译"与"直译"一样，具有辩证统一的关系，二者相互依存，不能被割裂开来独立看待。傅雷凭借"自己深厚的中外文化修养"，洞悉"中西思维方式、美学情趣方面的异同"，强调"翻译决不可按字面硬搬，而必须保存原作的精神和美感特征"[4]。可见，"神似论"的本质是强调"神似"，强调在译作中保存"原作的精神"，再现原作的"美感特征"，而并非主张为"神似"而置形似于不顾，正如他在《高老头》的重译本序言中所言，"假如破坏本国文字的结构与特性，就能传达异国文字的特性而获致原作的精神，那么翻译真是太容易了。不幸那种理论非但是刻舟求剑，而且结果是削足适履，两败俱伤。"同样，他在致林以亮的信中也明确表达了不放弃"形似"的观点，"我并不说原文的句法绝对可以不管，在最大限度内我们是要保持原文句法的。"[5] 因此，傅雷的"神似论"应当被理解为"神"与"形"的辩证统一，在重视"形似"、肯定"形似"的基础上，突出"神似"对于文学翻译作品审美的重要性，所谓"依形写神，以形出神，神形统一"[6]。

"化境说"是钱钟书从汉代文字学家许慎的《说文解字》里的一段训诂文字中引申出的，在翻译学范畴内赋予"诱"、"媒"、"讹"、"化"以新的意蕴，

1 引自《中国译学理论史稿》，陈福康著，上海外语教育出版社，1992年，第325页。
2 同上，第394页。
3 同上，第394页。
4 同上，第392页。
5 同上，第395页。
6 引自《文学翻译学》，郑海凌，文心出版社，2000年，第89页。

"'译'、'诱'、'媒'、'讹'、'化'这些一脉通连、彼此呼应的意义，组成了研究诗歌语言的人所谓'虚涵数意'（manifold meaning），把翻译能起的作用、难以避免的毛病、所向往的最高境界，仿佛一一透视出来了。"[1] "化境说"以"化"为核心，强调翻译的忠实性，入化的翻译"对原作应该忠实得以至于读起来不像译本，因为作品在原文里决不会读起来像翻译出的东西"[2]。"化"指出了翻译艺术的极致，但却很难成为被普遍认同的评价翻译的标准。1964年钱钟书初次发表《林纾的翻译》一文时，指出"文学翻译的最高标准是'化'"，1984年《林纾的翻译》收入《七缀集》时，他把"最高标准"改为"最高理想"。这一修改寓意深刻，也耐人寻味，"理想"意味着不懈的追求，"理想"不能作为衡量行为的标准，彻底、完全的"化"是难以企及的理想，是译者在翻译活动中永恒的追求。"化境说"的本质不仅在于标举"化"，更在于强调了"化"与"讹"的对立统一。"讹"的必然成就了对"化"的无限向往，而翻译在减少"讹"的历程中不断接近"化"。

许渊冲在20世纪80年代提出了"优势竞赛论"，其核心观点是文学翻译是艺术，是"两种语言文化的竞赛"，并明确指出在竞赛中取胜的方法是"发挥译文优势，或者说再创造"[3]。经过二十多年的翻译实践和理论探索，"优势竞赛论"得到了进一步的发展和完善，成为"神似论"和"化境说"之外独树一帜、自成一派的文学翻译理论。在2005年撰写的论文《自成一派的文学翻译理论》一文中，许渊冲对"优势竞赛论"的主要内容进一步梳理和总结，提出文学翻译的"九论"，即优化论、三势论、三似论、三美论、三化论、创译论、三之论、竞赛论和艺术论，对文学翻译的本质、目的和方法等进行了详尽的论述。"优化论"是相对于"对等论"而言的，认为文学翻译应该"用最好的译语表达方式"，"如果对等的方式不是最好的方式，那就要舍'对等'而取'最好'或'优化'"[4]。"优化论"的本质是发挥译语优势，原语和译语之间存在三种关系和相互地位，即均势、优势或强势、劣势或弱势，而两种文字各有优势，也各有劣势，因此在翻译过程中，"应该尽可能发挥译语的优势，改变劣势，争取均势"[5]，这就是"三势论"。"三似论"指的是译文与原文的"对等"，包括形似、意似和神似三个层次。"三美论"认为，优化的译文，特别是诗歌，应该力求传达原文的意美、音美和形美，

---

1 引自《翻译论集》，罗新璋编，商务印书馆，1984年，第696页。
2 引自《中国译学理论史稿》，陈福康著，上海外语教育出版社，1992年，第421页。
3 参见《文字·文学·文化——〈红与黑〉汉译研究》，许钧主编，南京大学出版社，1996年，第284页。
4 参见《国际翻译学新探》，辜正坤、史忠义编，百花文艺出版社，2006年，第11页。
5 同上，第12页。

而"三美"中"意美"是第一位的、最重要的,"传达意美需要传情达意,不但'达意',还要'传情'"[1]。"三化论"指出,传达原文的"三美"可以通过等化、浅化、深化的方法。而"创译论"是"最高级的深化",在认同"对等翻译"不可能存在的基础上强调译文充分发挥创造性,赋予原文新的意义。"三化论"和"创译论"针对的是文学翻译的方法,"三之论"则揭示了文学翻译的目的,第一是使读者了解原文的内容,所谓"知之",第二是使读者喜欢译文,所谓"好之",第三是使读者在阅读中得到愉悦,所谓"乐之"。"如果读者不但喜欢译文,而且读得不忍释手,觉得是一种乐趣,那就达到了文学翻译的最高目的。"[2]如果说"三势论"说明了两种语言之间的关系,"三似论"揭示了译文和原文之间的关系,那么,"竞赛论"则侧重于对不同译文之间关系的认识,提倡几种译文开展竞赛,"看哪种更能传达原诗的意美、音美和形美,更能使人知之、好之、乐之"[3]。同时,"竞赛论"也鼓励在文学翻译中发挥译语的优势,鼓励译语和原语展开竞赛。"艺术论"就"文学翻译究竟是科学还是艺术"的争论进行探讨,并对文学翻译的艺术性加以肯定。通过上述"九论",许渊冲对文学翻译的本质、目的和方法等进行了详尽的论述,并把翻译概括为"美化之艺术",对传统译论中的"忠实"、"对等"、"以信为本"、"宁信不顺"等翻译观进行了彻底的颠覆,并提出文学翻译的最高标准不仅是"化",还要发挥译语的优势,强调"文学翻译的最高目标是成为翻译文学"。[4]

9.5.2 翻译标准的新视野

对于翻译标准的探讨和追寻,远远不是上述几种"论"和"说"所能概括和穷尽的,我们只是对其中影响颇大的观点和理论进行了粗略的回顾,除此之外,还有深受西方语言学派影响的"等值论"和"等效论"、林语堂的"三重标准(忠实、通顺、美)"、刘重德的"信达切"、辜正坤的"多元互补论"、郑海凌的"和谐说"以及其他林林总总没有"自成一派"的论述。总之,在翻译实践与理论发展的进程中,不同的时代、不同的翻译观和翻译价值观造就了不同的翻译评价标准,即便是影响了中国译论长达一百多年的"信、达、雅",虽然仍颇具现代意义,但已失去了其一统天下的地位。尤其是近二十年来,随着翻译研究的深度和广度不断加强,人们对翻译的认识逐渐丰富,视野日益

---

1 参见《国际翻译学新探》,辜正坤、史忠义编,百花文艺出版社,2006年,第16页。
2 同上,第20页。
3 同上,第22页。
4 同上,第282页。

开阔，对翻译的评价也由传统的以"信"为基本准绳的单一标准走向多维度、多视角的多元标准。对此，张南峰在介绍图里的多元系统论时提出了相当中肯的看法："假如把多元系统论应用于中国的翻译研究，我们或许能够解释许多现象，例如严复、林纾为何用达旨、译述手法而成功，鲁迅为何主张硬译，当代流行的规范为何与以前的不同。我们可能还会发现，翻译规范因应社会的需要而变化，不同的规范，只是为了迎合不同时代的需要或者达到不同的目的，不一定有正确与错误，或者先进与落后之分。"[1] 的确，对于翻译批评标准的认识不在于评定其正确或错误，也不在于区分其先进或落后，而在于明确任何形式的翻译批评无论出于何种需要和目的，都应该在一定规范性的基础上充分考虑翻译观念、翻译价值、时代感、社会性等多种要素。此外，在目前的批评语境中，更值得注意的是，标准的多元化、相对化不能导致标准的随意性，在"颠覆经典"的同时，必须正确把握绝对与相对的辩证关系，这在于不仅要打破绝对主义，也反对把相对主义绝对化，即否认相对中包含着一定的绝对。那么，在多元化语境中，翻译批评标准的规范性何以体现？这是在打破对"绝对标准"的依赖之后，翻译批评界应予以重视的问题。总体而言，对翻译批评标准应有以下认识[2]：

1．合理性。翻译批评标准的合理性包含两方面内容：其一，任何翻译评价标准都不是凭空产生的，而是一定翻译观和翻译价值观的体现。例如，鲁迅认为翻译的重要价值之一在于"'输入新的表现法'，以改进中文的文法"[3]，正是基于这样的翻译价值观，他提出"直译"、"硬译"的翻译标准。又如，在许渊冲看来，文学翻译是一门艺术，其价值不仅在"求真"，更在"求美"，因此，"真"是文学翻译的低标准，"美"才是文学翻译的高标准，在这样的翻译观下，他所标举的"优势竞赛论"也就不难理解了。其二，不能把翻译的理想境界与翻译批评标准等同起来。设想出一个理想化的抽象标准，并以此标准去衡量、评价翻译作品，这样的翻译批评毫无科学性、合理性可言，相反，只能导致一种求全责备的错误批评态度，使得翻译批评在否定性甚至是破坏性中无法发挥其建设性作用，也就失去了翻译批评存在的最大价值。因此，必须以理性的目光辩证地看待标准与理想之间的关系，充分关注翻译批评的科学性和可操作性，克服标准的虚无化和神秘化。

2．互补性。如前文所说，近几十年来，翻译批评取得了长足发展，以"信"为单一标准的批评已经被多维度、多视角的批评所取代，翻译批评呈现

1　引自《西方翻译理论精选》，陈德鸿、张南峰编，香港城市大学出版社，2000年，第116页。
2　以下参见《论翻译批评空间的构建》，刘云虹，《中国翻译》，2008年第3期，第11–15页。
3　引自《中国译学理论史稿》，陈福康著，上海外语教育出版社，1992年，第301页。

出多元化特征和趋势，而翻译批评标准的多元化本身就意味着翻译批评标准的互补性，正如郑海凌在介绍辜正坤的"多元互补论"时所言，"不同的翻译标准代表了译作价值的各个方面，每个标准各自发挥自己功能的同时，其实也就是在和所有的标准相辅相成，起着弥补其它标准缺陷的作用"[1]。同时，互补性也意味着翻译批评标准的建立应全面考虑翻译目的、翻译的社会文化价值以及文本形式、译作的可接受性等多种因素。

3．历史性。翻译批评要坚持历史观，无论对翻译现象、翻译事件的考察，还是对翻译作品的文本评价，都应从特定的历史环境出发，充分关注不同的历史文化因素，因此，翻译批评标准也具有历史性，试图脱离时代背景，好高骛远地制定出一套适用于任何时期、任何年代的标准是不切实际的，是违背批评活动的本质的。焦菊隐在《论翻译批评》一文中就翻译批评标准的厘定问题非常中肯地指出，"给翻译批评指出一个原则性的方向，决不是主观地订立一个过高或过低的标准，而是要在今天中国翻译界的一般水平上，从一般严肃的翻译工作者的集体经验中，归纳出一个切乎现阶段实际情况的标准，本着扩大翻译工作影响的目的，作为从普及的基础上提高翻译界现阶段水平的指南。"[2] 焦菊隐的这段颇有见地的论述告诉我们，翻译批评标准并非是"主观性"的产物，其建立的原则是"衡之事实"，不可"过高或过低"，其建立的关键在于通过"归纳"使之符合"现阶段实际情况"，而所谓"事实"、"实际情况"等总是与特定的时代背景、历史因素息息相关的。

4．发展性。翻译批评标准不可能是永恒不变、静止不前的，而是处于不断修订、不断丰富、不断完善的动态发展过程中。不仅语言、意义（观）和审美观在发展[3]，对翻译活动的认识、对翻译价值的理解、对翻译社会功用的要求也处在不断的发展、变化之中，可以说，批评标准的发展性是由翻译批评的本质所决定的。

9.6 翻译批评的原则

与文学批评一样，只有当"批评是什么"、"为什么批评"、"如何批评"等问题能够得到回答的时候，翻译批评自身的形象才能得以确立，而要解决"如何进行翻译批评"的问题，除了必须建立翻译批评标准之外，另一个重要前提

1　引自《文学翻译学》，郑海凌著，文心出版社，2000年，第107页。
2　引自《中国译学理论史稿》，陈福康著，上海外语教育出版社，1992年，第369页。
3　参见《翻译与语言哲学》，刘宓庆著，中国对外翻译出版公司，2001年，第521页。

就是确立翻译批评的原则。关于翻译批评的基本原则，不少翻译家和翻译研究者都提出过各自的看法，既有感悟式的散论，也由比较深刻系统的论述。在20世纪90年代出版的《文学翻译批评研究》一书中，笔者曾就文学翻译批评提出了四条原则性意见：1. 不仅要对翻译的结果进行正误性的判别，更应重视对翻译过程的深刻剖析。2. 要突破感觉的体味，注重理性的检验。3. 应该将局部的、微观的批评与整体的、宏观的评价有机地结合起来。4. 应该注意发挥积极的导向作用，建立起新型的批评者与被批评者之间的关系。[1] 其中，第一条强调翻译批评不仅要以静止的翻译文本，更应以动态的翻译过程作为分析对象，通过对整个翻译过程及其中各种要素之间相互作用的考察，对翻译作品进行全面的分析与评价。第二条强调翻译批评应该理性化、客观化，不能仅仅立足于个人兴趣的言说。第三条强调翻译批评既要有局部分析，又要有整体把握，应把微观批评与宏观批评结合起来。第四条指出翻译批评的价值应体现在其导向性与建设性上，批评的态度应该是善意的。除此之外，喻云根、刘宓庆、杨晓荣、文军等人也在这方面作过较为深入的思考。

在喻云根主编的《英美名著翻译比较》的"编者的话"中，编著者明确指出了该书采用的五条翻译评析原则：1. 既要有正误性的评判，又要有对翻译过程的解剖。2. 既要有文学欣赏的感觉体味，又要有语言分析的理性检验。3. 既要有局部分析，又要有整体评价。4. 多视角、多学科地对译文全面透视。5. 评析时，既要实事求是，又要与人为善。[2] 喻云根这五条翻译批评原则与笔者的观点有相当的一致性，只是补充强调了必须在多学科的语境中从不同维度对译作进行全面剖析。

刘宓庆在《翻译与语言哲学》中为翻译批评确定了三项基本原则，并指出这三项原则关乎"翻译批评事业的健康发展"：1. 翻译批评应该是积极的、进取的。2. 翻译批评应该"对事不对人"，其对象是文本、译作，而不是译者其人。3. 翻译批评所依据的应当是翻译者"第一手的"、全部（全文性）译作，不应根据转述、转引的间接材料或摘引片断即下结论。[3] 其中，第一项涉及翻译批评的态度，"积极的"批评指实事求是的分析和全面客观的评判，"进取的"批评强调翻译批评的建设性。第二、三项既与翻译批评的对象也与翻译批评的态度有关。

杨晓荣在《翻译批评导论》中综合各家之言，把翻译批评原则归纳为三条：1. 翻译批评应该是善意的、建设性的，即应是平等待人、与人为善，体现

---

1 参见《文学翻译批评研究》，许钧著，译林出版社，1992年，第33–42页。
2 参见《英美名著翻译比较》，喻云根主编，湖北教育出版社，1996年，第1–3页。
3 参见《翻译与语言哲学》，刘宓庆著，中国对外翻译出版公司，2001年，第513页。

对译者的理解。2. 翻译批评应是全面的、整体的、本质的、历史的，不以偏概全，不片面、不偏颇。3. 翻译批评应是实事求是的，要客观，要有根据，要讲道理，不凭印象妄下断语，也不迷信权威，要实际而不空泛，深入而不肤浅。[1] 这三条原则分别从态度、视野和方法三个层面对翻译批评的原则进行了总结。

在《科学翻译批评导论》中，文军提出了"对各种具体翻译批评方法具有指导作用"的翻译批评方法论原则：1. 客观性原则，指对某一译作的评价，不仅要针对译品本身，考虑翻译中可能涉及的语言问题、文化问题等，同时还应针对该部作品的译者是在什么时期、什么条件下进行翻译的。客观性原则还指批评的态度和译评的笔触应公正客观。2. 综合性原则，指翻译批评一方面要明确自己的主要研究目的，与此同时，为完成研究目标，则必须在研究中采用多学科、协作攻关的方法。3. 层次性原则，指翻译批评应根据批评对象和批评实践的不同层次有重点地进行，以保证批评言之有物，同时又作为译评系统的一个要素，不断充实该系统。4. 归纳–演绎结合的原则，指评论者应从具体译作的具体问题中总结出经验教训，再进行理论升华；或者用已升华了的一般理论，来分析、评述译作中的具体问题。[2] 从以上论述中可以看出，"客观性"是从事翻译批评工作应该遵循的首要原则，主观臆断、以偏概全的态度是翻译批评的大忌。"综合性"考虑到批评对象的复杂性，要求翻译批评合理借鉴其他相关学科的理论资源。"层次性"认为翻译批评必须重点突出，只有如此才能使评价更有深度，避免泛泛而谈。"归纳–演绎结合的原则"强调翻译批评中理论与实践相互促进的关系。

王宏印在《文学翻译批评论稿》中为翻译批评确立了五项原则，分别是客观性原则、全面性原则、准确性原则、简洁性原则（又称为"经济性原则"）和一贯性原则。[3] 其中，前三项原则比较容易理解，分别强调翻译批评中应力求避免主观性、片面性和模糊性。第四项原则既针对语言论述本身，也涉及思维的简洁性问题，要求翻译批评思路明确、言简意赅。第五项原则主要指批评研究本身的稳定以及观点、理论的一致和协调。

从以上的回顾与分析中可以看出，在翻译批评理论与实践的发展过程中，人们以各种论说方式，从不同角度对翻译批评活动提出了形形色色的规范和原则，但仔细比较之后不难发现，各家观点在很大程度上具有相似性。概括来说，批评的对象、方法、视野、态度等内容是确立翻译批评原则必须关注的重

---

1 参见《翻译批评导论》，杨晓荣著，中国对外翻译出版公司，2005年，第28页。
2 参见《科学翻译批评导论》，文军著，中国对外翻译出版公司，2006年，第154–157页。
3 参见《文学翻译批评论稿》，王宏印著，上海外语教育出版社，2006年，第120–122页。

要方面，只有这样，翻译批评的合理性、有效性与科学性才能得以保证。基于这样的认识，我们认为，开展翻译批评应当遵循以下原则：

1．翻译批评不仅要对翻译结果进行评价，更应重视对翻译过程的剖析及对翻译主体的关注。对翻译结果的评价应立足于文本分析，对翻译过程和主体的关注则应从翻译立场、翻译方案和翻译视界三方面来考察。

2．翻译批评应合理借鉴其他各相关学科的理论资源和研究方法对翻译活动进行多学科的阐释与评价。这是由翻译理论研究的跨学科特点所决定的，在《中国译学理论史稿》的"引言部分"，陈福康曾指出，"翻译理论本身是一个综合的、开放的系统，它与许多学科与艺术的门类息息相通，从语言学到文艺学、哲学、心理学、美学、人种学、社会学、乃至数学、逻辑学和新起的符号学、信息学等等，都有关系"。[1]在上述列举中我们还可以再加入文化学、传播学、解构主义研究、后殖民研究、女性主义研究，甚至环境主义学说等等，近年来，翻译学作为一门新兴的、不断发展的学科越来越显示出综合性和跨学科性。可以说，对相关学科尤其是文学批评理论的观点和术语的借鉴有助于拓展翻译批评研究的理论视野和实践途径。然而，在鼓励跨学科研究的同时，必须着重强调借鉴的合理性与有效性，避免浮躁空泛之风，避免肤浅的概念卖弄，否则，所谓的跨学科研究只能徒有虚名，而无法对翻译批评研究产生切实、有效的积极作用。

3．翻译批评既要对译作进行整体评价，力求全面公允，不以偏概全，又应重点突出，不泛泛而谈。"如果每一篇翻译批评，都有一定的重点，并且提出了适当的解决办法，或经过大家讨论得出了适当的解决方法，那就可以推进翻译工作"[2]，董秋斯对翻译批评提出的这一要求在今天看来仍是相当有价值的。

4．翻译批评应有开阔的历史、文化视野，具体而言，一是坚持历史发展观，将翻译现象、翻译事件和具体文本置于一定的历史环境中加以考察；二是坚持文化观，从文化交流的高度评价翻译史和具体翻译活动中诸如翻译选择、文化立场、价值重构等重要问题。

5．翻译批评应以建设性为其根本属性，真正肩负起对翻译实践的监督、指导和促进作用。首先，"建设性"意味着翻译批评要具有客观性，不能仅凭主观印象和感受便妄下结论，导致所谓"印象主义的批评"，也不能仅仅立足于文本，以翻译的结果为唯一考察对象，导致所谓"文本比较批评"，而应在

---

1 《中国译学理论史稿》，陈福康著，上海外语教育出版社，1992年，第2–3页。
2 同上，第364页。

感性体味与理性分析相结合的基础上，对翻译活动进行客观的、实事求是的评判，既有对翻译文本的评价，又重视对翻译过程的剖析及对翻译主体的关注。翻译批评的客观性还要求批评者必须具有求真务实的精神，力求避免"鼓吹式"和"挑错式"的批评。在《六说文学批评》中，蒂博代指出，批评真正的高层次职能不是批改学生的作业，而"在于放弃那些毫无价值的作品，在于不仅要理解杰作，而且要理解这些杰作里面自由的创造冲动所包含的年轻和新生的东西"[1]。同样，鲁迅也说过，"批评家的职务不但是剪除恶草，还得灌溉佳花"。可以说，与文学批评一样，翻译批评若要真正实现其高层次功能，就应当既不一味地寻美，也不一味地求疵，而是在充分考虑历史、文化因素的基础上，通过实事求是的分析和全面客观的评判，完成批评的鉴赏、阐释和评论三重功能，真正促进翻译作品与普通读者之间的理解和心灵沟通，保证翻译的价值和批评自身的价值得以实现。其次，"建设性"要求翻译批评应是善意、宽容的，批评者与被批评者之间应是平等的、相互理解和尊重的关系。十全十美的翻译本不存在，批评"首先是一种理解和同情的行为"[2]，这里的"同情"取"认同"之意，乔治·布莱（George Poulet）也说过，"没有两个意识的遇合就没有真正的批评"[3]，而理解和认同正是在平等与尊重的基础上才有实现的可能。但"善意、宽容"和"理解、认同"不能被错误地理解为只说"好话"，不说"坏话"，杨晓荣在论述翻译批评的基本原则时指出，"翻译界这种只说好不说坏的风气不是一种孤立的现象"，并引用了语言学者姚小平的一段颇耐人寻味的话："我们语言学评论界有一种要不得的传统，就是多讲好话，多讲不偏不倚的话。对名家尤其如此。往往只有对故世的名家，才敢行批评之事。这跟西方评论界的传统，好像正相反。其实，只有当一个人在世时对他提出批评，才是对他的尊敬，而在他死后进行鞭挞，那才残忍得很。"[4] 多表扬和吹捧而少深刻剖析和批评，这对任何形式的评价而言都是"要不得"的，这就要求批评者必须树立明确的责任意识，以确保翻译批评的价值得以实现。

---

1 《六说文学批评》，蒂博代著，赵坚译，生活·读书·新知三联书店，2002年，第126页。
2 引自《六说文学批评》，蒂博代著，赵坚译，生活·读书·新知三联书店，2002年，第24页。
3 同上，第25页。
4 引自《翻译批评导论》，杨晓荣著，中国对外翻译出版公司，2005年，第29页。

思考题

❶ 如何理解翻译批评的本质？

❷ 翻译批评的价值与功能何在？如何保证它们得以实现？

❸ 谁来进行翻译批评？翻译批评的主体具有哪些特征？

❹ 作为读者批评的重要形式之一，网络批评的积极意义和局限性体现在何处？

❺ 翻译批评主体应具有哪些素质？树立何种精神？

❻ 翻译活动的发展进程中出现过哪些翻译标准？它们各自具有哪些特点？

❼ 如何认识、理解、评价翻译批评标准的多元化？

❽ 翻译批评的开展应遵循哪些原则？

第十章

如何在多元文化语境下认识翻译与研究翻译？

本章要义：

- 文化多样性是人类的共同遗产，而世界化进程对文化多样性造成了严重威胁。

- 语言多元与文化多元有着密切关系，维护语言多元和文化多样性，有助于防止语言霸权，促进国际关系的民主化。

- 多元文化语境下，翻译肩负着促进各民族之间交流、发展文化多样性、加强世界和平文化建设的使命。

- 我国的翻译研究存在重技轻道、重语言轻文化和重微观轻宏观等倾向，值得深刻反思。

- 翻译文化观的确立与翻译研究的文化转向为翻译研究打开了广阔的思路。

- 在多元文化语境下，翻译研究应在翻译文化观的指导下，坚持研究的发展观、动态观，采取多元的研究视角和科学的研究方法。在译论研究中实现中国传统译论的现代化和西方译论的"本土化"，探索并构建中国学派的译论。

- 翻译理论研究应走出象牙塔，关注文化、社会现实，发挥理论研究的现实意义。

2001年11月，联合国教科文组织大会于巴黎通过了《世界文化多样性宣言》(Universal Declaration on Cultural Diversity)，该宣言的第6条明确指出："……表达的自由、传媒的多元、语言的多元、艺术表现和科技知识的——包括数字形式的知识——平等分享，以及各种文化在使用各种表达与传播手段方面拥有机会，这是文化多样性的保证。"[1] 近几年来，随着世界化进程的加快，面对经济一体化的强劲势头，关于维护"文化多样性"的呼声越来越高。联合国教科文组织发表的《世界文化多样性宣言》正是回应了这一呼声，将"文化多样性"的问题提到事关世界各民族的相互交往、相互交流和世界和平建设的高度来认识。而要维护文化多样性，"语言的多样性"是一个首要的条件。在全球一体化的时代，"人们对语言尤其是对保持语言个性的意识在加强，无论是工作语言、民族语言还是地方语言都要保持其独特个性。而另一方面，跨越语言和地理边界、实现无障碍沟通的呼声也日益强烈。"[2] 在这里，我们仿佛看到了一个悖论，即我们既要克服不同民族之间的相互交流实际上存在着"语言的障碍"，又要维护"语言的多样性"。那么如何解决这一看似具有悖论的、事关维护文化多样性的问题呢？在本章中，我们试图在世界化的语境下，从维护文化多样性和语言多元的角度出发，就翻译的精神和使命进行探讨；同时，我们也将就多元文化语境下如何进一步深化我们的翻译研究提出几点原则性的意见。

10.1 文化多样性与语言多元

10.1.1 何为文化多样性？

根据联合国教科文组织大会第31届会议上通过的《世界文化多样性宣言》，文化多样性是人类共同的遗产。宣言第1条明确指出："文化在不同的时代和不同的地方具有各种不同的表现形式。这种多样性的具体表现是构成人类的各群体和各社会的特征所具有的独特性和多样化。文化多样性是交流、革新和创造的源泉，对人类来讲就像生物多样性对维持生态平衡那样必不可少。从这个意义上讲，文化多样性是人类的共同遗产，应当从当代人和子孙后代的利益考虑予以承认和肯定。"从第1条中，我们可以清楚地看到三点。

首先，文化多样性是人类各群体和各社会的特征所具有的"独特性和多样化"。美国文化人类学家克鲁克洪（Clyde Kluckhohn）指出："所谓一

---

1 Michaël Oustinoff: *La traduction*, Paris, Presses universitaires de France, 2003, p.117.
2 引自《促进文化交流、推动文明发展是翻译工作者的使命——联合国教科文组织总干事松浦晃一郎致世界翻译大会的贺词》，《中国翻译》，2008年第4期，第5页。

种'文化',它指的是某个人类群体独特的生活方式,他们整套的'生存式样'。"[1] 他继而分层次将文化定义为:(1)一个民族的全部生活方式;(2)个人从他的集体中获得的社会遗产;(3)思维、感觉和信仰方式;(4)来源于行为的抽象;(5)人类学家关于一个人类群体的真正行为方式的理论;(6)集中的知识库;(7)对多发问题的一套标准化适应方式;(8)习得行为;(9)调节和规范行为的机制;(10)适应外部环境和其他人的一套技能;(11)历史的积淀。[2] 由此观之,不同国家、不同民族的文化具有各自的独特性,整个人类社会的文化呈现多样性,这是不言而喻的。不同文化所具有的独特之处不仅构成了它与其他文化的差别要素,同时也因这种差异而构成各种文化自身的价值,抹杀或破坏了文化多样性,也就抹杀或破坏了人类各群体和各社会的独特性以及价值。

其次,文化多样性是"交流、革新和创造的源泉",进一步说,丧失了文化多样性,也就切断了人类各群体和各社会交流、革新和创造的源泉。欧洲文化发展到今天之所以还有强大的生命力正是因为它能不断吸收不同文化的因素,使自己不断得到丰富和更新。同样,中国文化也是由于不断吸收外来文化而得到发展的。例如印度佛教传入中国,大大促进了中国哲学、宗教、文学、艺术的发展,可以说中国文化受惠于印度佛教,同时,印度佛教又在中国得到发扬光大,其在中国的成就远远甚于印度本土。[3] "正是不同文化的差异构成了一个文化的宝库,经常诱发人们的灵感而导致某种文化的革新。没有差异,没有文化的多元发展,就不可能出现今天多姿多彩的人类文化。"[4]

再次,应从人类发展的角度把文化多样性当作人类共同遗产来加以维护。乐黛云指出,文化的多元发展是历史的事实。三千余年来,以苏格拉底、柏拉图、亚里士多德为代表的希腊文化传统,以孔子、老子为代表的中国文化传统,以犹太教先知为代表的希伯来文化传统以及阿拉伯、伊斯兰文化传统和非洲文化传统等始终深深地影响着当今的人类社会。[5] 因此,对文化多样性的维护是对人类历史的尊重和继承。

---

1 引自《文化的研究》,克莱德·克鲁克洪,《文化与个人》,克莱德·克鲁克洪等著,高佳译,浙江人民出版社,1986年,第4页。
2 参见《透过文化本质看文化多样性与环境多样性之内在联系》,王东昕,《云南民族大学学报》(哲学社会科学版),2008年第4期,第22页。
3 参见《二十一世纪——多元文化的世纪?》,乐黛云,《中国文化研究》,2000年春之卷(总第27期),第12页。
4 同上。
5 同上,第12-13页。

10.1.2 世界化进程对文化多样性造成的威胁

2002年5月，联合国前秘书长布特罗斯·加利（Boutros Ghali）先生访问南京大学,在接受南京大学名誉博士学位的仪式上，发表了题为《多语化与文化的多样性》的重要演讲。我们知道，加利先生生于1991年底当选联合国第六任秘书长，在五年任期期间，不懈地致力于世界民主化和世界和平的伟大事业，为人类的发展作出了杰出贡献。基于他对世界化进程的清醒的认识，他对文化多样性问题予以了特别的关注。他在演讲中从多个方面对世界化进程与文化多样性、文化多样性与语言多元、文化多样性与世界民主化、语言多样化与和平文化的关系作了透彻的分析。加利着重提出世界化进程会对文化产生直接影响，有可能危及文化多样性。他认为，世界化并不仅仅局限于商贸往来或信息交流方式的全球化。从"世界化"这个词的最广泛的含义来看，它首先对文化产生直接的影响，这种影响有时可能是非常危险的。他在演讲中这样说道："也许，大家并不都知道，每两个星期就会有一种语言从世界上消失。随着这一语言的消失，与之相关的传统、创造、思考、历史和文化也都不复存在。是否应该将这种现象视为一种必然呢？是否应该认定世界化必然会导致语言与文化多样性的消亡呢？是否应该屈从于唯一一种语言的霸权呢？我的回答是：不！"[1] 世界化的进程是历史发展的必然，它是不可避免和不可阻挡的。世界化进程积极的影响有目共睹，但其隐含的消极影响却有可能在人类的漠然与麻木中酿成人类的悲剧。在这里，加利把语言的问题提到了事关人类文化、历史的存亡的高度来加以认识。对于这一点，法国政府的认识也是极为清醒的，早在1994年，法国就出台了保护自己语言的纯洁性，对抗"英语化"趋势的法律。1999年9月，法兰西共和国总理若斯潘访华，在访沪期间，法方邀请中文各界人士数十名在法国人设计的上海大剧院会面。在见面会上，笔者曾针对若斯潘总理在演讲中所强调的"文化价值"的问题，向他发问："文化与语言密切相关，面对世界的'英语化'和全球经济的'一体化'，法国政府何以维护法语的地位，又何以发扬光大法兰西文化？"他没有直接回答笔者提出的问题，而是作了一个原则性的思考：一个民族语言的丧失，就意味着这个民族文明的终结。任何一个维护民族文化价值的国家都不会听任自己的语言被英语所取代。而对世界来说，经济可以全球化，甚至货币也可以一体化，而文化则要鼓励多元化。若斯潘所代表的法国政府对于文化多样性的认识与加利的认识是完全一致的，与联合国教科文组织大会通过的《世界文化多样性宣言》的认识也是一致的。

---

1 《世界化的民主化进程》，布特罗斯·加利著，张晓明、许钧译，南京大学出版社，2003年，第163页。

10.1.3 语言多元与文化多样性的关系

世界化进程对文化的多样性造成了严峻的挑战，那么要维护文化的多样性应该从哪里着手呢？加利先生为我们指出了一个重要的思路：语言多元是维护文化多样性的一个基本条件。他认为，语言多元与文化多样性是两个密切相连的概念。首先，语言和文化的多样性都是丰富的人类遗产中不可分割的一部分；其次，文化的多样性必须以语言的多元为基本条件。根据《世界人权宣言》（Universal Declaration of Human Rights）第27条和联合国《经济、社会、文化权利国际公约》（International Covenant on Economic, Social and Cultural Rights）第13条和第15条，"每个人都应当能够用其选择的语言，特别是用自己的母语来表达自己的思想，进行创作和传播自己的作品"（参见《世界文化多样性宣言》第5条）。如果说语言的不断消亡为一种必然，在世界化的进程中任凭世界英语化，任凭一门门语言消亡，那么其结果，就是越来越多的民族将丧失选择自己的母语来表达自己思想的权利，由此便有可能造成"语言的霸权"。

近四十年的翻译研究，先后经历了"语言学转向"和"文化转向"。每一次转向都为我们全面理解翻译、认识翻译提供了一种新的可能。而这两次转向，也为我们更为深刻地理解"语言"与"文化"这两个概念、从而更好地把握这两者之间的关系提供了新的视角。在我们看来，语言与文化的关系主要表现在以下几个方面：首先，语言是文化的重要组成部分。根据联合国教科文组织《保护非物质文化遗产公约》（Convention for the Safeguarding of the Intangible Cultural Heritage）的定义，世界非物质文化遗产包括六个方面，而第一个方面就是"口头传说和表述，包括作为非物质文化媒介的语言"。英国著名人类学家马林诺夫斯基更是指出，"语言是文化整体中的一部分，但是它并不是一个工具的体系，而是一套发音的风俗及精神文化的一部分。"[1] 作为文化或者说精神文化的一部分，语言是民族精神和民族特性的外在写照，它时刻反映着文化，代表着文化，一种语言的演化史就是一种文化的发展史。

其次，语言是文化的载体。英国学者斯图尔特·霍尔（Stuart Hall）在对当今社会中语言的运作、文化的表象和意指实践进行了深入研究的基础上，曾这样指出："如今，语言是具有特权的媒介，我们通过语言'理解'事物，生产和交流意义。我们只有通过共同进入语言才能共享意义。所以语言对于意义与文化是极为重要的，它总是被看作种种文化价值和意义的主要载体。"[2] 在

---

1 《文化论》，马凌诺斯基著，费孝通译，华夏出版社，2002年，第7页。
2 《表征：文化表象与意指实践》，斯图尔特·霍尔编，徐克、陆兴华译，商务印书馆，2003年，第1页。

霍尔看来，语言是在一种文化中表达思想、观念和情感的"媒介"之一，经由语言的表征对意义生产过程至关重要，而"文化首先涉及一个社会或集团的成员间的意义生产和交换，即'意义的给予和获得'。说两群人属于同一种文化，等于说他们用差不多相同的方法解释世界，并能用彼此理解的方式表达他们自己，以及他们对世界的想法和感情。文化因而取决于其参与者用大致相似的方法对他们周围所发生的事作出富有意义的解释，并'理解'世界。"[1]通过霍尔的观点，我们可以进一步认识到，语言与文化关系密不可分，没有了语言，意义的交流就变得困难甚至无法展开，文化也就失去了存在的基石。

再次，事实上，语言并不是一种操作性的被动的工具，而是具有能动的创造作用。在本书中，我们多次提到，德国语言学家洪堡及其后继承并发展了洪堡思想的新洪堡学派将语言视作一种创造性的精神活动，不同的语言代表了不同的切分现实世界的方式，也就是说，一种语言代表了一种世界观。这些语言学家的观点虽然有时过分强调了语言对不同民族人们考察客观世界的方式的决定作用，忽略了人类思维方式的共通性，但它们深刻地揭示了一个民族的语言身上所沉淀的历史文化特性，以及它所反映的一个民族独特的世界观、人生观、价值观和思维方式。

如果说语言是种种文化价值和意义的主要载体，那么恰如加利所说，一门语言的消失，"与其相关的传统、创造、思想、历史和文化也都不复存在"。如果说一门语言就是一种世界观，是文化构建与理解世界的一种方式，那么一门语言的消亡，便意味着使用这一语言的人们丧失了理解世界的自然方式，丧失了表达思想、进行交流的方式，这无异于其存在方式的丧失。正是在这个意义上，我们把语言的多样性和文化的多样性视作是人类共同的遗产。维护一种语言的存在权，便意味着维护这一语言所承载的种种文化价值，意味着维护这一语言的人们表达思想、进行交流、创造文化、丰富人类文化的权利。也是在这个意义上，在经济全球化、一体化进程不断加快的情况下，我们要特别警惕在中外文化交流中出现的某种特权语言和"文化霸权主义"的倾向。

10.1.4 维护语言多元和文化多样性的重要意义

过去，人们曾经有过天真的想法：倘若天下共通一语，该为人类交流提供多大的方便呀！柴门霍夫（Ludwig Lazarus Zamenhof）当初创立世界语也许正是抱着这一善良、美好而天真的想法。"世界语"终因文化、技术等方面的原

---

1 《表征：文化表象与意指实践》，斯图尔特·霍尔编，徐克、陆兴华译，商务印书馆，2003年，第2页。

因而没能在世界范围内得到普遍使用。但是，我们也不能不注意到，随着全球化程度的日益加深，"英语"越来越成为一种全球政治、经济往来甚至文化交流的"通用语言"，越来越有成为另一种"世界语"的趋势。我们不能不看到，"英语"的日益国际化看似为交流提供了某种便利，但实际上是在削弱着处在弱势地位的一些民族文化。殊不知一个民族语言的丧失，便意味着其文化的消亡。因此，在全球化的进程中，我们不能以牺牲民族语言为代价，仅仅用"英语"去谋求与外部世界的交流。

实际上，"单语化"的危害不仅反映在文化层面上，由它所导致的语言霸权还有可能危害国际关系的民主化，正如加利所言，"一门语言，它所反映的是一种文化和一种思维方式。说到底，它表达了一种世界观。如果我们听凭语言的单一化，那将导致一种新型的特权群体，即'话语'的特权群体的出现！"[1]对于对语言和支配控制之间的关系，著名黑人女性主义理论家贝尔·胡克斯（Bell Hooks）在《语言，斗争之场》一文中进行过深刻的思考。她指出："标准英语不是被逐者的言语。它是征服和统治支配的语言。在美国，它是一副面具，遮蔽了众多土语的丧失：形形色色的本土社群的声音，伽勒语(Gullah)、意第绪语（Yiddish），以及其他许多未被记住的土语，我们永远也听不到了。"[2]她认识到压迫者利用英语对她的伤害，认识到压迫者"如何将英语形塑为一个设定限制、作出界定的领域，如何使英语变成一种羞辱、作践、殖民的武器"[3]。胡克斯的这一观点也许过于激烈，但是，无论是从英语与美国境内的其他土著语言的实际关系看，还是从当今世界中英语与其他民族语言的关系看，我们都不能不警惕英语真的成为一种"羞辱、作践、殖民的武器"这一危害的出现，不能不警惕其成为某些国家谋求强势文化的地位甚至推行"文化霸权主义"的同谋。

加利认为，为了避免"单语化"现象的出现，必须强调数十万个决策者的世界是数十亿的地球居民共同参与的世界。而地球上的居民与他们的身份、文化和语言密不可分。要帮助他们相互接受各自的文化与语言，而不是像技术官僚那样，走单一的语言的捷径。在这一方面，欧盟的做法有借鉴意义，经济可以一体化，货币也可以一体化，但为了维护文化的多样性，在各种交流中，欧盟鼓励各国使用自己的民族语言，其意义是深远的。多年来一直呼吁维护多元文化价值的欧盟诸国的翻译界，特别强调要充分发挥翻译在维护文化多样性方

1　《世界化的民主化进程》，布特罗斯·加利著，张晓明、许钧译，南京大学出版社，2003年，第164页。

2　引自《语言，斗争之场》，贝尔·胡克斯，载《语言与翻译的政治》，王昶译，许宝强、袁伟主编，中央编译出版社，2001年，第108页。

3　同上，第101页。

面所起的作用，是非常值得我们重视的。

对于维护语言、文化的多样性之于国际关系民主化的重要意义，加利深有体会，他指出："只有在国际社会的各个权力层次都行动起来，只有保护语言和文化的多样性，国际关系的民主化才能得以实施。因为，正如一国之内的民主必须依托于多党合作，国与国之间的民主也同样必须依托于语言的多样性。就此而言，国际组织中的所有正式工作语言都必须得到切实的尊重，这是至关重要的。因为，如果所有国家都说同一种语言，按照同样的方式思维和行动的话，那么国际范围内极有形成一种极权制度的危险。"[1] 从加利的论述中，我们可以得到这样一个结论，那就是世界的民主与和平有赖于语言的多元与文化的多元。警惕语言的单一化，维护语言的多元和文化的多样性，对于国际关系的民主化和世界和平有着至关重要的意义。

10.2 多元文化语境下翻译的使命

我们在上文已经谈到，联合国前秘书长加利非常看重多语化，这是因为他把语言的多样性当作是促进一种真正的和平文化的根本途径。在他看来，翻译理论研究与翻译教学工作极为重要，并曾经为笔者的著作《翻译论》写下了这样几句话："翻译有助于发展文化多样性，而文化多样性则有助于加强世界和平文化的建设。"加利的这几句话，可以说是从跨文化交流的高度对翻译的使命作了本质的界定。在本节中，我们将通过对翻译应遵循的原则的思考，为多元文化语境下的翻译以及使命作一定位。

10.2.1 面对异的考验翻译应遵循的原则

在"有什么因素影响翻译活动？"一章中，我们曾分析了译者及译者所属民族的文化立场和价值取向对翻译所起的影响，那么，在全球多元文化语境下我们又应该采取什么样的文化立场，在翻译中奉行什么样的原则呢？

10.2.1.1 以尊重、开放的心态面对异质文化

我们知道，翻译就其本质而言是一种跨文化的交流活动。既然是为了促进

1　引自《世界化的民主化进程》，布特罗斯·加利著，张晓明、许钧译，南京大学出版社，2003年，第164页。

交流，那么面对异质的文化，面对异的思维方式、异的风俗习惯、异的语言表现法，首先应该以一种平等的心态去接受，以尊重为原则。而翻译若以尊重为第一原则，则会采取一种客观的、宽容的或开放的心态去尽可能将异质的一面传达到接受语中。我们在上文中多次提到的法国翻译理论家安托瓦纳·贝尔曼，在其著作《异的考验》中着重探讨了德国对异质文学文化的接受心态与翻译取舍。贝尔曼在考察19世纪前后德意志民族文化的发展过程中翻译介乎两种或多种文化之间所起的作用时，对歌德的翻译思想进行了探讨。歌德认为，若从世界各民族及文化交流这一大背景出发去考察翻译，那么翻译的任务和地位便可明确，他提出了翻译三类型说，认为在各民族文化交流的不同阶段会有不同的翻译方法。第一阶段是为了了解异域文化，以简洁明了的散文体方式翻译是最佳方式；第二阶段以吸收异域文化的精神，努力将其融入本民族文化为目的，以"模仿"翻译为常用方法。若民族之间相互十分了解并交流广泛时，翻译则可发展到与原文一致、相互替代的境界。[1]

在对异民族、异文化的了解与交流过程中，目的语和目的语文化始终接受着考验。若以开放的心态接受出发语与出发语文化，大量的异语、异文化成分进入目的语和目的语文化中，对后者而言，必然会形成一种考验。这种考验是多方位的，它可涉及民族文化精神的方方面面。在这种状况下，翻译应该清醒地明确自己的任务，吸收异文化，不是为了扼杀民族文化；同样，吸收异语的新的表现法、新结构，不是为了丧失母语的纯洁与本色。正如赫尔德所说："学习异族语言并不意味着忘本，周游列国也并不是想彻底改变自身的风俗习惯。"[2] 面对异语、异文化的考验，开放的心态与不丧失自我的立场是保证达到翻译目的、完成翻译使命的相辅相成的两个原则。

10.2.1.2 进行平等、双向的文化交流

乔治·斯坦纳指出，翻译是一把双刃剑。在翻译、交流的过程中，受到考验的不仅仅是目的语和目的语文化，出发语与出发语文化在进入目的语与目的语文化时，也经历着考验。这种考验往往是双重的：一是在翻译的考验中，要看自身是否真正具有交流的价值，是否有新的东西。凡是无价值的，凡对目的语与目的语文化不能带来新的东西的，就经受不起目的语与目的语文化的考验。二是在翻译过程中，若不顾目的语和目的语文化的利益，盲目地野蛮

---

1 参见《当代法国翻译理论》，许钧、袁筱一等著，湖北教育出版社，2001年，第259–260页。

2 Antoine Berman: *L'épreuve de l'étranger, culture et traduction dans l'Allemagne romantique*, Paris, Gallimard, 1984, p.66.

"侵犯"，如大量外来词的输入，句法结构的照搬，隐喻、成语、俗语的硬译等等，都会招致目的语的反抗。

在相互的考验中，这也就给多元文化语境下的翻译提出了第二个原则，那就是在平等的基础上，互通有无，达到互利。要贯彻这一原则，就应该有这样一个共识：翻译所要达到的交流应该是双向的流动。孙歌在《翻译的思想》一文中谈到了日本江户时代的著名儒学家荻生徂徕是如何"把翻译问题从简单的工具层面提高为文化冲突和文化转型层面来认识的"：徂徕"一方面通过真正的汉籍日译使得日本人区别中国与日本的文化差异，另一方面又通过消解翻译而进入圣人的语境。"[1] 就我们的理解，翻译不仅仅是一个技术层面的问题，在上文所探讨的双重的考验中，译者首先要尽力达到的，一是认识差异，了解差异，二是在传译差异的过程中，要尽可能将差异溶入接受语大语境，溶入接受语文化中去，真正达到吸收出发语文化与丰富目的语文化的目的。

10.2.1.3 从文化的高度来认识翻译方法问题

在异的考验中，对多元文化语境下的翻译而言，我们注意到自20世纪80年代后期以来，发生了一个翻译观念的转变。若考察西方翻译史，我们不难看到具有文化优越感的民族在翻译中往往奉行两种不同的翻译策略，译入时"求同"，争取归化之手法；译出时"存异"，采取异化的方法。在"求同"与"存异"的两极，存在着某种殖民主义的心态。译入时的"归化"是一种掠夺，把出发语当作文化战利品来任加篡改。[2] 译出时的"异化"则构成了一种"侵犯"，形成了对目的语与目的语文化的一种"殖民化"。进入到20世纪90年代，不少翻译学者渐渐认识到翻译观念与翻译原则在多元文化语境下应该有所改变。劳伦斯·韦努蒂认为，要从文化交流的高度去看待翻译方法问题。在归化与异化两种翻译方法中，归化对英美文化而言，实际上已成为一种文化扩张的手法，是"以英美文化的规范、价值观和美学观为标准来归化外国文本与外国文化，表现了英美的民族中心主义"。[3] 韦努蒂特别指出："当译语是当代英语的时候，流畅译法就支持了拥有霸权的英语系国家（尤其美国），也支持了它们与有异于它们的欧洲、非洲、亚洲和中南美洲国家之间极不平等的文化交流。"[4] 由此可以看到，翻译的方法不是一个简单的技巧问题，它涉及到翻译所承担的神圣使命能否真正得以完成的根本问题，这就要求我们在翻译中，要把

---

1 《翻译的思想》，孙歌，《中华读书报》，1997年7月9日。
2 参见《西方翻译简史》，谭载喜著，商务印书馆，1991年。
3 参见《当代美国翻译理论》，郭建中编著，湖北教育出版社，1997年，第198页。
4 引自《西方翻译理论精选》，陈德鸿、张南峰编，香港城市大学出版社，2000年，第241页。

翻译方法与技巧置于历史与文化的高度来认识。而我们将翻译置于多元文化的语境下来加以探讨，其意义也正在于此。

10.2.2 多元文化语境下翻译的精神与使命

在世界化进程不断加快的今天，翻译对于不同文化之间的相互了解、互为尊重、互为补充无疑具有重要的作用。而要发挥翻译在多元文化语境交流中的作用，我们必须明确在当今时代，翻译所应具有的精神和所肩负的使命。

10.2.2.1 以促进交流为己任

人类的社会始终处于不断发展的状态之中，而人类社会越发展，越体现出一种开放与交流的精神。人类社会想要走出封闭的天地，首先必须与外界进行接触，以建立起交流的关系，向着相互理解、共同发展的目标前进。事实上，不同民族语言文化之间的交流是一种需要。以固步自封来消极地维护一个民族文化的纯粹性，最后的结果只能是被排除在世界文化交流、交融的形势之外，造成自身的落后。一种文化，无论其有多么辉煌、多么强大，总是存在着自身的局限之处，只有走出自我，在与其他文化的不断碰撞中甚至冲突中，才能认识到自身的局限性，并渐渐在与其他文化的相互理解、相互交融之中丰富自身。

在世界文化交流的过程中，翻译无疑扮演着重要而独特的角色。德里达指出，"翻译就是那在多种文化、多种民族之间，因此也是在边界处发生的东西。"[1] 翻译，在一定意义上说，是不同语言、民族之间进行文化交流的首要保证。无论是口译还是笔译，它都保证了持不同语言、文化的人之间的相互沟通和理解。无论是东方还是西方，一部翻译史，就是一部生动的人类社会的交流与发展史。翻译与社会的发展、文化的积累和丰富以及世界文明的进步是紧密结合在一起的。没有在多种文化的接触、碰撞中起沟通作用的翻译，就无法保证世界各民族文化的共存、交融与发展。社会发展到今天，随着全球经济一体化的步伐的不断加快，世界各国间的科技、经济、文化等领域的交流日渐频繁，对翻译的需要越来越多，翻译的重要性也日渐凸现。[2] 如果说翻译以克服语言的障碍、变更语言的形式为手段，以传达意义、达到理解、促进交流为

---

1 《访谈代序》，《书写与差异》，雅克·德里达著，张宁译，生活·读书·新知三联书店，2001年，第22页。
2 参见《翻译论》，许钧著，湖北教育出版社，2003年，第200页。

目的，那么把翻译理解为一种人类跨文化的交流活动，应该说是一个正确的定位。

从这一定位出发，我们看到为了交流有了翻译，翻译促进了交流。翻译这一基本的跨文化交流活动的本质，要求翻译要以促进交流为己任。一方面，交流首先意味着走向世界，让世界了解自我。在2008年于上海举行的第18届世界翻译大会上，国务院新闻办公室主任、第18届世界翻译大会组委会主任王晨在致辞时指出："随着中国经济的迅速发展，中国国际地位不断提高，很多国家对中国的经济建设表现出极大的关注，希望了解更多的信息。翻译可以在这方面发挥巨大作用，在中外之间构筑起沟通交流之桥。"[1] 尽管王晨谈论的是经济交流，但我们可以想象，王晨的这番言论对于文化交流是同样适用的。另一方面，交流还意味着对世界的了解，最终达到吸收各国优秀文明成果的目的。对于"吸收什么"、"如何吸收"的问题，我们在前几章中都已经有所涉及，此处不拟赘述。当然，我们也不能不承认存在着这样一个事实：对于外来文化，对于外国语言中的新表现法、新结构，对接受者文化和接受者语言来说，会出现某种程度的"反抗"或"冲突"。"异质"文化的输入，与接受者文化之间产生冲突，原因是多种多样的，最主要的是由价值系统的不一产生的。在对这些原因进行反思的同时，我们也应该看到文化交流过程中的撞击和冲突所具有的积极意义。因此，在翻译过程中，保持开放的心态、平等的态度是必不可少的，因为若完全"以我为中心"，随意对原作进行删改或改造，随意对"异质"元素进行"归化"处理，那就是从根本上违背了翻译的宗旨与任务。

10.2.2.2 以维护语言多元和文化多样性为历史使命

在上文中，我们指出了维护语言多元和文化多样性对于维护各个民族文化的独特性和生存价值、对于促进世界和平民主发展具有重要意义。与此同时，我们也指出，社会和历史的发展使得各民族之间的文化交流成为了一种必需。维护文化多样性是一个尊重差异、保持差异的过程；而文化交流必然要寻求一个基本的共同点或者说普遍性作为基础，因为两种截然不同的文化之间很难展开真正的对话。那么，我们如何在文化交流中维护世界的语言多元与文化多样性？对此，联合国教科文组织总干事松浦晃一郎致2008年第18届世界翻译大会的贺辞或许能给我们一点启示。松浦晃一郎认为："求同与存异唯有通过翻译才能并行不悖。" 翻译是"一种独一无二的工具，能够开通渠道，在个性与共性，

---

1 引自《"翻译与文化多元"——第18届世界翻译大会言论集锦》，《对外传播》，2008年第9期，第47页。

多样化与对话之间找到契合点".[1] 是翻译的跨文化交流的本质决定了它能够担当此一重任，正如孙艺风所说，翻译"突破以往文化思维惯性，还丰富本土文化资源，又促使现代社会变革"；它"打破文化的趋同与单一，演绎异域之美，融合之美，多元之美，促使人们勉力构建世界各民族和谐共存的文化生态".[2]

促成不同文化之间的相互理解，实现不同文化的和平共存，这是历史赋予翻译活动的重要使命，而所有的翻译工作者都要勇敢地承担起这一使命。由于翻译活动首先表现为两种语言之间的转换，因此，承担这一使命首先体现在对待不同语言的态度上。在第六章中，我们已经提到，世界上的各种语言都具有同等的表达力，换句话说，世界上的各种语言也都具有同等的翻译能力。奈达是这一观点的坚决拥护者，为此，他才会在自己的翻译研究中提出"尊重语言各自的特征"并在翻译中"尽可能地挖掘它的表达潜力"这样的原则。对奈语提出的这些原则，谭载喜曾给予了高度的评价，认为奈达"帮助创造了一种用新姿态对待不同语言的文化的气氛，以增进人类相互之间的语言交流和了解"[3]。法国释意派理论创始人之一塞莱丝柯维奇虽然对奈达的翻译理论有过很多不同的看法，但在语言的翻译能力问题上，与奈达的意见是一致的。她曾在许多不同场合强调过她的看法：对世界上的任何一门语言来说，凡是能表达的，就是可翻译的。鉴于这些认识，翻译工作者在翻译活动中，就应以平等的态度去善待各种不同的语言。

事实上，很多人都已经认识到了历史赋予翻译的重任。中国外文局副局长、中国译协副会长黄友义在第18届世界翻译大会的闭幕式上指出："在全球化的今天，文明多样性仍是人类社会的客观现实，是当今世界的基本特征，也比任何时候都更加显得可贵。而维护人类文明多样性、促进不同文明间的对话与交融、促进人类的共同进步是各国翻译工作者义不容辞的使命和职责。"[4] 程章灿在《翻译时代与翻译精神》一文中也指出：这是一个翻译的时代，在我们生活的几乎每一个角落，都能见到翻译的身影，网络技术更进一步将"地球村"中的众声喧哗以"同声传译"般的速度传送到我们的耳鼓。我们吸收着翻译带给我们的新思维和新知识，我们随着翻译而进入一个新的世界。在这个世界，翻译不仅是不同世族语言之间的相互沟通理解的方式，也是不同文化和文

1 《促进文化交流、推动文明发展是翻译工作者的使命——联合国教科文组织总干事松浦晃一郎致世界翻译大会的贺词》，《中国翻译》，2008年第4期，第5页。
2 《翻译与多元之美》，孙艺风，《中国翻译》，2008年第4期，第9页。
3 参见《新编奈达论翻译》，谭载喜编译，中国对外翻译出版公司，1999年，第XXII页。
4 《发展翻译事业，促进世界多元文化的交流与繁荣》，黄友义，《中国翻译》，2008年第4期，第9页。

明之间相互沟通的理解的方式。[1] 当我们发挥出翻译交流、传承、沟通、创造与发展的精神，便有可能承担起加利所希望的"发展文化多样性，加强世界和平文化建设"的历史使命。

10.3 多元文化语境下的翻译研究

自20世纪50年代起，对翻译问题的研究逐步进入理论化的层面。苏联的费道罗夫、英国的卡特福德、加拿大的维纳与达尔贝勒内以及法国的乔治·穆南等从语言学的角度，对翻译进行了系统而深入的研究，为翻译学的建立做了大量基础性的工作。到了20世纪80年代，随着研究的深入，人们发现翻译的许多问题若仍限于语言学的层面，难以作出客观与辩证的解释和回答。西方的不少学者转而借助符号学、阐释学、哲学和文艺学的理论，对翻译的问题展开了多层面的探讨，不断开拓翻译的研究范围，扩大翻译的研究视野，出版了一批具有国际影响的翻译学著作，并形成了具有明显特色的翻译学派，如"诠释学派"、"社会语言学派"、"解构学派"、"功能学派"、"文化学派"等。[2] 与此同时，国内的翻译研究也取得了长足的发展，特别是近十年来，随着我国翻译界理论意识、学科意识的不断增强，翻译研究方法的日趋科学化和翻译研究队伍的日渐扩大，新的翻译研究成果不断问世，学术研究日益深入。但在活跃的翻译学研究中，如何从学科建设的高度，将翻译理论研究推进到一个新的高度，特别是如何在多元文化语境的条件下，将翻译实践的现实问题与理论研究结合起来进行思考，是一个值得探讨的课题。

10.3.1 近年来国内翻译研究中值得反思的几种倾向

根据传统的翻译观，翻译仅仅是一种语言的转换，翻译的全部奥妙在于将A文本的意义传达到B文本中去，而其实践的具体操作层面，便是语言的形变。对这种传统的翻译观，从20世纪50年代起，西方的一些翻译理论家不断提出质疑，法国的乔治·穆南在《翻译的理论问题》一书中，借助新洪堡学派的有关意义理论、世界映象理论，对这一根深蒂固的传统翻译观进行了深入的剖析，指出这一简单主义的翻译观往往导致人们把翻译看成是一种纯摹仿的技术性工作，不需任何创造性。[3] 在相当长的一个历史时期内，这一简单主义的

---

1 参见《翻译时代与翻译精神》，程章灿，《文汇读书周报》，2004年6月18日，第9版。
2 参见《西方翻译理论精选》，陈德鸿、张南峰编，香港城市大学出版社，2000年，第x–xi页。
3 Georges Mounin: *Les problèmes théoriques de la traduction*, Paris, Gallimard, 1963.

翻译观在中国也同样占据着统治地位，它不仅直接影响了翻译的实践，把语言层次的机械忠实当成了束缚翻译的金科玉律，而且在很大程度上，也对翻译研究产生了负面的影响：从"翻译是雕虫小技，无理论而言"到把翻译的理论研究一度囿于语言学的樊篱之中，"集中研究语言系统的差异、语言形式的转换，从而归纳出一些诸如语态转换、词性转换、增词或减词的之类的所谓翻译规则"[1]。有学者指出，至今在中国翻译界还"大量进行盲目实践"[2]；也有学者认为，在艰难地挣脱了无理论指导的"盲目实践"之后，翻译又陷入了"企图以机械化的手段达到最大的限度的对等……字与字、句与句的对等"[3]的境地。对上述的两种观点，笔者并不完全苟同。但他们所提出的问题，却有值得我们认真反思的地方。回顾中国所走过的翻译研究之路，我们有必要对以下几个值得注意的倾向加以反思。

10.3.1.1 重技轻道

这一倾向集中体现在两个层面上。一是从翻译研究问世的成果看，对翻译技巧的探讨占有很大的比重，而对翻译的形而上的研究则很少。穆雷在《中国翻译教学研究》一书正文后，附有"翻译论著书目选录（1920–1998）"[4]。虽说是选录，但从我们手头所掌握的资料看，基本包括了从1978到1998年间问世的主要翻译研究著作。从在这二十年间问世的近500种著作看，涉及具体语种互译的技巧性指南与教材之类的著作占85%以上，且大部分都冠以"技巧"之名，探讨的是"怎么译"。二是表现在翻译研究的观念层面上。由于对翻译技巧的特别重视，导致了翻译研究的一种实用主义态度。"对翻译理论的实用主义态度带来了两个直接的后果：首先是局限了翻译理论的范围，把翻译理论仅仅理解为对'怎么译'的探讨，也即仅仅局限在应用性的理论上……另一个后果是把理论的功能简单化了，使人们以为似乎理论只具有指导实践的功能。"[5] 这样一来，容易造成一种观念上的误区：似乎只有技巧性的翻译研究才对翻译实践有实际的用途，而从哲学的角度对翻译本质的探讨，从符号学角度对翻译过程中"意义传达"的多层面研究等，则被一些翻译学者认为在制造"空洞的理论"。

---

1 引自《走出死胡同 建立翻译学》，张南峰，《中国翻译》，1995年第4期，第15页。
2 引自《丢掉幻想联系实际——揭破"翻译（科）学"的迷梦》，劳陇，《中国翻译》，1996年第2期，第38页。
3 引自《走出死胡同 建立翻译学》，张南峰，《中国翻译》，1995年第4期，第15页。
4 参见《中国翻译教学研究》，穆雷著，上海外语教育出版社，1999年，第193–225页。
5 引自《国内翻译界在翻译研究和翻译理论认识上的误区》，谢天振著，《中国翻译》，2001年第3期，第3页。

10.3.1.2 重语言轻文化

在我国新时期的翻译研究中，重语言轻文化的倾向特别表现在20世纪的70年代后期和80年代，其原因是多方面的。首先，就翻译的具体操作层面上，语言转换是翻译活动最直接的一种行为。而长期以来把翻译活动当作纯粹的语言转换活动的简单主义翻译观，自然对人们的翻译研究有着观念上的影响，在研究中重视语言层面的转换便成了一种必然。其次，这一倾向的产生还与我们在借鉴西方翻译理论过程中所受的影响直接相关。我们知道，苏联的费道罗夫的《翻译理论概要》（1953）、英国的卡特福德的《翻译的语言学理论》（1965）、法国的乔治·穆南的《翻译的理论问题》（1963）等翻译论著对中国翻译研究界的影响是巨大的，而这三部著作，特别是费道罗夫和卡特福德的两部著作都是从语言学的角度对翻译理论进行系统论述的经典论著。费道罗夫"提出了翻译理论是语言学的一个分支，翻译问题只能在语言学的领域内求得解决，因为任何体裁的翻译都要借助于两种语言的对比。"[1] 卡特福德更是明确宣称："翻译是一项对语言进行操作的工作：即用一种语言的文本来替代另一种语言的文本的过程。显然，任何翻译理论都必须采用某种关于语言的理论，即普通语言学的理论。"[2] 在他的著作中，讨论的完全是翻译的语言问题，全书共十四章，分别为"普通语言学理论"、"翻译的定义及基本类型"、"翻译等值关系"、"形式对应"、"意义和完全翻译"、"转移"、"翻译等值关系的条件"、"音位翻译"、"字形翻译"、"音译"、"语法翻译和词汇翻译"、"翻译转换"、"翻译中的语言变体"和"可译性限度"，强调的是翻译语言层面的等值与精确，忽视了的是语言的文化内涵及其转达问题。继后，苏联的巴尔胡达罗夫的《语言与翻译》（1975）也对中国翻译界产生了不小的影响。到了20世纪80年代，尤金·奈达的翻译思想及其重要著作被介绍到了中国，"为我们翻译界带来了在系统语言学理论指导下的翻译研究，与此同时其它语言学的知识也不断被吸收到翻译中来，形成了80年代中期至90年代中期的一段以语言学研究为中心的翻译研究热潮。"吕俊认为，"奈达的结构主义语言学翻译观，通过对语言结构的分析帮我们破除了长期以来语文学模式留给我们的神秘感，带来了科学的和分析的思想，克服了主观主义，以语言分析代替了直觉感受"。但这一翻译观也存在着明显的不足，其中之一便是"把翻译活动变成一种纯语言的操作，忽视了其人文性和社会性的一面。"[3] 吕俊的结论是否完全准确，我们在这里不拟深入讨论。但奈达的翻译思想对中国翻译界一度重翻译的语言层次的研究倾向是有直

1　引自《苏联翻译理论》，蔡毅、段京华著，湖北教育出版社，2001年，第5-6页。
2　《翻译的语言学理论》，卡特福德著，穆雷译，旅游教育出版社，1991年，第1页。
3　《结构、解构、建构——我国翻译研究的回顾与展望》，吕俊，《中国翻译》，2001第6期，第8页。

接影响的，其直接后果，便是张南峰所说的，许多翻译研究者在研究中"回避了文化差异、翻译动机、译文用途等重要问题"[1]。而对这些重要问题的探讨，是不能不从文化的层面上去进行的。

10.3.1.3 重微观轻宏观

重微观轻宏观的倾向突出地表现在两个研究领域：一是翻译史研究领域，二是翻译批评领域。在翻译史研究领域，我们特别注意到在最近几年里，对某一历史时期的翻译事件的梳理和对翻译家的研究逐渐增多，在具体的史实的考证上下的功夫也越来越深，但对这些翻译事件在历史上所起的作用与影响，却缺乏宏观的把握。特别是对近一个世纪来西方主要国家的文学在中国的译介与接受历史的研究，往往重翻译事件的罗列，重具体作品的复译历史的梳理，而缺乏一种宏大的文化视野，从文化交流的高度去研究文学翻译与接受史中所涉及的基本问题，如翻译选择、文化立场、价值重构等问题。"见树不见林"的研究方法，遮蔽了人们对翻译的文化特质的认识。在翻译批评领域，重微观轻宏观的倾向更为严重，突出的表现有如下几个方面：1.在对译本的研究中，关注的只是文本意义的传达，采用的是具体而微的文字比照方法。2.在对翻译方法的评价中，关注的只是翻译家在文字转换过程中采取的具体方法的分析而忽视对翻译家采取这些翻译方法的动机及文化语境的考察。3.在对翻译质量的总体评价中，语言层面的正误性评判几乎成了唯一的尺度，缺乏对产生误译与误读的原因的深层分析与总体思考。

10.3.2 翻译文化观的确立与翻译研究的文化转向

在上文中，我们对近年来翻译研究中出现的三个倾向作了简要的介绍和粗略的分析。应该看到，翻译研究不能排斥技巧研究、语言研究和微观研究，但对这三个方面研究的过分关注，则在客观上导致了忽视对翻译的其他层面的研究。而在我们简要的论述中，我们可以看到，重技巧、重语言、重微观研究的突出问题之一，便是对翻译活动的文化本质缺乏认识。从我们所了解的国外翻译研究情况看，这一问题在国外也同样存在过，且情况比较普遍，由此而引起了一些翻译研究者的重视。特别是翻译研究中越来越普遍的纯语言学倾向，随着人们对翻译活动的不断认识和探索，也日益显示出其明显的不足与局限。

1　引自《走出死胡同 建立翻译学》，张南峰，《中国翻译》，1995年第4期，第15页。

应该承认，以语言学为指导进行翻译研究，其贡献是很大的。首先，翻译的语言学研究途径将翻译研究从经验主义、印象主义之中解救了出来，赋予了翻译研究译理论性和系统性，为翻译研究打开了科学的大门，将在过去千余年来一直在经验层面讨论或争论不休的问题置在科学的层面进行探讨。其次，它拓展了翻译研究的领域，特别是布隆菲尔德、沃尔夫、哈里斯（E. E. Harris）、叶姆斯列夫等语言学家的"意义"的理论，深化了人们对翻译限度的认识，对翻译障碍有了科学的了解，继而为人们在翻译活动寻找克服翻译障碍的途径提供了理论的指导。再次，翻译的语言学理论对在具体翻译活动中的一些转换过程提供了理论的支撑，特别是语义理论、语境理论以及语言结构的研究成果，对翻译的进行具有不可否认的指导作用。另外，翻译的语言学理论对机器翻译研究也起到了理论的支持作用。但是，由于翻译活动的复杂性，涉及因素多，范围广，翻译所涉及的许多问题在语言学层面无法进行深入的分析，翻译的众多现象也无法得到辩证的解释。在法国，著名文论家、翻译学者亨利·梅肖尼克首先对翻译的语言学理论提出了质疑，他认为"奈达运用语言学的生成转换理论及结构主义语义学所构建的'翻译科学'，实际上并非建立在真正的科学的意义上，因为它在实质上排除了一切文学翻译，将形式与内涵对立起来，将科学与艺术对立起来。"梅肖尼克试图建立一种"实验性的翻译诗学"，要使原语与译语之间、不同时代之间、不同文化之间的种种矛盾得到历史的客观解释。在他所写的《诗学——创作认识论与翻译诗学》一书中，在讨论翻译历史性问题时，他明确地提出了翻译的文化意识。基于语言与文化的紧密关系，他将语言与文化置于同一的"历史性"中加以考察，进而在讨论"可译性"时，认为所谓的可译性是由"文化–语言–时间"三维决定的，而翻译，特别是文学翻译的功能在于"诗学和文化的生成转换"[1]。

如果说梅肖尼克是从翻译的历史性的角度揭示了在翻译活动中文化所占据的重要地位的话，那么安德烈·勒菲弗尔则是明确地提出了翻译研究的文化观。在他主编的翻译论集《翻译、历史与文化论集》的导论中，他明确地从文化的角度出发，提出了一系列问题，诸如一种文化为什么要通过翻译引进外国的文本？这样做是否意味着自身文化的不足？是谁为自己的文化引进了外国文化的文本？换句话说，是谁在翻译？为什么要翻译？翻译的目的是什么？谁选择需要翻译的文本？有什么因素影响这种选择？[2] 这些问题的提出，在翻译研究中引起了强烈反响，促使了翻译研究中文化意识的普遍觉醒，也大大开阔了翻译研究者的视野，拓展了翻译研究的范围，赋予了翻译研究新的维度，那就

1　参见《当代法国翻译理论》，许钧、袁筱一等著，湖北教育出版社，2001年，第122–149页。
2　参见《当代美国翻译理论》，郭建中编著，湖北教育出版社，2000年，第161页。

是除语言之外的历史与文化维度。在明确提出这些问题之前，勒菲弗尔已经经历了一个艰苦的思考与探索过程。实际上，在他之前，德国、法国、奥地利、以色列等国家的一批翻译理论研究者都充分意识到了在翻译研究中确立文化地位的重要性，特别是对翻译的性质有了更进一步的认识，如德国的弗美尔在对翻译活动的历史及内涵进行了认真的分析之后指出："总之，翻译是一种跨文化的转换。译者应精通两种或多种文化，由于语言是文化内部不可分割的部分，译者也就相应地精通两种或多种语言。其次，翻译从本质上说是一种行为。换句话说，它是一种'跨文化的行为'。"[1] 法国的安托瓦纳·贝尔曼更是在明确的翻译文化观的指导下，撰写了《异的考验——德国浪漫主义时代文化与翻译》，把翻译与文化传播结合起来对翻译进行考察，从"普通性"的角度探讨了翻译介乎于两种或多种文化之间所起的作用，并以德意志民族文化的发展为主线，对从路德到荷尔德林（Friedrich Hölderlin）这一历史阶段的译事、译论的发展与变化作了全面思考，开辟了翻译文化史的研究途径。他在题为"翻译宣言"的序中指出，撰写翻译史不能与"语言史、文化史和文学史隔裂开来"，要明确翻译"在文化视界中的意义"，进而就翻译理论研究的发展方向问题提出了自己的观点："翻译研究的领域是宽广的，只要它能冲破文本转换过于狭窄的框子，并且能在总体上将语言和文化结合起来。"[2] 奥地利的玛丽·斯内尔-霍恩比和以色列的吉迪恩·图里也为翻译研究文化观的确立做出了贡献。

翻译文化意识的日益觉醒与翻译文化观的逐步建立，将翻译理论研究推向了新的高度和深度，出现了一批重要的成果，形成了翻译理论研究的发展过程中具有深远意义的"文化转向"。根茨勒指出："研究表明，翻译在全世界文化的发展中扮演了重要角色，翻译研究作为一门学科已经形成了自己的研究方法，它表明了文化演变与其他文化体系之间的关系。"[3] 在国内，一批翻译学者在翻译研究"文化转向"中，也以清醒的文化意识，在翻译史、翻译基本理论等研究领域进行了卓有成效的探索。王克非的《翻译文化史论》是一部比较有代表性的研究著作。他认为："文化既是人类创造的价值，又具有民族、地域、时代的特征，因此不同文化需要沟通。这种沟通离不开翻译，因为语言文字是文化的最重要的载体。可见，文化及其交流是翻译发生的本源，翻译是文化交流的产物，翻译活动离不开文化。"[4] 自觉的文化意识和明确的翻译文化观

1　引自《当代英国翻译理论》，廖七一等编著，湖北教育出版社，2001年，第364页。
2　Antoine Berman: *L'épreuve de l'étranger, culture et traduction dans l'Allemagne romantique*, Paris, Gallimard, 1984, p.24.
3　Edwin Gentzler: *Contemporary Translation Theories*, London, Routledge, 1993, p.196.
4　引自《翻译文化史论》，王克非编著，上海外语教育出版社，1997年，第2页。

使王克非的研究以一种新角度对中国的翻译史进行了有相当深度的考察与研究。刘宓庆的《文化翻译论纲》则从翻译学视角中的文化、语言中的文化信息、文化翻译新观念、文化与意义、语义的文化诠释、文本的文化解读、翻译与文化心理、文化翻译的表现原则与手段等各个方面对文化翻译的理论构架及基本范畴、基本问题进行了系统的探索[1]，从某种意义上表明了文化视界中的翻译研究正逐步走向成熟。

10.3.3 多元文化语境下翻译研究发展的原则

在目前的研究阶段，根据我们所掌握的国内外最有代表性的一些研究成果，我们可以看到这样一个事实：当翻译被置于文化的视野之下进行重新审视时，有关翻译本质、翻译目的与任务、翻译标准与策略、影响翻译的因素、翻译的历史地位与作用等许多长期以来争论不休的问题得以在新的认识层面展开，可望有所突破，翻译历史上一些重要的历史现象也有望得到科学的解释。

当我们将目光投向我们所处的这个时代，我们看到在全球化和经济一体化日益加快的进程中，文化多样性的维护问题被更加严峻地提了出来，而在多元文化语境下如何深化翻译研究也随之成为一个迫切需要思考的问题。在多元文化的语境下，我们必须坚持正确的翻译文化观，进而在翻译文化观的指导下，进一步深化我们的翻译研究。如何深化我国的翻译理论研究，直接关系到翻译学科的建设大事。近几年来，国内翻译理论界就此问题发起了一场广泛而深入的大讨论，《中国翻译》、《外语与外语教学》等刊物发表了一系列文章，许多学者就如何深化翻译研究与加强翻译学科建设提出了许多重要的观点。针对国内近三十年来翻译研究中某些值得注意的倾向与存在的问题，在集中国内外翻译研究界一些有识之士的思想和观点的基础上，我们就如何改变翻译研究现状，在多元语境之下推进翻译理论研究向系统化和深度发展，扩大翻译研究的视野提出如下原则。

10.3.3.1 坚持翻译研究的历史发展观

翻译是一项不断发展的实践活动，其范围、形式和内容在不断扩展，自20世纪以来，翻译现象比以往任何一个时期都更复杂、多样化了，在这个意义上说，翻译的内涵在不断扩大，因此，我们对翻译的认识和科学定义也要坚持发展观。同时，翻译也是历史的活动。我们在分析阐释活动的特征时曾经指出，

---

1 参见《文化翻译论纲》，刘宓庆著，湖北教育出版社，1999年。

翻译活动的历史性表现在多个方面：翻译总是在一定的历史条件下进行的，因此，影响和制约它的因素，评价它的标准都相应地会带上时代的烙印。翻译的能力是发展着的，过去无法翻译的东西到了新的时代可能就变得可译了；随着社会的发展，不同时代会对翻译提出新的要求，翻译的目的和功能会有所变化，这就会影响到译者的翻译方法，因为任何方法都是视目的与功能而定的。因为翻译活动的历史性，我们在研究翻译时，更应该坚持发展的观点，认识到翻译是一个发展的过程，从而不仅仅将目光囿于在某种翻译概念、翻译方法或者翻译标准上。

10.3.3.2 坚持翻译研究的文化观

翻译作为人类跨文化交流活动，是一项有多种因素参与的复杂的活动，在我们的研究中，应该克服就翻译论翻译的狭隘的、技术性的倾向，而把翻译置放在一个文化交流的大背景中去考察与研究，以把握翻译的内涵与本质，并从"翻译的跨文化交流"这一本质出发去讨论翻译的标准、原则，去制定翻译的策略、方法与手段。由于翻译是复杂的文化交流活动，承担着精神交流的中介作用，译者在其中的作用不可忽视，作为桥梁，翻译的首要职能是沟通。因此，面对作者和读者，面对出发语文化和目的语文化，译者应采取怎样的态度，应采取怎样的沟通方式，是翻译研究不可忽视的一个方面。

翻译的文化观的确立，使得我们能够认识翻译的文化本质，以广阔的跨文化视界，从文化交流与发展这个高度来理解翻译活动，阐释翻译活动的本质，界定翻译的作用。我们看到，翻译不是一个从文本到文本的封闭过程，因此，我们的研究也要跳出以往较为狭隘的文本对比的视野，从历史、社会、文化等各个方面去认识翻译活动，解释翻译现象，不仅研究"怎么译"，更要注意探讨"译什么"和"为什么这么译"。译者无论选择什么文本去翻译，还是采取何种策略去翻译，都不是孤立的行动。而具体的翻译过程也不是一个封闭的过程，从一个原文本的选择到它在目的语中的接受与传播，或多或少要受到诸如社会环境、文化价值取向和读者审美期待等因素的影响，且这些因素不是一成不变的，它们随着历史的发展而处在不断变化的开放态势之中。在影响翻译诸要素的研究中，既要对翻译的全过程有宏观的把握，又要对具体的影响翻译策略与方法的因素进行微观的分析。同时，我们要从外部和内部两个方面对影响翻译的因素加以区分，以确定翻译活动的内因与外因，对翻译因素加以客观和正确的定位。

从翻译史研究的角度来看，我们也应在翻译文化观的指导下，将翻译研究的思路从文本到文本的封闭空间中解放出来，对翻译活动作出正确的历史定位，对我国的翻译史进行全面的梳理与深刻的思考，对翻译史上所出现的一些重要现象作出新的分析。在这一方面，我们与巴黎第八大学的施哈德教授有过讨论，试图作这方面的尝试，将翻译研究与文化研究紧密结合起来，以翻译为主线，对中西文化交流史与思想影响史进行新的考察。

10.3.3.3 坚持翻译研究的多元视角

翻译是多层次的活动，要认识翻译活动的本质，应该具有系统和层次的观点。对于翻译，特别是文学翻译的本质的认识，应克服片面性。20世纪50年代西方曾出现"艺术派"和"语言学派"之争；在我国，也曾出现翻译文艺学派对语言学派的绝对排斥倾向。在20世纪90年代初一些翻译研究和外语教学的刊物所刊载的探讨翻译的文章中，不少译论研究者明确地阐明自己的译论主张，将自己的观点鲜明地标为文艺学派。在译论研究中，不少学者有自己的明确的理论追求和主张，并以此为基础渐渐形成自己的理论体系，建立起自成一体的学派，应该是值得鼓励的事。然而问题是，翻译是一项复杂的活动，涉及多方面的问题，在对翻译的探索中，我们往往处在种种矛盾之中，如艺术与科学的矛盾，形式与内容的矛盾，创作和摹仿的矛盾，原作者与译者的矛盾等等，这诸多的矛盾使我们的研究也形成了一种二元对立、非此即彼的习惯，翻译的文艺学派和语言学派相互排斥，水火不相融。这些历史经验，我们应该记取，我们应该看到翻译活动的跨学科和综合的性质，应鼓励从不同途径对翻译进行探索。

10.3.3.4 坚持翻译研究的动态观

翻译具有两重意义，一是静态的意义，指翻译的结果，二是动态的意义，指翻译的过程。翻译活动是翻译主体在一定的历史条件下和文化背景中通过具体的语言转换而进行的一种目的十分明确的实践活动，它涉及众多的内部和外部因素。笔者曾在本书第一章提到的《论翻译活动的三个层面》一文中，从"要怎么译"、"能怎么译"和"该怎么译"这三个翻译活动中所必然面临的问题入手，对翻译活动的动态过程进行了宏观的考察，从翻译的意愿、现实和道德三个层面，分析了制约、影响翻译活动的多种因素。"要怎么译"反映的是译者或委托者的意愿、动机和要求。考察中西翻译史，我们可以看到，翻译往往是为一定的目的服务的，与某种政治的、宗教的、经济的或社会的需要紧密相联。而翻译的目的对翻译作品的选择、译者翻译立场的确立及翻译方法的采用无疑有着不可忽视的影响。"能怎么译" 是指在某一特定的历史阶段，在不同的文化背景下，两种不同的语言符号系统的相互转换所提供的客观的 "可能性"。鉴于人类思维的共同性和各民族语言和文化之间普遍存在的差异，翻译理论界慢慢达成了较为一致的看法：翻译不是万能的，也不是绝对不能的；它是可行的，但有着限度。作为一个译者，一旦接受或从事某一项翻译活动，就开始承担某种责任和义务。面对服务对象，译者作为一个社会的人，必然要受到某种道德上的约束，译者的 "从心所欲"，必然是在一个 "矩" 的范围内，而这个 "矩"，包含翻译活动内部规律所规定的范围，也包含着我们道德上的界限，这就是翻译中的 "该" 的问题。由于人们对翻译活动本质的认识还有差异，对翻译应该采取何种方法也必然产生不同的看法，对于 "该怎么译" 的标准不是永恒不变的。

我们认为 "要怎么译"、"能怎么译" 和 "该怎么译" 分属三个不同层面，但相互关联、相互制约、相互影响，它们是一个整体的几个方面，我们在进行翻译研究时，要避免顾此失彼，而应该加以全面的关照与审视。通过对翻译三个层面的研究，无论是对翻译本质的认识，还是对影响翻译的各种因素的了解，都有了进一步的深入。应该说，这些认识与看法得益于近年来国内外翻译研究界不断拓展的研究视野、不断完善的研究方法和不断丰富的研究成果。但这一讨论也仅仅是一个抛砖引玉的尝试，对于翻译的动态过程的研究还有着广阔的空间，需要引向一个新的深度。

10.3.3.5 坚持翻译研究的系统性和科学性

翻译研究的科学性首先要求研究方法的科学性。翻译研究涉及面很广，涉及的问题很多，在研究中，往往会出现着眼于某些具体的翻译现象的片面性倾向。应该说对一些具体问题的专门研究不仅是应该的，而且是必然的。但翻译学科的建设并不是一些具体问题的专门研究的简单相加，需要有一种整体的意识、宏观的把握和理论的系统化，不然翻译研究就有可能因支离破碎、缺乏系统化而丧失其科学性。另一方面，我们在研究中，也应该力戒面面俱到，而应该紧密结合翻译实践活动，从翻译活动所涉及的一些基本问题、基本概念入手，以更为全面、深刻和系统地了解与把握翻译的一些基本理论问题，特别是在系统性上下功夫，把翻译理论研究推向系统化，以促进译学的建设。

要促进翻译研究的科学性，我们还应该重视翻译研究方法的研究。根据目前研究的成果，方法上似应重综合，重对比，重描述。但也鼓励大胆的假设，如翻译机制问题，不过，论证要谨慎，要以其他学科的科学为依托。

10.3.3.6 探索并构建中国学派的译学理论

在译论研究中，我国译界走过一些弯路，如有的研究者一味推崇西方译论而否定我国传统译论的价值，认为我国的传统译论没有科学的定义和统一的术语，更没有系统性，总之，是不科学的；而另有一些研究者则排斥西方译论，认为西方译论只能指导西方的翻译实践，对我国的翻译实践没有指导价值。目前，这种中西方译论相互排斥的倾向仍然存在，甚至有越来越明显的趋势。我们认为，翻译研究应该与翻译实践相结合，诚如罗新璋先生所说，"任何一种翻译主张，如果同本国的翻译实践脱节，便成无本之木，无源之水，没有渊源的崭新译论，可以时髦一时，终难遍播久传。"[1] 但是，翻译作为人类的一项普遍性的文化交流活动，自然会遇到许多带有共性的问题，也会在几千年的翻译实践中积累一些可以相互启发、相互借鉴的经验。在这个意义上说，翻译理论研究不能与本国翻译实践相脱节，并不意味着对别国、别的民族的翻译经验或理论研究成果的排斥。

如果要为我们的翻译理论研究的发展方向作一正确的定位，我们则应从翻译建设的高度来考虑这一问题。关于这一点，笔者赞同张柏然教授的观点。他在《翻译学的建设：传统的定位与选择》一文中，明确指出中国现代译学赖以构筑的核心理论应以民族语言文化为立足点，挖掘、发扬中国传统译论的长处，同时运用西方科学、系统的研究方法对传统译论进行改造和升华，从而生成既蕴含了中国丰厚文化内涵，又融合了西方研究方法优点而且体现了时代精神和风貌的新型译论。[2] 张柏然提出的这一重要思想具有两个方面的意义：首先是明确了译学研究的立足点与方法，其次是对新型译论的内涵作了精辟的概括。在全球化进程加快、经济一体化之大潮无法阻挡的这个时代，在继承传统、坚持自我的原则下，加强对话，借鉴外国译论研究的优秀成果，既能保证中国译学研究不丧失自己的立足之本，又能促进中国译学研究在借鉴与对话中不断激活思想、开拓视野，达到丰富自己、有所创新的目的。

在翻译研究中，我们要注意处理好传统与创新、继承与发展的关系，实现中国传统译论的现代化和西方译论的"本土化"，并在此基础上探索并建构中国学派的译学理论。那么，如何实现这两个"化"？张柏然教授在这方面的深刻思考可以为我们提供借鉴。对于传统译论的现代化，张柏然指出："对传统译论的理性继承并不意味着把古代和近代的译论生迁硬徙到当代译论之中甚至

---

1 引自《钱钟书的译艺谈》，罗新璋，《中国翻译》，1990年第6期，第10页。
2 参见《翻译学的建设：传统的定位与选择》，张柏然、张思洁，《南京大学学报》(哲学·人文科学·社会科学版)，2001年第4期，第87页。

凌驾于当今翻译理论建设之上"，而是要顺应"当今社会的时代特征和现代性的要求"，"将古代译论作为资源，把其中那些具有普遍意义的与当代译学理论在内涵方面有着共通之处的概念及有着普遍规律性的成分清理出来，赋予其新的思想、意义，是其与当代译学理论融合，成为具有当代意义的译学理论的血肉。换言之，现代转换就是一种理性的理论性的分析，目的在于激活那些具有生命力的古代译论部分，获得现代的阐述，成为当代译学理论的组成部分。"[1] 对于西方译论的"本土化"，张柏然指出，我们一方面应结合中国的实际情况，"以创造性思维对西方的译论流派进行变异"，使其适应中国翻译实践的现状；另一方面，应"以中国的整体性，去整合西方片面精确的译论，使之在更高的文化层次上得以综合"。[2] 总而言之，在研究中，我们既要注意吸取传统译论的精髓，又要体现自20世纪50年代以来译论的最新研究成果。翻译理论体系的构建与翻译学科的建设是一项长期的任务，应进一步加强国内同行之间的联系，对这些重要的课题进行联合攻关，并加强国际同行之间的交流合作，互相借鉴，使译论研究向科学、系统的方向健康发展。但同时，要有翻译学科意识，维护翻译学科的独立性。

10.3.3.7 翻译研究要走出象牙塔

随着中国加入世界贸易组织，中国与世界的交往将越来越多，接触将越来越频繁，关系将越来越紧密，而克服语言的障碍、促进中外文明的全面对话，就越显得重要。翻译研究应该积极参与这些现实问题的讨论，发挥自己的理论指导作用。2005年，《光明日报》从构建中西方文明通道的高度对翻译问题发起了讨论，在理论层面与实践层面提出了许多重要问题，值得我们认真思考。如何对待外国文化，如何吸收与借鉴外国文化的先进成分，应该成为目前翻译研究界关注的重点。翻译研究者应该对选择怎样的文本进行翻译、在翻译过程中应采取怎样的文化立场等重要问题进行探索，对目前中国翻译界出现的"盲目引进文本"、"误译错译严重"等问题出现的深层原因进行探究、分析，为翻译事业的健康发展指出正确的方向。与此同时，翻译研究也应该走出封闭的学术研究圈子，关注文化、社会现象，争取让更多的人关心翻译事业，思考翻译问题。例如，随着中国当代文学走出国门，越来越多的中国当代作家开始关注自己作品的翻译问题，认识到翻译在文学、文化交流中的重要性，对翻译问题发表自己的见解。这为翻译事业社会文化地位的提高带来了积极的影响。最

---

1 参见《翻译学的建设：传统的定位与选择》，张柏然、张思洁，《南京大学学报》（哲学·人文科学·社会科学版），2001年第4期，第92—93页。
2 引自《中国需要创建自己的翻译学派》，张柏然、辛红娟，《中国外语》，2005年第5期，第73页。

后，我们更要注意搜集读者的意见，对读者的审美期待、文化价值取向等进行研究，使翻译实践更紧密地同社会文化发展的需求结合起来。

翻译研究的价值应该是多方面的，它不仅仅表现在对具体翻译活动的转换方法的探讨上，还应有助于人们从哲学高度去把握翻译实质，更有意义地发挥翻译在人类交流和物质与精神建设中的作用。从文化角度出发，对翻译进行的宏观的、外部的研究，虽然没有提出具体的翻译操作方法，不能直接促进文本翻译质量的改善，但诚如勒菲弗尔所言："翻译教会我们理解文化融合的问题，理解不同文化之间的关系，而这一点对我们今天这个世界的生存是越来越重要了。翻译也教会我们在文化融合的大背景下理解文学，理解文学的演进。翻译理论家不能告诉未来的译者如何翻译，但可以使他们了解翻译中的问题，并必须设法解决这些问题。"[1]

思考题

❶ 何为文化多样性？

❷ 语言多元与文化多样性有着怎样的关系？如何理解维护语言多元对于维护文化多样性的重要意义？

❸ 谈谈多元文化语境下翻译所承担的历史使命。

❹ 何为翻译的"文化转向"？翻译研究的"文化转向"对于翻译研究的发展有何意义？

❺ 谈谈你对我国翻译研究现状及我国翻译研究发展前景的看法。

❻ 试分析实现西方译论的"本土化"和中国传统译论的现代化在中国现代翻译理论的构建中所具有的重要意义。

1　引自《当代美国翻译理论》，郭建中编著，湖北教育出版社，2000年，第167页。

第十一章

新技术如何助推翻译与翻译研究？[1]

本章要义：

- 新技术是指21世纪兴起的高新技术领域，包括信息技术、生物技术、新材料技术、新能源技术、空间技术和海洋技术等。新技术在翻译和翻译研究中的应用主要指信息技术、计算机辅助技术、语料库技术、文本数据挖掘技术、键盘记录技术和眼动追踪技术等信息技术在翻译和翻译研究中的应用。

- 语料库技术的应用不但使翻译研究的方法发生重大变化，而且丰富了翻译研究的内涵，拓展了翻译研究的外延。

- 语料库技术在传统译学研究领域中的应用主要表现为基于语料库的译者风格、翻译史、翻译教学、翻译实践和机器翻译等领域的研究。

- 语料库技术在描写性译学研究领域中的具体应用涵盖基于语料库的翻译语言特征研究、翻译规范、批评译学和翻译认知等领域的研究。

- 利用键盘记录技术，可以分析译者翻译过程的总体趋势、具体特征以及翻译单位。

- 采用眼动追踪技术，可以在考察眼球运动和眼动指标的基础之上，揭示翻译过程中译者的认知活动，分析翻译过程中译者的认知负荷和阅读模式。

1　本章由胡开宝教授撰写。

21世纪以来，科学技术发展日新月异，一大批新技术如雨后春笋般相继问世，发展势头迅猛，如信息技术、生物技术、新材料技术、新能源技术、空间技术和海洋技术等。这些新技术先后应用于人类生产实践和日常生活之中，对人类社会产生了深远的影响，产业结构、劳动方式和劳动内容、生产布局和生活方式，以及知识生产的方式和内容均发生了深刻的变化。在这一历史语境下，以信息技术为代表的新技术也应用于翻译这一人类社会古老的实践活动之中，翻译的方式和方法甚至翻译的主体发生了重大变化，翻译效率大幅提升。与此同时，学界开始利用包括语料库技术、键盘技术和眼动追踪技术在内的新技术，研究翻译现象、翻译过程和翻译本质，导致翻译研究的方法发生变革，翻译研究的外延持续拓展，内涵不断丰富。

11.1 新技术的界定与种类

新技术是指21世纪兴起的高新技术领域，包括信息技术、生物技术、新材料技术、新能源技术、空间技术和海洋技术等。

信息技术主要指信息的获取、传递、处理技术，包括微电子技术、计算机技术、通信技术和网络技术。信息技术在当代新技术体系中处于核心和先导地位。根据阿里研究院潘永花的观点，"信息技术可以用'四个新'来概括：以量子计算、5G和AI芯片为代表的新基础，以在线计算、大数据处理和大规模机器学习为代表的新智能，以机器智能、人机自然交互、无人驾驶和VR/AR为示例的新体验，以及以智联网、区块链、安全、新零售、城市大脑、工业大脑为代表的新应用。"[1]

生物技术是依据现代生物科学及某些工程原理，将生物本身的某些功能应用于其他技术领域，研制出供人类利用的产品的技术体系。现代生物技术主要包括基因工程、细胞工程、酶工程、发酵工程和蛋白质工程。生物技术具有重大意义，被认为是一项有可能改变人类未来的新技术。

新材料技术是指合成新型材料的技术。新材料技术在新技术体系之中居于关键地位，因为新技术的发展直接取决于新材料的发展。

新能源技术侧重于新能源的研究和开发。目前正在研究开发的新能源主要有核能（原子能）、太阳能、地热能、风能、海洋能、生物能、氢能。

空间技术又称航天技术，通常指研究进入外层空间、开发和利用空间资源

1　引自潘永花在2017年10月11日于杭州召开的云栖大会上所作的题为《新技术定义商业未来式》的演讲。

的一项综合性工程技术，主要包括人造卫星、宇宙飞船、空间站、航天飞机、载人航天等内容。空间技术是现代科学技术和基础工业的高度集成，体现了一个国家的综合实力。

海洋技术包括进行海洋调查和科学研究、海洋资源开发和海洋空间利用，涉及许多学科和技术领域，主要包括海底石油和天然气开发技术、海洋生物资源的开发和利用、海水淡化技术、海洋能发电技术等方面。

11.2 新技术与翻译

21世纪以来，随着信息技术、语料库技术、计算机辅助翻译技术等新兴技术的快速发展，翻译行业发生了天翻地覆的变化，体现出一系列全新特征：全球化、信息化、技术化、本地化、职业化、项目化[1]。这些新技术的应用改变了几千年来以手工作坊为主体的翻译模式，翻译对象、翻译模式、翻译流程、翻译教育等均发生了重要变化。

11.2.1 信息技术与翻译

信息技术的发展催生出了大数据、云计算、人工智能等新概念。当它们与翻译行业相遇的时候，便带来了无限的机遇和挑战。信息技术与翻译行业之间产生了一种互惠共生关系，技术与译员的合作已经成为现代翻译行业的发展态势。

11.2.1.1 大数据与翻译

随着互联网技术的迅速发展和广泛运用，人类社会开始进入大数据时代，而大数据自身体量大、类型多、速度快和价值高的特征也正在渗透到翻译行业的方方面面[2]。

首先，大数据时代的翻译形态发生了变化。海量数据中包含着无限信息，范围涉及经济、科技、政治、贸易等诸多领域，由此产生了大量的待译数据。与此同时，翻译对象不断增多，数量不断扩大，文本形态日益丰富多样。除了传统的文字文本，翻译对象还表现为如软件、网站、音频、视频、

---

1 《翻译技术的发展与翻译教学》，傅敬民，《外语电化教学》，2015年第6期，第37页。
2 《大数据背景下的互联网翻译：开源理念与模式创新》，王家义、李德凤、李丽青，《中国翻译》，2018年第2期，第78页。

游戏、电子邮件、网络社交工具等，其内容已经超越了"文本"的概念，以电子化、多媒体、多模态方式存在。同时翻译的业务形态也发生了多元化拓展，表现为数字化、海量化、碎片化、多模态特征。要想完成这些形态与传统文本存在巨大差异的翻译任务，大数据时代的译员所依靠的不再只是传统的纸笔和纸质词典，电脑、互联网、电子邮件、电子词典、语料库和计算机辅助翻译软件成了必不可少的工具。

其次，大数据时代的翻译流程发生了变化。由于信息技术的介入，翻译流程中出现了传统翻译流程不曾出现的角色。现代翻译中的大型项目是客户公司与语言服务提供商之间的深入分工和合作，而语言服务提供商又可以将翻译项目进行外包，因此翻译团队的角色分为商务角色、管理角色、技术角色及生产角色。大数据时代下，翻译流程涵盖译前、译中、译后等各项步骤，以接受客户订单为流程开始，以产生符合客户预期或要求的结果，包括产品和服务等，并实现客户预期的价值为流程结束。定制化和现代化的流程管理成为当今翻译项目的主要运作方式。在源文档创作过程中，涉及技术协作、术语管理、文档管理、源文质量控制等专业工具；在译前准备过程中，涉及文件格式转换工具、批量查找和替换工具、项目文件分析工具、字数统计和计时工具、报价工具等；在整个翻译过程中，涉及项目管理工具、辅助翻译和机器翻译工具、术语提取和识别工具、多种电子词典工具、平行语料库、搜索引擎等；在项目后处理过程中，涉及质量检查、编译、排版、测试、发布等多种复杂的内容。

第三，大数据时代的翻译模式发生了变化。随着大数据时代的到来以及相伴而生的云计算、物联网、移动互联网、人工智能等新技术的推广，海量数据已渗透进每一个行业和领域，迫使企业改变语言服务模式[1]。传统的翻译工作方式仅能处理小规模的线性文本，难以应对快速增长的翻译需求量和多元化的翻译业务形态。众包翻译、云翻译与网络机器翻译成为最重要的创新翻译模式。以Facebook的众包翻译为例，它为了解决网站本地化问题，推出了由双语用户自愿为网站进行翻译的众包模式：把翻译任务碎片化，英文网站内容被拆分成多个文本片段，翻译志愿者发挥其双语能力，花费少量的时间进行翻译就能使广大不懂英语的用户浏览该网站内容。翻译志愿者可以在平台的"翻译反馈"和"翻译社区"论坛上进行互动交流，获得翻译反馈和评价。无需协议，没有报酬，只是出于对 Facebook 的喜爱和对创造语言的热情，这些分散的个

---

1 《大数据背景下译者技术能力体系建构——〈翻译技术教程〉评析》，王少爽、覃江华，《外语电化教学》，2018年第1期，第91—92页。

体就能协作完成海量翻译任务。[1]

第四,大数据时代的翻译能力得到了提升。技术的本质在于对人类能力的延伸和扩展,大数据时代出现了各种各样的翻译技术工具,能够帮助译员解决翻译活动中遇到的问题。从最早的机器翻译技术,到稍后的计算机辅助翻译技术,再到今天的神经网络及其翻译技术,翻译技术的概念内涵逐渐丰富,极大地推动了翻译行业的发展。根据王华树的研究[2],近年来,云计算的快速发展催生了"云翻译"技术。该技术通过互联网技术将翻译业务、翻译知识库、分散的译员和供应商等资源整合起来,融合全球化的语言信息资源,提供语言服务一体化解决方案。

11.2.1.2 云计算与翻译

云计算是一种新型的网络服务计算模型,可以将存储在任何联网设备上的海量信息和处理器资源集中在一起迁移到"云"上,用户借助任何终端设备通过网络就可以在任何时间、任何地点最大限度地使用这些资源,轻松完成协作任务[3]。云计算技术应用到翻译领域中,一方面促成了新兴翻译模式的出现和发展,另一方面也使得人机交互共译成为可能。

首先,云计算技术革新了翻译模式。随着翻译领域的逐步商业化,成本、速度和质量成为翻译的行业要求,如何在三个因素之间寻求平衡成为重要问题,即如何以更低的价格和更短的时间完成翻译任务,并保证更好的翻译质量[4]。而云计算以大数据运算作为基础,具有规模大、安全性强、可扩展和按需服务等特点,数据处理的能力获得快速提升,综合管理成本大幅降低。依据云计算的SPI(SaaS、PaaS和IaaS)三层架构服务理念,语言服务提供商将数据和程序存储在云端(服务器,IaaS平台),借助一些开放的应用程序界面将网络变成一个庞大的多功能操作系统,网站之间可进行信息交流(PaaS和SaaS平台),用户在互联网上以注册用户形式拥有自己的数据,并能在不同网站上使用。云翻译平台利用功能强大的网络技术和语言处理技术将分散在各地的翻译资源整合到一起,通过对资源、技术和服务的优化配置和

---

1 《大数据背景下的互联网翻译:开源理念与模式创新》,王家义、李德凤、李丽青,《中国翻译》,2018年第2期,第79-80页。

2 《信息化时代翻译技术能力的构成与培养研究》,王华树、王少爽,《东方翻译》,2016年第1期,第12页。

3 《云计算学习平台下MTI翻译工作坊教学模式研究》,董洪学、张坤媛,《外语电化教学》,2016年第1期,第57页。

4 《云计算下的翻译模式研究》,陆艳,《上海翻译》,2013年第3期,第55页。

重新组合，极大提高了整个翻译行业的效率。通过云技术构建的翻译平台和产品定制式服务提高了管理效率，满足了客户对翻译产品"低价、高效和优质"的需求。[1]

云计算下的翻译模式主要具有四个特点：一是能够有效实现翻译资源的共享，降低翻译的建设成本。云计算下的数据模式是分布式部署的数据体系，所有语言资产在多个翻译记忆库共享，译员可以即时利用资源并共享资源，产生最大的生产率，寻求最大程度的一致性。二是能够加快翻译流程，提高翻译周转速度。通过对翻译流程的自动化和信息化管理，基于云计算的系统使编辑和审稿等顺序工作可以多项目并行展开，显著提高翻译的周转时间。系统可以让多个用户同时在多个角色间自动切换，加快了翻译的分包速度，使翻译变得更加快捷。三是能够实现机器翻译与译员翻译、众包翻译的结合，提高了翻译质量。云计算下的翻译模式可以将机器翻译和众包翻译模式进行有机结合。译员利用共享的词汇库和机器翻译软件加快翻译速度，提高翻译质量，使得翻译质量的控制有了更好的保障。四是能够实现翻译内容的即时性。由于资源的云间存储和共享，实现了云计算的开放性，提高了即时通讯能力，为信息飞速发展的企业竞争提供了有力的武器。总之，云计算下的翻译模式通过资源的共享和流程的控制将机器翻译和众包翻译模式整合到了一个框架体系之中，提高了翻译速度，降低了成本，质量也得到了提升。[2]

其次，云计算技术使得人机共译交互平台成为可能。"人机共译"是基于大数据、人工智能和移动互联网，将机器智慧与人工结合，平衡机译高效率与人译高质量，组成"稿件—机译—人译"产出链的一种智能翻译模式。人机交互平台是为系统与用户之间的交互关系提供的用户可见部分的操作环境，在这个平台上，译员之间相互协作，译员与翻译团队间进行翻译资产置换和在线协作，翻译项目的管理者与客户相互渗透。

机器翻译速度快、成本低，但不够准确流利；人工翻译细致准确，但是成本高、速度慢。而通过人机互译平台的搭建，可以实现人机共译，解决以下四方面的问题：一是通过翻译管理平台功能解决翻译团队流程化管理的问题，有序管理海量翻译任务，调配翻译资源，帮助客户有效监控并保证翻译进度与质量；二是通过协同翻译平台功能解决翻译过程中术语统一、语料复用的问题；三是通过术语语料库功能在翻译项目完成后建立行业术语语料库，解决翻译成果重复利用以及术语语料不断积累的问题；四是通过知识库系统功能解决文档

---

1 《大数据背景下的互联网翻译：开源理念与模式创新》，王家义、李德凤、李丽青，《中国翻译》，2018年第2期，第78–81页。
2 《云计算下的翻译模式研究》，陆艳，《上海翻译》，2013年第3期，第57–58页。

规范化管理问题，建立多语知识库系统，实现翻译资产最大化应用。[1]

11.2.1.3 人工智能与翻译

人工智能第三次浪潮的标志是 2006 年 Hinton 等人提出的深度学习算法。由于算法的突破、移动互联网带来的大量数据以及以云计算为标志的后台运算能力的大幅度提升[2]，大数据、云计算与人工智能技术得以整合，提升了人工智能语言服务的质量，尤其是机器翻译的质量得到大幅提升。

自诞生以来，机器翻译系统经历了不断的演变升级[3]，第一阶段是基于规则，第二阶段基于统计/语料库，在第三阶段即现阶段，由于深度学习取得较大进展，神经网络机器翻译技术发展迅速。以人工神经网络的算法系统为基础，拥有海量结点（神经元）深度神经网络的神经网络机器翻译系统，可以自动地从语料库中学习翻译知识，使得译文更加精准、流畅。目前，广泛应用于机器翻译的是长短时记忆循环神经网络。该模型很好地解决了自然语言句子向量化的难题，使得计算机对语言的处理不再停留在简单的字面匹配层面，而是进一步深入到语义理解的层面，实现了"理解语言，生成译文"的翻译方式。这种算法最大的优势在于译文流畅，更加符合语法规范，贴近自然语言，容易理解，译文质量与以前相比有了质的飞跃。

11.2.2 语料库与翻译

随着计算机技术的发展和网络技术的普及，语料库技术迅速发展，其规模越来越大，类型越来越多，已成为现代译员必不可少的参考资源。由于具有真实性、代表性、规模性、结构性、可机读性等特征，语料库在辅助翻译实践、推动翻译工具研发、辅助翻译教学与译员培训等方面发挥了重要作用。

11.2.2.1 语料库与翻译实践

随着信息技术的飞速发展和应用，社会不同行业对翻译的需求数量越来越

1 《人机共译交互平台在工程翻译中的运用——以传神语联网为例》，肖凤华、殷白恩，《中国科技翻译》，2019 年第 3 期，第 39 页。
2 《人工智能技术发展与专业口笔译实践耦合机制路径初探》，张爱玲等，《外语电化教学》，2018 年第 3 期，第 89 页。
3 参见徐琦璐《人工智能背景下的专业口译教学系统的创新研究》，《外语电化教学》，2017 年第 5 期，第 88 页。

大，不过平行语料库可以为翻译行业的从业人员提供强有力的支持。

一方面，由于同一领域的文本在文本格式、表达方式、常用术语等方面出现重复性特征，各种平行语料库可以提供海量的语言资源，译员可以随时进行查询、对比和验证，从而提升翻译质量。

另一方面，随着云计算技术的发展，"语联网"云翻译模式最终形成，其中语料库发挥着重要作用。在"语联网"云翻译模式下，客户的海量翻译需求被拆分成若干个片段，再由平台智能化匹配给不同译员分工完成。由于翻译任务的拆分和译员的筛选都是由语料库智能化匹配和生成的结果，因此相同原文在译文中可以保持统一的译法。在该模式下，译员翻译过的译文经专家审核后会存储起来形成智能型"语料库"。随后在翻译实践中，如果出现相同的语句时，系统会自动匹配并显示为对应的翻译结果。这既提高了工作效率，又有效避免了同一术语出现不同译文的情况，保证了翻译的准确率。[1]

11.2.2.2 语料库与翻译工具研发

随着机器翻译和计算机辅助翻译技术的迅速发展，语料库作为机辅翻译工具的核心资源，在翻译记忆库和术语库的研发中发挥着重要作用。

一般而言，翻译记忆库以双语或多语平行语料库为物质基础，具有记忆和匹配的功能。翻译过的内容以翻译单元即原文和译文句对的方式存储在翻译记忆库中，而翻译记忆库中的内容则在翻译过程中以精确匹配和模糊匹配的形式提供参考译文。翻译记忆库中存储的内容越多，发挥的作用越大。位于同一文档不同位置或不同文档中的相同或相似句段经过翻译记忆库的存储与匹配，完全不需要进行第二次翻译，从而大大提高翻译速度，而且能够确保翻译的一致性和质量。[2]

11.2.2.3 语料库与译员翻译能力

译员培养的目的无疑是为了提升翻译能力，那么什么是翻译能力呢？朱一凡认为[3]，翻译核心能力主要包括：双语运用能力、转换能力、专题领域能力和运用工具资源能力。而现有的研究表明，语料库在译员培养中的运用可以较好

1 《大数据背景下的互联网翻译：开源理念与模式创新》，王家义、李德凤、李丽青，《中国翻译》，2018年第2期，第78-81页。
2 《翻译技术实践》，王华树，外文出版社，2016年2月。
3 《语料库与译者培养：探索与展望》，朱一凡等，《外语教学》，2016年第4期，第91页。

地推动学习者以上核心翻译能力的提升。具体而言，大型通用单语语料库能够为译员提供可靠的语言使用素材，进而提升译员的双语运用能力。平行语料库提供的对应双语语料能够帮助译员把握双语词汇和句式结构的对应关系，能够有效地提升译员的转换能力。小型的专用可比语料库和专门用途语料库的运用，既可以提供某领域的专门知识和术语，也可以帮助译员学习专用文体特有的语言表达方式。

首先，运用平行语料检索将有助于培养学生的翻译"意识"、"反射"和"应变"。学习者可以在大量的真实语料中通过自主查询，形成问题意识，培养自主分析能力。而且通过观察平行语料，学习者能够对语言及翻译技巧建立一种较为直观的意识。在具体的翻译教学过程中，学生可以利用语料库查询并规范术语的翻译。高质量的双语平行语料库存储了大量的对译文本，对于学生来说是不可多得的学习材料。通过对特定语境下词语原文和译文的研习，学生可以更好地掌握外语的使用习惯。在翻译教学中，还可以通过创建学生翻译案例库，将源语文本与不同学生的译文文本进行双语对齐，进而对不同译文的特征进行分析，针对性地提升翻译能力。

其次，语料库可以直接应用于翻译教材的编写之中。一方面，可以选用不同类型的语料库实现教材源语语料实例选择的多样化；另一方面，可以合理运用语料库对教材内容难易度进行分析，并根据内容的难易度编排教材内容。

最后，可以建设并应用翻译作业语料库，对翻译作业语料库里的语料按难度、类别、来源、主题等进行标记，不仅可以为学生提供大量真实的翻译练习题，而且方便学生根据自身的薄弱环节或兴趣选择练习材料，这有助于激发学生的自主学习热情。此外，翻译作业语料库与机辅翻译软件结合，可以给学生提供完整的项目案例，包括项目名称、语言类型、具体操作要求、命名规则、最终提交内容、上传要求及最后提交期限等内容，从而使得翻译教学更接近实战。

11.2.3 计算机辅助技术与翻译

随着计算机技术和网络技术的快速发展，计算机技术愈来愈广泛地应用于翻译之中，不仅提高了翻译效率，而且有效保证了翻译质量。

其一，运用计算机辅助技术，可以重复利用语言资产。在计算机辅助翻译环境下，对于翻译过程中重复出现的内容，翻译记忆系统会自动识别并插入译文区，从而节省了重复输入和语言组织的时间。具体而言，在翻译产品文档、客户支持指南等包含有大量重复性内容的文本时，计算机辅助技术的应用可以大大节约时间。对于同一个类型的项目来说，在翻译记忆库中存储的内容越多，翻译后续内容的速度将越快。此外，利用语料对齐技术，可批量回收双语语料，将配对后的平行语料导入翻译记忆库中，在遇到相关文本时，可调用原有的翻译，重复利用语言资产以节省翻译的时间与成本。

其二，使用计算机辅助技术，可以有效控制翻译质量。借助计算机辅助技术，可以在很大程度上实现翻译质量检查的自动化。计算机辅助翻译系统可以自动检查拼写、语法、数字、单位、日期、缩略语、标签以及各种格式等；而完成翻译任务之后，利用自动化校对工具可在很短时间内完成大型项目的自动检查。术语译名是否统一在很大程度上影响译文质量。如果术语表中总词条在几十个之内，由人工来校对，还是可以保证的，但是如果客户提供的术语表高达数千条，很难依靠人工进行术语校对。应用计算机辅助翻译系统，可以保持术语在同一篇文章或同一篇项目中的一致性。

其三，计算机辅助技术的应用可以简化翻译格式的处理。借助计算机辅助翻译技术，译员主要关注文字内容，基本上不涉及太多格式问题。SDL Passolo、Alchemy Catalyst 等本地化工具会自动解析软件程序中的可译元素，保留非译元素。译员在翻译过程中，只需翻译可译元素，不会破坏源程序，不用进行重新编译。翻译完成之后可直接导出原文格式的文件，省去了文档类型转换的麻烦，减少了译员非生产性的工作时间。

其四，计算机辅助技术可以直接应用于辅助翻译协作。许多现代的翻译记忆系统，不仅能帮助单个的译员保持术语一致，还能帮助大型翻译团队在术语译名应用上的一致。

11.3 新技术与翻译研究

11.3.1 语料库技术与翻译研究

语料库技术包括语料库本身和语料库软件。语料库是指由依据一定抽样方法收集的自然出现语料构成的电子数据库，是按照研究目的和语料选择方法选择并有序排列的语言运用材料的汇集。语料库软件是指对语料库收录语料进行加工处理、自动提取和数据分析的软件。语料库技术具有语料真实、丰富，语料提取便捷，数据自动生成等技术优势。语料库技术在翻译研究中的运用具体表现为对大量实际存在的翻译语料和具有对应或类比关系的双语语料进行观察和数据分析，并在此基础上提出关于翻译本质和翻译现象等问题的理论假设，或论证有关假设。应当指出，语料库技术的应用不但使翻译研究的方法发生重大变化，即由定性研究向定性研究和定量研究相结合转变，而且丰富了翻译研究的内涵，拓展了翻译研究的外延。

一般而言，语料库技术在翻译研究中的应用主要表现在两大方面，即语料库在传统译学研究领域中的应用和语料库在描写性译学研究领域中的应用。

11.3.1.1 语料库在传统译学研究领域中的应用

语料库在传统译学研究领域中的应用主要包括基于语料库的译者风格、翻译史、翻译教学、翻译实践和机器翻译等领域的研究。应当指出，语料库在传统译学研究中的应用不仅改变了传统译学研究领域的研究方法，使得这些领域的研究更为客观，而且深化了传统译学研究的内涵。

（1）基于语料库的译者风格研究

基于语料库的译者风格研究采用语料库方法，在分析翻译文本语言特征以及翻译策略和方法应用的基础之上归纳译者风格。译者风格可以界定为使某位译者作品区别于其他译者作品，并且表现于同一译者不同译作的翻译方式或语言模式，包括译者偏爱的目的语词汇或句法结构等语言形式和重复出现的语言形式，以及译者在翻译文本选择、翻译策略与方法应用，以及译本前言、后记和译注等副文本信息方面所表现的特征。[1] Saldanha认为译者风格是一种翻译方式，其特征主要为：1）体现于同一译者的不同译作，2）区别于其他译者的连贯选择，3）受一定动因驱使，具有显著功能。[2] 本质上，译者风格是译者主体性的彰显。在翻译过程中，译者对原文进行意义阐释，并采用一定的翻译策略和方法，选用一定的目的语词汇或句式结构再现与重构原文意义。在这一过程中，译者会在不同程度上发挥主体性，形成译者风格。正如巴赫金所言，任何言语，不管是口头的还是书面的，不管属于何种交际领域，都具有个性特征，因而体现说话者或作者的个性，具有个人风格。无论是目的语词汇和句式结构的选择，还是语篇结构的重构，都必然会打下译者的烙印，从而形成译者风格。[3] Baker则认为译者会在翻译文本中留下通过一系列语言和非语言特征表现的痕迹。[4]

---

1 《基于语料库的译者风格研究：内涵与路径》，胡开宝、谢丽欣，《中国翻译》，2017年第5期，第12–18页。

2 G. Saldanha: Translator's Style: Methodological Considerations. *The Translator*, 2011(1): 25–50.

3 Bakhtin, M.M., Trans. Caryl Emerson and Michael Holquist: *The Dialogic Imagination: Four Essays.* Austin and London: University of Texas Press, 1981. p.276.

4 Baker: Towards a Methodology for Investigating the Style of a Literary Translator. *Target*, 2000 (2): 241–266.

开展基于语料库的译者风格研究，首先应建设适用于译者风格研究的语料库。该语料库应当收录同一译者的不同翻译作品和同一原作的不同译作，还可收录译者的原创作品或与译作在体裁或题材上类似的原创作品，以分析翻译作品的语言特征。其次，我们可以采用 WordSmith 等语料库软件，提取关于翻译文本语言特征和翻译策略与方法应用的基础数据，以及目的语典型词汇或句式结构的应用频率和分布特征等方面的数据；在分析这些数据和考察语料的基础之上，描写译者风格的具体表现，分析译者在词语、句式结构和标点符号的应用以及语篇结构的布局等方面的偏好，考察译者特有的语言使用习惯，从而归纳译者风格的总体特征。最后，我们可以依据语言学、翻译学理论和其他相关理论，对译者风格形成的原因进行阐释。一般而言，译者风格的形成主要包括三方面的原因，即译者所处的社会文化语境，包括翻译诗学传统和翻译活动的赞助人等；源语和目的语语言文化之间的差异；译者的主体性，包括译者的翻译思想、翻译理念和翻译目的，译者的个性和语言风格，以及译者对译本读者的关注程度等。

（2）基于语料库的翻译史研究

基于语料库的翻译史研究以历时性平行语料库和翻译话语语料库为研究平台，通过分析不同历史时期重要翻译作品在翻译语言和翻译策略与方法应用等方面的趋势与特征，以及翻译理论或翻译思想的历时演变，探讨不同时期翻译实践和翻译理论研究的总体特征，揭示不同历史时期的翻译规范。目前，翻译史研究大多基于研究者的主观判断，或将翻译家的观点或主张当成翻译事实，并以这些判断或观点为基础书写翻译史。事实上，翻译家所言并非翻译事实，也不能体现具体历史时期翻译活动的具体特征。应当指出，利用语料库对翻译作品和翻译话语进行分析，可以归纳不同历史时期的翻译规范，阐明翻译家的所思所想和所作所为，概括不同历史时期的翻译理论和翻译思想，还翻译史以本来的面貌。而且，提取并分析历时性平行语料库的篇头信息，如出版商、出版时间、作品标题、译者姓名和性别等信息，可以对具体历史时期的翻译活动进行描述。

（3）基于语料库的翻译教学研究

基于语料库的翻译教学研究侧重于探讨语料库在翻译教学中的具体应用，包括语料库在翻译教材编写中的应用和基于语料库的翻译教学平台研发。

语料库在翻译教材编写中的应用具体表现为两个方面。一方面，可以将语料库直接应用于分析不同文体文章的难易度和可读性，并以此为依据确定翻译教材内容的编排顺序。另一方面，语料库可以为翻译教材的编写提供丰富的翻译实例，直接应用于翻译练习题的设计与编写。

基于语料库的翻译教学平台可以以翻译教学专用语料库的应用为基础，以体裁、题材、翻译策略与技巧和具体词汇或句式结构为检索项，对双语平行语料进行检索，为翻译教学提供丰富的翻译实例和相关数据，从而使得翻译教学更加客观、科学。

（4）基于语料库的翻译实践研究

基于语料库的翻译实践研究主要关注双语词汇和句式之间的对应关系以及翻译策略和方法的应用等问题。有必要指出，语料库的应用可以实现包括双语对译实例在内的大量语料的自动呈现，大大方便译者把握不同语言词汇和语句之间的对应关系，掌握具体翻译策略和方法。具体而言，利用平行语料库和单语语料库，译者可在分析众多翻译实例的基础上，确定源语词汇的目的语对应词，分析源语和目的语语句之间的对应关系及其转换规律。此外，应用平行语料库，我们可以分析一些翻译名家或翻译名作所采用的翻译策略和方法，这对于译者的翻译实践能够发挥示范作用。最后，单语语料库和可比语料库的应用可以帮助译者判断译文是否地道、自然。

基于语料库的翻译实践研究还包括基于语料库的口译策略和方法研究。基于语料库的口译策略与方法研究涉及译员在口译策略和方法应用及时间分配方面所呈现的规律性特征，口译文本中源语和目的语词汇之间的对应关系及句法结构的转换规律等。一般而言，口译员采用的翻译方法不仅包括笔译译者常用的翻译方法，还包括口译特有的翻译方法，如增加冗余度（stalling）、预测（anticipation）、分解复杂结构（chunking）、逐字逐词翻译（transcoding）和暂时储存信息不译（backtracking）等。[1] 我们可以采用语料库方法，以口译文本中源语和目的语之间对应关系的分析为基础，分析译员口译策略和方法的应用。还可以对口译文本的副语言特征进行语料库考察，分析译员在时间分配和认知处理方面的规律性特征。

（5）基于语料库的机器翻译研究

基于语料库的机器翻译研究旨在分析如何建设并应用具有海量信息的高质量语料库，研发机器翻译系统，提高机器翻译质量。机器翻译是指利用计算机将一种语言符号转换成另一种语言符号。机器翻译始于20世纪30年代，其发展历程大致经历了四大发展阶段：基于规则的机器翻译、基于统计的机器翻译、基于实例的机器翻译和神经网络机器翻译。基于规则的机器翻译依据源语语言分析规则理解源语语言，并依据源语和目的语之间的转换规则和目的语语

---

1 《基于语料库的译者风格研究：内涵与路径》，胡开宝、谢丽欣，《中国翻译》，2017年第5期，第12–18页。

言生成规则，将源语语言自动转换成目的语语言。基于统计的机器翻译是指机器依据基于大量平行语料分析所构建的统计翻译模型将原文转换为译文。能否成功研发基于统计的机器翻译系统取决于大规模的双语对齐语料库建设和准确的参数估计。基于实例的机器翻译依据类比原则，从已有的源语句库中挑选出与待译语句最相似的语句，之后提取与该句对应的目的语语句并进行适当改造，以获得待译语句的译文。神经网络机器翻译通过训练一张能够从一个序列映射到另一个序列的神经网络，输出的可以是一个变长的序列，翻译质量因此获得很大提升。神经网络机器翻译其实是一个编码—解码系统，首先把源语言序列进行编码，并提取源语言中的信息，再通过解码把这种信息转换到另一种语言即目标语言中来，从而完成对语言的翻译。无论是基于统计的机器翻译，基于实例的机器翻译，还是神经网络机器翻译，均以平行语料库的建设与应用为基础。语料库质量的高低在很大程度上决定了机器翻译质量的好坏。为此，应加强面向机器翻译的语料库建设与应用研究，如语料库的代表性、语料质量的评测和语料库规模等问题的研究。此外，机器翻译文本语言特征和机器翻译质量分析等都亟需加强研究。

11.3.1.2 语料库在描写性译学研究领域中的应用

语料库在描写性译学研究领域中的应用涵盖基于语料库的翻译语言特征研究、翻译规范、批评译学和翻译认知等领域的研究。在描写性译学研究发展的早期，由于缺乏必要的技术条件，一些相关的研究无法深入开展，而语料库的应用使得这些领域研究拥有了坚实的物质基础，这些研究因而能够深入进行下去。

（1）基于语料库的翻译语言特征研究

基于语料库的翻译语言特征研究以语料库的应用为基础，分析包括口译文本在内的翻译文本在词汇、句法和语篇等层面所表现出的不同于原创语言的特征，包括翻译共性和具体语言对翻译语言特征。

翻译共性是指所有翻译文本共有的规律性语言特征，产生于翻译过程，与源语和目的语之间的差异无关。[1] 翻译共性主要表现为显化、隐化、简化和规范化等。显化通常分为语际显化和语内显化，前者是指翻译文本明示源语文本中隐含的信息或表达不清晰信息的趋势，后者是指与原创文本相比，翻译文本

1　Baker, M. in M. Baker, G. Francis and E. Tognini-Bonelli (eds.): Corpus Linguistics and Translation Studies: Implications and Applications. *Text and Technology: In Honour of John Sinclair*. Amsterdam/Philadelphia: John Benjamins, 1993, pp. 233–250.

的语言表达更加清晰、具体，文字表现的冗余度更高。隐化与显化相对，是指翻译文本将源语文本中以词汇手段明确表达的意义或信息隐含于具体上下文之中。在翻译过程中，译者通常倾向于在不影响读者理解的前提下，将源语文本中明确表示的句法关系或语义信息隐而不表，以使译文表达简洁明了。简化是指译者有意或无意地对源语文本的语言信息进行简化处理的倾向，通常表现为与源语文本和原创文本相比，翻译文本倾向于使用更少的词汇；重复使用常用词；实词减少，虚词增多，翻译文本的语言难度普遍降低。规范化是指翻译文本遵从甚至夸大目的语语言文化规范的趋势，具体表现为：1）修正源语文本使用不规范的标点符号，2）采用归化翻译策略翻译源语文本中的文化限定词，3）选用简单句式翻译笨拙的、不完整的或奇特的源语语句结构，4）将源语文本中的口语翻译为标准的书面语，5）重新安排源语文本语句、段落和章节，使目的语文本趋向于目的语语言传统规范。

具体语言对翻译语言特征是具体语言对翻译文本所表现出的不同于原创文本的语言特征，表现为翻译文本中词汇和句式结构分布和应用的规律性特征。具体语言对翻译语言特征研究涵盖翻译文本词汇、句法和语篇总体特征、具体词汇或句式结构应用特征、翻译语言搭配和语义韵等领域。这些领域的研究可以深化翻译语言特征和译者风格等领域的研究，促进目的语语言搭配、语义特征和语义韵影响的研究。我们可以利用WordSmith等软件提取高频词、类符/形符比、词汇密度和平均句长等数据，以分析翻译文本词汇应用和句法结构的总体特征。我们还可以以有关词汇或句式结构为检索项并提取相关数据，分析具体词汇或句式结构的分布和应用特征。

（2）基于语料库的翻译规范研究

基于语料库的翻译规范研究强调基于大量真实语料的考察和相关数据分析，归纳某一时期翻译实践遵循的翻译规范或具体某一译者所遵循的翻译规范。翻译规范是指在具体历史语境下对译者在翻译行为方面施加影响的社会文化规范和语言规范等因素，译者在特定历史条件下所作出的规律性和习惯性选择，体现了某一社会共享的价值观对翻译行为的制约。[1] 应当指出，在翻译活动中，译者的主体性会受到翻译规范的制约。然而，译者的主体性也会引导译者突破某些规范的制约，新的翻译规范往往因此形成。

根据Chesterman的观点[2]，翻译规范可大致划分为期待规范和技术规范。前

---

1 《基于语料库的记者招待会汉英口译研究》，胡开宝、潘峰、李鑫，外语教学与研究出版社，2015年，第159页。

2 A. Chesterman: *Memes of Translation: the Spread of Ideas in Translation Theory*. Amsterdam/Philadelphia: John Benjamins, 1997, p. 93.

者是指读者关于翻译文本特征和目的语原创文本特征的期待，受制于社会文化因素或意识形态的影响。后者影响译者翻译策略和翻译方法的应用。Toury 则指出规范可分为：1）预备规范，包括翻译方针和翻译的直接性；2）初始规范，即译者在"充分性"和"可接受性"两极间的选择；3）操作规范。[1] 事实上，翻译规范可分为期待规范和操作规范。前者对译者翻译目的、翻译方针的制订以及翻译文本的选择产生影响，后者则涉及译者翻译策略和方法的应用以及具体目的语词汇或句法结构的应用。采用语料库方法，我们可以在分析具体翻译文本语言特征及翻译策略和方法应用的基础之上，总结具体翻译文本所体现的操作规范，并通过翻译目的和翻译方针的分析来阐明期待规范。

（3）基于语料库的批评译学研究

批评译学研究是描写性译学研究框架下对翻译与意识形态之间互动关系的研究。意识形态是指影响人类行为的规范、习俗、信仰和世界观的集合。一般而言，翻译受意识形态的影响，同时又对意识形态产生反作用。批评译学研究从源语文本选择、翻译文本的接受、翻译文本语言特征以及翻译策略和方法运用等角度，分析意识形态对翻译的影响以及翻译对意识形态的反作用。而基于语料库的批评译学则主要分析翻译文本语言特征以及翻译策略和技巧应用背后所蕴含的规范、信念和价值观等意识形态因素，阐明翻译与意识形态之间的互动关系。Kemppanen 运用收录译自俄语的翻译芬兰语和原创芬兰语的历史文献可比语料库，分析了 20 世纪 70 年代芬兰历史研究文献中的 50 个关键词，发现"友谊"在翻译文本中呈现出非常显著的积极语义韵，而在原创芬兰语中却表现出消极语义韵。[2]

基于语料库的批评译学研究主要涵盖四方面的内容：1）基于语料库的性别与翻译研究，2）基于语料库的民族与翻译研究，3）基于语料库的政治意识形态与翻译研究，4）基于语料库的译者个人意识形态与翻译研究。

基于语料库的性别与翻译研究旨在分析性别因素对于翻译的影响以及翻译在体现和践行性别方面的作用。该领域的研究一方面通过描写男性译者和女性译者在翻译文本语言特征和翻译策略与方面应用等方面的差异，来分析性别意识和性别角色对翻译的影响。另一方面，该领域研究侧重于分析翻译在构建男性或女性形象方面所起的作用。一些研究显示男性和女性在语言应用方面存在差异：1）男性在语言应用方面侧重于传递信息，女性更倾向于社交，语言交

---

1 Toury: *Descriptive Translation Studies and Beyond.* Amsterdam: John Benjamins Publishing Company, 1995, pp. 56–58.

2 H. Kemppanen: Keywords and Ideology in Translated History Texts: A Corpus-based Analysis. *Across Languages and Cultures*, 2004(1): 89–106.

流是其语言应用的最终目的[1]；2）女性写作和讲话均比男性啰唆[2]；3）男性倾向于使用更多的否定词和问句，女性则更多使用指令句式结构[3]；4）女性经常使用表示相对不确定性的词语，尤其是第一人称单数与感知或认知动词的组合，如"I wonder if"等。然而，迄今为止，学界尚未对翻译与性别之间的互动关系进行深入研究。不过，利用语料库，我们可以以相关词语或句式结构为切入点，在对大量双语语料进行分析的基础上，阐明不同性别译者的翻译文本在语言特征和翻译方法应用等方面的差异。

基于语料库的民族与翻译研究探讨译者所处民族的意识形态对翻译活动的制约作用，以及翻译在构建民族身份方面的作用。通常，不同民族尤其是来自不同国家的民族在社会规范、文化传统、宗教信仰等方面存在差异。这些差异往往会对译者的翻译实践产生不同程度的影响。译者在翻译与本民族文化传统或信仰相抵触或冲突的源语文化要素时，常常有意或无意地采用意译或删译等方法隐去这些文化要素，而在翻译本民族语言作品时，常常采用异化策略翻译与本民族文化传统和信仰相关的词语，以凸显本民族文化特色和文化身份。此外，翻译常常发挥彰显民族身份、构建民族形象的作用。18世纪末，英国东方学者曾通过翻译将印度民族塑造为懒散、逆来顺受的形象。印度独立之后，印度学者开始通过翻译印度经典作品以重塑印度形象。

基于语料库的政治与翻译研究一方面分析阐明翻译背后的政治立场、政治信仰或政治主张与主流价值观，另一方面探讨翻译在构建或重塑主流价值观或政党和国家形象方面所起的作用。应当指出，译者的翻译实践常常受到自己所在的某一社会阶层、政党或国家的价值观、信念或主张，或者某一社会发展阶段价值观的影响。而且，翻译常常被用作宣传某一价值观或政治立场的重要媒介。贾卉的研究[4]表明美国《新闻周刊》杂志翻译中国文化和政策的词汇时常常采用添加意识形态符号的方法或误译，有意或无意地扭曲中国形象。

1 S. Brownlow, J. A. Rosamon & J. A. Parker: Gender-linked Linguistic Behavior in Television Interviews. *Sex Roles*, 2003(49): 121–132. Colley, A. et al.: Style and Content in Emails and Letters to Male and Female Friends. *Journal of Language and Social Psychology*, 2004(23): 369–378. Herring, S. C.: Gender and Democracy in Computer-mediated Communication. *Electronic Journal of Communication*, 1993(2). http://www.cios.org/EJCPUBLIC/003/2/00328.HTML

2 A. Mulac & T. L. Lundell: Effects of Gender-linked Language Differences in Adults' Written Discourse: Multivariate Tests of Language Effects. *Language and Communication*, 1994(3): 299–309.

3 A. Mulac, D. R. Seibold & J. L. Farris: Female and Male Managers' and Professionals' Criticism Giving: Differences in Language Use and Effects. *Journal of Language and Social Psychology*, 2000(4): 389–415.

4 意识形态与美国《新闻周刊》涉华词语的翻译，贾卉，《上海翻译》，2008年第2期，第27–31页。

　　基于语料库的个人意识形态与翻译研究旨在分析翻译文本语言特征和翻译策略与方法应用，以阐明译者的个人意识形态对翻译的影响。个人意识形态指个人的社会文化信念和价值观等。译者的个人意识形态主要包括译者的审美观、价值观、翻译思想、翻译理念和翻译目的等，不仅会影响翻译文本的选择，而且也会对其翻译策略与方法的运用以及目的语语言结构的应用产生影响。该领域研究通过描写典型源语词汇或句式结构的翻译处理以及目的语词汇和句式结构应用等方面所呈现的规律性特征，以此为基础阐明译者的个人意识形态对其翻译实践的影响。该领域研究还常常以译者翻译风格比较为切入点，揭示个人意识形态对译者风格的影响。

　　（4）基于语料库的翻译认知研究

　　基于语料库的翻译认知研究以语料库为研究平台，基于大量双语语料和翻译语料的数据统计和分析，探讨翻译的心理机制和思维规律。基于语料库的翻译认知研究是语料库翻译学和翻译认知研究之间的有机结合。前者为基于语料库的翻译认知研究提供方法论，即语料库方法，后者则为基于语料库的翻译认知研究提供理论原则和解释工具。该领域研究主要包括翻译与隐喻、翻译认知过程、译者审美心理以及文化心理对译者的影响等。

　　基于语料库的翻译与隐喻研究侧重于分析源语文本中隐喻的翻译处理以及目的语文本中隐喻的应用及其蕴含的认知过程和认知机制。该研究一方面在分析表达概念隐喻源语的词汇翻译处理基础之上，探讨翻译活动背后的认知机制，另一方面则分析目的语文本中隐喻应用背后的认知机制及其对译者的目的语表达的影响。

　　基于语料库的翻译认知过程研究采用语料库方法分析译者认知心理过程和翻译认知加工规律。我们可以利用翻译过程语料库和多模态口译语料库分析翻译认知过程的特征与规律，还可以应用语料库，对译者翻译过程中所作出的不同翻译选择进行深入研究，以揭示翻译认知规律。

　　基于语料库的译者审美心理研究以语料库的应用为基础，探讨译者进行双语转换时的审美心理因素，如情感、想象和审美定势等。我们可以分析目的语文本中语气词、情态动词、评价性形容词和意象词汇的应用，考察译文的句子组合、修辞手法的运用和篇章布局等，以揭示译者的情感和想象，分析译者在审美上的追求及其审美定势。

　　基于语料库的文化心理对译者影响研究旨在分析不同译者对同一源语文本的不同心理反应和认知态度等。我们可以考察译者在翻译政治词汇、敏感词汇或其他文化限定词时所采用的翻译策略和方法，如异化、归化、误译、删译和净化翻译方法等,并基于此揭示译者的翻译动机,以及译者所处社会的文化心理对其翻译行为的影响。

11.3.2 文本挖掘技术与翻译研究

文本挖掘技术,也称文本数据挖掘技术,是指从文本数据中抽取有价值的信息进而发现文本知识的计算机处理技术。文本数据挖掘技术一般包括文本结构分析、文本摘要、文本分类、文本聚类、关联规则、分布分析与趋势预测以及可视化等技术。文本挖掘技术一般而言可以从三个层面理解:1)底层技术,包括机器学习、数理统计和自然语言处理等领域在内的技术;2)进阶技术,即文本挖掘的基本技术,包括信息抽取、文本分类、文本聚类、文本数据压缩和文本数据处理;3)应用领域,即信息访问与知识发现,前者指信息检索、信息浏览、信息过滤和信息报告,后者包括数据分析和数据预测。[1]

通常,文本挖掘技术在翻译研究中的应用主要表现为文本信息抽取、文本分类、文本聚类、模式发现和可视化等文本挖掘技术在翻译研究之中的应用。应当指出,文本挖掘技术在翻译研究中的应用不仅使得翻译研究建立在大量文本观察和数据统计的基础之上,翻译研究因而更加客观、科学,而且能够帮助我们发现隐藏在大量翻译文本或翻译现象背后的规律性特征或模式,翻译研究因此有可能取得重要突破。

11.3.2.1 文本信息抽取与翻译研究

文本信息抽取是从文本数据中抽取特定信息的一种技术。文本数据包括文本词汇、语句、段落和篇章等层面的信息;此外,名词短语、人名和地名等数据的抽取也属于文本信息抽取。采用文本信息抽取技术,我们可以获得关于翻译文本词频列表、类符/形符比、平均句长、语句复杂度、高频词和关键词等数据,并基于这些数据的分析,分析翻译文体特征和翻译语言的变化。我们还可以建立翻译文献数据库,采用文本信息抽取方法自动提取翻译作品的高频词、关键词以及地名和人名等特定信息,辅之以信息可视化技术的应用,探讨不同历史时期翻译活动的重要内容和重要译者,阐明不同时期翻译活动的具体特征和演变趋势。

---

1 引自简书网站所发表的文章《文本挖掘与自然语言处理》(https://www.jianshu.com/p/794c47e439bc,2020年5月9日读取)。

11.3.2.2 文本分类与翻译研究

文本分类是指利用计算机将一篇文档自动归入预先定义的几个类别中的一个或几个的过程。文本分类主要包括基于主题的分类、基于情感的分类和基于风格的分类。基于主题的分类是指按照文本的主要内容或所要表达的思想进行分类。该技术一方面可应用于翻译史研究，揭示不同时期翻译文本选择的规律性趋势，另一方面可以用于翻译教学平台的研发，用以对学生需要学习的文章进行分类。基于情感的分类，又称情感计算，是指按照观点看法或文本意见进行分类。采用基于情感的分类技术，我们可以在相关数据分析的基础之上，探讨读者对具体某一翻译作品的认知和态度，揭示翻译作品传播与接受的趋势和特征。基于风格的分类是指对文本作者在词汇、句法和语篇等层面所呈现的特征进行统计分析并分类，可以直接应用于译者风格和不同文体翻译风格等领域的研究。采用该技术，我们可以归纳译者在目的语词汇和句式结构应用及翻译策略和方法应用等方面呈现的典型特征，基于此归纳译者的翻译风格。

11.3.2.3 文本聚类与翻译研究

聚类是指把数据对象集划分成多个组或簇，使得组内的对象具有很高的相似性，但与其他组中的对象不相似。组内的相似性越大，组间差别越大。文本聚类是指依据相似度，将一些内容相似的文本或文本内容自动聚为一类。采用文本聚类方法对历年翻译研究文献进行分析，可以发现不同时期翻译研究的热点和趋势，从而帮助我们掌握翻译研究发展的内在规律以及翻译理论话语的演变。此外，文本聚类技术还可以用于对某类文体翻译作品或某个译者翻译作品中频繁出现的模式进行聚类，以揭示具体文体翻译的区别性特征和译者的翻译风格，如典型词汇和句式结构的应用，以及翻译策略和方法的应用。

11.3.2.4 可视化技术与翻译研究

可视化技术是指将数据所包含信息的综合体，包括属性和变量，转换成一些图表形式，主要目的是借助统计图、散点图和其他图形准确、直观地表达相关数据信息。可视化技术的应用可以方便我们更好地理解复杂的数据，发现事物内在的模式及其发展规律。一般而言，可视化技术在翻译研究中的应用主要表现在四大方面：1）利用可视化技术对翻译文本进行分析，可以发现翻译文本中有意义的文本共现模式及其随着时间推移发生的变化，分析翻译文本区别于原创文本的特征和模式，探讨翻译语言的历时变化；2）采用可视化技术对同一作品的不同译本进行比较,可以从高频词和罕用词应用角度阐明翻译文本因文体或译者的不同所呈现的差异;3)利用可视化技术,结合GIS技术的应用,对收录不同历史时期翻译作品的数据库进行分析,一方面通过抽取地名、人名和翻译作品出版时间等信息,以直观的方式展示翻译事件和翻译活动发生发展的规律,另一方面可以揭示重要概念比如核心文化概念经过翻译途径进入目的语文化体系的历史轨迹。

11.3.3 键盘记录技术与翻译研究

键盘记录技术是指采用软件记录人们写作或翻译过程中使用键盘具体情况的技术。目前,常用的键盘记录软件有 Translog、Inputlog 和 Scriptlog 等。其中,Inputlog 和 Scriptlog 用于写作研究,而 Translog 常常用于翻译过程研究。Translog 系丹麦哥本哈根商学院的 A.L. Jakobsen 和 L. Schou 于1998年合作研制的软件。2000年,两位学者研制了面向 Windows 操作系统的 Translog。2012年,Translog II 问世。该软件能够与眼动仪进行对接,同步记录和追踪译者翻译过程中的键盘活动数据和眼动数据。应用该软件,可以在不干扰文本输入的前提下,完整而准确地记录译者使用键盘的所有活动,包括修改、删除、增加、剪切、复制、粘贴和光标移动等,并能记录所有键盘活动的时间,再现文字输入过程的各种活动。Translog 软件由 Translog-supervisor 和 Translog-user 两个模块组成。Translog-supervisor 模块的功能主要为设定任务环境(如选择需要翻译的原文),显示 Translog-user 所记录的数据,文本输入过程重播,统计和分析数据。Translog-user 模块主要用于呈现原文并输入译文,可进行常规的文本编辑。

一般而言,以 Translog 软件为代表的键盘记录技术在翻译研究中的应用主要表现在两大方面。一方面,Translog 软件可以实时记录翻译过程中译者的所有键盘输入活动,包括击键、停顿、修改等,因而能够重现翻译行为过程。采用该软件,可以统计击键次数、停顿时间、单位时间的行为次数和修改次数等,这为翻译过程的研究提供了非常详细的数据并使翻译过程的研究建立在客观数据分析的基础之上。具体而言,我们可以通过对击键次数的统计分析,计算翻译任务的总时长、按键的总次数和平均值、译文产出阶段的按键次数,并基于此分析译文产出的速度和效率,考察译者在翻译的初始熟悉阶段、起草阶段和最终修订阶段如何分配时间。显见,利用 Translog 软件,我们可以对翻译过程进行系统、深入的研究。冯佳、王克非运用键盘记录技术,可以将翻译过程分成初始熟悉阶段、中间起草阶段、最终修订和监测阶段等三个不同阶段进行分析，并以停顿为切入点分析翻译过程中译者认知单位的划分。[1]王娅采用 Translog软件，分析了26位翻译专业三年级学生翻译语法隐喻的具体策略，发现不同语法隐喻类型能够帮助译者识别和理解翻译难点。[2]

另一方面，我们可以凭借Translog软件的应用，观察译者在每两次停顿之间的击键内容和击键次数，分析译者的文本产出单位长度，即切分长度，并结合文本产出单位和原文单位的比较分析，探讨译者认知加工的单位，即翻译单位。此外，运用Translog II，我们可以将键盘记录数据和眼动追踪数据有机地结合起来，分析译者在翻译过程中所关注的内容和时间，键盘输入的内容、速度和键盘活动的时间差，这样可以更加准确地识别翻译单位和翻译难点，从而更加接近译者的翻译心理过程。

11.3.4 眼动跟踪技术与翻译研究

眼动跟踪技术是指采用眼动仪器测量和记录受试者在观察特定刺激材料时眼球的注视点和眼球运动，在数据统计和分析的基础之上研究隐性的翻译认知活动。眼动追踪技术通常采用眼动仪接收眼球反射的红外线，并凭借计算机软件对视频数据进行分析。眼动仪操作简便、干扰性小、精确度较高，因而经常应用于翻译过程研究之中。

首先，采用眼动追踪技术，可以在考察眼球运动和眼动指标的基础之上，揭示翻译过程中译者的认知活动。事实上，人类的眼球运动与阅读、预测、推理和注意等认知活动密切相关，后者一般都通过眼球运动来体现。因而，我们可以利用眼动追踪技术，在对眼球运动进行定量分析的基础之上，分析翻译过程中译者隐性的认知活动。不过，在口译过程中，译者通过听觉接收源语信息，这一过程不适合于眼动技术的应用，但在视译过程中，译者通过阅读接受源语信息，因而可以采用眼动技术加以分析。

其次，眼动技术可以直接应用于翻译认知负荷的研究。我们可以对翻译过程中译者的注视次数、回视次数、平均注视时长、任务完成总时长、瞳孔大小等进行定量分析，以考察译者翻译认知负荷。一般而言，注视次数与注视时间一直被视作反映认知负荷的可靠指标。比较翻译过程中的注视状况，可以从认知心理的角度验证关于视译认知负荷的各种假设。一般而言，更长的平均注视

---

1 《探悉翻译过程的新视窗——键盘记录和眼动追踪》，冯佳、王克非，《中国翻译》，2016年第1期，第12–18页。
2 《语法隐喻翻译策略研究：键盘记录法与有声思维法》，王娅，广东外语外贸大学硕士论文，2017年。

时长、任务完成总时长，更多的注视、回视次数以及更大的瞳孔直径反映翻译过程中更大的认知负荷。[1] 一些研究采用眼动技术阐明了不同类型的任务（阅读理解、视译、笔译等）对翻译中认知负荷的影响。[2]

最后，眼动追踪技术还可以用于翻译过程的阅读模式研究。在翻译过程中，不同水平的阅读者采用不同的阅读模式，其眼动特征相应地呈现差异。具体而言，熟练阅读者的注视次数比初学阅读者更少，注视时长也更短。显然，对注视次数进行分析，可以揭示翻译过程中译者所采用的阅读模式。Dragsted & Hansen 利用眼动追踪技术，比较分析了笔译和口译过程中译者阅读模式的差异。研究发现口译员在口译中倾向于采用"线式阅读"，遵循从左至右的渐进式阅读方式，注视点较集中。而在笔译过程中，译者注视点较多，但注视时长较短。[3] Jakobsen & Jensen 利用眼动仪比较了四种不同类型的阅读活动：1）以理解为目的的阅读，2）为笔译做准备的阅读，3）视译中的阅读，4）笔译中的阅读。研究结果表明笔译中的阅读比其他三种阅读活动包含数量更多的眼球活动；译者进行更多的回视（从右到左反向的眼球运动或者跳回到之前读过的行重新阅读）和回溯阅读。在普通阅读中，文章中约三分之一的词会被读者自动忽略，而在完成笔译任务的过程中，源语文本的每个单词平均被注视两次，而且阅读时长、注视次数、总凝视时间和平均注视时长从上文所述的阅读活动1到阅读活动4不断显著增加。由此可见，笔译中的阅读活动所付出的认知努力超过其他阅读活动。[4]

综上所述，新技术的应用对于翻译实践和翻译研究而言均具有强大的推动作用。一方面，以大数据和云计算为代表的信息技术、语料库技术和计算机辅助技术在翻译实践中的应用不仅大大提高了翻译效率和翻译质量，而且使得翻译形态、翻译技术和翻译业态发生深刻变化。另一方面，语料库技术、文本挖掘技术、键盘记录技术和眼动追踪技术在翻译研究中的应用引发翻译研究方法由定性研究向定量分析和定性研究相结合的转变，翻译研究因之更加客观、科学，研究领域更加宽广。我们深信，随着新技术日臻成熟，人类翻译活动和翻译研究将迎来更加美好的明天。

---

1 《眼动法在翻译过程研究中的应用与展望》，刘艳梅、冉诗洋、李德凤，《外国语》，2013年第5期，第59–66页。

2 A.L. Jakobsen & K.T. Jensen: Eye Movement Behavior Across Four Different Types of Reading Task. *Copenhagen Studies in Language*, 2008 (36): 103–124.

3 B. Dragsted, & I. G. Hansen: Exploring Translation and Interpreting Hybrids. *Meta*, 2009 (3): 588–604.

4 A.L. Jakobsen & K.T. Jensen: Eye Movement Behavior Across Four Different Types of Reading Task. *Copenhagen Studies in Language*, 2008 (36): 103–124.

思考题

❶ 何为新技术？应用于翻译和翻译研究中的新技术主要是哪类新技术？

❷ 新技术在翻译和翻译研究中的应用具有哪些理论价值和实际意义？

❸ 基于语料库的翻译研究涵盖哪些研究领域？与传统翻译研究相比，基于语料库的翻译研究具有哪些优势？

❹ 可视化技术在翻译研究中的应用主要体现在哪些方面？

❺ 键盘记录技术的应用对于翻译过程研究的发展具有哪些意义？

❻ 为什么眼动追踪技术能够直接应用于译者的认知活动和认知负荷研究之中？

第十二章

中国文化走出去背景下的翻译研究如何开展[1]？

本章要义：

- 在全球化进程日趋复杂、多元文化共存的语境下，中国文化要走向世界，得到世界的关注、认可与重视，离不开翻译。文化软实力无论输入与输出，翻译是必经之路。

- 在世界文化交流的过程中，翻译具有重要的、不可替代的作用，具有文化构建性的力量，促进了不同文化之间的了解、借鉴与尊重。

- 无论从历史的角度，还是从现实的角度，尤其是出于新时期中国文化走出去的战略需要，中译外问题都应得到翻译学界的重视，加强中译外研究是时代赋予翻译学界的重任。

- 国家文化对外的深层次影响主要体现在价值观上，价值观的影响从某种角度来说就是一种文化的本质性影响。因此，要提升国际影响力，我们就应当推动中国历史中形成的最本质、最优秀、最精华的部分"走出去"。

---

1 本章写作得到了曹丹红教授的帮助，特此鸣谢。本章中的论述主要来源于本人近年对中译外的思考，参见高方、许钧：《现状、问题与建议——关于中国文学走出去的思考》，《中国翻译》，2010年第6期；许钧：《从国家文化发展的角度谈谈翻译研究和学科建设问题》，《中国翻译》，2012年第4期；许钧：《关于新时期翻译与翻译问题的思考》，《中国翻译》，2015年第3期；许钧：《当下翻译研究中值得思考的几个问题》，《当代外语研究》，2017年第1期。

新世纪以来，随着中国国力的增强，中国的国际影响力也在不断增强。在中华民族伟大复兴的语境中，中外关系在一定意义上可以说是发生了根本性的变化，中国文化出现了在文化自觉与文化自信两种心态支持下大步走向世界的新态势。从西学东渐转向东学西传，对翻译界而言，思考翻译的语境发生了根本性的变化，因而，思考翻译的路径和维度不可能不发生变化。这一根本性的转变确实给翻译研究者提出了新的问题，比如，在新的语境下，应该如何理解与定位翻译？在"中译外"比重逐渐超过"外译中"的时代，翻译的本质是否发生了变化？翻译的概念是否应该重新界定？翻译的方法、模式与标准是否应该更新？翻译的责任与历史使命是否不同以往？翻译研究者的重心是否应该转移至对中译外的研究？新的时代、新的语境向翻译研究者提供了哪些新的课题？在探索新问题的过程中，翻译研究者又采用怎样的方法，坚持怎样的原则，恪守怎样的伦理？这些问题都迫切需要我们去思考、去回答。

12.1 中国文化走出去与翻译

12.1.1 中国文化走出去背景

中国文化走出去实际上并不是今天才发生的。据学者考证，在商代晚期，中国的制陶与制铜器技术已经"走出去"，对叶尼塞河流域的卡拉苏克文化产生了影响。[1] 从文化典籍的传播来看，据马祖毅、任荣珍考证，大致在公元508年至534年间，即中国南北朝的北魏时期，中国僧人昙无最的《大乘章义》就已被译成梵文传至西域[2]。明末清初，利玛窦等大批西方传教士陆续来到中国，为了了解中国社会和中国人的心理以便更好地传教，他们将《论语》等中国典籍翻译成西文，供西方读者阅读，"开启了中国文化西传的第一次高潮，此阶段中国典籍西译的数量之大在今天看起来也是很惊人的。据考狄书目统计，在16–18世纪这200年间，西方出版了关于中国研究的各类图书达上千种"[3]。明末清初传教士的翻译活动一方面增进了西方对中国的了解，另一方面也直接推动了西方汉学的发展。

在此后的几百年间，中国的哲学典籍、宗教文献、历史书籍、小说、古典戏剧、中国传统医药等书籍作品被陆续译成拉丁语、法语、英语、德语、意大利语、西班牙语、日语、朝鲜语等语言，在世界各个国家广为传播。以法国为

1　参见《中西文化交流史》，沈福伟，上海人民出版社，1985年，第10–13页。

2　《汉籍外译史》，马祖毅、任荣珍，湖北教育出版社，1997年，第2页。

3　《中国古代典籍外译研究的跨文化视角》，张西平，《新疆师范大学学报》(哲学社会科学版)，2015年第2期，第106页。

例，如《论语》、《大学》、《中庸》、《孟子》、《庄子》、《诗经》、《书经》、《礼记》、《春秋左传》、《仪礼》、《孙子兵法》等诸子百家典籍，如《唐诗》、《离骚》、《宋词》、《陶潜诗选》、《中国古诗选》等古典诗歌，如《赵氏孤儿》、《西厢记》、《窦娥冤》、《琵琶记》、《水浒传》、《红楼梦》、《三国演义》、《金瓶梅》、《儒林外史》等中国重要的经典戏剧与小说均已被译介到法国，其中《论语》等儒家典籍、《红楼梦》等文学名著还被收入法国著名的经典名著丛书"七星文库"。

至20世纪二三十年代，一批早期的留学生对中国文化进行推介，他们通过自译（autotraduction）的形式，自己撰写英文把中国的思想传播到国外，也有一些留学生积极译介一些具有代表性的中国文学作品，为中国文学文化对外传播做出了重要贡献。例如赴法国里昂中法大学求学的学子中，敬隐渔第一个将《阿Q正传》翻译成法语，编了法语版《中国当代短篇小说家作品选》，收录了鲁迅、茅盾、郁达夫、冰心等作家的作品；他翻译的鲁迅作品深受法国著名作家罗曼·罗兰的推崇。徐仲年的博士论文研究的是李白，他还用法文撰写了介绍杜甫、白居易、曹雪芹等中国著名诗人、作家的学术论文，同时也编译了一部法语版《中国诗文选》（*Anthologie de la littérature chinoise*）。李治华历经二十余载将《红楼梦》翻译成法语，这是迄今唯一一个《红楼梦》法语全译本。此后，李治华还不遗余力地向法国读书界与文化界介绍《红楼梦》，法语通用百科全书（*Encyclopædia Universalis*）中的"红楼梦"（Hong Lou Meng）词条即由李治华撰写。

新中国成立以后，为了向世界介绍新中国，加强世界文化交流，外文局于1951年创办英文版《中国文学》杂志，翻译刊载反映新中国成立后人民生活新面貌的当代文学作品。至2001年停刊时，《中国文学》英法文版已出版590期，"共翻译文学作品3000多篇，介绍古今作家和艺术家2000多人次，传播到世界159个国家和地区，为对外介绍中国文化做出了特殊的贡献"[1]。1981年，时任《中国文学》主编的杨宪益倡议出版"熊猫丛书"，以国宝熊猫为标记。丛书先将杂志上已译载过的作品结集出版，后又增加新译作品。丛书主要用英、法两种文字翻译出版中国古代和现当代的优秀文学作品，也出版了少量德文、日文等语种的译本。由于丛书的作用日益重要，1986年中国文学出版社正式成立，承担出版《中国文学》杂志、"熊猫丛书"等任务。自1981年创立以来，"熊猫丛书"在150多个国家和地区发行，至2007年底，共出版从《诗经》至当代作家作品190多个品种，成为世界了解中国的重要窗口。21世纪的

---

1 《从读者反应看中国文学的译介效果：以英文版<中国文学>为例》，郑晔，《中国比较文学》，2017年第1期，第71页。

头一个十年，出于种种原因，"熊猫丛书"的出版处于停滞状态，直至2009年德国法兰克福书展。这一年，中国成为法兰克福书展的主宾国，借此良机，外文出版社重拾"熊猫丛书"的招牌，首批推出了40种英文版中国现当代作家作品，将中国最具影响力的一批现当代作家介绍给外国读者。

但是，中国文化走出去真正成为全社会高度关注的话题，还是在进入新世纪尤其是在进入21世纪第二个十年以后。2011年11月，党的十七届六中全会提出"建设社会主义文化强国"的奋斗目标。这一重大战略纲领立足我国的文化传统和文化资源，明确了文化发展的根本性质、基本路径和未来前景。在全球化的时代背景下，要将这一战略目标落到实处，就必须形成与我国国际地位相称的文化软实力，提升中国文化的国际影响力，因此"提高文化开放水平，推动中华文化走向世界"被列入了"文化强国"必须遵循的重要方针。党的十八大以来，国家进一步加大了文化走出去的力度，出台了各项方针政策，并先后印发了《关于进一步加强和改进中华文化走出去工作的指导意见》《关于加快发展对外文化贸易的意见》《关于加强"一带一路"软力量建设的指导意见》等文件，加强对中国文化走出去的指导与支持，有力推动了文化走出去的步伐，进一步扩大了中国文化的国际影响力。在国家政策的支持下，在社会各界的努力下，近年来，"无论是文学、影视、戏剧，还是文物展览，越来越多的文化精品走出国门，以各自的方式讲述中国故事，传播中国智慧，成为世界了解中国的窗口和丰富文化外交、推动文明互鉴的重头戏"[1]。

12.1.2 中国文化走出去与翻译

在世界文化交流的过程中，翻译具有重要的、不可替代的作用，具有文化构建性的力量，促进了不同文化之间的了解、借鉴与尊重。应该说，没有这项旨在沟通人类心灵的跨文化交际活动，人类社会便不可能有今天的发展。在全球化日益加快、多元文化共存的语境下，中国文化要走向世界，得到世界的关注、认可与重视，同样也离不开翻译，文化软实力无论输入与输出，首先是个翻译问题。在中国文化走出去的历史进程中，典籍外译扮演了"先行者"的角色。进入新世纪、新时代，随着国家文化发展战略的提出，翻译被赋予了更为重大的历史使命和责任。

---

1 《向世界展现一个多彩的中国——十八大以来中国文化走出去述评》，牛梦笛，《光明日报》，2017年9月11日。

12.1.2.1 中国文化走出去背景下翻译的机遇

在中国文化走出去背景下，翻译遇到了前所未有的良机。首先，文化走出去加大了对翻译人才的需求。《中国文化"走出去"年度研究报告》（2018卷）提到的中国文化"走出去"的八个领域几乎都需要借助翻译，尽管有些可能借助书面翻译的形式，另一些可能借助口头翻译的形式。从笔译来看，国家各部门设立的多个大型外译项目需要大量的译者参与。比如这其中知名度最高的"大中华文库"。"大中华文库"在1994年由国家新闻出版总署推出，多家出版社共同参与出版，被列入国家规划的重大出版工程，是我国历史上首次系统全面地向世界推出中国古籍整理和翻译的重大文化工程，也是弘扬中华民族优秀传统文化的基础工程。该工程计划收录我国自先秦至近代在文学、历史、哲学、经济、军事、科技等各领域最具代表性的百余部经典著作，先从古代汉语译成现代汉语，再从现代汉语译成英、法、西、德、阿、日、俄、韩等8个语种。"从1999年1月1日外文出版社出版《孙子兵法·孙膑兵法（汉英对照）》，拉开了"文库"系列图书出版的序幕，到2014年7月1日五洲传播出版社出版《唐诗选（汉法对照）》，"文库"已经出版了汉英对照版97种，汉法对照版11种，汉西对照版9种，汉德对照版8种，汉俄对照版3种，汉阿对照版6种，汉日对照版6种，汉韩对照版尚待出版"[1]。从已出版的一百多种译著来看，"大中华文库"的译者大多是中国译者。此外，国家还推出了"中国文学海外传播"工程、"中国当代文学百部精品译介工程"、"经典中国国际出版工程"、"中国图书对外推广计划"、"中国文化著作翻译出版工程"、"国家社会科学基金中华学术外译项目"等计划和项目，系统、持续地推动着各类中文著作的对外译介，全方位地向世界译介中国，而这些项目都无法缺少译者的直接参与。

其次，文化走出去推动了国内高水平翻译人才和语言服务人才的培养。仍旧以"大中华文库"为例，"大中华文库"的翻译工作实际上锻炼并培养了一批优秀的中译外人才。自工程启动以来，"大中华文库"工作委员会十分注重对译本翻译质量的强调，入选"大中华文库"的作品包括两部分，一部分是已经存在、深受读者好评的经典旧译，另一部分是新译，由中外翻译名家翻译，同时需要接受严苛的中外文校核才可付梓，从而保证了这些译著的翻译质量。"大中华文库"的出版发行无疑为汉译外的学习者提供了可靠的译文范例，有助于提升译者的翻译水平。另外，参与"大中华文库"工程的也有一些年轻翻译家，他们在翻译工作中不断积累经验，提升水平，逐渐成长为翻译名家，其

---

1 《中华文化典籍的对外译介与传播——关于〈大中华文库〉的评价与思考》，许多、许钧，《外语教学理论与实践》，2015年第3期，第14页。

翻译的中国文化典籍被国外重要的或主流的出版社接受并出版。承担"大中华文库"翻译工作的中青年学者如王宏和傅惠生（《易经》译者）、朱源（《紫钗记》译者）等均已成为典籍英译界的知名专家。

最后，文化走出去促使翻译活动的价值与重要性得到承认。翻译对中国历史与文化所起的作用是不可估量的，但因种种原因，翻译在中国社会的地位始终与它的价值不相匹配。与作者相比，译者始终处于次一等的位置，译者的名字很多时候不会出现在译著封面上，即使出现了也无法获取读者的注意，译者的权利时常得不到保障，文学译者薪酬低下，这些方面都是翻译价值与重要性尚未得到完全认识的反映。文学文化走出去政策推行以来，我们看到社会各界对翻译的关注度有显著的上升，类似"文化走出去，翻译来搭桥"的口号也屡见不鲜，各级各类翻译研究会议与论坛的召开频率明显提高，翻译领域外的学者频繁提及翻译，大众也开始谈论翻译，翻译行业甚至成为偶像剧表现的对象，凡此种种，都有助于提升翻译的社会认可度与社会地位，因而也有助于翻译学科的建设与发展。

12.1.2.2 中国文化走出去背景下翻译的挑战

中国文化走出去，翻译大有可为。与此同时，在新的语境下，翻译也面临新的挑战。首先第一个挑战便是有能力的译者稀缺的问题，目前各语种能胜任中译外工作的海外译者屈指可数，因而很多外译项目只能由中国译者来完成。有能力的译者稀缺还间接造成了另一个问题：外国主要语种的翻译分布不平衡，英文翻译明显偏少。李朝全曾做过一个统计，指出中国当代文学的译介涉及 25 个语种之多，译介种类最多的三个语种为日文、法文和英文，分别为 262 种，244 种和 166 种[1]。英语世界地广人多，而且有美国和英国这样在当今国际社会具有重要影响力的国家，可数十年来译成英语的中国当代文学作品却只有 166 种。即使在近年，中国文学在美国受忽视的状况也没有得到大的改善。中美图书交易的严重失衡，中国文学作品在美国译介的数量之少，这在很大程度上影响了中国文学走出去的进程。

第二个挑战是译介与传播渠道的问题。近年来，中国文学作品在国际上译介的数量大幅度增加，但如果我们仔细了解一下被翻译过去的图书的发行量及其产生的影响，我们不得不看到这样一个现实：国外主流出版机构少有参与中国文学作品的译介与推广。在"汉学家文学翻译国际研讨会"上，许多汉学家

---

1 参见《中国当代文学对外译介情况》，李朝全，中国作家协会《汉学家文学翻译国际研讨会演讲汇编》，2010年。

都谈到了这一问题。英国汉学家蓝诗玲指出："中国小说欲在英语出版中取得一席之地需要付出更多的努力。文学翻译很难引起广告资金充裕的大商业出版社的兴趣，中国文学作品往往由学术出版机构出版，这更加使得中国文学始终被归在学术化专业化的角落。当商业出版社最终出版翻译作品时，相对于英语原版以及其它语言翻译过来的作品来说，出版商用在监控文体质量的编辑力量是少之又少。"[1]除了主流出版机构参与度不高之外，中国文学作品在国外市场的流通渠道也不畅。美国汉学家罗福林谈到，中国文学的译本在美国大学图书馆能找到，"但是在美国图书市场上，也就是说主流的连锁书店，基本上不会出现。在美国，相当一部分美国大学出版社出版的中国文学作品（主要是古代和现代的作品）也是这个情况，在商业市场是没有销路的。至于主流出版社出版的长篇小说和小说集，如莫言、苏童、王安忆、余华等当代作家的作品，虽然在主流的书店出售，但是它们与其他的所有的小说都放在一起，读者不知道要找莫言的作品，也不一定能注意到，因为经常没有东亚或中国文学的专柜。"[2]据我们了解，国外也有一些小型出版机构，确实对中国当代文学的翻译与出版感兴趣，但由于资金有限，很难有大的或系统的翻译出版计划，很大程度上依赖于我国的出版资助，在发行渠道方面也很少开拓，很可能无法持续地推进中国文学文化译介的工作。因而，寻求与国外主流出版机构的长期合作是文化走出去背景下翻译遇到的另一个重要挑战。

第三个挑战是，中译外的整体翻译质量尚需提高。以中国现当代文学的外译为例，随着中国政治经济的崛起，中国文学在海外受到了越来越多的关注。这种关注促进了中国现当代文学的传播，但就整体而言，中国当代文学在国外的影响力十分有限。这种局面一部分是由作品的翻译质量不理想造成的。就我们了解，目前在对中国文学的译介中，转译比较普遍，对原著精神与意蕴的忠实传达难以保证。与此同时，一些海外译者在翻译中国现当代文学作品时，以适应读者为由，为商业利益所驱使，对原著不够尊重，随意删节和删改的现象较为严重，影响了原著的完整性。此外，中国目前有很多重要的外译项目鼓励中国译者申报，也有部分译者受利益驱使，在立项后随意对待翻译工作，粗制滥造。例如李景端曾提到，"在'中国图书对外推广计划'第六次会议上，多位资深专家疾呼：翻译'惨不忍睹'，文学社科类翻译'大家'难寻。他们指出外销书存在的毛病是：语言质量差，翻译生硬，简单的词汇堆砌，意思走样，甚至出现政治错误；翻译艺术水平不高，受中文思维框架的影响，多是给

1 《英译中国文学：英语出版所面临的问题》，蓝诗玲，中国作家协会《汉学家文学翻译国际研讨会演讲汇编》，2010年，第7页。
2 《中国文学翻译的挑战》，罗福林，中国作家协会《汉学家文学翻译国际研讨会演讲汇编》，2010年，第81页。

予字面上对应翻译，外国读者很难接受，达不到跨文化交流的目的。还有的直言：'这样的翻译，我自己看起来都觉得很别扭，更不要说让外国人看得懂了。'"[1] 因此，翻译要为文化走出去铺路搭桥，关键还是要提升翻译的质量。

12.1.3 中国文化走出去背景下加强中译外研究的重要性

法国汉学家艾田蒲在《中国之欧洲》中提出"光自东方来"的论说，他强调了文化交流的双向视野，也即一个国家旺盛的文化生命需要对外的吸收以及内部的输出两个方面，这是一种双向的交流。以往我国的翻译活动以外译中为主，翻译研究自然较多地关注外译中，某种程度上忽视了对中译外的研究，对翻译投去的是单向的目光，也没有意识到单向目光存在的不足。今日，中国文化走出去的背景为译界提供了反思的良好契机，促使研究者意识到，无论从历史的角度，还是从现实的角度，尤其是出于新时期中国文化走出去的战略需要，中译外问题都应得到翻译学界的重视，加强中译外研究是时代赋予翻译学界的重任。

加强中译外研究首先无疑有助于理解复杂的中译外活动，助推中国文化走出去。上文已经提到，中译外实践也同外译中实践一样有着悠久的历史，然而国内的中译外研究却处于起步阶段，与丰富的中译外实践相比，中译外研究是相对滞后的，实践中出现的很多问题，都还没有得到深入的思考。诚然，作为一种翻译活动，中译外活动具有一般翻译活动的特点，其中涉及的一些基本问题，比如翻译本质、译者主体、影响翻译的因素等等，均可参照本书前面相关章节的内容进行理解。问题主要在于，中译外实践也带有自身的特殊性，翻译方向反转以后，一方面，翻译功能的侧重点发生了转变，从引进与吸收国外先进文化转变为向外推介中华民族优秀文化，连带影响翻译方法与策略的转变，另一方面，翻译研究的侧重点也发生转变，从主要考察翻译对中国历史社会影响转变为主要思考如何有力推动中国文化走出去。由于中国文化内涵丰富，走出去面向的海外世界差异巨大，因而在中译外的研究中，我们既要进行一般的理论思考，也要进行细致的个案研究。

我们可以举几个例子。比如中华典籍外译至少有几百年的历史，在不同的历史时期，国籍、身份不同的译者已对不少典籍进行过翻译，有些典籍甚至已具有数个译本，而我们国家从上个世纪末开始设立"大中华文库"等项目，精选中华典籍进行翻译。再如毛泽东思想的外译与传播。据马祖毅的研究，毛泽

---

1 《没有好翻译 别想顺畅走出去》，李景端，中国翻译协会官网，http://www.tac-online.org.cn/index.php?m=content&c=index&a=show&catid=414&id=1319，2016年1月13日。

东著作在国外有十几种语言的译本。新中国成立后，国外对毛泽东著作的译介很多，日本共产党还成立了"毛泽东选集翻译委员会"，组织翻译了多卷毛泽东的作品。日本毛泽东文献资料委员会编辑出版了20卷的《毛泽东集》。1980年代初，美国弗吉尼亚州奥克顿的中国资料研究中心影印出版了《毛泽东讲话和文章汇集》，全套23卷，共计5500页。我们国家从20世纪50年代开始组织力量翻译毛泽东的著作。这两种情况向研究者提出了一些普遍的问题，例如为什么在国外已有译本的情况下我们还要重新进行翻译？国外的翻译选择与我们自己的翻译选择有什么不同？翻译策略又有何区别？差异反映了什么问题？我们是否需要根据这些差异来调整自己的策略？关键性的思想如何译介？……如果不预先对这些问题进行思考，翻译实践就会失去方向。

另一方面，不同的中译外现象为我们提供了机会，去思考问题的不同侧面。还是上文两个例子。从典籍翻译来看，如果我们考察不同国家对中华典籍的翻译，会发现很多有趣的现象。比如法国著名汉学家程艾蓝出版有一套中法双语对照的"汉文法译书库"（*La Bibliothèque chinoise*），出版文学、科技领域的汉籍经典，从2010至2017年底，书库共出版二十五部法译汉籍经典作品，其中第一部是扬雄的《法言》，第二部是《盐铁论》。相比一般按照经典作品重要性进行的翻译，"汉文法译书库"的选择无疑别具一格。那么，主编与译者为什么会有这样的选择？这一选择对于在法传播中国文化有什么影响？对这些问题的思考有助于理解法国译介外国学术著作的某种倾向，进而更好地推出中国的学术著作。再看毛泽东思想的翻译与传播。1927年5月27日，共产国际的机关刊物《共产国际》用俄文发表了毛泽东的著作《湖南农民运动考察报告》。这是毛泽东第一部被外译的著作，西方也是通过这部作品，对毛泽东思想有了初步的认识。那么，外国对毛泽东思想的译介为什么始于那个时期，为什么选择这部著作？对于这一问题的回答，则有助于我们加深对毛泽东思想的认识。总而言之，中译外研究需要我们结合具体的历史文化语境和具体的文本进行深入探索，泛泛而谈无助于理论与实践的发展。

其次，深入的中译外研究也有助于摆脱人云亦云，纠正错误观点。例如中译外谁来做的问题，不少人凭借历史经验，不假思索地认为这一任务应该由外国人来完成，所谓顺译，进而对目前中译外主体主要为中国人的现状持担忧甚至批评的态度。但是，已有一些研究证明，由中国人自己来做中译外，同样可以获得高质量的译文及正面积极的读者反馈，上文提到的王宏等专家学者进行的典籍翻译活动即是很好的例子。王宏先后主译了了《梦溪笔谈》、《明清小品文》、《国语》、《山海经》、《墨子》等五部作品。全英文版《梦溪笔谈》、《明清小品文》被英国帕斯国际出版社选中，于2011年和2013年在全球发行出版。《梦溪笔谈》英文全译本出版后广受关注与好评，被牛津大学、剑桥大学、哈佛大学、耶鲁大学、哥伦比亚大学、斯坦福大学等几十所英美著名大学图书馆收藏。帕斯国际出版社在 2011 年出版精装本后，又于 2014 年出版了平装本，充分说明《梦溪笔谈》英文全译本在国外的影响。这些正面反馈充分反映了中国译者的水平，也加强了译者对自身工作的认同感，促使其更为自信、自觉地投入到中国文学与文化外译的工作中去。再以《中国文学》的翻译与接受为例。郑晔曾撰写博士论文探讨英文版《中国文学》的译介问题。她通过研究指出："《中国文学》在其发展的第一阶段（1951—1965）和第三阶段（1977–1989）发行量较大，读者反应较好，部分作品被频繁引用并被收入工具书，杨氏夫妇（作者注：指杨宪益、戴乃迭）的译作还被一些高校当作教材使用。作为专门译介中国文学的惟一一本官方英文期刊，《中国文学》得到许多国家公共图书馆和高校及研究所图书馆的收藏，部分图书馆有全套的刊物。也就是说，《中国文学》在创刊初期和新时期实现了其译介目标。"[1] 我们或许会从直觉出发，认为逆译的质量与效果不如顺译，但要将其上升为学术论点，则必须经过严肃的调查与论证。

再次，中译外研究不仅能推动译介研究，一定意义上还可以丰富和推动中国文化的发展。随着中国经济与社会的发展，中华民族要全面复兴，必然要重视文化的源头，重视传统文化，倡导从优秀的中国传统文化中汲取养分。习近平主席在纪念孔子诞辰 2565 周年国际学术研讨会暨国际儒学联合会第五届会员大会开幕会上强调"从延续民族文化血脉中开拓前进"，"推进各种文明交流交融互学互鉴。"《论语》作为中国儒家思想最重要的经典之一，是中国传统文化的代表，在中国文明史上占有重要的地位，在国际也广为流传，具有重要的影响力。以往的翻译研究往往只是从《论语》的语言转换角度去讨论。然而我们知道，在不同历史时期，中国人本身对《论语》以及儒学的理解是不同的。那么，国外对儒学的理解是怎样的？比如法国人、美国人、德国人、日本人对《论语》的阐释和翻译方法一样吗？西方到底是怎么接受《论语》的？《论语》中的哪些思想在西方受到重视？这些思想对西方文明发展是否有重要的启迪意义？从这些问题出发，我们可以看到，以《论语》为代表的中国典籍外译不是一个简单的语言转换问题。一方面，不同国家对《论语》的接受差异促使我们借助他者之镜反思《论语》及其他儒家经典，并在新的语境下对其进行新的阐释，以拓展经典的内涵，赋予其新的时代价值。另一方面，考察西方国家对《论语》等儒家经典的翻译与接受实际上也是在考察其对文本承载的中国传统文化与思想的接受，这事关中国文化是否真的能够为世界文明的发展带来新

---

1 《国家机构赞助下中国文学的对外译介——以英文版〈中国文学〉（1951—2000）为个案》，郑晔，上海外国语大学博士论文，第 138 页。

的途径和新的价值，也涉及到中国能否平等参与世界文明对话。从这个意义上说，研究儒家经典在国外的翻译与接受问题也为我们提供了契机，我们应站在全人类发展的高度来反观与反思自身的文化与价值观，进而树立更为牢固的文化自信心。

最后，对中译外研究的加强有助于拓宽翻译研究领域，加深对翻译活动的理解，促进翻译学科建设。中译外实践中涌现了很多翻译新现象，假如仍然用旧有的思维与方法去把握，可能无法有效地解决问题。例如，王宏印在提到典籍翻译研究问题时很中肯地指出："现在翻译界的理论题目大部分来自西方现当代的翻译理论，中国的翻译问题突然成为一个题目，这是很多人始料未及的，所以不太容易把握它，不太容易做好它。现在很多理论问题的关注点还在标准，或是归化、异化这些老生常谈的问题上。换言之，由于理论家们不够敏锐，不能提出新的理论思考角度，所以一说典籍翻译又说到老的问题上去了，这是典籍翻译理论研究极为缺乏的一个状态。当然，这些老的问题也还没有完全解决，还可以做进一步的研究。我们将来应该在典籍翻译理论研究方面做进一步的规划，鼓励更多的人来从事这方面的研究。"[1] 不仅典籍翻译是如此，其他中译外领域存在同样的问题，需要研究者具备理论敏感性，真正地抓住问题的症结，展开行之有效的讨论。此外，旧有方法的失效迫使研究者对方法本身进行反思，为翻译理论与方法的更新提供了契机，促使翻译学朝着更为科学、更为完善的方向发展。

12.2 中国文化走出去语境下的翻译

中国文化走出去背景下的中译外实践在很多方面不同于我们所熟悉的外译中活动，这使不少学者产生了疑问：翻译活动是一种双向的活动，以往我们采取的是单向的视野，这样的视野是否影响了对翻译本质及翻译功能的全面理解？由于翻译活动与中国文化走出去政策紧密相连，翻译被赋予了过去似乎并不具备的功能，因而此前单向视野下公认的翻译标准是否仍然行之有效？换言之，是否需要重新界定翻译本质及其价值，是否需要重新审视翻译标准与伦理问题，成为新的语境下研究者必须首先面对的问题。

---

1 《典籍翻译，任重道远——王宏印教授访谈录》，王宏印、荣立宇，《燕山大学学报》（哲学社会科学版），2013年第3期，第5页。

12.2.1　翻译的重新定义与定位

在新的历史时期，翻译活动呈现出一些新的特点，学界予以了充分的关注，提出应该重新为翻译定位。一段时期以来，国内召开的翻译学术研讨会对翻译重新定位问题多有涉及。《中国翻译》和《东方翻译》联合发起的"何为翻译：翻译的重新定位与定义"论坛，第一届、第二届分别于2015年3月、2016年5月在广州与上海举行，两次会议均围绕"当前翻译所处的时代语境和翻译的使命"，就如何重新定位与定义翻译这个主题展开讨论，会议成果集中刊登在《中国翻译》2015年第3期、2017年第1期等相关杂志上。

作为翻译学者，谢天振密切关注时代的发展与翻译活动的新变化，自觉而敏感地提出了重新定位与定义翻译的问题。他在多次会议上呼吁翻译学界对此问题展开讨论，并撰写《现行翻译定义已落后于时代的发展——对重新定位和定义翻译的几点反思》等论文表明观点。谢天振的基本观点有二：一是现行的翻译定义已经落后于时代的发展，二是翻译发生了重大变化，翻译应该重新定位。[1] 无论从理论自觉还是从观点的逻辑演进看，谢天振的观点无疑都值得重视，也正因如此，他提出的重新定位翻译的呼吁得到了译学界的积极响应。

翻译是否真如谢天振等学者呼吁的那样，在新的时代需要重新定位与定义呢？既然是重新定位，就必然有对现行定位与定义的反思。那么，"现行的翻译定义"是什么呢？谢天振在《现行翻译定义已落后于时代的发展——对重新定位和定义翻译的几点反思》中举了具有代表性的中西共四种定义："中文以《辞海》和《中国大百科全·书语言文字卷》里对翻译的释义为代表，前者称：'翻译：把一种语言文字的意义用另一种语言文字表达出来。'后者说：'翻译：把已说出或写出的话的意思用另一种语言表达出来的活动。'西方的定义则可以《牛津英语词典》里的释义为例：(a) 'The action or process of turning from one language into another; also, the product of this; a version in a different language'（从一种语言到另一种语言的转换行为或过程；亦指这一行为的结果；用另一种语言表述出来的文本。) (b) 'to turn from one language into another; to change into another language retaining the sense...'（把一种语言转换为另一种语言；把一种语言转换成另一种语言并保留原意……"[2]

上述四种定义将翻译视作语言转换活动，对于这样的翻译定义，译学界自然应该反思，也完全有理由对其进行重新定义与定位。问题在于，词典上这几

1　参见《现行翻译定义已落后于时代的发展——对重新定位和定义翻译的几点反思》，谢天振，《中国翻译》，2015年第3期，第14–15页。

2　参见《现行翻译定义已落后于时代的发展——对重新定位和定义翻译的几点反思》，谢天振，《中国翻译》，2015年第3期，第14页。

条翻译定义明显落后于目前翻译学者甚至普通读者对翻译的理解，如果今日翻译学界的讨论仍然以上述词典中的翻译定义为基础，那么对学界近三十年对翻译的探索以及取得的研究成果应该如何看待呢？换句话说，对翻译的重新定位和定义，应该充分考虑到中外翻译学界近三十年来的翻译研究成果。一般来说，对翻译的定义会从形式与功能两个层面入手。谢天振列举的"现行"翻译定义是从形式入手进行的定义，如此对翻译活动加以定位是不充分的。三十多年来，中外翻译学界不断探索，不断深化对翻译的认识。如果我们以这样的定义作为今日学界讨论翻译重新定位的基础，那么这种讨论既不符合翻译学界的研究实际，也无益于推动对翻译的进一步探索。

那么，在新的历史时期，到底应该如何为翻译定位呢？我们认为仲伟合的观点具有重要的引导性。仲伟合在《中国翻译》上发表了《对翻译重新定位与定义应该考虑的几个因素》一文。针对学界对翻译的模糊认识，他在文中提出，对翻译进行重新定位与定义应该考虑如下因素：一是对翻译进行重新定义与定位应当了解翻译的特征；二是对翻译进行重新定义与定位应当了解翻译的本质；三是对翻译进行重新定义与定位应当了解翻译所起的作用；四是对翻译进行重新定义与定位还应关注翻译活动及翻译学科发展的几个变化。[1] 仲伟合认为讨论翻译的重新定位与定义问题，不应该忽视中外翻译学界对翻译的本质、作用、价值的深入思考，也不应该忽视学界获得的重要成果和研究进展。

尽管谢天振与仲伟合的观点存在差异，但他们都提到了当前的翻译活动及翻译学科发展中出现的几个方面的变化，并指出，对这些变化的关注有助于我们在新的语境下对翻译进行新的理解与定位。例如谢天振提出五个方面的变化，涉及翻译的主流对象、翻译的方式、翻译的工具与手段等等，其中变化的第四个方面"越来越多的国家和民族开始积极主动地把自己的文化译介出去，以便世界更好地了解自己，这样两千多年来以'译入行为'为主的翻译活动发生了一个非常重要的变化，民族文化的外译也成为当前翻译活动的一个重要领域。相应的，文化外译，包括相应的文化外译理论，正成为当前翻译研究的重要内容。"[2] 这一点非常重要，因为在新的历史时期，要认识翻译与理解翻译，确实应该关注翻译路径的变化和文化外译的研究状况。

总的来说，在新的时代要正确认识翻译、理解翻译，我们需要在目前学界已取得的翻译研究成果的基础上，从翻译的固有属性出发，历史地把握翻译的

---

1 《对翻译重新定位与定义应该考虑的几个因素》，仲伟合，《中国翻译》，2015年第3期，第11–12页。
2 《现行翻译定义已落后于时代的发展——对重新定位和定义翻译的几点反思》，谢天振，《中国翻译》，2015年第3期，第15页。

本质。我们在上文提到从社会性、文化性、符号转换性、创造性、历史性五个角度考察翻译的内涵,在新的语境下它们仍然适用于对翻译的理解。这是因为:首先,翻译最明显的特点是其符号转换性,因此,要对翻译有本质的认识,必须正确认识符号创造在人类社会中的地位以及对于人类自身发展、社会进步与文化创造的重要贡献。其次,翻译作为人类跨文化交流的重要活动,自然会随着人类的交流需要与社会的发展而呈现越来越丰富多样的形式,无论是宗教典籍翻译、文学经典翻译还是实用文献翻译,都是人类的交流需要。而社会的发展,尤其是科学技术的发展,会促进翻译方式的变化。一旦翻译对象和翻译方式发生变化,翻译观念也自然会发生变化。因此,要认识翻译与理解翻译,就应该树立历史的发展观,关注历史上出现的种种翻译现象,对其做出合理的解释,而不是对传统与历史的全然否定。翻译在历史的发展中不断发展,我们不能把对翻译的阶段性认识当作对翻译的终极性理解,把一时的变化当作恒久性的普遍准则。再次,要认识翻译与理解翻译,应该有对现实重大问题的关照,在中国文化走出去的进程中,翻译理论界要直面来自政府、社会和文化界提出的有关翻译的重要问题:翻译在中国文化走出去过程中应该承担怎样的责任?如何避免中国文化在走出去过程中遭受误读或曲解?如何克服障碍,使中国文化得到真实有效的传播?在当前语境下,如果不关注这些问题,必然无法获得有关翻译的正确全面的认识。最后,对翻译的定位与定义应站在跨文化交流的高度进行思考,以维护文化多样性为目标来考察翻译活动的丰富性、复杂性与创造性。近三十年来,我们对翻译的认识不断深入,早已不再把翻译看成孤立的语言转换活动。认识翻译和理解翻译的理论视角与途径越来越多元。假如我们站在促进人类文化交流与人类社会发展的高度去看待翻译,我们就能意识到,这些多元的视角与途径不应该是相互否定的关系,而应该是互补性的关系。[1]

12.2.2 翻译的价值

正如我们多次重申的那样,翻译活动是文化交流的先锋,大规模的翻译活动总是出现在历史的重大节点。目前我国正处于把中华文化推向世界的重要发展时期,我们看到在中国的土地上,翻译活动又迎来了一个新的重要时期。在上文我们已经提到,要为翻译定位,就应该了解翻译所起的作用。然而进入新世纪以来,对翻译价值的认识却出现了令人困惑的现象,无论是学界还是社会各界,不少人往往从实用的层面去考量翻译的作用。这样的状况直到现在还

1 参见《关于新时期翻译与翻译问题的思考》,许钧,《中国翻译》,2015年第3期,第8-9页。

没有大的改变，有两种情况尤其值得重视：一是随着语言服务行业的兴起，翻译被定位于语言服务的范畴，这种定位容易将翻译的作用归结于其工具性；二是在中国文化走出去的过程中，"翻译界和文化界对于中国文学的对外译介与传播或多或少表现出某种急功近利、急于求成的功利主义倾向"。[1] 工具性与功利性这两种情况应该引起翻译学界的高度警觉，因为前一种情况把翻译的作用定位于实用层面，归结于工具性，必然导致矮化翻译的结果，而后一种情况缺乏对翻译复杂性的认识，只从市场角度评价翻译作为一种工程项目的即期效益，而未从精神建构的角度来衡量翻译作为一种促进人类文明交流和发展的事业所产生的长远的历史影响，急功近利，必然会导致翻译焦躁症与市场决定论。这两种倾向反映出一个令人担忧的问题，需要引起重视，那就是，一段时间以来，翻译学界缺乏翻译的价值观的指导，过分强调翻译活动的实践功能，在中国文学外译与传播的讨论中，强调以所谓的实际效果为准绳，忽视了对翻译过程的多层面研究以及对翻译价值的深刻认识。

作为人类社会历史最悠久的活动之一，翻译对文化交流与社会发展具有强大的推动作用。对于翻译的功能与价值，季羡林强调："中华文化之所以能长葆青春，万应灵药就是翻译。翻译之为用大矣哉！"[2] 回望中国的近现代史，无论是梁启超、严复对西学的翻译，还是林纾对欧美小说的翻译，都通过新思想、新精神、新文化的引进，启发和教育了一代又一代青年，使他们受到了思想启蒙的洗礼。在新时期，翻译更是在我国的文化强国战略中发挥了不容忽视的作用。翻译与社会的发展密切联系，为解放思想、改革开放和中华民族的复兴起到了开拓性的作用，对新时期中国文化走向世界，提高中国文化软实力，提升中国在国际舞台的形象发挥了重要作用。

要树立正确的翻译价值观，我们一方面要以对翻译之"用"的理论探讨与历史思考为基础，另一方面又要超越对翻译的实际之用的描述与分析，对翻译之"用"进行价值的是非评判。也就是说，"翻译界应立足于翻译的本质特征和根本属性来认识翻译活动的丰富性与复杂性，从翻译的符号转换性和创造性出发把握翻译的本质并真正理解翻译的建构性力量"，同时"应警惕翻译观念与翻译行为的功利主义倾向，以历史的目光与开放的视野，从历史发展和多元文化平等交流的高度考察翻译活动的丰富性、复杂性与创造性，从而进一步认识与彰显翻译活动的各种价值"。[3] 我们在前文已提到翻译的社会价值、文化

---

1 《中国文学对外译介与翻译历史观》，刘云虹，《外语教学理论与实践》，2015年第4期，第3页。
2 《翻译之为用大矣哉》，季羡林、许钧，《译林》，1998年第4期，第210页。
3 《如何把握翻译的丰富性、复杂性与创造性？——关于翻译本质的对谈》，刘云虹、许钧，《中国外语》，2016年第1期，第95页。

价值、语言价值、创造价值与历史价值，在新的时代语境下，这五大价值仍然是翻译价值的最重要内核。

此外，翻译成果还具有重要的学术价值。徐贲将学术定义为探索和发现新知识的方法和过程，是为发现新知识并将获得的知识用于社会普遍教育和其他形式的公共事务参与的手段。学术不只涉及少数学者发现新知识、传播新知识的思想、言论权利，而且还涉及广大社会公众获得新知识、运用新知识的公民权利。[1] 据黄发玉的考察与思考，学术价值又可以分为终极价值和衍生价值两个层面，学术终极价值即对至真、至善、至美的追求，学术衍生价值则为经济、政治、社会等方面产生的效应。[2] 不难理解，没有对终极价值的追求，学术成果的衍生价值便无法实现。在人文学科领域，考量成果学术价值的标准并非其是否满足"纯学术"的形态要求，而是其是否满足人们内在对新知识的需求，以及满足这种需求的程度。从本质上来说，翻译是为了满足人类跨文化交流和跨语言知识传播的需要而发生的，因而作为一种复杂的精神活动产物的翻译成果无疑具有进行学术评价所需的价值维度——对民众的知识、智慧和精神需求的关怀。

翻译的学术价值具体而言可包括翻译成果的学术资源价值、知识创新价值以及人文关怀价值。从学术资源价值来看，翻译引进国外的理论成果，为各学科发展提供重要的理论参照与学术资料。佛经翻译成果的史学价值是举世公认的。历史上著名的翻译家玄奘的佛经翻译成果是我们研究佛教文化发展史的重要资料，也是研究中外文化交流史的重要资料。朱光潜是中国现代美学的开创者之一，他翻译了黑格尔的《美学》、艾克曼的《歌德谈话录》、莱辛的《拉奥孔》、克罗齐的《美学原理》等等，为我国现代美学研究和文艺理论研究奠定了基础，为建立我国的马克思主义美学体系和文艺理论体系作出了重要贡献。

从学术资源的积累到知识的创新只有一步之遥。翻译是具有创造性的活动，这种创造性也意味着翻译在译入语语境中引入前所未有的新东西，从而达到更新知识体系的效果。例如，佛经翻译为中国的语言文学带来了新的意境、新的文体、新的遣词方法等，佛经译者创造的各种便于讲唱佛经内容的变文成了后来的平话、小说、戏曲等中国俗文学的渊源所在，译者所创造的各种词汇极大地增加了汉语语汇的数量、深度和内涵。凡此种种，均推动了汉语的发展。而在新文化运动时期，诸多译者更是借助文学翻译来进行文学和语言革命，通过翻译的话语实践为文学革新寻找可行性和合法性。胡适、

---

1 《什么是学术》，徐贲，《东方早报》，2011年8月17日。
2 参见《学术论——学术的文化哲学考察》，黄发玉，海天出版社，2015年。

梁实秋、郭沫若、苏曼殊、徐志摩等人在外国诗歌翻译中进行的再创作构成了中国新诗诞生的强大推动力。当代也有一些译者主动肩负起文学创新的使命，如青年学者戴从容在翻译乔伊斯的作品时，就在对后现代语境下那些以"裸露程序"为主要特征的实验性文学进行了深入研究的基础上，有意识地探索建立在"异"的理念基础上的翻译方式，意在把新的美学理念带入汉语，推进汉语语言形式的发展。

学术并非个人之事，翻译也不仅仅是译者个人谋生的手段，翻译还是一种建构人类精神世界的活动，翻译成果寄予了译者对社会现实的关怀。学术的价值不仅仅在于个人求知进学，更重要的是为了思想文化的传播和各种社会现实问题的研究与解决。具有人文关怀价值的翻译不仅有助于信息的传播，还有助于社会思想文化境界的提升。近代西学东渐过程中有很多这样的例子。例如，严复对西方社会学文献的翻译，目的是致力启迪国人，解决中国现实问题，带来的是整个中国思想界的改变，严复所译作品的原作者赫胥黎、斯宾塞等也断然不会想到他们的著述在中国会产生如此巨大的社会影响，其翻译成果的价值显然不是以转换了多少个字符可以计算的。"五四"时期，陈望道、施存统、李达等人出于救亡图存的目的翻译了《共产党宣言》等马克思主义著作，开启了马克思主义中国化的进程，其思想启迪的价值自然不可估量。傅雷的翻译是一个典型的充满人文精神的翻译案例。他致力于通过翻译改变国民精神面貌，帮助民众获得精神自由，他的翻译作品寄寓了其关怀人类精神家园、追求真善美、塑造理想人格的责任感。傅雷做翻译，有着强大的社会改造、振奋精神的动机。他翻译《约翰·克利斯朵夫》，有着明确的精神追求："在此风云变幻，举国惶惶之秋，若本书能使颓丧之士萌蘗若干希望，能为战斗英雄添加些少勇气，则译者所费之心力，岂止贩卖智识而已哉"；[1] "现实的枷锁加在每个人身上，大家都沉在苦恼的深渊里无以自拔；我们既不能鼓励每个人都成为革命家，也不能抑压每个人求生和幸福的本能，那末如何在现存的重负之下挣扎出一颗自由与健全的心灵，去一尝人生的果实，岂非当前最迫切的问题"。[2] 傅雷的译著之所以具有多重价值，在社会、文化等各个维度起到作用，当然与他高超的翻译水平有关，但更与他高尚的追求与伟大的胸怀有关。

中国文化走出去，同样应强调翻译的学术价值，从中国文化对促进全世界范围内的文化交流、知识创新与精神世界丰富的角度去推进翻译、研究翻译。总体来看，翻译活动的社会价值、文化价值、语言价值、创造价值、历史价值、学术价值突显了翻译的本质属性，也即交流、传承、沟通、创造与发展，

---

1 《傅雷翻译研究》，许钧、宋学智、胡安江，译林出版社，2016年，第5页。
2 同上。

从某种意义上，这也正是翻译精神之体现。

12.2.3 翻译的伦理

深入认识翻译的本质特征，建立翻译历史观，明确翻译的价值，对于我们正确把握翻译活动有着重要的指导意义。2012年，莫言荣获诺贝尔文学奖，引起了社会各界对翻译的关注，也引发了学界对翻译的诸多讨论。其中最为重要的就是对翻译方法的讨论，其焦点问题就是翻译的"忠实性"原则是否应该恪守。有论者认为，葛浩文对莫言作品的翻译有"删改"，有"调整"，是一种"连译带改"的翻译，这样的翻译方法有效，是帮助中国文学成功"走出去"的"灵丹妙药"。在此基础上，有论者明确提出，忠实于原作的翻译方法已经过时，提倡"忠实"的翻译原则已经不合时宜。

时代的发展呼唤对翻译本质、功能和目标的重新认识，这是理所当然的。但将葛浩文的翻译定性为"连译带改"，再借助葛浩文对莫言获奖所起的作用来论证"忠实性"翻译原则已经过时，这样的逻辑值得怀疑。首先，葛浩文的翻译是不是"连译带改"，还有待进一步的研究。其次，有关翻译的"忠实性"原则已经过时或行不通了的说法，也有必要进一步讨论，因为这不仅关乎翻译方法问题，而且关乎对翻译价值和翻译本质的认识问题，更是一个翻译伦理问题。我们认为，"文学对外译介与传播中的翻译方法问题，就其本质而言，折射的是跨文化交流中如何看待语言文化一致性、如何对待他者文化的伦理问题，非常有必要从翻译伦理的角度进行深入思考"。[1] 1984年，贝尔曼在《异的考验——德国浪漫主义时代的文化与翻译》一书中提出"翻译伦理"的概念，并呼吁展开伦理研究。此后，诸多翻译学者对这一问题展开了探索和思考。事实上，"忠实性"是一个伦理概念，我们所说的"信"，也在此范畴。因此，要廓清围绕"忠实"翻译所引起的困惑，在某种程度上就是要回答"翻译是否应该恪守伦理原则"这一问题。对于这一问题，可以从以下两个方面去思考。

一方面，恪守伦理原则是翻译的本质要求。我们在前面已经提到，翻译是以符号转换为手段，意义再生为任务的一项跨文化的交际活动。晏辉指出，"文化的核心问题是伦理道德问题，包括道德信仰、道德原则与道德情感。伦理道德，从本质的意义上说，乃是如何使人成为人，成为具有人格、既尊重自己又尊重他者的看待方式与对待方式"[2]。翻译的目标在于打破文化隔阂，促进

---

1 《异的考验——关于翻译伦理的对谈》，刘云虹、许钧，《外国语》，2016年第2期，第74页。
2 《现代性与伦理多样性问题》，晏辉，《北京师范大学学报（社会科学版）》，2016年第5期，第134页。

不同文化之间相互了解与融合，是自我与他者之间的一种双向交流。从这个意义来看，翻译活动中的许多重要问题都跟伦理有关。

翻译的伦理首先体现于对"异"的伦理的认识，也即晏辉提到的对他者的尊重，这在当下显得特别重要。翻译中的"异"既是指差异、不同，也有他者、异域的意思，涉及语言、文化、思维等多个层面。翻译的缘起就在于一个"异"字，如果没有"异"，就没有翻译的必要性。"异"既是指语言之"异"，也指与语言之"异"相关的思维、文化等更深层的"异"。有"异"就有"同"，"异"与"同"相反相成，翻译的本质就是要在异中求同，在同中存异。异的考验体现为，在超越"异"的同时又要传达"异"，一定程度保留原作的异质性。因此，翻译需要处理好异与同的关系。"翻译通过语言的转换促进文化的开放，继而又促进思维的开放"[1]，其本质在于自我与他者建立某种联系，通过翻译，自我可以经由他者返回自身、观照自身、丰富自身。

要实现文化开放、求同存异的目标，恪守忠实性伦理至关重要。贝尔曼认为，忠实是翻译的自身目标和内在需要，翻译伦理就在于如何定义"忠实"，而忠实"是人对于自我、对于他者、对于世界和对于经验，当然也是对于'文本'的某种'态度'"[2]。贝尔曼所谓"某种态度"实际上就是一种"尊重"，具体而言就是"尊重原作、尊重原作中语言和文化的异质性。这是贝尔曼翻译伦理思想的核心内容，也是他心目中翻译的伦理目标之所在"[3]。如何对待"异"与"同"，如何协调"自我"与"他者"之间的关系，是理解翻译伦理问题的关键，也是我们在思考中国文学对外译介问题时需要关注的问题。

另一方面，恪守伦理原则是思想文化传承的必要条件。就翻译活动而言，语言转换只是手段，文化交流与传承才是根本。从走出去的一方即中国来说，恪守伦理原则无疑是保持自我的基础。翻译从某种程度上说是赋予作品以来世生命，是文化得以延续的保障。如果我们走出去的文化与实际不符，那么从短时期看容易给其他国家人民留下错误的印象，造成其对中国文化的误解，而这种误解反过来会逐渐成为阻碍我们自己文化发展的障碍。从中国文化意图走进去的国家与民族来看，"连译带改"的译作因为接近目的语文化中的作品而制造较少的阅读与接受障碍，但从长期来看，这样的作品无法为目的语文化提供新颖的元素，自然也无法促使其通过吸收"异"来丰富与发展自身。

---

1 《"异"与"同"辨——翻译的文化观照》，许钧、高方，《南京大学学报》(哲学·人文科学·社会科学版)，2004年第1期，第106页。

2 Antoine Berman: *La traduction et la lettre ou l'auberge du lointain*, Paris, Seuil, 1999, p.74.

3 《异的考验——关于翻译伦理的对谈》，刘云虹、许钧，《外国语》，2016年第2期，第73页。

不同的文化态度和价值取向决定了不同的译介、接受和传播方式。在中国文化外译活动中，人们所从事的不仅仅是两种语言之间的转化，而是要在承认差异、尊重差异的基础上，实现一种真正的双向交流。这种交流既是不同文化间的相互沟通，更是不同文化间平等而长远的对话与融合。"连译带改"的翻译方法及其所体现的价值取向虽然在特定时空环境下有其合理性，但无疑也有其内在风险，需要引起我们的注意。通过翻译进行改头换面，甚至任意梳妆打扮，不仅是对中国文化主体性的伤害，而且有违文化生态多样性的理念，与通过翻译实现双向交流的目标背道而驰。翻译如果在某种程度上成为文化误读或文化过滤的同谋，那就完全背离了翻译在其跨文化交流本质下的根本目标。因此，在"异"的考验中检视翻译对他者的立场与态度、对"异"的认识与处理方式，这是翻译伦理的要求，也是对翻译的必要性与翻译的价值的维护。

12.3 中国文化走出去背景下的翻译研究

我们曾多次提到，翻译研究应该密切关注涉及翻译的重大现实问题。进入新世纪以来，随着中国文化走出去成为中国文化建设的重要方针之一，翻译界适时转换了路径，越来越关注中国文化对外译介，"如何加强中译外研究"这一议题在翻译研究领域得到了前所未有的关注与重视。中国文化走出去实践确实为翻译研究者提供了诸多课题，其中有一些值得研究者重点关注，优先探索。

12.3.1 翻译研究的重要课题

12.3.1.1 围绕某个专题展开研究

中国文化走出去既是国家发展战略之一，翻译活动便承担起了重要历史使命，以提升中国文化的国际影响力为己任。在此种背景下，选择什么样的作品来译，采用什么方式来译才能把这些作品译好，这些问题都具有了战略意义，需要翻译研究者积极参与到研究中来。

第一，从大的类型来看，学界关注较多的仍然是文学作品的翻译。这是一个很自然的现象。首先因为在所有的文化产品中，中国文学走出去历史相对悠久，已形成一定规模。据中国作家协会的统计，至2013年，中国当代文学已有1000余部作品被翻译到国外，被译介的作家人数多达230位，涉及25个语种。这些作品一部分通过《中国文学》杂志和"熊猫丛书"对外推介，一部分通过"香港译丛"译介，还有一部分由英美出版机构策划出版。文学作品外译研究的结论也可以应用于文化走出去的其他领域。其次因为优秀的文学作品都具有普适维度，也就是说，文学作品无论用哪种语言写成，无论讲述多么具有地方性的故事，无论用何种方式写作，最终要思考并尝试回答的，是有关人性、人的存在、人与世界的关系这些问题。文学记录生活的点滴，揭示情感的真谛，探讨存在的意义，描绘个体或集体遭遇的生存困境，呈现困境面前人之抉择的复杂与困难，在对过去的记忆与对未来的想象之中书写了另一种人类历史。读者通过文学接触到自身存在以外的种种可能经验，借助他者经验反思了自己的存在问题，通过想象他者的生活丰富了生存体验，拓展了自己有限生命的宽度。正因此，优秀文学作品尽管讲述不同民族的故事，却因为始终将人的存在作为终极思考对象，由此促进不同国家、不同民族和不同地域的人们对人的存在和人性的思考，促进灵魂的共鸣与精神的升华。这也是文化走出去要以文学走出去为先导的原因。

因此，在文化走出去大背景下，研究者应继续加强对文学外译的研究，尤其重点关注中国当代文学的译介研究。一方面，中国当代文学反映了中国改革开放四十多年来发生的巨变，是深入了解当代中国、理解今日中国人的珍贵资料；另一方面，在这四十年里，中国作家努力吸收传统与外来资源，在文学理念与技法上不断更新，产生了大量杰作，为世界文学的发展贡献了自己的力量，应受到更为广大的读者的关注。尽管如此，中国当代文学在海外的读者与研究者数量仍然很有限。造成这种局限的原因是多方面的，因而至海外展开实地调研是精通外语的翻译研究者可以开展的一项工作，通过考察中国当代文学接受现状及其原因，为文学外译工作献计献策，增强中国当代文学在国外的传播与影响力。此外，近些年来，中国的类型文学、网络文学等走出去态势良好，也值得研究者关注与总结，为纯文学走出去提供参考。

第二，文学是文化走出去的先导，但不是文化走出去的全部。文化走出去的一个重要内容是中国特色社会主义思想的外译。中国特色社会主义思想充分体现了中国政党制度与政治制度的特色与优势，促进海外对中国特色社会主义思想的了解与理解，有助于中国在新的时代保持自我、维护世界和平。但是，目前中国特色社会主义思想，包括毛泽东思想、邓小平理论、"三个代表"重要思想、科学发展观等等的外译均存在一些问题，仅这些专有名词的翻译就存在很多种译法，不仅在译成不同语种时彼此没有协调，即使译出语为同一语种时，国内各部门之间的翻译方法也没有统一。比如说"小康"建设，"小康"这个概念很重要，内涵很丰富，但据我们掌握的资料，仅法语就有三种官方译文，几个主要语种的译文相互之间的意义差别非常明显。这样的翻译显然容易造成理解与交流上的障碍，不利于中国特色社会主义思想的传播。如此一来便出现一个非常核心的问题：翻译活动仅仅是要把大意传达出去，还是要参与构建中国革命实践的伟大理论？如果要参与理论的构建，就要特别注重关键概念和关键术语的译介。一个核心概念，最好有一种固定的权威译法，随意翻译与使用达不到思想交流与传播的目的。而对于这些问题的讨论与解答，无论从实践层面还是从理论层面，都需要译界的介入。

第三，值得关注的还有中华文化典籍的外译问题。国家文化对外的深层次影响主要体现在价值观上，价值观的影响从某种角度来说就是一种文化的本质性影响。因此，要提升国际影响力，我们就应当推动中国历史中形成的最本质、最优秀、最精华的部分"走出去"。中国具有几千年的历史与灿烂的文明，中国传统文化是中国文化传承与发展的重要资源，是民族复兴与国家崛起必不可少的精神保障。中华典籍是中华文化传承下来的优秀的文字成果，是中国传统文化的历史沉淀，凝聚了中华民族五千年传统文化的核心，承载了中国文化与思想的传统因子与基本元素，传承着中国传统文化的价值观，至今还在被不断理解、翻译与阐释着。由此可见，中华文化典籍应当是中国文化走出去的重要内容，成为世界文化与人类文明重要的一部分，获得国际的广泛认识与认可。但是，落实到具体的译介活动，问题随之而来。

一方面，中华文化典籍种类繁多，不可能全部翻译，或者说不可能在同一时间全数翻译，因而首先选择哪些来译无疑需要研究者去进行调查研究。另一方面，"中华文化典籍"目前并没有确切的定义，我们知道"中华文化典籍"的内涵非常丰富，有学者认为它至少包括历史、语言、文学、哲学、科学技术这几方面的著作。[1] 也有学者指出："国学之要点，可分为四门：一曰考据之学，目录、版本、校勘、辨伪、辑佚、文字、声韵、训诂等实证之学，是也。二曰词章之学，诗、词、曲、赋、文章、小说、俗文学等文字修辞之学，是也。三曰义理之学，凡经、子、玄、佛、理学、哲学、宗教等原理之学问，是也。四曰经世之学，乃指政治、社会、经济、史、地、兵、农、医、工、商数等实用之学，是也。"[2] 从目前来看，研究者聚焦较多的仍然是"词章之学"中几大古典文学名著与"义理之学"中部分典籍的外译，对于"中华文化典籍"涉及的其他方面，例如医药、军事、法律典籍以及中国少数民族的具有代表性的经典著作关注相对较少。对于这部分典籍的外译工作的研究应该得到加强。与此同时，我们已经看到，"中华文化典籍"包括很多典籍类型，按照一般的理解，古典文学名著与医典走出去的方式或许不同，但差别究竟体现在何处，

1　参见《中华文化典籍指要》，朱林宝编，山东人民出版社，1994年。
2　《中国文化典籍翻译——概念、理论与技巧》，王宏印，《大连大学学报》，2010年第1期，第127页。

怎样的翻译甚至出版模式才是适合于不同类型典籍走出去的模式，这些具体的问题都值得研究者去探讨。

第四，研究者还可以就如何培养优秀的中译外人才展开思考。自从中国文化走出去成为中国文化发展战略以来，国家设立了多项重大项目，大多数项目都需要翻译人才的参与。理想的状况当然是由中文水平高、文学文化修养好、热爱中国文化、有志将中国文化推向世界的海外译者来承担。我国也已推出一些资助项目，吸引和支持优秀的海外译者从事中译外工作。但是，从目前状况来看，优秀的中译外译者是稀缺人才，如果再涉及一些冷门的中国传统文化领域，能够胜任工作的译者更是少之又少。因而不少学者呼吁加大力度，培养合格的海外译者。此外，前文曾提到，中国文化走出去也需要中国本土译者的积极参与。首先因为当前阶段优秀海外译者稀缺，但更为重要的是，中国译者在文本选择等方面能够自主把关，确保文化走出去的方向。因此，除了加强与外国译者的合作，我们也要重视对本土中译外人才的培养，从制度法规、课程设置、海外合作等多个层面来提高人才培养质量。我们可以参照中国高校翻译硕士培养体系，或者参照国外翻译专业人士培养体系。这一切都需要翻译研究者对国内外现存翻译人才培养体系、方法、效果进行调研，撰写研究报告，为中译外人才的培养提供有益的借鉴。

12.3.1.2 围绕某个译介环节展开研究

围绕中国文化走出去战略的实施，有关翻译的本质与功能、翻译主体的作用、原作与译作的关系、翻译策略与翻译传播与接受、文化与文学关系等问题被学界一再提起，众说纷纭，观点不一。我们认为，在中国文化走出去背景下，研究者也可以结合翻译的本质与功能，在译者模式、译本形态、译介途径与接受效果等多个方面展开思考。

第一，研究者可以围绕多元的译者模式展开研究，探索不同模式对翻译实践的有效性。"译者模式"也是伴随中国文学走出去实践升温而出现的新术语。在过去的外译中研究中，由于大部分译作都由中国译者独立完成，因而翻译研究谈论较多的是译者的主体性。参与中译外实践的译者情况则要复杂许多，不仅有外国译者参与，也有中国译者参与，不仅有独译，也多了很多合作翻译的案例，一个译本由一个外国译者与一个中国译者共同翻译完成。以中华典籍外译为例，从古至今，中华典籍外译的译者主体有外国传教士、汉学家，还有部分中国本土译者。明末清初耶稣会士至中国传教，同时开始向西方译介儒家经典等中国思想典籍，开启了东学西渐的过程。此后有很多西方汉学家翻译并不断复译了大量中国典籍与经典作品，如《论语》、《道德经》、《孙子兵法》等。到了现当代，又出现了中国本土译者参与译介的版本，"大中华文库"的译者很多都是中国学者。基于复杂的译者情况，"译者模式"比"译者主体性"更适合于概括复杂的译者情况。

不过，对于中译外应采用怎样的译者模式，不同研究者提出了不同的观点。有人坚持"汉学家模式"，例如胡安江认为，"考虑到中国文学的旅行目的地主要还是海外的'非华语地区'，因此，既熟悉中国文学的历史与现状，又了解海外读者的阅读需求与阅读习惯，同时还能熟练使用母语进行文学翻译，并擅于沟通国际出版机构与新闻媒体及学术研究界的西方汉学家群体，是中国文学走出去的最理想的译者模式选择"。[1] 有人笃信"本土译者模式"，这样的观念可能基于葛浩文指出的某种心理："只有中国人才能完全理解中国文学——不管译者多么技巧纯熟，外国人依然永远无法安全理解中国作品，因为他们没有经历过'文化大革命'、抗日战争，也没有经历过近年来的改革开放政策"。[2] 还有人倡导"中西合译模式"，认为中译外事业无法完全依靠汉学家来完成，首先因为优秀且乐意从事中国文学翻译事业的汉学家数量很少；其次因为"汉学家的翻译选材缺乏系统性，甚至会出现片面或歪曲现象"；[3] 最后还因为"汉学家的译作通常得不到应有的认可，出版存在困难"。[4] 因此，中译外事业肯定需要中国人主动参与、自主把关、综合考量，"中国译者主译的合作翻译模式同样可以成功，并且应该是中国文学外译的更好选择"[5]。

在考察上述对译者模式的不同看法时，我们也发现一个有意思的现象：同一种译者模式成为持相反观点的论者的有力论据，比如杨宪益、戴乃迭的翻译。肯定汉学家模式的研究者指出，"有学者在对170多年来十余种《红楼梦》英译本进行深入研究，并到美国大学图书馆进行实地考察后发现，与英国汉学家大卫·霍克斯（David Hawkes）译本相比，杨译无论在读者借阅数、研究者引用数、还是在发行量、再版数等方面，都远逊于霍译本"。[6] 从这段话可以得出一个结论，从读者借阅数、研究者引用数、发行量、再版数等方面看，杨宪益、戴乃迭译本不如霍译本受欢迎，进而认为本土译者占主导的合作模式逊色于汉学家独译模式。然而，肯定前者的研究者却指出，"英语世界的汉学家

---

1 《中国文学"走出去"之译者模式及翻译策略研究——以美国汉学家葛浩文为例》，胡安江，《中国翻译》，2010年第6期，第11页。

2 同1。

3 《中国文学海外传播：反思与对策》，陈向红，《文学理论前沿》，2018年第1期，第110页。

4 同3，第111页。

5 同3，第119页。

6 同1。

对杨戴夫妇的杰出工作抱有感激之情，众多汉学家的教学和研究工作都曾得益于杨戴的优秀译文。著名汉学家、《西游记》英译者詹纳尔（W.J.F. Jenner）如是评价杨戴夫妇：'他们的译作是文学性和可读性的典范，外文局的译者中很少有人能与其匹敌……倘若列出一份英译中国文学成就最大的译者名单，杨氏夫妇必然名列榜首。'"[1]通过这段话，我们可以认为，从汉学家和知名海外译者的评价来看，以本土译者为主导、中外译者合作完成的翻译也会受到读者的欢迎，只不过这一部分读者不同于上一部分读者。

也就是说，无论是在译者模式的研究中，还是在中译外其他领域的研究中，都存在模棱两可的认识，需要研究者抛开定见、偏见、成见，真正深入问题的核心。对于译者模式问题，通常我们会认为，中译外比较理想的译者是译入语为母语的译者，而非中国本土译者。然而，如果我们纵向地考察中国文学外译史，包括明末清初的耶稣会士翻译，19世纪的传教士翻译，20世纪初尤其是二三十年代中国早期留学生群体的翻译，以及20世纪中叶以降国外汉学家的翻译实践的话，我们会发现现实情况要复杂得多。总的来说，中译外事业需要所有类型译者的共同合力，这样才可以立体、全面、准确地传达"中国声音"。例如在典籍翻译中，由于文化、身份等原因，中国专家对中国思想与文化完整性的把握更为具体和充分，在典籍外译工作中可以起到有效的作用，而海外译者有着天然的语言优势，将两者的优势结合起来，能够更好地完成典籍外译的工作。那么，海外译者的语言优势究竟体现在何处？中国译者的思想背景优势又究竟体现在何处？哪些方面尤其会影响译本的质量与传播效果？如何才能最大效度地发挥两者的优势？同一种模式是否适用于所有的文本类型？不同的文本类型是否可以采用不同的译者模式？诸如此类的问题，都有待研究者去思考、去回答。

第二，研究者可以就译本形态展开研究，思考不同形态对翻译作品接受效度的影响。译本形态是近年来译学界出现的新说法。这一现象或许可从两方面去解释。一方面，中译外实践目前还处于起始阶段，翻译作品与翻译活动会呈现这一阶段的固有特点，从译本特点来看，往往是节译、改编、全译并存，而这种现象在目前已相当成熟的外译中实践中很难被观察到。因此，当研究者的目光从外译中转向中译外，他们很自然地会发现译本形态问题。另一方面，翻译研究在经过几十年的发展之后，研究者的问题意识、知识积累与话语体系都不同以往，更容易发现翻译现象并赋予现象以一个贴切的术语。

翻译具有历史性，同一部原著在不同的历史时期，可能会出现全译、节

---

1 《中国文学海外传播：反思与对策》，陈向红，《文学理论前沿》，2018年第1期，第108页。

译、变译甚至编译的不同形态。中国古代四大名著最初被译介至西方国家时基本上都是节译本，之后才逐渐出现全译本，不少外国文学经典名著在中国的译介历程大体相似。这是符合译介规律的。从中译外来说，由于文化间存在着不同程度的不可通约性，我们不能期待西方读者对于中国文本有一劳永逸的完整性的理解力。通过立体的、变通的翻译形式，海外读者可以分阶段、多维度地了解中国文化。

实际上，译本形态的历史变化涉及很多问题，它可能折射输出国与输入国之间的关系变化，可能反映接受国本身的社会文化变迁，可能得益于译者的不懈努力。因此，进行译本形态研究，我们应重点探讨导致出现不同形态译本的内外部原因。另一方面，不同形态的译本也会影响翻译作品在读者中的接受效度。同一部作品，它的节译本、编译本、绘画普及本、全译本、全译加注本等吸引的是不同的读者群，对读者的实际影响力不同，由此产生的社会影响力也不同。因此，研究译本形态，也可以从不同形态所产生的影响力入手，从而为同一文本生产出不同形式、不同种类的外文译本找到现实依据和理论支撑，进而为中译外实践寻找合理的翻译形式提供理据。

此外，中译外过程会涉及一个特殊的译本形态问题：很多西方汉学家和翻译家在各种场合都谈到海外出版商和编辑对于翻译文本的修改与删减问题。这一问题在外译中的翻译与编辑过程中不太明显。相比之下，国外出版社的编辑环节在图书出版流程中占据更为重要的地位，了解市场行情和读者口味的图书编辑时常要对他们所编辑的文本进行幅度大小不一的修改，修改调整后的文本因而可以说更为满足读者的需求。在这种背景下，我们可以将翻译家交给这些出版社的初始译本和最终出版的译本进行细致对比和研究，考察出版商和编辑修改和删减的标准到底是什么。同时，还可以横向比较法文译本、英文译本、德文译本等译本的修订标准，从而考察不同目标语文化对于翻译文本的典型阅读方式和主流阅读期待，为我们的中译外事业在文本选择以及翻译策略选择方面提供借鉴和参考。此外，还可以对出版商和编辑的修订标准进行历时的研究，考察在不同的历史时期，他们的修订标准的历时变化，从而把握某些带有规律性的东西，同时还可以对引起他们修订标准变化的原因进行分析，考察其文学多元系统的历时变迁，从而为中国文化走出去之"何时译"提供理论参考。

第三，研究者可以进行翻译作品的传播机制研究。广义的翻译过程还包括译文读者对译作的接受过程。译作需要借助某种传播途径才能抵达译文读者。翻译界以往对翻译作品传播机制的研究比较少。传播包括传播者（渠道）、传播符号、传播媒介、传播对象、传播环境、传播效果等等。从传播者与传播渠道来看，翻译作品是由政府或外宣机构出面采用赠书的形式，还是由国内出版社走正常的图书流通渠道？抑或是由国外主流刊物进行针对目标读者的文本评介，然后带动翻译文本的销售？不同传播者与渠道带来的传播效果有何区别？对于我们的文化走出去有何启示？当然，所有的传播途径其实都应该齐头并进。不过，如果能有效并充分利用国外出版机构及主流媒体进行出版、评论和推介，那么中国文化的接受力和传播力就会得到明显改进。与国外主要出版机构和主流媒体的有效沟通与合作，是中国文化走出去面临的一个重大难题。比如，国家社科基金的中华学术外译项目一直以来推进得不够顺畅，其原因恐怕就在于与国外出版社的沟通障碍。显然，中国学术要走出去，仅仅依靠学者个人的力量或者某个学术机构的力量来与国外媒体进行协调和沟通，是远远不够的。在这方面，政府、商业机构和个人都应该要发挥作用，尤其是政府机构，应该在这些方面有很大的作为。翻译研究者应关注并研究如何充分并有效地利用国外出版机构及主流媒体在出版、评论和推介等各个环节所起的作用，探讨改进并提高中国文化在域外的接受度和传播力的途径。

研究者还可以就传播媒介、符号与形式展开研究。传播媒介包括书写媒介、印刷媒介、广播媒介、影视媒介、互动媒介等，传播符号包括语言、文字、声音、图像等，传播形式相应地包括口头传播形式、文字传播形式、音乐传播形式、图像传播形式等。[1] 传统的翻译研究一般都基于图书媒介和语言文字符号。实际上，文化走出去可以借助不同的传播形式。在以往的研究中，已有研究者注意到，通过电影等大众媒体获得成功，对作者拓展海外知名度与接受度有很大的帮助，比如在法国，"电影《红高粱》的成功是使莫言作品较早得到法国译介并使其从众多中国当代作家中脱颖而出的一个重要原因。同一时期的苏童，也是由于《妻妾成群》改编的电影《大红灯笼高高挂》的获奖而在法国一举成名，确立了自己在法国的文学地位，并始终影响着他日后在法国的文学形象"。[2] 除了电影之外，电视剧、传统戏剧、漫画甚至网络游戏等都是可以借助的手段，促成中国文本、中国文化和中国形象在海外的有效传播、合理译介与广泛接受。因而，每一种传播媒介、符号与形式的特点，不同媒介以及媒介之间的相互影响对文化传播所起的作用，这些问题都非常值得研究者去探讨。

中国文化走出去为翻译研究者提供了大量课题，除上述问题，研究者还可以关注很多别的方面。比如，在官方或民间的交流中，我们发现外国其实也很渴望了解真实的中国文学。但是由于信息的不对称，现阶段西方译者和出版社

1　参见《传播学》，邵培仁，高等教育出版社，2000年。
2　《莫言在法国的翻译与接受》，杭零，《东方翻译》，2012年第6期，第10页。

对中国作家作品的选择从整体看还谈不上有计划有系统，还是存在很大的偶然性。麦家的《解密》如今风靡西方世界，但译者与它的相遇却非常偶然。如果对中国文学版图不了解，这种偶然性还会再持续下去。因此在现阶段翻译研究者也可以考虑加强与西方文学批评界的合作，通过在海外报刊发表文章等形式，将中国文学的概貌、中国作家流派风格详细地加以介绍，以更好地引导国外译者和出版社对作品进行选择和翻译。

12.3.2 中国文化走出去背景下翻译研究的原则

中国文化走出去背景下，翻译研究者大有可为，但在研究过程中，也有几个值得注意和需要遵循的原则。

12.3.2.1 立足历史、关注现实

翻译研究首先应该立足历史、关注现实。大规模的翻译活动总是出现在历史的重大转折点，因为翻译活动往往处于文化交流乃至宗教和社会变革的先锋地位，这在根本上决定了翻译与重大社会实践之间深刻的内在关联。如今，我国也正处于实施国家文化发展战略、推动中华文化走向世界的重要时刻，翻译活动与各种重大社会问题密不可分，翻译研究必须要关注并解读翻译活动在现实政治、经济、文化生活中的价值和作用。翻译活动应该扮演什么样的角色？应该怎样进行翻译规划和管理？应该采取什么样的翻译策略和方法？这些问题具有迫切而重大的现实意义。

要思考和研究上述问题，研究者必须置身历史的发展中，坚持翻译研究的历史发展观，清醒地认识到翻译事件、翻译活动在每一个不同的历史时期所起到的作用，在开放、动态的翻译观基础之上，反思并探索翻译不断超越局限、不断延续、扩展文明的开放性内涵。我们一直强调，翻译研究者要对翻译的本质有深刻的了解，意识到翻译不仅仅是一种文字的转换，它一定是同一个国家的文化与思想的发展相结合的。在文化走出去背景下，翻译研究者通过梳理接受国某一重要时期的翻译现象、翻译主体活动和重大翻译事件，或通过考察某个具体译者或译本个案，从翻译活动兴起的原因、展开的模式、译介的内容等诸多层面入手，揭示某一国家某一特定历史时期的社会状况和精神面貌，加深我们对目标文化语境的了解和认识，从而能够有针对性地进行中译外的工作。

12.3.2.2 注重进行平等、双向的交流

在翻译实践存在不恰当对待"异"的态度，或仰视，或俯视，或无视。我们注意到，中译外研究之中也同样存在这几种倾向。我们在上文中已经提及一种比较主流的态度，即主张无论在作品还是在翻译策略与方法的选择上，都应努力迎合译入语国家的需求。这种主张的提出可能与部分汉学家与中国文学作品译者反复重申的观点有关。比如说葛浩文十分倚重译入语文化和读者心理，多次指出，中国小说如果要被西方读者接受，就必须采用西方读者习惯的叙事模式，有些中国当代小说中的描写太冗长，会使西方读者感到厌烦，中国作家要想真正在西方尤其是在美国图书市场受到欢迎，其作品就必须符合西方主流诗学的要求。这种观点得到不少中国学者和媒体人的附和，后者也认为中国作家与作品在海外遇冷，主要原因在于中国作家写作模式陈旧，写作风格沉闷，没有在语言、节奏、结构等方面进行探索与创新。他们进而建议作家创作或翻译选择《解密》那样具有"环环相扣、逻辑严密的情节设置，以及紧张诡秘的心理和情感描写"，这样才能"跨越了文化差异的鸿沟，契合了外国读者的阅读需求"。[1]

文学作品的翻译与接受的确受到译入语国家诗学传统的影响。中西方诗学差异很大，这就意味着中国作家写的东西可能会令西方读者感到陌生，进而受到排斥，因而中国文化走出去，不能不考虑接受国各方面的状况。但是，现在如果为了走出去而去模仿葛浩文推崇的叙事模式或其他写作方式，那无异于东施效颦。长期来说，还会影响中国自己的文学发展。中国文学扎根于中国历史文化，是中国文化精髓的集中体现，其与西方文学的差异正是中国文学特殊性的体现，翻译研究者在面对这种差异时不能不假思索地采用"东方主义"式的视角与态度。

翻译研究与翻译实践一样，应该关注并推动中外文化之间进行平等、双向的交流，以开放的心态来面对异质文化与文明，积极吸收各国优秀文明成果，认识并弥补自己的局限，同时也应主动走向他域、融入世界，把中华文化的优秀成果持续地、有效地介绍给世界，增进世界对中国的了解，维护人类文明进步的多样性。

12.3.2.3 形成中华文化价值观，加强文化自觉与自信

中国文化对外译介首先要形成一种中华文化价值观，这是一个非常重要的

---

1 《当代文学"走出去"迎来契机》，江源，中国财经报网，2014年7月3日。

问题。文化价值观是民族文化的核心，面对中华民族五千年的历史，我们应该把最本质、最优秀、最精华的部分译介出去。因为汉语在全球的影响尚不广泛，全世界学习汉语的人数包括学习的深度还不够，其他国家人民对中国的认识仍停留在较肤浅的层面。在这种情况下，要想海外对中国思想、中国文化、中国文学等进行深入和全面的译介是不现实的。从这个意义上，中译外工作是目前的一种战略需求。但是在短时间内，即便部分优秀的作品被译介出去，仍难以形成一条主脉，缺少了由各种思想的交锋而形成的一种主流文化体系，难以形成中国文化价值观的合力，就会在国外体现得相对凌乱，甚或矛盾，反而不利于增强中国文化的对外影响力。所以，我们在对外译介中国文化的时候要有一种文化自觉，把握好中国文化里最核心的内容，在对中国思想、文化、文学进行深入与全面的研究与整体把握的基础上，从文本选择到翻译推广的各个环节都要有所考虑，以国外易于接受的方式一步步推介出去，对外译介才能形成一种主流文化体系，形成中国文化价值观的合力。

归根到底，中国文化是否能成功走出去，关键还在于中华文化本身。因此，我们一方面需要从文化史和思想史的角度梳理一下我们自己的家底，看看我们的文化传承里到底培育、创造和留下了哪些文化成果？哪些成果是我们需要海外读者了解和认识的？哪些成果有助于西方读者消除对于中国文化的误解和分歧？不少学者曾提及，西方读者和西方译者对于中国文化的"东方主义"解读，以为中国文化只有暴力、落后和性。因此，梳理家底可以有助于形成正确的文化史观，从而准确地推介中国文学和文化。

另一方面，正如上文提到的那样，翻译研究应该拓展视野，从文化交流的高度去考察我们已经走出去的文学与文化。20世纪80年代起，杜维明提出儒学第三期发展的论说以来，西方汉学界对儒家思想更加关注，在西方的《论语》与孔子研究也逐步升温。反观我国对儒学及《论语》在国外译介情况的研究，会发现我们往往只从文字转换得失的角度去讨论，很少考察儒家经典对外国文化与思想发展的影响，然而，后面这个问题无疑更为重要，因为它不仅更为密切地关系到文化自信心的树立，也关系到如何更为有效地推动中国文化走出去。

12.3.2.4 培养跨学科研究视野，加强学术界协同合作

中译外研究要具有开阔的视野，在多元文化背景下以跨学科的研究视野对中译外活动展开研究。翻译活动不是孤立的活动，不仅仅是简单的语言转换，中译外研究应该关注翻译活动的全过程，包括翻译动机、翻译的规划、翻译的文本选择、翻译的策略、翻译的推广、翻译的影响。翻译产品产生、传播、接

受的全过程会牵涉到语言学、符号学、阐释学、诗学、社会学、传播学等相关学科，因此对翻译全过程的考察也需要所有这些学科的联合互动。举一个简单例子，比如"中国文学海外百年传播研究"这个项目，它的传播一定与翻译有关，它一定是在译介的基础上进行传播。问题在于，研究传播学的人对译介可能不了解，而对译介学进行研究的人可能对传播学不了解，在这种情况下，无论传播学还是翻译学研究者，均需要具备跨学科的视野和整体的跨学科意识。不过，单个的研究者能力始终有限，因而中译外事业应加强学术界的协同合作。

此外，也可以和世界各地的孔子学院建立各类可持续发展的协作研究关系，共同推进中国文化的外译事业。同时，应充分利用来华的外国留学生和海外的中国留学生这两股力量。对于来华留学，政府可设立高额的政府奖学金或者研究基金，吸引世界各国的青年来华留学，亲身感受和学习中国文化。当他们学完归国后，他们就会成为分散在世界各地的传播中国文化的点点星火。对于海外的中国留学生，政府同样可以设立某种类型的研究基金或者翻译基金，鼓励他们在国外通过各类媒体或媒介翻译、介绍中国文化。

在新的历史时期内，国家文化发展战略意识发生的根本性变化需要翻译研究的积极回应。作为翻译者和翻译研究者，我们需要加强问题意识与理论敏感性，对翻译活动及以此为依托的跨文化交流活动的机制进行探索，提出参考建议，促使决策者对跨文化交流中的各种影响因素有更为理性的理解，引导文化交流向更理智、更健康的方向发展，努力减少误读和误解，化解分歧与冲突，推动中华文化走向世界。总的来说，目前有相当丰富的中译外活动，但研究甚少，这项工作有待我们去拓展。

思考题

❶ 结合本章内容，谈谈哪些问题是中国文化走出去背景下翻译研究绕不过去的问题。

❷ 请谈谈翻译研究之于中国文化走出去的重要性。

❸ 请阐述中国文化走出去背景下翻译伦理的内涵。

❹ 请结合本章论述，谈谈典籍翻译研究的可能性视角与方法。

❺ 请阐述中国文化走出去背景下翻译研究应遵循的原则。

主要参考文献

Alibir, Amparo Hurtado. (1990). *La notion de fidélité en traduction*. Paris: Didier Erudition.

Baker, Mona. (1998). *Routledge Encyclopedia of Translation Studies*. London/New York: Routledge.

Ballard, Michel. (1995). *De Cicéron à Benjamin: traducteurs, traductions, réflexions*. Lille: Presses Universitaires de Lille.

Bassnett, Susan & Lefevere, André. (1998). *Constructing Cultures: Essays on Literary Translation*. Clevedon: Multilingual Matters Ltd.

Bassnett, Susan & Lefevere, André. (1995). *Translation: Its Genealogy in the West in Translation, History and Culture*. New York: Cassell.

Bell, Roger T. (1991). *Translation and Translating: Theory and Practice*. London/New York: Longman.

Berman, Antoine. (1984). *L'épreuve de l'étranger, culture et traduction dans l'Allemagne romantique*. Paris: Gallimard.

Berman, Antoine. (1995). *Pour une critique des traductions: John Donne*. Paris: Gallimard.

Bloomfield, Leonard. (1995). *On Language*. London: George Allen & Uniwin Ltd.

Brisset, Annie. (1990). *Sociocritique de la traduction*. Québec: Editions du Préambule.

Cary, Edmond. (1986). *Comment faut-il traduire?*. Lille: P.U.L.

Catford, J. C. (1965). *A Linguistic Theory of Translation*. Oxford: Oxford University Press.

Delpech, E. M. (2014) *Comparable Corpora and Computer-assisted Translation*. London: Wiley-ISTE.

Eoyang, Eugene Chen. (1993). *The Transparent Eye: Reflections on Translation, Chinese Literature, and Comparative Poetics*. Honolulu: University of Hawaii Press.

Gadamer, Hans-Georg. (1996). *Vérité et Méthode*. Paris, Seuil (pour la traduction française).

Gentzler, Edwin. (1993). *Contemporary Translation Theories*. London/New York: Routledge.

Gouabic, Jean-Marc. (1999). *Sociologie de la traduction: la science-fiction américaine dans l'espace culturel français des anneés 1950*. Arras: Artois Presses Université.

Harding, S. & O. C. Cortes. (2018) *The Routledge Handbook of Translation and Culture*. London and New York: Routledge.

Hatim, Basil. (2001). *Communication Across Cultures*, *Translation Theory and Contrastive Linguistics*. Shanghai: Shanghai Foreign Language Education Press.

Hoof, Henri Van. (1986). *Petite histoire de la traduction en Occident*. Louvain: Cabay.

Horguelin, P. A. (1981). *Anthologie de la manière de traduire. Domaine français*. Montréal: Linguatech.

Jun, Xu et Kefei, Wang. (1999). *Théorie et Pratique de la traduction en Chine*. Montréal: Les Presses de l'Université de Montréal.

Kelly, L. G. (1979). *The True Interpreter, A History of Translation Theory and Practice in the West*. Oxford: Blackwell.

Larose, Robert. (1989). *Théories contemporaines de la traduction*. Sillery: Presses de l'Université du Québec.

Lederer, Marianne. (1994). *La traduction aujourd'hui: le modèle interprétatif*. Paris: Hachette Livre S.A.

Lefevere, André. (1977). *Translating Literature: The German Tradition, from Luther to Rosenzweig*. Assen/Amsterdam: Van Grocum.

Lefevere, André. (2006). *Translating Literature: Practice and Theory in a Comparative Literature Context*. Beijing: Foreign Language Teaching and Research Press.

Meschonnic, Henri. (1973). *Pour la poétique II, Epistémologie de l'écriture, Poétique de la traduction*. Paris: Gallimard.

Mounin, Geroges. (1976). *Les problèmes théoriques de la traduction*. Paris: Gallimard.

Niranjana, Tejaswini. (1992). *Siting Translation: History, Post-structuralism and the*

Colonial Context. Berkeley: University of California Press.

O'Brien, S. (ed.). (2011) *Cognitive Explorations of Translation*. London and New York: Continuum.

Reiss, K. (2000). *Translation Criticism: The Potentials & Limitations*. Manchester: St. Jerome Publishing.

Rener, F. M. (1989). *Interpretation, Language and Translation from Cicero to Tytler*. Amsterdam: Rodopi.

Roubakine, Nicolas. (1921). *Introduction à la psychologie biologique*. Paris: Povolozki et cie.

Shen, Dan. (1995). *Literary Stylistics and Fictional Translation*. Beijing: Peking University Press.

Snell-Hornby, Mary et al. (1994). *Translation Studies: An Interdiscipline*. Amsterdam/Philadelphia: John Benjamins Publishing Company.

Snell-Hornby, Mary. (1988). *Translation Studies: An Integrated Approach*. Amsterdam/Philadelphia: John Benjamins Publishing Company.

Steiner, T. R. (1975). *English Translation Theory, 1650-1800*. Amsterdam: Van Gorcum.

Steiner, George. (1975). *After Babel: Aspects of Language and Translation*. London: Oxford University Press.

Venuti, Lawrence. (1999). *Translation and the Formation of Cultural Identities*. In Christina Schäffner & Kelly-Homes, Helen (eds): *Cultural Functions of Translation*. Clevedon: Multilingual Matters Ltd.

阿伦·布洛克. 西方人文主义传统. 董乐山译，北京：三联书店，1997.

埃斯卡皮. 文学社会学. 王美华、于沛译，合肥：安徽文艺出版社，1987.

艾柯等. 诠释与过度诠释. 柯里尼编，王宇根译，北京：三联书店，1997.

本雅明. 本雅明：作品与画像. 孙冰编，上海：文汇出版社，1999.

蔡毅，虞杰编译. 加切齐拉泽. 文艺翻译与文学交流. 北京：中国对外翻译出版公司，1987.

蔡新乐，郁东占. 文学翻译的释义学原理. 开封：河南大学出版社，1997.

陈原. 社会语言学. 上海：学林出版社，1983.

陈德鸿，张南峰. 西方翻译理论精选. 香港：香港城市大学出版社，2000.

陈福康. 中国译学理论史稿. 上海：上海外语教育出版社，1992.

冯建文. 神似翻译学. 兰州：敦煌文艺出版社，2001.

伽达默尔. 哲学解释学. 夏镇平、宋建平译，上海：上海译文出版社，1994.

伽达默尔. 真理与方法——哲学解释学的基本特征. 洪汉鼎译，上海：上海译文出版社，1992.

格雷马斯. 结构语义学. 蒋梓骅译，天津：百花文艺出版社，2001.

顾彬. 关于"异"的研究——顾彬讲演. 曹卫东编译，北京：北京大学出版社，1997.

郭建中编. 当代美国翻译理论. 武汉：湖北教育出版社，2000.

郭延礼. 中国近代翻译文学概论. 武汉：湖北教育出版社，1998.

哈特曼，斯托克. 语言与语言学词典. 黄长著、林书武、卫志强、周绍珩译，上海：上海辞书出版社，1981.

海德格尔. 在通向语言的途中. 孙周兴译，北京：商务印书馆，1997.

海然热. 语言人——论语言学对人文科学的贡献. 张祖建译，北京：三联书店，1999.

洪汉鼎. 理解与解释——诠释学经典文选. 北京：东方出版社，2001.

胡开宝，朱一凡，李晓倩. 语料库翻译学. 上海：上海交通大学出版社，2018.

黄忠廉. 变译理论. 北京：中国对外翻译出版公司，2002.

黄忠廉. 翻译本质论. 武汉：华中师范大学出版社，2000.

姜治文，文军. 翻译批评论. 重庆：重庆大学出版社，1999.

金圣华，黄国彬. 因难见巧——名家翻译经验谈. 香港：三联书店（香港）有限公司，1996.

金圣华. 傅雷与他的世界. 北京：三联书店，1996.

金圣华. 翻译学术会议——外文中译研究与探讨. 香港：香港中文大学翻译系，1998.

金圣华. 认识翻译真面目. 香港：天地图书有限公司，2002.

卡特福德. 翻译的语言学理论. 穆雷译，北京：旅游教育出版社，1991.

柯平. 英汉与汉英翻译教程. 北京：北京大学出版社，1993.

拉曼·塞尔登. 文学批评理论——从柏拉图到现在. 刘象愚、陈永国等译，北京：北京大学出版社，2000.

雷纳·韦勒克. 近代文学批评史. 杨岂深、杨自伍译，上海：上海译文出版社，1997.

廖七一. 当代西方翻译理论探索. 南京：译林出版社，2000.

廖七一等. 当代英国翻译理论. 武汉：湖北教育出版社，2001.

林煌天. 中国翻译词典. 武汉：湖北教育出版社，1997.

刘禾. 跨语际实践——文学，民族文化与被译介的现代化（中国，1900–1937). 北京：三联书店，2008.

刘和平. 口译技巧——思维科学与口译推理教学法. 北京：中国对外翻译出版公司，2001.

刘靖之. 神似与形似——刘靖之论翻译. 台北：书林出版有限公司，1996.

刘宓庆. 翻译与语言哲学. 北京：中国对外翻译出版公司，2001.

刘宓庆. 文化翻译论纲. 武汉：湖北教育出版社，1999.

刘云虹，许钧. 翻译批评研究之路：理论、方法与途径. 南京：南京大学出版社，2015.

罗新璋，陈应年. 翻译论集. 北京：商务印书馆，1984.

马蒂尼奇. 语言哲学. 牟博、杨音莱、韩林合等译，北京：商务印书馆，1998.

马祖毅. 中国翻译史（上卷). 武汉：湖北教育出版社，1999.

玛丽雅娜·勒代雷. 释意学派口笔译理论. 刘和平译，北京：中国对外翻译出版公司，2001.

穆雷. 通天塔的建设者——当代中国中青年翻译家研究. 北京：开明出版社，1997.

钱钟书. 管锥编（第四册). 北京：中华书局，1979.

热扎克·买提尼牙孜主编. 西域翻译史. 乌鲁木齐：新疆大学出版社，1994.

上海译文出版社. 作家谈译文. 上海：上海译文出版社，1997.

沈苏儒. 论信达雅——严复翻译理论研究. 北京：商务印书馆，1998.

思果. 翻译研究. 北京：中国对外翻译出版公司，2001.

孙致礼. 翻译：理论与实践探索. 南京：译林出版社，1999.

索绪尔. 普通语言学教程. 高名凯译、岑麒祥、叶蜚声校注，北京：商务印书馆，1980.

谭载喜. 新编奈达论翻译. 北京：中国对外翻译出版公司，1999.

谭载喜. 翻译学. 武汉：湖北教育出版社，2000.

谭载喜. 西方翻译简史. 北京：商务印书馆，1991.

汪榕培. 比较与翻译. 上海：上海外语教育出版社，1997.

王秉钦. 20世纪中国翻译思想史. 天津：南开大学出版社，2004.

王宏志. 翻译与创作——中国近代翻译小说论. 北京：北京大学出版社，2000.

王宏志. 重释"信达雅"——二十世纪中国翻译研究. 上海：东方出版中心，1999.

王华树. 翻译技术实践. 北京：外文出版社，2016.

王克非. 翻译文化史论. 上海：上海外语教育出版社，1997.

威廉·冯·洪堡特. 论人类语言结构的差异及其对人类精神发展的影响. 姚小平译，北京：商务印书馆，1999.

维特根斯坦. 哲学研究. 汤潮、范光棣译，北京：三联书店，1992.

翁显良. 意态由来画不成. 北京：中国对外翻译出版公司，1983.

沃尔夫拉姆·威尔斯. 翻译学——问题与方法. 祝珏、周智谟节译，北京：中国对外翻译出版公司，1989.

奚永吉. 文学翻译比较美学. 武汉：湖北教育出版社，2001.

谢天振. 翻译的理论建构与文化透视. 上海：上海外语教育出版社，2000.

谢天振. 译介学. 上海：上海外语教育出版社，1999.

许钧，袁筱一等. 当代法国翻译理论. 武汉：湖北教育出版社，2001.

许钧等. 文学翻译的理论与实践——翻译对话录. 南京：译林出版社，2001.

许钧. 文字·文学·文化——〈红与黑〉汉译研究. 南京：南京大学出版社，1996.

许钧. 文学翻译批评研究. 南京：译林出版社，1992.

许宝强，袁伟. 语言与翻译的政治. 北京：中央编译出版社，2001.

许渊冲. 诗书人生. 天津：百花文艺出版社，2003.

许渊冲. 文学翻译谈. 台北：书林出版有限公司，1998.

雅克·德里达. 书写与差异. 张宁译，北京：三联书店，2001.

亚里士多德. 诗学. 陈中梅译注，北京：商务印书馆，1996.

杨自俭，刘学云. 翻译新论（1983—1992）. 武汉：湖北教育出版社，1994.

余光中. 余光中谈翻译. 北京：中国对外翻译出版公司，2002.

喻云根. 英美名著翻译比较. 武汉：湖北教育出版社，1996.

袁锦翔. 名家翻译研究与赏析. 武汉：湖北教育出版社，1990.

许钧. 翻译思考录. 武汉：湖北教育出版社，1998.

张柏然，许钧. 面向21世纪的译学研究. 北京：商务印书馆，2002.

张柏然，许钧. 译学论集. 南京：译林出版社，1997.

张泽乾. 翻译经纬. 武汉：武汉大学出版社，1994.

郑海凌. 文学翻译学. 郑州：文心出版社，2000.

周仪，罗平. 翻译与批评. 武汉：湖北教育出版社，1999.

朱光潜. 谈文学. 合肥：安徽教育出版社，2006.

邹振环. 影响中国近代社会的一百种译作. 北京：中国对外翻译出版公司，1996.

推荐阅读书目

Bassnett, Susan & Lefevere, André. (1998). *Constructing Cultures: Essays on Literary Translation.* Clevedon: Multilingual Matters Ltd.

Hatim, Basil & Mason, Ian. (1997). *The Translator as Communicator.* London/New York: Routledge.

Gallego-Hernández, D. (ed.). *New Insights into Corpora and Translation.* Newcastle: Cambridge Scholars Publishing, 2016.

Gentzler, Edwin. (2001). (2nd Revised Edition). *Contemporary Translation Theories.* Clevedon: Multilingual Matters LTD.

Robinson, Douglas. (1997). *Western Translation Theory, from Herodotus to Nietzsche.* Manchester: St. Jerome Publishing.

Steiner, George. (1998). (3rd Edition). *After Bable: Aspects of Language and Translation.* London: Oxford University Press.

Toury, Gideon. (1995). *Descriptive Translation Studies and Beyond.* Amsterdam/Philadelphia: John Benjamins Publishing Company.

Venuti, Lawrence. (1994). *The Translator's Invisibility.* London/New York: Routledge.

陈德鸿，张南峰．西方翻译理论精选．香港：香港城市大学出版社，2000.

陈福康．中国译学理论史稿（修订本）．上海：外语教育出版社，2000.

方梦之．应用翻译研究：原理、策略与技巧．上海：上海外语教育出版社，2013.

郭建中．当代美国翻译理论．武汉：湖北教育出版社，2000.

郭延礼．中国近代翻译文学概论．武汉：湖北教育出版社，1998.

胡开宝．语料库翻译学研究导引．南京：南京大学出版社，2012.

廖七一等．当代英国翻译理论．武汉：湖北教育出版社，2001.

刘军平．西方翻译理论通史．武汉：武汉大学出版社，2009.

刘宓庆．当代翻译理论．北京：中国对外翻译出版公司，1999.

刘云虹．翻译批评研究．南京：南京大学出版社，2015.

刘云虹．葛浩文翻译研究．南京：南京大学出版社，2019.

罗新璋．翻译论集．北京：商务印书馆，1984.

马祖毅．中国翻译简史——五四以前部分（增订版）．北京：中国对外翻译出版公司，1998.

谭载喜．西方翻译简史．北京：商务印书馆，1991.

谭载喜．翻译学．武汉：湖北教育出版社，2000.

王克非．语料库翻译学探索．上海：上海交通大学出版社，2012.

王克非．翻译文化史论．上海：上海外语教育出版社，1997.

谢天振．译介学．上海：外语教育出版社，1999.

许钧．改革开放以来中国翻译研究概论（1978-2018）．武汉：湖北教育出版社，2018.

许钧．翻译论．武汉：湖北教育出版社，2003.

许钧．当代法国翻译理论．武汉：湖北教育出版社，2001.

杨自俭，刘学云．翻译新论（1983–1992）．武汉：湖北教育出版社，1994.

张柏然，许钧．面向21世纪的译学研究．北京：商务印书馆，2002.

本书主要外国人名中外文对照表

阿布朗古尔	Ablancourt, Nicolas Perrot
阿尔比	Albir, Amparo Hurtado
阿尔都塞	Althusser, Louis
阿里斯托芬	Aristophanes
阿诺德	Arnold, Matthew
埃斯卡皮	Escarpit, Robert
埃文–佐哈尔	Even-Zohar, Itmar
艾柯	Eco, Umberto
艾略特	Eliot, T. S.
艾莫斯	Amos, Flora Ross
奥格兰	Horguelin, P. A.
奥莱斯姆	Oresme, Nicolas
巴拉尔	Ballard, Michel
巴门尼德	Parmenides
巴斯奈特	Bassnett, Susan
巴特	Barthe, Roland
邦维尼斯特	Benveniste, E.
鲍提埃	Pottier
贝尔	Bell, Roger
贝尔曼	Berman, Antoine
贝克	Baker, Mona
本雅明	Benjamin, Walter
别林斯基	Belinsky, Vissarion

波德莱尔	Baudelaire, Charles
波拉德	Pollard, Alfred
伯恩海默	Bernheimer, Charles
博达尔	Bodard, Lucien
博纳尔	Bonnard, Albert
布尔迪厄	Bourdieu, Pierre
布里塞	Brisset, Annie
布隆菲尔德	Bloomfield, L.
布鲁克	Broech, R.
查理五世	Charles V
查普曼	Chapman, George
达尔贝勒内	Darbelnet, Jean L.
德莱顿	Dryden, John
狄德罗	Diderot, Denis
狄摩西尼	Demosthenes
蒂克	Tieck, Ludwig
杜贝莱	Du Bellay, Joachim
杜拉斯（又译杜拉）	Duras, Marguerite
杜勒斯特	Hulst, Lieven d'
多莱	Dolet, Etienne
恩尼乌斯	Ennius, Quintus
菲茨杰拉德	Fitzgerald, Edward
费道罗夫	Fedorov, A.V.
弗莱格	Frege, G.
弗美尔	Veemeer, Han J.
伏尔泰	Voltaire

伽达默尔	Gadamer, Hans-Georg
戈多	Godeau, Antoine
歌德	Goethe, Joham Wolfgeng von
格雷马斯	Greimas, A. J.
根茨勒	Gentzler, Edwin
古昂维奇	Gouavic, Jean-Marc
顾彬	Kubin, Wolfgang
果戈理	Gogol, Milolay
哈贝马斯	Habermas, Jürgen
哈里斯	Harris, E. E.
哈特曼	Hartmann, R. R. K.
哈提姆	Hatim, Basil
海然热	Hagège, Claude
荷尔德林	Holderlin, Friedrich
荷马	Homer
贺拉斯	Horace
赫尔德	Herder, Joham Gottfried
赫尔曼	Hermans, Theo
赫施	Hirsch, E. D. Tr.
黑格尔	Hegel
洪堡（又译洪堡特）	Humboldt, Wilhelm von
霍夫	Hoof, Henri Van
吉勒明–弗莱舍	Guillemin-Flesher, Jacqueline
加里	Cary, Edmond
卡尔德隆	Calderon
卡莱尔	Carlyle, Tomas

卡纳普	Carnap, R
卡特福德	Catford, J. C.
凯利	Kelly, L. G.
坎贝尔	Campbell, George
柯勒律治	Coleridge, Samuel T.
科维尔	Cowell, E. B.
孔德	Comte, Auguste
库尔提乌	Curtius, Quintus
奎因	Quine, W. V. O.
拉德米拉尔	Ladmiral, Jean-René
拉罗兹	Larose, Robert
莱纳	Rener, F. M.
莱斯	Reiss, K.
劳伦斯	Lawrence, D. H.
勒菲弗尔	Lefevere, André
里奇	Leech, Geoffrey
理查兹	Richards, I. A.
利科	Ricoeur, Paul
鲁巴金	Roubakine, Nicolas
路德	Luther, Martin
罗丹	Rodin, Auguste
罗兰	Rolland, Roman
罗森维	Rosenzweig, Franz
马蒂尼奇	Martinich, A. P.
玛丽	Marie, Anne
梅纳日	Ménage, Gilles

施莱尔马赫	Schleiermacher, Griedrich
施莱格尔	Schlegel, A. W.
斯达尔	Stael, Madame de
舒哈基	Chouraqi
斯内尔–霍恩比	Snell-Hornby, Mary
斯坦纳	Steiner, George
斯托克	Stork, F. C.
索绪尔	Saussure, Ferdinand de
泰特勒	Tytler, Alexander Fraser
唐璜	Don Juan
图里	Toury, Gideon
屠格涅夫	Turgenev
托尔斯泰	Tolstoy, Leo N.
瓦雷里	Valéry, Paul
威尔斯	Wilss, Wolfram
韦勒克	Wellek, René
维吉尔	Virgil
维纳	Vinay, J.-P.
维特根斯坦	Wittgenstein, Ludwig
维庸	Villon, François
韦努蒂	Venuti Lawrence
沃尔夫	Whorf, B. L.
沃日拉	Vaugelas, Claude Favre de
西塞罗	Cicero, M. T.
雅各布森	Jacobson, Roman
亚里士多德	Aristotle

燕卜逊	Empson,William
姚斯	Jauss, Hans Robert
叶姆斯列夫	Hjelmslev, L.
叶斯伯森	Jespersen, O.
伊格尔顿	Eagleton,Terry
易卜生	Ibsen, Henrik
优西比乌斯	Eusebius, Saint

第一版后记

　　编写《翻译概论》一书，完全是在外语教学与研究出版社的促动下进行的。我知道，编写这样一部教材，不仅仅十分必要，而且也极为迫切。近三十年来，翻译研究不断深入发展，同时随着全球化进程的加快，各种交流日益频繁，翻译活动变得越来越重要。以历史悠久、形式丰富的翻译实践活动为对象，吸收国内外最新的翻译研究成果，编写一部《翻译概论》自然是必要的。而其迫切性，在我看来，是因为国内在近十年来翻译研究取得了突破性进展，翻译学二级学科、翻译本科专业、翻译硕士专业学位的相继设立，令一直呼吁翻译学科相对独立的翻译学者在欣喜之余，无论在翻译教学研究上，还是在课程与教材建设上，都感到有些措手不及。编写分别适应翻译本科专业与翻译硕士专业学位教育的教材，便不仅有了必要性，而且也有了迫切性。而首先开始的，就是《翻译概论》一书。

　　承担《翻译概论》一书的编写，我一开始有些犹豫。虽然多年来一直从事翻译教学和翻译研究工作，也有过大量的口笔译的工作经验，但要写好一本《翻译概论》，要求是很高的。首先在宏观上，对翻译的历史、现状和发展趋势要了解，要有整体的把握；在微观上，对各类翻译活动的过程和具体环节最好有比较深刻的体会。用现在学术界比较通用的话来说，既要有深厚的理论素养，又要有丰富的实践经验。同时，在翻译人才培养方面，我也做了不少工作，培养的学生撰写各层次的学位论文基本上都是以翻译为研究对象的。毕业的学生中，获得过省级优秀本科论文、省级优秀硕士论文和省级优秀博士论文的都有。今年，我指导的博士宋学智还获得了全国百篇优秀博士学位论文奖。但这次外语教学与研究出版社要我编写的《翻译概论》具有很强的针对性，要求我为新设立的翻译硕士专业学位教育编写。这部教材要简明，要系统，还要有学术指导性和实践指导性。虽然知道有很多困难，但在全国翻译硕士学位教育指导委员会几位同仁和出版社领导的积极促动下，我还是应承了下来。

　　这些年来，我一直在南京大学外国语学院从事翻译教学工作。其中一项便是开设了一门通选课"翻译通论"，主要面向外国语言文学一级学科的硕士生，但对全校的博士生、硕士生与南京有关院校的研究生也开放。这门课先后已开设五期，被列为南京大学研究生重点建设课程,还被评为江苏省优秀研究生课程，选修者较多。我针对教学的需要，把重点放在"翻译"两字上，紧紧围绕"翻译"活动展开思考，引导研究生参与讨论，取得了较好的效果。今年，南京大学首届翻译硕士专业教育开办，我与外国语学院的刘华文博士承担了"翻译概论"课程的教学工作。根据全国翻译硕士专业学位教育指导委员会的精神，我们对该课程作了有针对性的安排。据参加研修的首届四十位翻译专业硕士研究生反映，我们的教学安排比较合理，教学效果也比较好。通过这次教学工作，我也积累了一些经验，在编写这部《翻译概论》时，结合研究生的建议，对有关内容做了调整和提升。

需要说明的是，《翻译概论》的编写，主要得益于我前些年就翻译问题展开的研究。2003年，湖北教育出版社出版了我撰写的《翻译论》一书，该书可以说是我近二十年来对翻译问题研究的总结性著述。这次承担《翻译概论》的撰写工作，我征得了湖北教育出版社的许可和外语教学与研究出版社的同意，以《翻译论》的思考与主干内容为基础，从"翻译概论"课程的教学实际出发，对结构作了重大调整，更新并充实了实际教学需要安排的内容。教材紧扣"翻译"两字，宏观与微观兼顾，内部与外部紧密结合，以问题为线索，展开思考、研究与探讨。考虑到翻译专业硕士研究生大多在职，为便于集中安排，本书编写了十章，教学可按十个单元进行，每单元三个小时讲解，如需要，每单元可安排一个小时的讨论。这样，本课程共计四十学时，比较符合教育指导委员会的内容与课时要求。

在本教材编写过程中，全国翻译硕士专业学位教育指导委员会秘书长穆雷教授和全国翻译硕士专业学位教育指导委员会学术委员会的谢天振教授和王克非教授在编写指导思想与内容安排上，提供了不少有益的参考意见。曾协助我在南京大学开设"翻译通论"课和首届翻译硕士专业学位教育"翻译概论"课的吴志杰博士和朱玉彬讲师在本书编写中给予了不少帮助；刘云虹副教授根据我提出的编写要求和研究思路，撰写了本教材第九章，写作中融入了她近年来的一些研究与思考的成果；高方博士、曹丹红博士为调整本书结构、充实本书内容做了大量工作；杭零博士与在读博士生沈珂和杨振，还有已经毕业的祖志，在实际编写工作中为搜集资料、整理书稿付出了辛劳；南京大学研究生院的赵仁铃为本书的文字输入和排版提供了帮助。在此，谨对他们表示深切的谢意。

编撰《翻译概论》对于我来说，也是一个新的课题。书中有不妥之处，敬请专家和读者不吝指正。

许 钧

2008年11月8日于南京大学研究生院